BOUCHE DE FER

OEUVRES DE PAUL FÉVAL.

MADAME GILBLAS, 2 forts vol. in-18 (2e édition).
LE DRAME DE LA JEUNESSE, 1 fort vol. in-18 (3e édition).
AIMÉE, 1 vol. in-18 (2e édition).
LA GARDE NOIRE, 1 vol. in-18.
BOUCHE DE FER, 1 fort vol. in-18 (2e édition).
LE CAPITAINE FANTÔME, 1 vol. in-18.
LES FILLES DE CABANIL, suite et fin du CAPITAINE FANTOME, 1 vol. in-18.

SOUS PRESSE :

JEAN DIABLE.

POISSY, TYP. ET STÉR. DE A. BOURET.

BOUCHE
DE FER

PAR

PAUL FÉVAL

DEUXIÈME ÉDITION

PARIS
E. DENTU, ÉDITEUR,
LIBRAIRE DE LA SOCIÉTÉ DES GENS DE LETTRES
13 ET 17 GALERIE D'ORLÉANS, PALAIS ROYAL
ET A LA LIBRAIRIE CENTRALE, 24, BOULEVARD DES ITALIENS

1863

Tous droits réservés

BOUCHE DE FER

PREMIÈRE PARTIE

LA DUÈGNE

Le souvenir du drame que nous allons raconter est encore si récent, que nous avons cru devoir changer les noms des lieux et des personnages. L'invention, la nôtre du moins, n'atteint pas à ce degré d'intérêt vivant et pittoresque. Le récit, ou plutôt l'étrange procès-verbal qu'on va lire, est exact minutieusement jusqu'en ses détails les plus intimes, jusqu'en ses bizarreries les plus inattendues. Nous eussions néanmoins résisté à la tentation de livrer au public cette page de l'histoire bourgeoise de notre siècle, n'était l'enseignement moral qu'elle nous semble contenir.

I

Esquisse provinciale.

Pendant les premières années de la Restauration, Rennes fut une ville de bruit et de querelles. Chaque matin, on entendait parler de quelque rencontre meurtrière entre les étudiants et les officiers. Aucune ville de garnison dans le royaume n'était regardée comme aussi dangereuse que Rennes.

Frédéric Soulié, l'éminent écrivain que la mort a pris trop tôt, avait été témoin et acteur dans ces luttes, qui eurent pour excuse la passion et la jeunesse. Il avait commencé son droit à la Faculté de Rennes, en 1816, et son beau roman, les *Confessions générales,* renferme un admirable épisode dont le héros, M. Poyer de Berbins, était une étude d'après nature. M. Poyer est mort en 1851.

Notre héros à nous, Géraud-Boutoir, ou Géraud-Bouche-de-Fer, car on lui donnait l'un et l'autre surnoms, avait été le professeur de Poyer, et de Soulié qui nous a parlé de lui bien souvent. C'était Géraud qui défendait en justice les étudiants dans les affaires de duels. Il porta la parole notamment lors du procès Tarot de Kérillis, qui suivit la grande bataille livrée derrière le Thabor, entre sept étudiants Bas-Bretons et sept dragons-Couronnel, parmi lesquels se trouvait un chef d'escadron.

Ceci avait lieu à la fin de 1816. Le chef d'escadron fut cassé, puis nommé colonel deux mois après. Il y avait eu cinq blessures graves et deux décès.

Sur ce nombre, quatre blessés et deux morts appartenaient aux dragons-Couronnel.

Dans leurs duels contre les officiers, les étudiants rennais avaient une terrible fortune!

Géraud fit acquitter ses élèves par le jury. C'était sa coutume de vaincre. Le barreau breton, qui a fourni tant de puissants orateurs, ne se souvient point d'avoir écouté jamais une parole plus irrésistiblement éloquente. Le ministre de Louis XVIII, le comte de Corbières, qui était de Rennes, avait dit un jour à Géraud, son condisciple et son ami : « Viens à Paris, tu seras le roi du Palais. »

Mais Géraud était bonapartiste, comme on disait alors. Il voulait bien aimer Corbières, l'ami de Louis XVIII, mais il ne voulait pas être protégé par lui.

On sait que le pavillon bonapartiste couvrait en ce temps-là toutes les nuances d'opposition. Au fond, Géraud avait ces opinions vagues ou plutôt ces aspirations qui firent inventer bientôt le mot : *Libéralisme*.

Il fut suspendu de ses fonctions de professeur de droit romain pour son plaidoyer dans l'affaire des dragons-Couronnel. Les étudiants le portèrent en triomphe et lui donnèrent une sérénade qui dura trois nuits. Ceci ne pouvait le mettre dans les bonnes grâces du parquet ni dans les petits papiers de la préfecture.

Géraud laissa sa chaire à un suppléant qui fut sifflé. Géraud apprit cela. Il alla s'asseoir au cours de son successeur et déclara que le premier siffleur aurait affaire à lui. Le suppléant, à dater de ce jour, put donner sa leçon paisiblement, mais il garda rancune à Géraud pour ce bon office.

Un ennemi de plus ou de moins pour Géraud, bagatelle! Géraud avait presque autant d'ennemis que d'amis. C'est le propre de ces robustes natures d'être adorées par les uns, détestées par les autres. Il en faut prendre son parti.

Quant à la question pécuniaire, les gens comme Géraud perdent toujours à tenir des emplois du gouvernement. Sa suspension le rendit à son cabinet, et lui valut plus de cinq cents louis dès la première année. Il possédait, du reste, une certaine fortune patrimoniale; il était gentilhomme de naissance, et eût pu se faire appeler, comme son père, M. Géraud du Pontais. Là-bas, où tant de bourgeois se font nobles, c'est assurément une anomalie de voir un noble déguisé en bourgeois.

A vrai dire, Géraud n'y tenait point, mais c'était tout. Il ne dédaignait point la noblesse, et même il plaidait volontiers pour les anciens possesseurs du sol dans les affaires de biens nationaux. Le petit faubourg Saint-Germain de Rennes le choyait, malgré ses opinions. Une fois, dans un salon de la rue des Dames, un vieux valet de comédie l'avait annoncé : M. le vicomte du Pontais!...

Géraud n'en fit que rire, au lieu de se fâcher rouge comme certains sots que vous connaissez bien. Il donna un écu au vieux Frontin, en le priant doucement de ne point recommencer. On lui pardonna cela.

A Rennes, sur quarante mille âmes de population, il y a douze mille pauvres inscrits aux paroisses. Le Livre d'or porte les noms de douze mille gentilshommes. Les pauvres sont des mendiants sales, impudents, tracassiers; les gentilshommes font caste. C'est une ville curieuse. Entre ces deux populations de gueux et de marquis, il y a *la colonie*, ou le monde des autorités, *le commerce* et *la boutique*.

La noblesse elle-même se divise en deux cercles jaloux, sinon ennemis, qui ne se réunissent que dans les grandes occasions. La rue des Dames renferme l'aristocratie dévote; les abords de la Motte donnent asile à l'aristocratie osée. On a vu des marquises du Contour de la Motte aller au théâtre! Jugez du reste! Au théâtre! à Rennes!

La rue des Dames se voile la face en parlant du Contour de la Motte; le Contour de la Motte singe un peu Paris; mais regarde d'un œil dédaigneux la *colonie*, dont la préfecture est le refuge. La colonie, fière de son importance officielle, admet par grâce l'hommage lige du commerce; le commerce opprime la boutique aux bals de l'hôtel-de-ville; la boutique, dernier degré de l'échelle mondaine, ronge son frein, vend à faux poids et mord tout talon qui s'abaisse au niveau de ses dents.

Avant 1830, les officiers avaient accès même dans les hôtels les plus vermoulus de la rue des Dames. Depuis 1830, ces messieurs ont la préfecture, la redoute et l'*Intermédiaire*.

On n'a jamais su pourquoi l'hôtel du général d'artillerie s'appelle, à Rennes, l'Intermédiaire. C'est un nom.

En 1818, M. Géraud était dans toute la force de son talent exceptionnel, dans tout l'éclat de sa gloire d'avocat. Nous ne voudrions pas qu'on regardât ce dernier mot comme une moquerie ou une exagération : réputation serait en conscience trop peu dire. Géraud était une puissance, et rien ne coûtait pour acquérir son appui. Tout plaideur, dans les cinq départements de la Bretagne, regardait sa cause gagnée à l'avance s'il avait le grand Géraud pour avocat. Ses confrères, malgré leur jalousie, les tribunaux, malgré leur rancune, trop justifiée du reste par les excentricités agressives de Géraud, étaient bien forcés de ratifier l'arrêt du public. Géraud était un puits de science; Géraud était un foudre d'éloquence; Géraud avait en lui de ces prodigieuses ressources qui, au palais, mettent un avocat dans la position de ces chevaliers de l'Arioste ou du Tasse revêtus d'armes enchantées. Rien ne lui résistait ! Plus le hasard des circonstances avait enfoui profondément la vérité, plus le travail des araignées de la procédure avait tissé, serré la toile où s'ensevelit la lumière comme en un sombre linceul ; plus la parole de Géraud faisait jaillir inopinément le jour dans ces ténèbres. Il semblait se jouer des obstacles et mettre la main par bravade, sur les causes où le bon droit vaincu avait tenté son dernier effort.

Personne, néanmoins, n'aurait osé l'accuser de mauvaise foi. Il choisissait ses procès. Pour argent ni or, il n'eût consenti à plaider contre sa conscience.

Nous ne prétendons pas que tous les membres du barreau soient gênés par les mêmes scrupules.

Géraud avait quarante-deux ans à peu près. C'était une large tête, aux traits hardiment irréguliers, couronnée par une forêt de cheveux blonds frisés. Ses yeux bleus avaient de la douceur, mais la colère y mettait un éclat sombre. Il était grand et bâti en athlète. Au repos, son visage était pâle, mais le moindre effort envoyait tout son sang à ses joues. Il avait la voix pleine, sonore, vibrante et quand la passion le tenait, ses accents faisaient frémir chaque fibre de son auditoire.

Il s'était marié jeune ; la mort de sa femme l'avait laissé veuf de bonne heure. On disait que cette courte union n'avait pas été heureuse. Elle avait produit un seul enfant qui avait maintenant seize ans, et qui s'appelait Clémence.

Depuis treize années que sa femme était morte, Géraud menait la vie de garçon. C'est là une expression qui a cours partout, mais que les Parisiens doivent traduire avec défiance. La vie de garçon, en province, ne ressemble pas du tout à la vie de garçon à Paris. Le plaisir, en franchissant les limites du département de la Seine, change absolument de nature. Il y a dans le plaisir parisien un élément qui absorbe tous les autres : c'est l'amour. En province, l'amour n'existe guère à la façon dont on l'entend à Paris, quand on parle de la vie de garçon. Les chemins de fer tendent à propager cette fleur fanée de la civilisation, mais, en 1818, les chemins de fer n'existaient pas.

Rennes était en ce temps-là une cité rétrograde et entêtée qui résistait de tout son cœur au *bienfait du progrès*. On y avait fondé une entreprise d'omnibus qui était morte toute jeune. Deux veuves parisiennes y étaient venues prendre leurs quartiers de maturité ; elles avaient moins vécu que l'entreprise d'omnibus. La vie de garçon à Rennes consistait, et consiste encore un peu, à fumer énormément, à boire sec, à jouer au whist et à faire partie de certains cercles, clubs ou sociétés où l'on *tue le temps* dans toute la splendeur de cette désolante expression.

On a de l'esprit là-bas, et beaucoup, non pas toujours de l'esprit attique, mais de l'entrain argent comptant. Les hommes oisifs y atteignent la vieillesse sans jamais manquer d'un honnête cancan à ronger pour passer leur soirée.

Géraud était président de la Baraque, société de bons vivants, fort bien composée et qui empruntait sa bizarre dénomination au siége de ses séances : *La Baraque*, fameux restaurant situé rue de la Poissonnerie. Il se faisait là de très-belles orgies où Géraud, nous devons bien l'avouer, oubliait complètement la dignité de sa robe. Personne n'ignorait dans la ville que Michain, son domestique, et Judaille, son clerc, le rapportaient chez lui ivre-mort deux ou trois fois par mois.

Ce vice est-il moins sévèrement jugé dans les pays où les mœurs plus simples ne laissent, pour ainsi dire, point le choix entre les vices ?

La chose positive, c'est qu'un buveur d'habitude n'inspire pas, à beaucoup près, autant d'horreur en province qu'à Paris. On dit : C'est un gai luron ! voilà tout. D'ailleurs, ce temps de la restauration était tout-à-fait fertile en poètes bachiques, bien qu'on n'eût pas encore inventé le culte idiot du dieu Raisin. Une pléiade complète, aimée et recherchée parce qu'elle faisait de l'opposition, vivottait en rimaillant treille et bouteille. Géraud ne baissait pas au palais, on lui pardonnait ses fredaines dans la ville, et la basoche ne l'en estimait que mieux pour cela.

Le lendemain matin, il n'y paraissait plus. Il était au travail dès l'aube et ne plaidait jamais qu'à jeun.

La marquise de N..., dont il était l'avocat, le comparait à ce gai Paulus Pleydell, le councilior de Glasgow. Walter Scott commençait à être à la mode en France.

Mais cette indulgence presque générale ne gagnait pas les juges. Le parquet et la cour caressaient leurs vieilles rancunes en appelant le grand avocat : Géraud-Margaux, par llusion à son vin favori. Ses autres surnoms : Géraud-

Boutoir, Géraud l'Emporte-Pièce, et surtout Géraud Bouche-de-Fer, avaient pour origine certains excès oratoires, personnalités écrasantes où la fougue de son tempérament trop souvent l'entraînait.

Vers le milieu de l'année 1817, un bruit avait commencé à courir, et Dieu sait que les bruits courent vite et bien dans cette bonne ville de Rennes. On disait que le grand Géraud était amoureux fou de l'institutrice de sa fille.

Je ne sais pourquoi la médisance n'avait pas songé à mordre de ce côté jusqu'alors. Il y avait longtemps que Marguerite Maynard était dans la maison de Géraud. C'était une femme qui semblait avoir trente ans tout au plus, et dont l'admirable beauté faisait le désespoir de toutes ces dames. Ces messieurs avaient en vain essayé d'attirer son regard.

Elle était brune. Elle avait cette pâleur charmante des créoles. Le sang est beau, à Rennes, non pas dans le peuple, mais dans la haute classe, qui présente un type remarquable de riche venue, surtout chez les femmes : fine taille, fraîcheur éblouissante, grand port, désinvolture un peu trop théâtrale. Mais il y a une partie faible, ou plutôt forte, hélas! ce sont les *abattis*. Les pieds sont un peu larges, les mains sont un peu lourdes, sauf charmantes exceptions.

Marguerite Maynard avait les pieds de Cendrillon et les mains d'une fée. Ces dames ne l'aimaient pas.

Il y avait en toute sa personne je ne sais quelle nonchalance adorable. Malgré l'extrême simplicité de sa mise, qui semblait demander pardon pour la richesse juvénile et toute gracieuse de sa tournure, il était impossible de ne pas l'admirer au passage. La mélancolie de ses grands yeux noirs allait au cœur, et quand elle priait, le dimanche, à l'église Saint-Sauveur, auprès de son élève, enfant espiègle et distraite, vous eussiez cru voir le divin recueillement d'un ange.

On devinait bien pourtant que la passion pouvait allumer un éclair dans cette prunelle profonde, et que ce front de reine, relevé tout-à-coup, devait rayonner la vaillance et la fierté.

Ces dames, en dépit de leur bon vouloir, ne pouvaient nier la clarté du jour. Impossible de dire que les masses onduleuses et molles de cette chevelure n'encadraient pas délicieusement l'ovale délicat de ce pâle visage ; impossible de méconnaître l'auréole de poésie qui couronnait ce front si noble et si pur!

Y a-t-il, cependant, bienséance, pour une institutrice, à occuper ainsi de soi toute une ville? Pour se venger ces dames prenaient un détour : elles établissaient sur l'âge de Marguerite Maynard un calcul de probabilités très-ingénieux et très-compliqué. On ne saurait croire ce que la tête d'une femme contient d'algèbre sauvage et venue sans culture, dès qu'il s'agit de résoudre un problème de ce genre. Ces dames, à force d'équations, dégagèrent triomphalement ce fait, que Marguerite Maynard devait approcher de la quarantaine.

Ces messieurs, pour le coup, se récrièrent. Le temps qu'elle avait passé à Rennes ne permettait pas de lui donner moins de trente ans, mais si elle fût arrivée de la veille, chacun aurait bien juré qu'elle n'avait pas dépassé sa vingt-cinquième année.

A cela, ces dames opposèrent divers arguments dont nous leur laissons la responsabilité. L'une d'elles rappela que la bibliothèque royale de Rennes possédait une momie âgée de trois mille ans et très-bien conservée ; une autre évoqua le souvenir de Ninon de Lenclos, faisant mourir d'amour son propre petit-fils ; un troisième fit appel au chapitre du Gil Blas, où Lesage, ce grand comique, donne l'affreux moyen employé par dame Lorença Sephora, pour garder sa fraîcheur.

Les longes de veau de Lesage eurent un furieux succès. A l'unanimité, Marguerite Maynard, la belle, la ravissante créature, fut atteinte et convaincue d'employer cette recette. Ces dames ne l'appelèrent plus autrement que *la Duègne*.

Jugez cependant ce que devait être Marguerite Maynard pour exciter cette tempête de jalousie.

Jusqu'en 1817, quatre lignes pouvaient raconter son histoire. Elle était venue des Antilles anglaises. Elle avait fait une éducation à Londres, puis une autre à Saint-Malo. Arrivée à Rennes avec des lettres de recommandation, elle s'était présentée à M. Géraud, qui ne voulait point mettre sa fille au couvent. Il l'avait interrogée : elle savait l'anglais, l'allemand, l'italien ; elle touchait le piano comme un ange. Les lettres de lady H... et de la comtesse de G... ses anciennes patronnes, disaient sans phrases et tout uniment que c'était une institutrice modèle.

M. Géraud voyait grandir Clémence. Il fallait absolument quelqu'un près de sa fille, pendant qu'il menait la vie de garçon. Travailleur, chasseur et buveur, le grand avocat n'avait que de bien rares instants à donner à Clémence qu'il aimait pourtant comme la prunelle de ses yeux. Il engagea Marguerite Maynard et lui donna sur l'enfant tous les droits d'une mère.

Au bout de six mois, Clémence, qui jusqu'alors avait poussé à la grâce du hasard, était une charmante petite fille. Elle adorait Marguerite. Géraud, qui avait l'œil à tout, était le plus heureux des hommes. Clémence prit ses quinze ans, et Géraud, à ses heures d'enthousiasme, déclarait volontiers en pleine Baraque qu'il pouvait la présenter à ses amis et à ses ennemis.

— Aime-t-elle Marguerite? lui demandait-on parfois.
— Mieux qu'on n'aime sa mère, répondait Géraud.

Tout à coup, vers le milieu de l'hiver de l'année 1817, il se fit un changement notable dans les habitudes du grand avocat. Ce fut ce changement qui motiva les bruits dont nous avons parlé. Géraud désertait la Baraque; Géraud passait dans sa maison des soirées entières entre sa fille et Marguerite Maynard. Cela devenait un intérieur. La Baraque s'émut, le palais glosa, ces dames entrèrent en campagne.

Il n'y avait que deux personnes dans l'intimité de la maison Géraud : le chevalier Guy de Kerdanio, et M. Goujeux, maître de forges des environs de Vitré. Kerdanio était un hobereau de joyeuse vie qui avait mangé sa fortune au cabaret, et qui, après avoir tenu table ouverte, piquait tout naturellement l'assiette d'autrui ; savant chasseur, fumeur d'élite, bon maquignon, connaisseur en Bordeaux, grand estomac, ne sachant, au demeurant, faire œuvre de ses dix doigts. Goujeux, au contraire, était un homme prudent, estimé, faisant honnêtement ses affaires dans ce difficile commerce des fontes qui a ruiné tant de Bretons, rendant sa femme heureuse au dire de ses voisins, élevant comme il faut sa petite famille ; bref, ce qu'on appelait à la Baraque un Caton.

Kerdanio, interrogé, dit que Marguerite Maynard était un beau brin, et qu'elle savait faire un certain gâteau créole qui eût donné soif à un noyé. C'était là son appréciation. Quant à savoir si Géraud lui marchait sur le pied par-dessous la table, ma foi-de-Dieu ! il jetait sa langue aux chiens !

1.

Le prudent Goujeux fut moins explicite encore. Il n'avait jamais rien vu qui pût motiver la moindre supposition.

Mais les domestiques n'eurent pas la même réserve. Une fois, la Mahé, cuisinière de Géraud, dit à la Poissonnerie, en voyant passer son maître :

— Pauvre cher homme ! a-t-il bien l'air d'un quelqu'un qui va se casser le cou !

Il y avait vingt ans que la Mahé était chez Géraud. Elle n'avait pas regretté sa première femme.

Ce fut là comme l'annonce officielle du mariage de Marguerite Maynard avec le grand avocat. Ces dames savaient la nouvelle une demi-heure après. Bien que Géraud n'appartînt ni au contour de la Motte, ni à la rue des Dames, il y eut émeute. L'opinion de la Mahé prévalait dans les salons. Géraud allait se casser le cou.

Mais voici bien autre chose : Quelques jours après, la marchande de poissons de Géraud demanda, en fourrant un homard dans le panier de la Mahé :

— Eh bien ! à quand la noce ?

La Mahé tira de sa poche une effrayante tabatière en cuir bouilli, ornée du portrait du général Hoche, et répliqua, en se pinçant les lèvres :

— La demoiselle fait des façons.....

Puis, elle ajouta, en humant sa prise sur le pouce :

— As-tu fini !

Pour le coup ces dames se fâchèrent. Ceci passait les bornes. La duègne refusait la main de M. Géraud du Pontais, qui avait vingt mille livres de rente, et qui se faisait vingt mille autres livres de revenus avec son cabinet.

Pourquoi ?

Il y avait très-certainement là-dessous quelque mystère.

Il y avait du moins quelque chose de triste et que chacun put voir. Géraud s'éloigna de nouveau de son intérieur. Il reprit la *vie de garçon*, mais au lieu de s'arrêter comme autrefois à la limite de ses forces, il se plongea, en quelque sorte, tête première dans l'orgie, à tel point que sa santé et son talent s'en ressentirent.

Marguerite Maynard resta dans sa maison.

Vers cette époque, c'est-à-dire à la fin de 1817, Marguerite Maynard eut enfin une aventure qui fit parler d'elle ailleurs que dans les salons de ces dames.

II

La patache.

La rue Nantaise est une voie assez large, bordée de maisons tristes et grises, ayant toutes uniformément la physionomie campagnarde. C'est le quartier des loueurs de chevaux et des carrossiers. Sa partie nord, qui débouche sur une place irrégulière avoisinant l'église paroissiale de Saint-Étienne, avait, au temps dont nous parlons, une triste réputation.

A l'angle d'une ruelle sans nom qui rejoignait les terrains où passe maintenant le canal d'Ille-et-Rance, s'élevait une maison à pans de bois qui projetait sa façade caduque sur l'alignement de la rue. Elle avait un porche et paraissait beaucoup plus vieille que les autres logis, ses voisins.

On l'appelait indifféremment l'hôtel Fanchon ou l'hôtel Brûlé.

Chacun de ces noms recouvrait une histoire. Le second venait de ce que la maison de bois était restée seule debout et à demi détruite, dans le quartier Saint-Étienne, après le grand incendie qui dévora les trois quarts de Rennes au commencement du XIX° siècle ; le premier avait une origine plus récente. Fanchon Ruellan, dame de Kersauz, qui descendit à ce degré de honte d'être la maîtresse de Le Carpentier, le Marat breton, au temps de la Terreur, avait habité cet hôtel, et montait, dit-on, au belvédère pour voir les exécutions quotidiennes de la place des Lices. La dernière fois qu'elle vit la guillotine, ce fut de plus près, et de plus bas. Fanchon Ruellan eut la tête tranchée le 9 octobre 1793 et put apercevoir, dit-on, de la fatale plate-forme, ce Carpentier prenant le café au haut du belvédère en compagnie de Suzanne Hézou, la reine des tricotteuses.

La maison de bois avait été vendue nationalement pour quelques centaines de livres à l'usurier Lestyr, fin Bas-Breton qui gagna des millions à ce jeu et mourut fou à l'hospice de Saint-Méen, sous l'empire. En 1817, c'était une maison *condamnée*, comme on dit en terme de voirie. Il n'était plus permis de la réparer parce qu'elle mordait l'alignement.

Le rez-de-chaussée, avec d'assez vastes communs donnant sur la ruelle, était occupé par M. Le Quien, messager de Saint-Mâlo, Hedé, Dol, Combourg et Dinan. Il tenait guinguette dans les salles basses et ses pataches remisaient dans les communs. Le reste de la maison, qui avait trois étages, était affermé à la femme Louvel, qui portait chapeaux comme une dame, mais à qui personne, pas même M. Le Quien, son voisin, ne disait jamais bonjour.

Ce M. Le Quien était un gros gars des Côtes-du-Nord, aux cheveux plats, à la figure basanée, qui avait été chouan sous la République. Ces deux qualités d'ancien chouan et de messager ne rendent pas très-scrupuleux d'ordinaire sur le choix des relations. Pour que M. Le Quien n'ôtât point son chapeau de cuir à la Louvel, il fallait un motif grave.

Le motif existait. Rien ne devait manquer à la lugubre histoire de la maison de bois. La justice s'était occupée déjà plusieurs fois de la Louvel sans la pouvoir prendre en flagrant délit; mais l'hôtel Fanchon était aussi connu à Rennes que l'était le Pont-Neuf à Paris, et les beautés voilées qui chaque soir en franchissaient le seuil, n'avaient assurément plus rien à perdre en fait de renommée.

Un soir du mois de janvier, par un temps de verglas noir, les rares boutiques de la rue Nantaise se fermèrent encore plus tôt que de coutume. Dès huit heures, le pavé en pur caillou, pointu et glissant, n'était plus éclairé que par la lueur fumeuse des réverbères.

On était au troisième quartier de la lune. La municipalité de Rennes, économe et gouvernant ses modestes finances en bonne mère de famille, a pour habitude de faire éteindre ses lanternes au moment précis où la sœur d'Apollon doit se lever. Si Phœbé manque à l'appel, c'est sa faute et non point celle de la mairie. Tant pis pour les passants attardés!

A neuf heures, l'homme à l'éteignoir passa. Une obscurité profonde s'ensuivit. La lune, manquant à tous ses devoirs, trahissait la municipalité rennaise. Dans la rue silencieuse et sombre, on ne vit plus briller que les fenêtres de l'hôtel Fanchon, savoir : une lueur rougeâtre au rez-de-chaussée, passant à travers les rideaux en cotonnade du cabaret Le Quien; — aux autres étages, une faible clarté tombant des jalousies fermées.

La voiture de Saint-Mâlo était arrivée à la chute du jour; il n'y avait plus grand monde au cabaret. Chez la Louvel, au contraire, on entendait le bruit des fourchettes et des verres.

A ce moment, un jeune officier de cavalerie, fringant et faisant tinter ses éperons sur le pavé sonore, tourna l'angle du Bas-des-Lices et s'engagea dans la rue Nantaise. A la hauteur de l'hôtel Fanchon, il se trouva face à face avec une femme voilée.

— Tu sors trop tôt! dit-il en la prenant par la taille.

L'inconnue essaya de se dégager. Le jeune officier tint bon, souleva sa conquête dans ses bras, et la porta jusqu'au seuil de la maison tarée. Un faible rayon passait par les carreaux de la guinguette.

Il écarta le voile de l'inconnue, et tomba frappé d'un coup de stylet en pleine poitrine.

A ses cris, M. Le Quien sortit. La femme voilée avait disparu. Le jeune officier blessé était le lieutenant Hector de Jaucourt, neveu du colonel des chasseurs en garnison à Rennes.

L'affaire fit grand bruit. Un coup de stylet! cela n'entre pas du tout dans les mœurs bretonnes. Nos bonnes filles de l'Ouest ne sont pas des Espagnoles, pour pendre des poignards mignons à leur jarretière. Hector de Jaucourt fut un mois entier au lit, et il fallut toute l'autorité de l'oncle colonel pour étouffer un peu l'aventure.

On interrogea la Louvel, qui dut avouer que MM. les officiers du régiment de chasseurs lui avaient fait, ce soir-là, l'honneur de souper chez elle.

On interrogea M. Le Quien, qui se renferma dans un silence absolu. La justice crut devoir s'arrêter là.

Mais, d'un bout à l'autre de la ville, une rumeur courut : le coup de stylet avait été donné par Marguerite Maynard.

De preuves, on n'en avait point. Est-ce qu'une ville de province a besoin de preuves pour accuser? Là, toutes les classes sociales, depuis le haut jusqu'en bas, forment un corps qui est au suprême degré, pour parler le langage de la physique, bon conducteur de l'accusation. Rien ne se perd; la ville est comme un immense instrument de sonorité où chaque murmure égaré s'enfle et devient clameur.

On savait que Marguerite Maynard avait été rencontrée plusieurs fois à la brune aux environs de l'hôtel Fanchon. C'était surabondant. Une fois aurait suffi.

Ici, nous ne pouvons éviter une explication assez subtile

et qui touche à l'un des mystères de notre ordre social. Il y a des professions détestées. Les gens qui s'occupent d'éducation, quel que soit leur sexe, n'ont point à espérer d'indulgence. Certes, le vice est plus hideux chez ceux-là qui ont charge d'âmes, et cette sévérité se comprendrait si elle avait des bornes. Mais cette sévérité, au moindre prétexte, prend les allures de la haine.

On peut assigner à cela plusieurs causes, dont la première et la principale est la rancune conservée par l'âge viril aux ennuis de l'enfance.

Trop généralement, l'homme ou la femme qui enseigne est de mœurs pédantes; trop rarement, le professeur ou le surveillant, le précepteur ou l'institutrice comprennent le côté apostolique de leur mission. Il faudrait pour cela une noble intelligence; or, que sont les pauvres filles réduites à se faire institutrices? que sont les malheureux précipités dans le trou sans issue du préceptorat?

Que sont les petits professeurs des collèges? les maîtres d'étude? les maîtresses de pension?

Quiconque a jeté un regard sur ce monde tristement mercenaire, a détourné les yeux avec découragement.

On pourrait les compter, ceux ou celles qui ont de bons souvenirs du guide de leur enfance.

De là l'éloignement en quelque sorte instinctif, de là cette méfiance irraisonnée, toute prête à se changer en aversion.

Le professeur a sa chaire comme le prêtre, mais la manne qui tombe de cette chaire est pour la tête, non pour le cœur. A Paris, un talent très-éminent sauve quelquefois cette position. Dans nos provinces, on ne se sert guère du jeune rhéteur, sec et frotté de suffisance, que pour passer au vieil homme, assorti par la routine et moisi comme un rudiment de Lhomond. Il y a deux mille cinq cents ans que le bossu de Phrygie a tourné le pédagogue en ridicule.

Cela s'était fait avant lui, probablement, et cela se fera jusqu'à la fin du monde.

Et cependant, quel labeur devrait mériter plus de respect? Quelle profession a de meilleurs droits au titre de sacerdoce?

Le précepteur et l'institutrice subissent cette vague défaveur qui pèse sur toute créature faisant métier d'enseigner. Ils ont encore et, par-dessus tout, ce périlleux isolement infligé aux neutres. Leur situation ne s'accuse pas franchement.

Ils ne sont pas maîtres, puisque le maître les paie; ils ne sont pas valets, puisqu'ils sont servis à table par les valets.

Ils flottent dans ces limites intermédiaires, cherchant en vain la sympathie au-dessus et au-dessous d'eux : pauvres chéiroptères qui ont beau crier : Je suis souris, voyez mes pieds; je suis oiseau, voyez mes ailes!

Le maître est pris d'une ombrageuse frayeur : il craint la familiarité; le domestique voit partout une insolente tendance. Voici pour l'intérieur. Qu'est le dehors? sinon un composé de maîtres et de valets?

Marguerite Maynard avait frappé d'un coup de stylet un homme qui l'avait outragée; voici le fait, vrai ou faux : Trois fois par semaine, cette population d'étudiants et de jeunes officiers admirait au théâtre des faits d'un ordre pareil. Dans le roman nouveau, ouvert sur le guéridon de ces dames, des faits semblables rendaient l'héroïne on ne peut plus intéressante.

Mais, au théâtre, il s'agissait d'une jeune Klephte, vêtue à la turque, avec de grandes tresses sur le dos; dans les romans, c'était l'éternelle gitana, brune comme une mûre de haies, poignardant Julio ou Matteo par habitude. A la bonne heure!...

C'était le matin par un beau jour de mai 1848. La petite voiture qui faisait le service de Vitré à Rennes montait la côte de Châteaubourg. Les voyageurs, complaisamment descendus, marchaient en avant.

Il y en avait trois : un homme en blouse qui avait sa place sur l'impériale et deux messieurs de l'intérieur.

L'un d'eux, le plus jeune, portait une redingote en peau de loup, juste à la taille et fermée par des brandebourgs; il avait une casquette de cuir, forme melon, et une bonne grosse pipe entre les dents : un hobereau en uniforme.

L'autre était costumé avec une recherche plus bourgeoise. On apercevait sous son carrick noisette à triple collet, un pantalon noir collant sur des jambes noueuses, et fendu aux chevilles de manière à laisser voir des bas de coton blanc à coins, un gilet de moire verte, un habit bleu à boutons noirs, et une cravate de mousseline jaune à points violets. Malgré cette heureuse et tranchante opposition des couleurs qui composaient sa toilette, il portait un large crêpe à son chapeau gris tournure Bolivar.

C'était un homme de cinquante et quelques années, aux

cheveux grisonnants, à la figure pleine et fraîche encore, supportée par un torse maigre, légèrement voûté. Son menton était rasé soigneusement. Il avait aux oreilles, suivant la mode vitréenne, de petites boucles d'or qui ne manquaient pas de coquetterie. Ses lèvres, minces et plus pâles que ses joues, gardaient à demeure un bon et agréable sourire. Tout son extérieur était propre et décent.

Si M. Amédée Goujeux des Étanches, maître de forges à Saint-Émon et maire de sa commune, eût voulu prendre l'habitude de regarder les gens en face, c'aurait été vraiment un type parfait d'honnêteté campagnarde. Mais il avait des petits yeux clairs, tirant sur la topaze, qui ne se fixaient point.

Timidité peut-être, M. Goujeux était un homme modeste. Il menait tout doucement ses affaires et possédait l'estime générale.

M. Géraud, qui était son conseil et son meilleur ami, faisait de lui un cas tout particulier. Or, M. Géraud passait pour se connaître en hommes.

Le hobereau, qui s'appelait Guy Malhoët de Kerdanio, n'avait pas, à beaucoup près, une aussi décente allure. C'était un petit homme grêle, mais nerveux, comme on dit, avec des cheveux fauves où le peigne passait trop rarement, une barbe de quinze jours dont le ton se confondait presque avec la couleur basanée de sa peau, et une paire de sourcils énormes, ombrageant des yeux noirs comme le jais, hardis, brillants, moqueurs. Son nez aquilin et délicatement modelé avait au bout ce coup de feu qui décore les fervents de Bacchus, et sa bouche avait pris la grimace affaissée du fumeur.

On dit là-bas qu'un homme a *une figure à pipe*. Jamais expression ne fut plus heureusement pittoresque.

Kerdanio avait une figure à pipe.

C'était un grand ami de M. Géraud qui allait chasser chez lui quatre ou cinq fois chaque hiver.

M. Goujeux et Kerdanio marchaient bras dessus, bras dessous, tandis que la petite voiture cahotait derrière eux. Kerdanio parlait et gesticulait avec toute la rapidité de sa nature remuante, grasseyant comme un Bas-Breton, frappant du pied, tapant sur sa cuisse. M. Goujeux l'écoutait complaisamment et avec une quiétude parfaite.

— Parbleure! disait le hobereau qui montrait l'homme à

la blouse, celui-là va, celui-là vient... Les grands chemins sont libres... Du vivant du bonhomme, c'était tout de même.

M. Goujeux donna un coup de main au nœud de sa cravate jaune.

— Du vivant du vieux Malhoët de Tréomer, dit-il, Le Quien venait encore plus souvent.

— Qu'y a-t-il d'étonnant à cela? s'écria Kerdanio avec mauvaise humeur; le bonhomme avait des biens dans les Côtes-du-Nord. Le Quien est né sur ses terres.

— Et quand Le Quien monta son service sur Saint-Malo, interrompit Goujeux, ce fut ce bon M. de Tréomer qui versa le cautionnement...

— Ça fait que Le Quien est débiteur de la succession, voilà tout!

Le maître de forges se prit à sourire doucement.

— C'est peut-être pour cela qu'il va si souvent visiter les terres, murmura-t-il.

Puis il reprit d'un ton sérieux.

— Ne vous fâchez pas, Kerdanio; c'est dans votre intérêt que je vous parle... mon usine est enclavée dans le domaine de Tréomer. J'entends jaser les uns et les autres... ce Le Quien passe pour en savoir plus long que personne.

— Et que peut-il savoir, saprebleure? s'écria le pétulant hobereau.

— Du calme, ou je me tais!

— Vous me feriez damner, voyez-vous! L'affaire est si claire...

— Pour vous, mon bon, mais pour le tribunal...

— Que le diable l'emporte, votre tribunal!

— Puisque le tribunal refuse de vous envoyer en possession...

Kerdanio s'arrêta court et ferma les poings; il était rouge comme un coquelicot.

— C'est une iniquité! dit-il avec l'indignation profonde d'un vrai plaideur incarné dans son droit. Je voudrais rencontrer une douzaine de ces corbeaux, là-bas, du côté de Vitré, dans un chemin creux... Morbleure! ils la danseraient, ma vieille!... Des bavards!... des patauds! des fédérés! des bonapartistes!

— Là! là! fit le maître de forges, le tribunal n'est pas cause s'il y a de par le monde un héritier direct...

— Où est-il? s'écria Kerdanio en frappant du pied, qu'on me le montre!

Il avait élevé la voix pour prononcer ce défi. L'homme à la blouse qui marchait devant se retourna. C'était un robuste gaillard qui paraissait avoir une quarantaine d'années. Sa blouse bleue, dont la couleur avait pâli par suite de nombreuses lessives, dessinait des épaules hautes et larges. Il portait les cheveux longs, coiffés du petit chapeau des gars de Jugon; sa figure ronde, dont les pommettes brunes saillaient hardiment, s'encadrait de favoris hérissés et arrêtés au coin de la bouche. Sa chemise au col brodé découvrait les vertèbres noueuses de son cou. Il était bas sur jambes, trapu et lourdement carré dans sa marche.

Sa figure, sculptée énergiquement, avait ces rides précoces et ce hâle que donnent la vie d'aventures et aussi le travail. Son caractère principal était une bonhomie calme et légèrement railleuse. Son œil, petit, scintillant et ombragé d'épais sourcils, souriait volontiers. Quand cette paire de sourcils touffus se fronçait par hasard, l'ensemble de sa physionomie prenait une expression d'indomptable fermeté.

— Tiens! tiens! dit-il en touchant son chapeau courtoisement et en prenant à la main son fouet qu'il avait sous le bras, c'est M. Kerdanio... Bien le bonjour!... Serviteur monsieur Goujeux! La santé?

Le hobereau ne répondit pas, mais Goujeux ôta son chapeau gris.

— Tout doucement, Dieu merci! monsieur Le Quien, fit-il; je ne vous remettais pas comme cela par derrière.

— On se vieillit... Mais vous ne changez pas, vous, monsieur Goujeux... Sans mentir, vous voilà plus jeune que l'année passée!

Il avait ralenti le pas et se trouvait sur la même ligne que nos deux voyageurs.

— Vous n'avez pas eu les fièvres, monsieur Kerdanio? demanda-t-il avec intérêt; sauf respect, vous avez la mine toute faillie... c'est le printemps... moi, qui vous parle, je nous fais saigner, moi et mes chevaux, tous les ans, à la Saint-Jacques... Je viens de par chez vous, là-bas, derrière Tréomer... il y aura des pommes!

Le hobereau le regardait de travers.

— Avez-vous vu? reprit Le Quien, la Vilaine a débordé dans le Bas-Mesnil... Tout le clos Biard est envasé; c'est grand dommage... La chaussée de l'étang Lamy ne tient plus autant dire... L'eau sourd à travers les pierres... Pitié, pas vrai?... Et m'est avis qu'on va laisser choir le moulin du Moyen-Lieu, qui a des crevasses à passer le bras...

— Saperbleure! grommela Kerdanio, ça vous intéresse donc bien toutes ces choses-là, monsieur Le Quien?

— Un petit peu tout de même, répliqua le messager bonnement; histoire d'être au fait de savoir comment ça va.

— Que ça aille bien ou mal, qu'est-ce que ça nous fait? demanda le hobereau d'un air brutal.

L'homme à la blouse bleue regarda le maître de forges en souriant, puis il répondit :

— Ah! ah! ah! voilà, mon bon monsieur Kerdanio, c'est des idées... Tréomer était un digne maître... Je vas voir les biens de Vitré trois ou quatre fois l'an,.. les fermiers me connaissent... Quant aux biens des Côtes-du-Nord, c'est mon pays, j'y fais un petit tour chaque mois.

On était au haut de la côte. La voiture rejoignait les voyageurs. Le Quien toucha son chapeau de Jugon et remonta lestement sur l'impériale.

M. Goujeux lui rendit son salut avec politesse. Kerdanio jura saperbleure! enfonça sa casquette sur sa tête et se plongea dans la caisse en grondant comme un sanglier.

III

L'héritage.

Guy Malboët de Kerdanio se mit à battre le briquet pour allumer sa pipe. Goujeux avait repris place dans son coin et la patache redescendait la côte au petit trot.

— Avec quoi diable fait-on l'amadou maintenant? s'écria le gentillâtre; — autant vaudrait battre le briquet sur un bout de flanelle!

— Pourquoi n'achetez-vous pas un briquet phosphorique? demanda le maître de forges.

Kerdanio lui lança un regard d'indignation.

— Me prenez-vous pour un sot, vous? répliqua-t-il aigrement; — je n'aime pas les cachotteries, voyez-vous !... Si ce misérable drôle a quelque chose à dire, qu'il le dise tout haut!

— Quel misérable drôle, mon bon?

— Je m'entends, monsieur Goujeux... et vous m'entendez bien aussi... Ses affaires sont sur la route de Saint-Malo. A-t-il trop de temps pour étriller ses rosses? Que vient-il faire à Vitré?

— Il vous l'a dit.

— Je n'aime pas les cachotteries, répéta Kerdanio qui venait d'allumer sa pipe; si ce coquin de charretier portait une redingote au lieu d'une blouse, je lui aurais déjà cassé la tête!

Goujeux croisa ses jambes l'une sur l'autre et répondit:

— Plus facile à dire qu'à faire, mon bon!

— C'est lui qui est cause de tout! reprit le hobereau, dont la colère tomba pour faire place à une sorte de découragement. C'est lui qui a fait courir tous ces bruits absurdes. Souvenez-vous, Amédée, après la mort du vieux, y avait-il une seule personne entre Rennes et Vitré qui ne me regardât comme l'héritier?

— Ça paraissait une chose toute simple, prononça paisiblement Goujeux.

— Qu'y a-t-il eu depuis lors? s'écria Kerdanio, rien de rien.

— Peste! peste! interrompit le maître de forges; permettez, mon bon... S'il n'y avait rien eu, le tribunal aurait été forcé de vous envoyer en possession provisoire. La loi est précise, et le titre des absents...

— Fadaises! les juges accommodent ça comme ils veulent... Je connais le titre des absents aussi bien que vous... Je dis qu'il n'y a rien eu, parce qu'une lettre dont la signature n'est pas légalisée ne signifie rien. N'auriez-vous pas pu, vous, Amédée, si vous aviez voulu, écrire au président une lettre signée: *Malhoët de Tréomer?* Le premier venu...

— Permettez! Il y a ici quelque chose de très-grave... Le personnage qui a écrit la lettre n'est pas du tout le premier venu. D'après les informations prises par commission rogatoire, ce jeune Malhoët de Tréomer a bel et bien fait ses trois années de droit à la faculté de Poitiers... ce n'est pas le bout du monde, Poitiers.

— Et l'on n'a jamais vu, n'est-ce pas, demanda Kerdanio, qui mordait sa pipe, on n'a jamais vu un quidam prendre comme cela un nom?...

— Il a été reçu licencié, poursuivait M. Goujeux ; il a prêté serment en qualité d'avocat.

— Et il a disparu... et il est à tous les diables !

— Sa lettre annonce qu'il a dû repasser la mer pour se munir de ses papiers de famille, notamment l'acte de décès de Jean-Marie Malhoët, vicomte de Tréomer, son père, fils légitime de feu notre respectable ami et voisin, dont vous attendez la succession, mon pauvre Guy.

— C'est-à-dire, rugit Kerdanio, que vous vous mettez avec les autres maintenant !... parce que vous me voyez à bas !... Il y a deux vers latins que je savais au collége : Tant que tu seras à ton aise, tu auras des amis à gogo...

— *Tempora si fuerint nubila*... poursuivit Goujeux sans s'émouvoir.

— Vous me jugez mal, mon bon, se reprit-il, très-mal ! Si j'étais tout uniment propriétaire ou rentier au lieu d'avoir une exploitation commerciale, je vous aurais prêté avec bien du plaisir les deux mille écus qu'il fallait pour empêcher votre vente... mais vous savez, dans les affaires, on a besoin de toutes ses ressources...

Kerdanio ôta sa pipe de sa bouche et la laissa pendre en dehors de la portière. Ses yeux étaient baissés ; un cercle bistré se creusait à l'entour. Il souffrait, et il y avait à ce moment je ne sais quelle mélancolique noblesse dans son angoisse.

— Ma vente ! répéta-t-il. J'ai pleuré hier en regardant le vieux fauteuil de la mère, qui est au coin du feu. Amédée, elle s'éteignit là un soir, en me recommandant d'être sage. Le père était déjà mort depuis quatorze mois. Ils avaient été cinquante-deux ans ensemble. Le père avait tué en duel, dans l'hiver de 1761, l'intendant Maurel de Nozergues, qui avait promesse de la famille pour l'épouser. Ma mère était une Goyon de Goyon : la vraie maison, branche de Matignon. Ce fut un mariage d'amour. Les parents gardèrent rancune et ne lui laissèrent pas grand' chose. Le vieux fauteuil vient pourtant des Goyon... Pauvre bonne femme ! Elle était dedans la dernière fois qu'elle fila sa quenouille. Elle me dit : » Guy, mon loup, les doigts n'y sont plus ; c'est fini. Faut mettre le rouet au grenier : je ne filerai plus jamais. »

Il passa le revers de sa main sur ses yeux, où il y avait des larmes.

— Qu'est-ce qu'ils feront du vieux fauteuil? murmura-t-il, et du rouet?

— Vous pourriez, mon bon, dit Goujeux, racheter tous ces objets sans valeur et qui vous sont chers à si juste titre.

— Non, répondit Kerdanio, qui secoua la tête lentement. Ce n'est pas moi qui dérangerai le rouet. Qu'une autre main enlève la poussière qui le couvre depuis le jour où la mère le tourna pour la dernière fois. C'est comme la trompe du bonhomme de père, on n'y a jamais touché. Sa houppelande est au porte-manteau, derrière le lit. Tenez, Amédée, je crois que vous êtes un brave homme, quoique vous fassiez le négoce, ce qui durcit le cœur. Ne vous moquez pas de moi. Je me ferais couper le bras droit pour garder mon pauvre trou et ce qui est dedans.

Goujeux lui prit la main et la serra.

— C'est dans de pareils moments qu'on voudrait être riche, soupira-t-il. Allons, Guy, mon garçon, du courage !..... ne pensons plus à cela!

— Qu'est-ce qui m'a perdu? fit brusquement Kerdanio, dont le visage s'assombrit, c'est l'idée de cet héritage! Quand le vieux Tréomer mourut, tout le monde me dit: Tu vas rouler carrosse, bonhomme! Les paysans me saluèrent là-bas en m'appelant not' maître. Parlait-on en ce temps-là du vicomte Jean-Marie ou de son fils? Non : c'est moi, moi tout seul qui représentais la maison de Malhoët. On vint à moi ; chacun m'ouvrit sa bourse. Quand je ne voulais pas emprunter, saperbleure! on se fâchait tout rouge...

Maintenant, ils me poursuivent... Ma mère m'appelait son loup, pauvre femme! Il y a une meute autour de moi... et demain, demain! la maison de Kerdanio sera vendue!

— Ma parole d'honneur, Guy, mon cher ami, prononça le maître de forges d'une voix basse et pleine d'émotion, vous me fendez l'âme!

Le hobereau se redressa vivement et regarda son compagnon de travers.

— C'est-à-dire que je vous fais pitié, monsieur Goujeux, n'est-ce pas? dit-il d'un ton provoquant.

Goujeux, contre son habitude, soutint son regard et se rapprocha de lui.

— Parlons raison, mon garçon, dit-il, et ne prenons pas la mouche...

— Il n'y a qu'une manière de parler raison, répliqua Kerdanio ; vous avez des relations, vous avez du crédit, aidez-moi à faire une affaire.

Goujeux ne répondit point, mais il se rapprocha encore.

— La succession vaut un million pour les terres des côtes du Nord et de Basse-Bretagne, poursuivit Kerdanio encouragé, les biens de Vitré rapportent vingt-huit mille livres de rentes. Je donnerais tout cela pour moins que rien...

— Qu'appelez-vous moins que rien ? demanda le maître de forges.

— Trois cent mille francs.

Il y eut un silence. Goujeux fit la grimace.

— Voilà ! dit-il en se renfonçant dans son coin, vous ne serez jamais un homme possible !

— Vous trouvez cela trop cher ?

— N'en parlons plus, mon bon.

— Une valeur de quinze ou seize cent mille francs, au soleil, pour cent mille écus !...

— Voyons, Guy, reprit le maître de forges avec une onction toute paternelle, réfléchissez une fois en votre vie. Que penseriez-vous d'une loterie où l'on payerait le billet trois livres pour la chance de gagner un lot de quinze à seize francs ?

— Une loterie ! se récria Kerdanio ; il ne s'agit pas de loterie... tout au plus si c'est un coup de dés... Savez-vous, continua-t-il en prenant un air assuré, savez-vous ce que m'a dit Géraud la dernière fois que je l'ai consulté ?

— Il vous a dit : Je ne me charge pas de votre procès.

— S'il s'en était chargé, répliqua le hobereau, mes quinze cent mille francs vaudraient juste un million et demi. Je ne lui en veux pas ; c'est le seul ami qui me reste. Il a sa manière de voir. Si on venait me dire : Il n'y a plus qu'un honnête cœur sur la terre, je répondrais : Je le connais, c'est Géraud !

— Bravo, Guy, voilà qui est bien parlé ! s'écria Goujeux qui essaya, mais en vain, de monter son accent jusqu'à l'enthousiasme. — Géraud est pour moi au-dessus de tout. Je me ferais couper par morceaux pour lui rendre service !... En somme, que vous a-t-il dit ?

— Voici ses propres paroles : Quand tu n'auras plus de maison, viens chez moi. Restes-y un jour, un mois, un an, toute ta vie : plus tu resteras, mieux ça vaudra... mais je ne me chargerai pas de ton procès, parce que... écoutez bien ceci, Amédée... parce que je gagnerais, et que ce serait une mauvaise action.

— Quel cœur! fit le maître de forges en joignant les mains.

Puis il ajouta tout rêveur :

— Il a dit qu'il gagnerait?

Kerdanio, qui crut à un doute de la part du maître de forges, baisa le bout de ses doigts en dedans et prononça gravement :

— Il l'a dit, sur ma foi de Dieu!

— Une mauvaise action!... répéta encore Goujeux.

— Quant à ça, s'écria le hobereau, je sais que ce misérable drôle de Le Quien avait été le voir et l'endoctriner...

— Alors, l'interrompit Goujeux, vous pensez que M. Le Quien sait quelque chose?

— Je pense qu'il ne vaut pas la corde qui le pendra, l'infâme maquignon!... Je pense qu'il y a toute une mécanique montée!... une société de coquins pour exploiter mes pauvres quinze cent mille francs... ça en vaut la peine!... Mais vous sentez bien, Amédée, que je ne veux pas, en conscience, partager l'opinion de Géraud... Il nous la baille belle avec sa mauvaise action!... faudrait-il me dépouiller pour enrichir quelque bâtard ou quelque imposteur?...

Goujeux ôta son chapeau gris et se mit à en lustrer le poil avec sa manche. Deux ou trois fois sa bouche s'ouvrit comme s'il allait parler.

— Ça a de la peine à passer, donc! fit Kerdanio qui ne put s'empêcher de sourire.

Goujeux cligna de l'œil imperceptiblement et prononça très-bas :

— Ce Le Quien connaît Mlle Marguerite Maynard...

— Après?

— Mlle Maynard... mais ne savez-vous pas ce qui se passe?

— Non.

— Le mariage est décidé.

— Pas possible!

— Je vais à Rennes pour cela.

Le maître de forges montra son habit bleu à boutons noirs et sa cravate jaune.

— Nous sommes de noces, ajouta-t-il.

— Comment! déjà! s'écria le gentillâtre.

— Géraud a racheté les bans ; tout est prêt. Demain matin, on ira à l'église.

— Et Marguerite ?

— Marguerite a fini par consentir... Géraud a promis de ne plus aller à la Baraque.

— Kerdanio haussa les épaules.

— Et la petite Clémence ? demanda-t-il encore.

— Clémence est aux anges !

— Et moi qui allais m'installer chez Géraud ! soupira le pauvre hobereau dont la figure s'allongea d'une aune.

— Mauvais moment pour réclamer une hospitalité indéfinie !... Mais Géraud est si bon !

— Je ne me souviens pas d'avoir jamais gêné personne en ma vie, dit Kerdanio avec une dignité vraie ; il me reste quelques écus : j'irai à l'auberge.

La patache arrivait au bon bourg de Noyal-sur-Vilaine, où il y a un relais. Les souliers ferrés de Le Quien grincèrent sur les marche-pieds et sa tête souriante parut à la portière.

— Voilà le chaud qui vient, dit-il, une chopine de cidre ne sera pas de trop.

Kerdanio détourna la tête. Goujeux s'essuya le front avec son foulard.

— On étouffe, grommela-t-il ; ne venez-vous point vous rafraîchir, Guy ?

— Non, répliqua le hobereau dans un premier mouvement de mauvaise humeur.

Goujeux n'insista point et sauta sur la route avec un empressement manifeste. Kerdanio le vit s'approcher de Le Quien et lui frapper sur l'épaule. Il se pencha en dehors de la portière, mais le messager de Saint-Malo et le maître de forges étaient déjà dans l'ombre, tout au fond du cabaret.

— J'aurais mieux fait d'aller avec lui, pensa-t-il ; mais du diable si on peut empêcher cet homme-là de ménager la chèvre et le chou !

Il mit le goulot de sa gourde dans sa bouche et lampa un bon coup d'eau-de-vie.

Cela le consola.

Goujeux et Le Quien ne sortirent pas ensemble du cabaret, quand on eut attelé les chevaux. En montant sur son impériale, Le Quien dit à Kerdanio :

— Le cidre était bon.

L'attelage, composé de trois petits chevaux bretons, partait en ce moment au grand trot. Goujeux s'accota dans son coin.

— Voulez-vous des nouvelles? dit-il; Kermorin est là au cabaret : il vient de Rennes. Les enragés ont donné un charivari hier soir à Mlle Maynard.

— Qui ça? demanda le hobereau.

— Les étudiants... et les officiers sans doute, car il y a eu des querelles... Géraud a tiré deux coups de pistolet par la fenêtre.

— Il a bien fait, saquerdienne! s'écria Kerdanio; s'ils recommencent ce soir, nous serons là!

— On parle d'un jeune homme... Vous comprenez que je dis ce qu'on m'a dit, voilà tout... d'un beau jeune homme qui a fait le chevalier errant. Un amoureux de la demoiselle... à ce qu'on suppose.

— De Marguerite?

— N'est-elle pas assez belle pour cela?... Il a provoqué les étudiants... il a provoqué les officiers...

— Ah! ah! fit Kerdanio qui dressa l'oreille, un rude, à ce qu'il paraît? Comment l'appelez-vous?

— Personne ne sait son nom. Il arrivait par la voiture de Nantes ou par la voiture de Saint-Malo... Kermorin dit qu'il a dû aller sur le pré, ce matin, avec un officier... s'il en réchappe, il y retournera demain avec un étudiant...

— Saprebleure! s'écria Kerdanio enthousiasmé, celui-là ne vient pas de Normandie!... Après?

— Kermorin allait peut-être en dire davantage sur le jeune homme et sur Marguerite... il est bavard ; mais M. Le Quien est venu lui parler tout bas... M. Le Quien tenait son gros fouet dans la main droite...

— Mon bon, s'interrompit ici M. Goujeux au moment où le hobereau allait protester contre la poltronnerie de Kermorin, — nous verrons, d'ici à peu de temps, des choses qui surprendront bien du monde... Vous êtes mon voisin et mon ami. Je vous dois à tout le moins un conseil... J'espère vous donner mieux... Mais voici d'abord le conseil : Si vous voulez faire argent de vos espérances, dépêchez-vous!

— Parce que?.. commença Kerdanio.

— Dépêchez-vous! répéta le maître de forges avec une solennelle emphase.

IV

L'affaire Kerdanio.

Kerdanio n'était pas un hidalgo dépourvu d'éloquence. Sous le plafond fumeux du café d'Armorique, qui avait l'honneur d'être l'estaminet noble de la ville de Rennes, Kerdanio, la pipe à la bouche et le verre à la main, se faisait écouter. Il parlait chevaux assez couramment, distinguait bien le Cognac du Montpellier, et raisonnait chasse aussi longuement que pas un. Figurez-vous Kerdanio envoyé en possession des domaines de Malhoët, il devenait à l'instant même un homme d'importance, et sa redingote en peau de loup passait à l'état de relique sainte. Soixante mille livres de rentes au soleil !

Mais dès qu'il s'agissait d'affaires, autres que d'acheter ou de vendre une pouliche, un tilbury, un chien couchant, Kerdanio était plus incapable qu'un enfant. Il n'avait pas plus de défense contre la ruine qu'un pauvre diable au fond de l'eau et ne sachant point nager.

Goujeux toussa trois ou quatre fois de suite et toucha le nœud de sa cravate jaune. C'était un signe de discours. Kerdanio lui jeta un regard où il y avait de l'effroi.

— Je ne suis ni sourd ni aveugle, commença le maître de forges ; — je sais très-bien qu'on dit de moi : Goujeux pratique la charité bien ordonnée ; il pense à lui-même avant de penser aux autres. Quand cela serait ? J'ai une femme et des enfants, n'est-ce pas ?... si je ne leur mettais pas un peu de pain sur la planche, les autres, ceux qui parlent, prendraient-ils soin de ma famille ?... Tenez, Guy, vous allez voir, vous, si je ne songe qu'à moi... Je connais votre affaire mieux que vous...

Kerdanio ouvrit de grands yeux.

— Mieux que vous, répéta le maître de forges ; et si quelqu'un vous épargne la culbute, souvenez-vous bien de ce que je vous dis là, ce quelqu'un s'appellera Amédée Goujeux... l'égoïste, le trop prudent.

— Mais... voulut interrompre Kerdanio.

— Bien ! bien !... vous ne me regardez pas comme un mauvais homme... merci... c'est beaucoup d'honneur que vous me faites... Écoutez-moi seulement, et vous allez juger si je suis au fait de ce qui vous intéresse.

Goujeux se recueillit un instant ; puis, du ton clair et précis d'un homme qui a sérieusement étudié une question, il reprit :

— Votre père était le neveu à la mode de Bretagne d'Ange-Marie-Joseph Malhoët, comte de Tréomer, député de la noblesse aux derniers états de Bretagne, et décédé, en 1811, à son château de Tréomer. Le vieux comte avait gardé presque tous ses biens immeubles, malgré la Révolution, parce qu'il n'avait point émigré... Il avait même acheté nationalement, en 1794, une portion des domaines de votre père, pendant que celui-ci était en Allemagne... Jean-Marie Malhoët, vicomte de Tréomer, fils du comte Ange, n'imita point la conduite de son père. Il se jeta en plein dans la contre-révolution, fit partie de l'armée de Condé et ne voulut pas même rentrer en France avec les autres émigrés.

— Saperbleure ! l'interrompit ici le hobereau, n'allez-vous pas me raconter l'histoire de ma famille, Amédée ?

— Nous sommes en train de discuter les possibilités d'une affaire, répliqua paisiblement Goujeux ; il n'y a que les affaires bien faites qui n'amènent jamais de désagrément. Vous m'excuserez si mon exposé ne vous divertit pas, Guy, mon cher ami : je suis maître de forges et non pas avocat... et puis, ce que j'en fais, après tout, c'est pour trouver jour, selon les éventualités, à vous rendre service...

— Normand et demi ! grommela Kerdanio entre ses dents.

M. Goujeux poursuivait :

— Personne n'a jamais bien su quels rapports le vicomte Jean-Marie avait conservés avec son père. Au fond, le vieux Tréomer aimait le roi ; il ne pouvait blâmer bien fortement son fils des rancunes que celui-ci gardait à la Révolution. Mais il était prudent ; il ne se compromettait jamais...

— J'en connais comme cela pas mal, murmura le hobereau.

— On a des raisons de supposer, continua M. Goujeux, comme s'il n'eût pas entendu, que le vieux Tréomer envoya de l'argent à son fils à l'étranger jusqu'à la mort de ce dernier qui eut lieu, à ce que l'on prétend, vers 1805 ou 1806.

— Qui prétend cela ? demanda Kerdanio.

— Des gens qui passent pour bien informés... et qui ajoutent que le vicomte Jean-Marie, au moment où la mort le surprit, était sur le point de repasser la mer pour présenter au vieux comte sa femme et son jeune enfant.

Kerdanio se mit à ricaner.

— Foi de Dieu! s'écria-t-il, c'est gentiment arrangé!

— Contesteriez-vous, mon bon ami, lui demanda Goujeux avec sa gravité douce, que le vicomte Jean-Marie, votre cousin, eût pris femme à l'étranger?

— Je ne conteste rien, moi, saquerdienne!... Je dis : C'est la bouteille au noir !... Qu'on m'apporte seulement l'acte de mariage...

— Peut-être qu'on vous l'apportera, prononça Goujeux négligemment.

Et comme le hobereau s'agitait dans son coin, Goujeux ajouta :

— Je dis : peut-être, vous m'entendez bien... c'est tout uniment dans l'ordre des choses possibles... Vous parlez de faire une affaire; nous posons des jalons... Vers l'année 1797 ou 98, il paraît très-certain que le vicomte Jean-Marie s'était réfugié dans les Antilles anglaises... à la Jamaïque, je crois... Il semble également hors de doute que le mariage se fit en ce lieu, si mariage il y a... Un troisième fait, pareillement authentique, c'est que le vicomte Jean-Marie devint père d'un enfant du sexe masculin.

Kerdanio haussa les épaules.

— Il n'en manque pas d'enfants comme cela! gronda-t-il; l'amour et le hasard, comme dit la comédie... pas plus d'acte de naissance que d'acte de mariage!

— A force de chercher... commença le maître de forges...

Puis, se reprenant et posant sa main gantée de coton sur la peau de loup de Kerdanio :

— Vous savez bien que le jeune homme est aux Antilles en ce moment... et qu'il cherche!

Kerdanio se mit à siffler un appel de chasse.

— Allez au bout! fit-il; bellement! velci-là!... Les chiens ont beau quêter, Amédée, si la bête n'y est pas!

— Sans doute, sans doute... mais si la bête y est?... Quel gai caractère il a tout de même ce M. Le Quien!

La voix de celui-ci, monotone et rude, tombait de l'impériale. Il chantait l'air des gars de Plédihen : — « A l'heure de la messe qui sont déjà tout pleins! »

— Gai, celui-là! se récria Kerdanio; sa chanson serait bonne pour porter le diable en terre!... De manière ou d'autre, il faudra bien que je sache ce qu'il vient faire du côté de Vitré.

— Vous le saurez quand vous voudrez, mon pauvre Guy, repartit M. Goujeux.

— Est-ce vous qui me l'apprendrez, Amédée?

— Pour peu que cela vous fasse plaisir... M. Le Quien s'est battu dans le temps sous les ordres du vicomte Jean-Marie; c'est une rude attache à ce qu'il paraît que d'avoir chouanné ensemble, car ils se tiennent tous... et je vous prie de croire, Kerdanio, mon ami, que je suis plein d'estime pour ceux qui ont défendu le trône et l'autel... On me connaît bien pour aimer le roi, malgré mes opinions modérément libérales...

— Qu'est-ce que tout ça me regarde? gronda le hobereau.

— M. Le Quien, reprit Goujeux, a donc comme cela du caniche pour la fidélité. Il va tout uniment inspecter de temps en temps les propriétés de son maître.

Kerdanio ferma les poings.

— Saquerdienne! s'écria-t-il, vous parlez de ça comme si l'enfant naturel avait déjà les clefs dans sa poche!

— Je vous explique, répondit M. Goujeux, toujours calme et doux, pourquoi M. Le Quien va se promener du côté de Vitré... Revenons à nos moutons. J'en étais à la naissance d'un fils qui serait, s'il peut justifier de son état civil, l'héritier unique et universel des biens, meubles et immeubles de la succession Malhoët de Tréomer.

— L'état civil, fit Kerdanio d'un air triomphant; voilà précisément le hic, Amédée!

— Mon Dieu! Guy, mon ami, un acte de mariage et un acte de naissance, il n'en faut pas davantage.

— On les lui a demandés au tribunal!

— Il est parti pour aller les chercher;... ne brouillons rien; je tiens à établir les faits pour que nous ayons notre lit bien net. Quand notre respectable ami et voisin, Ange-Marie-Joseph Malhoët, comte de Tréomer, a rendu son âme à Dieu, peu de gens dans le pays, songeaient au vicomte Jean-Marie; on s'était accoutumé à regarder le défunt comme étant le dernier de sa race, et, pour tout le monde, vous aviez beau jeu, Guy, mon ami... Cela est si vrai, qu'on fut sur le point d'ouvrir la succession, sans même s'inquiéter de l'absent.

— Et on l'aurait fait, Amédée, sans ce scélérat de Le Quien !

— Pourquoi scélérat, si les autres ont droit ? Tâchez donc de prendre des façons plus rassises, mon pauvre Guy ; vous avez l'âge.. Il n'était pas difficile, n'est-ce pas, d'établir que le vicomte Jean-Marie avait existé... existait-il encore ? voilà le point douteux... Les dernières nouvelles étaient de 1805... Juste onze ans, à la mort du vieux Malhoët... On fouilla ses papiers, on ne trouva point de lettres plus récentes... C'était plus qu'il n'en fallait pour faire déclarer l'absence...

— Et l'envoi en possession provisoire, ajouta Kerdanio, qui ôta sa pipe de sa bouche pour passer sa langue gourmande sur ses lèvres.

— Et l'envoi en possession provisoire, répéta le maître de forges ; onze ans et nul signe de vie ! Mais ne voilà-t-il pas que maître Lefas, avoué de première instance, se constitua un beau jour et vint à l'audience déposer des conclusions au nom d'un sieur Ange-Marie-Joseph Malhoët, se disant comte de Tréomer, par le double décès de son aïeul précité et du vicomte Jean-Marie, son propre père...

— Un aventurier ! s'écria le hobereau qui secoua frénétiquement les cendres de sa pipe, un imposteur, un rien qui vaille !

— Savoir... fit Goujeux.

— Il n'a pas même osé se montrer !

— Il a passé son examen d'avocat... très-brillamment, à ce qu'on dit..., il a prêté serment, puis il est parti pour la Jamaïque.

— Et l'on n'a plus entendu parler de lui.

— Patience !

— Monsieur Goujeux ! appela Le Quien, qui pencha sa tête en dehors de l'impériale.

— Plaît-il ?

— Voyez-moi le foin, là-bas, dans le pré Berthellier... Il y en aura des charretées, oui !

— Une belle prairie, M. Le Quien !

— Notre monsieur disait qu'il ne la donnerait pas pour dix mille écus.

— Elle les vaut... Voilà donc où en sont les choses, Guy, mon ami... Maître Lefas, l'avoué du jeune homme, paraît sûr de son fait.

— Un charlatan, gronda Kerdanio qui était devenu rouge en regardant le pré Berthellier.

Il ajouta entre ses dents :

— C'est le supplice de Tantale ! Ne pouvoir manger ce foin-là !

— L'affaire pend, poursuivit Goujeux ; — les juges sont diantrement partagés, si l'on en croit la chronique... et il peut se faire, Guy, mon cher ami, que dans quinze jours ou trois semaines, votre droit ne vaille pas une pièce de trente sous !

La patache arrivait aux premières maisons du faubourg ; Kerdanio fourra sa pipe brûlante dans sa poche.

— Alors, dit-il brusquement, la chose ne vous va pas, Amédée ? N'en parlons plus. Je tâterai le vieux Lecerf.

Le maître de forges avait la tête à la portière.

— Rennes embellit tous les jours ! fit-il observer avec admiration ; voilà encore une maison qu'on recrépit !... Le luxe fait des progrès, maintenant, en Bretagne... Quant à Lecerf, il ne vous avancera pas un denier.

— Comment savez-vous cela ?

— Ni Lecerf, ni personne, Guy, mon ami... Dans le monde entier, il n'y avait que moi pour faire une pareille sottise, si je n'avais eu Mme Goujeux et les enfants...

— Vous pourriez leur faire faire un beau rêve, Amédée, si le tribunal...

— Il faudrait Géraud ! prononça lentement le maître de forges.

La voiture s'arrêta à la porte de l'auberge borgne qui lui servait de bureau. Goujeux s'épousseta énergiquement, pendant que Kerdanio mettait pied à terre d'un air sombre. M. Le Quien jeta son fouet sur le pavé, puis dégringola en homme habitué à cette gymnastique. M. Goujeux descendit en même temps que lui.

— A vous revoir, monsieur Le Quien !

— A vous revoir, M. Goujeux ! On pourra traiter pour les coupes du Bouëxis et l'aménagement du carrefour dès que le jeune monsieur sera reconnu...

Le Quien ramassa son fouet et s'en alla en sifflant son air favori. Kerdanio, tout pâle sous la basane barbue qui recouvrait ses joues osseuses, vint au maître de forges les deux poings fermés.

— Vous en êtes déjà là ! s'écria-t-il d'une voix que la colère étouffait.

Goujeux lui saisit les deux poignets. Il avait toujours ce bon sourire qui eût été la franchise même, sans l'obliquité incurable du regard.

— Guy, mon ami, fit-il gaiment, si j'obligeais un bon garçon comme vous, ce serait le plus beau jour de ma vie. Ne jetez pas le manche après la cognée ! réfléchissez..., vos prétentions sont extravagantes, tout uniment... Pensez-y sérieusement et ne gâtez pas votre situation par vos bavardages... moi, je vais flâner, m'informer, chercher d'où vient le vent... Je vous attendrai ce soir, à 8 heures, chez la Pouponnel, au Pré-Botté... Soyez certain d'une chose, Guy, mon pauvre ami, c'est que s'il y a un moyen gros comme le doigt de vous tirer de peine, ce sera Goujeux, l'égoïste, qui vous donnera un coup de main.

Il lâcha les poignets de Kerdanio. Tout-à-l'heure celui-ci avait bonne envie de l'étrangler, mais ces pauvres diables de gentillâtres campagnards qui font souvent pis que pendre en leur vie, ont, la plupart du temps, l'âme bonne — au fond. En somme, la gourde de Kerdanio était grande, et il l'avait vidée. L'opération de mettre à sec une gourde comme celle de Kerdanio dégage toujours une certaine quantité de tendresse. Kerdanio se jeta au cou du maître de forges qui eut incontinent la larme à l'œil.

— Écoutez-moi, Guy, lui dit ce dernier, en prenant congé; il ne tiendra pas à moi que vous ne gardiez la vieille maison où est morte votre mère.

— Amédée ! Amédée ! sanglota le hobereau, si quelqu'un vous appelle encore Normand devant moi, je jure, ma foi de Dieu, que je lui brise les reins, la tête et les côtes.

V

Le café Militaire.

Cette scène attendrissante se passait au beau milieu de la rue. M. Goujeux échappa à l'étreinte du hobereau en lui répétant l'heure du rendez-vous de ce soir. Kerdanio fit décharger sa valise, qu'il mit sous son bras, et tous deux se séparèrent.

Il pouvait être trois heures de l'après-midi. Kerdanio se rendit à l'auberge de très-modeste apparence qui avait sa pratique, quand il n'usait point de l'hospitalité de Géraud; Coujeux gagna le domicile de l'un de ses neveux, juge au tribunal de première instance. Le Quien, lui, avait pris sa course par la rue Vasselot. Pour gagner son quartier de la rue Nantaise, il lui fallait traverser la ville dans sa plus grande longueur, mais la plus grande longueur de la bonne ville de Rennes n'excède pas de beaucoup un kilomètre, et ce Le Quien vous avait une maîtresse paire de jambes...

Le long de la rue Vasselot, tout le monde lui souhaitait le bonjour en l'appelant par son nom. Là-bas les messagers sont des personnages, surtout quand ils tiennent cabaret. M. Le Quien avait, dans ces quartiers populeux, une notoriété qui ressemblait à de la gloire. Sur la porte de chaque bouchon, c'est-à-dire sur chaque porte, car il y a au moins un bouchon par porte, quelque gros débitant de cidre ou quelque brave aubergiste à la redoutable corpulence adoucissait sa voix pour lui chanter le refrain de la sirène bretonne :

— Il est doux, monsieur Le Quien, et fort en cidre *itout*; meilleur qu'ailleurs, aussi moins cher. Entrez un petit peu, histoire d'en goûter tant seulement une verrée!

M. Le Quien saluait de la tête et passait, disant :

— Bonjour à vous et à la maisonnée.. Pour une autre fois... Des affaires par chez nous!

Quand il eut traversé la rivière de Vilaine sur un de ses cinq ponts dégradés et branlants, la cité noble aligna devant lui ses rues grises, étroites et sombres, où il n'y a plus guère qu'un bouchon sur deux portes. Il fait soif dans ce pays de Rennes, malgré la pluie qui noircit sans cesse les hautes maisons de granit. M. Le Quien s'arrêta non loin de la tête du pont et entra dans la cour boueuse d'une auberge-messagerie, toute pleine de brancards jaunes et de roues désemparées. Conducteurs et postillons le saluèrent en confrères bienveillants.

— Celle de Nantes est arrivée? demanda-t-il.

— Dieu merci! répondit le buraliste; bonjour à vous, monsieur Le Quien. Ça va-t-il sur Saint-Malo et la route?

— Bonjour, madame Brenet; ça va assez, plaît à Dieu... N'y a rien pour moi dans votre voiture?

— Rien en tout, monsieur Le Quien... Les foins là-bas sur la route?

— Ça va et ça vient madame Brenet... Trop d'eau!

— Il y a donc bien de l'eau là-haut, monsieur Le Quien? C'est *fectivement* noyé du côté de Nantes... Et le fourrage monte?...

— Tout monte, madame Brenet, hormis le boursicot des messagers!

— Et la paix dans notre malheureuse ville, monsieur Le Quien, dit la buraliste employant cette transition adroite et hardie pour arriver aux cancans de la localité.

Elle leva les yeux au ciel. Le Quien se dirigeait déjà vers la porte de la rue.

— On vous l'a dit, rue Vasselot, en passant? reprit madame Brenet; la faillie nous tuera pas moins tous nos jeunes gens!

Le messager s'arrêta et fronça le sourcil.

— Ils se sont battus ce matin, continua la bonne femme, derrière le Thabor. Le jeune M. de Tréméno a eu le bras droit cassé d'un coup de pistolet... Il est lieutenant, c'est vrai, mais il est Breton et parent à bien des gens de la ville... Ça fait la deuxième fois que le sang coule pour cette créature.

— De quelle créature parlez-vous, madame Brenet? demanda sévèrement Le Quien.

Quand ce M. Le Quien cheminait paisiblement, le fouet sous le bras et la pipe à la bouche, il avait l'air de ce qu'il était : un brave homme, habitué à fréquenter des chevaux, des postillons, des palefreniers. Mais quand il se redressait tout à coup, montrant son regard agile et perçant sous les grosses touffes de ses sourcils, ce n'était plus cela. Il y avait plus d'un bourgeois à Rennes pour baisser les yeux sous le regard de M. Le Quien.

— Bon! bon! fit madame Brenet qui prit un air innocent; on n'a pas l'intention de mal dire, n'est-ce pas?... J'avais oublié que la première histoire a eu lieu tout près de votre porte... M. de Jaucourt est guéri de son coup de couteau... Chacun peut avoir son opinion sur celui-ci et sur celle-là, pas vrai?... mais, chez nous, les coups de couteau, c'est rare, par la volonté du bon Dieu... voilà tout!

Le Quien était planté sur le seuil, droit comme un I et ferme sur ses jambes. Les gens de l'écurie commençaient à se rapprocher, parce que l'entretien prenait physionomie de dispute. Par tous pays, la dispute affriande. Une des plaisanteries qui a eu le moins de faveur dans notre Europe civilisée, c'est, assurément, le Congrès de la paix.

— Madame Brenet, dit Le Quien, je n'ai rien contre les officiers ni contre les étudiants du droit ou de la médecine; mais tous ces jeunes messieurs-là doivent se comporter comme il faut. Notre ville n'est pour eux qu'une auberge. On se tient dans les auberges. La femme qui a défendu son honneur avec son couteau a bien fait. Ne me demandez pas mon opinion sur les femmes qui la blâment. L'homme qui a été sur le pré pour venger l'honneur d'une femme outragée est un Breton, quand même il viendrait de Normandie!

— Ah! l'interrompit la Brenet, celui-là on ne le connaît ni d'Ève ni d'Adam.

— Moi, je le connaîtrai!... Il vaut autant que nous, puisqu'il a fait son devoir... Quant à celle que vous appelez une créature, elle vaut mieux dans son petit doigt qu'un demi-cent de bavardes que je nommerais bien si j'avais le temps... A vous revoir, madame Brenet!

Il tourna le dos et remonta tranquillement la rue.

— Nommez, monsieur Le Quien, nommez! criait la buraliste rouge comme une tomate.

— Le chouan lui a tout de même rivé son clou! dirent les gens de l'écurie.

Une moitié des moralistes prétend que la femme est supérieure à l'homme, une autre moitié soutient que l'homme est supérieur à la femme. Ces deux moitiés réunies en un tout et formant ainsi le sublime concile de la philosophie humaine, sauraient-elles nous dire pourquoi les femmes abhorrent si énergiquement les femmes? Le motif de cette sauvage et implacable haine est-il dans leur supériorité ou dans leur infériorité?

Madame Brenet rentra dans son trou en maudissant la créature, la duègne, la *pas grand'chose* qui venait de lui valoir une humiliation publique. Incidemment elle jeta l'anathème à Géraud, l'avocat, qui couronnait dignement ses bamboches en épousant une pareille malheureuse.

— Ce n'est pas assez, les charivaris, disait-elle; on devrait casser les vitres. J'irai devant la porte de l'église, et je leur dirai leur fait quand ils passeront!

Notez que madame Brenet n'avait jamais parlé à cette pauvre belle Marguerite Maynard. Ce sont des férocités instinctives. Il suffit seulement de la beauté pour les faire naître. Quand ce numéro de loterie, qui s'appelle la beauté, sort par hasard de la roue et amène un gros lot, ces férocités deviennent enragées. Elles mangeraient de la chair palpitante! elles boiraient du sang chaud!

M. Le Quien suivait désormais son chemin. Il était tout pensif.

— Pas de nouvelles! se disait-il à part lui, — le temps passe! serait-il arrivé malheur?...

— Eh bien! papa Le Quien! dit une joyeuse voix tout près de lui, sommes-nous de noces? La Duègne a bien joué son jeu, oui!... Géraud n'y voit que du feu!... Je veux parier que dans toute la ville, vous ne trouverez pas trois chiens coiffés qui ne parlent de Marguerite Maynard, de Géraud-Bouche-de-Fer ou du beau Ténébreux qui a cassé la patte du lieutenant Tréméno!... Que voulez-vous? Jeunesse se passe et ça met du mouvement dans une ville!...

Cet homme de bonne humeur était le commis greffier du tribunal civil, M. Cointelle, gros comme une tour, luisant de la tête aux pieds, et vigoureusement couturé par la petite vérole. Il prit la main du messager, bon gré mal gré, et la serra avec cette offensante rondeur des hommes trop gras.

— On dit que vous vous intéressez à la donzelle, papa Le Quien? ajouta-t-il.

— Au cas où je m'intéresserais à la donzelle, monsieur Cointelle, repartit froidement le messager, il pourrait être convenable et prudent de parler d'elle avec moins de légèreté.

— Ah! oui, léger! s'écria le commis-greffier avec un rire tempétueux; cent dix kilos... l'automne passé... l'ai gagné depuis!... Je suis franc comme le bon cidre, moi, voyez-vous, Le Quien... Je ne lui en veux pas, à la duègne... Je ne comptais pas épouser maître Géraud... Eh! eh! eh!

Second éclat de rire semblable à un coup de tonnerre.

— Plaisanterie à part, Le Quien, mon garçon, avez-vous vu les étoiles en plein midi?... Moi je vas vous montrer quelque chose de plus drôle... regardez-moi ça!

Il était sur la place du Palais. La grosse main du commis-greffier désignait le militaire qui ouvrait à la brise ses por-

3

tes et fenêtres. La brise entrait et faisait flotter les rideaux de percale enfumés.

Le luxe ne s'était pas encore porté vers les cafés. Le Café militaire était bien le plus beau des établissements de ce genre; cela ne l'empêchait point d'être fort laid.

D'ordinaire, les bourgeois y entraient peu; les étudiants n'y entraient jamais, de même que jamais les officiers de la garnison ne mettaient le pied au café de la Comédie, affecté à messieurs les étudiants. Aujourd'hui, par les fenêtres ouvertes du Café militaire, on voyait flamber le punch. Autour des bols nombreux, des officiers et des étudiants s'asseyaient pêle-mêle.

M. Cointelle avait raison. C'était bien, en effet, comme si Orion ou la Grande-Ourse se fussent montrés au ciel en plein midi.

— Ça amènera bien quelque petite affaire au greffe criminel, reprit le gros rat de palais en se frottant les mains ; en attendant, les voilà en tas comme des amis ! Le beau Ténébreux n'aura qu'à se bien tenir !

Le Quien regardait les buveurs de punch avec un sourire d'amer dédain.

— Il y a donc besoin de faire flamber tant d'eau-de-vie, dit-il, pour se mettre vingt contre un ! A quelle auberge est-il descendu, celui que vous appelez le beau Ténébreux ?

— Ni vu ni connu... mais, si vous voulez le savoir, allez le demander là-bas.

Le commis greffier prononça ces paroles comme un défi, et son doigt étendu désignait le Café militaire.

— C'est une idée, ça, monsieur Cointelle, répliqua paisiblement Le Quien.

Il assura en même temps son fouet sous son bras et marcha droit vers le café.

En voilà un qui va être bien reçu ! pensa le commis greffier, qui croisa ses mains derrière son dos et resta prudemment à distance.

M. Le Quien allait sans se presser. Le vent faisait bouffer sa blouse énergiquement déteinte, et ses longs cheveux grisonnants se balançaient sur son dos. Il se présenta à la porte de la salle où MM. les officiers et MM. les étudiants étaient réunis. Un garçon lui barra le passage :

— On n'entre pas ici en blouse !

Mais on entrait partout avec des poignets comme ceux de

M. Le Quien. Il prit le garçon par les épaules, le fit tourner sur lui-même deux fois, et passa le seuil en tenant son chapeau à la main.

— Diable d'homme! grommela M. Cointelle; nous sommes pourtant approchant du même âge... allez-vous-en voir si j'en ferais autant!

M. Le Quien salua bien poliment l'assistance, qui ne faisait aucune attention à lui. Étudiants et militaires semblaient en proie à une grande agitation. Le punch flambait depuis plus d'une heure; toutes ces jeunes têtes avaient la fièvre.

Au moment où M. Le Quien saluait, dix voix parlaient à la fois, bien qu'il y eût un orateur monté sur une banquette, lequel réclamait le silence à cor et à cris. Quelques sages disaient :

— Écoutez Tremmelec! Écoutez Tremmelec!

Tremmelec était un beau gaillard d'étudiant, vicomte, chasseur, tapageur, buveur, querelleur, et l'un des plus mauvais élèves de l'illustre jurisconsulte Toullier, qui tenait alors, à Rennes, la chaire du droit civil. On ne sait vraiment pas pourquoi ces braves petits vicomtes encombrent les facultés de droit. Ils seraient si bien à l'armée!

Tremmelec, franc comme l'acier, bon cœur, bonne lame, joyeux cavalier, prodigue de sa bourse et de sa personne, tenait le sceptre de la mode parmi MM. les étudiants. On s'habillait comme Tremmelec, on jurait comme Tremmelec : Tremmelec était le bon. Et plus d'une belle jeune fille du Contour de la Motte, ce petit faubourg Saint-Honoré de la capitale bretonne, avait en secret le désir d'apprivoiser quelque jour ce beau lion sauvage.

— Écoutez Tremmelec!

Tremmelec disait :

— Ce ne sera pas la première fois que les étudiants de Rennes auront mis la police à la raison! Les officiers sont nos amis, c'est évident, à la vie à la mort; mais s'ils ne veulent pas s'en mêler, nous ne leur garderons pas rancune...

— Parbleu! fit le chœur des étudiants.

Le chœur des officiers grondait.

Un petit lieutenant blanc et rose fit mine de friser sa moustache, qui comptait bien pousser un jour ou l'autre, et se mit à frapper sur la table avec son verre.

— Écoutez Barrère! dirent les officiers.

— Un seul mot, acheva Tremmelec, qui salua les uniformes avec la courtoisie noble d'un vaillant ennemi tout récemment réconcilié ; les officiers sont nos camarades! c'est évident... mais ils ont fait leur besogne ce matin ; c'est notre tour demain... Après-demain, nous leur laisserons le champ libre.

Les étudiants applaudirent bruyamment.

— Bravo! Tremmelec! cria-t-on de toutes parts; — si la police fait la méchante, on tambourinera la police!

En 1818, la police de Rennes était faite par une douzaine de pères de famille ayant titre de *gardes de ville*. Ils gagnaient durement leur argent.

Barrère, le joli petit lieutenant, se levait pour répliquer. Peut-être cette cordiale entente qui régnait depuis peu entre les armes et la toge allait-elle prendre fin brusquement, car il y avait un filet de vinaigre dans l'eau sucrée de ce Barrère mignon, quand tout à coup une toux retentissante domina les bruits divers qui emplissaient le café.

Vous n'avez pas oublié M. Le Quien. Le Quien s'ennuyait d'attendre. Personne jusqu'alors n'avait fait attention à lui. Tout le monde se retourna à la fois. La toux de M. Le Quien valait un son de trombonne.

En se retournant, MM. les officiers et MM. les étudiants virent ce brave homme à la blouse pâlie avec son fouet sous le bras, ses grands cheveux pendants et son petit chapeau à la main.

— Qui a laissé entrer celui-là? demanda-t-on de toutes parts.

— Il écoutait! ajoutèrent quelques voix.

Et d'autres :

— Il espionnait!

Espionner ces messieurs qui complotaient en plein jour, à pleines voix et les fenêtres ouvertes! Mais c'était alors la manie des conciliabules, mystères, franc-maçonneries et conspirations. La France a toujours quelque cher jeu qui amuse ses oisifs : la chasse aux espions était de mode.

Ils se levèrent tous en tumulte; plusieurs se mirent entre la porte et l'espion. Ceci est commandé par la prudence.

Les officiers avaient bien un peu de pudeur; mais nos étudiants y allaient de toute leur âme. Il se trouva des rusés pour ordonner de fermer les fenêtres.

— Pas la peine, dit tranquillement M. Le Quien ; je n'ai pas envie de me sauver.

Il avait près de lui, à sa gauche, ce grand beau garçon de Tremmelec ; à sa droite, le hasard de la poussée avait mis M. Barrère, le joli lieutenant.

— Cette salle est louée, dit Tremmelec ; personne n'a le droit d'y entrer.

— J'ai passé malgré le garçon, répondit cet imperturbable M. Le Quien ; ne lui faites pas de chagrin.

— Je crois que le drôle se moque de nous ! murmurait-on dans le cercle.

— Ce sera tant pis pour lui !

— Que venait-il chercher ici ?

— Réponds ! fit durement Tremmelec ; que venais-tu chercher ici ?

— Le Quien le regarda en face.

— Votre papa me tutoyait tout de même, mon jeune monsieur, prononça-t-il lentement ; j'avais fait la guerre avec lui.

— Il ne s'agit pas de cela ! dit le joli lieutenant Barrère.

— Votre père, à vous, lieutenant, interrompit le messager, faisait la guerre contre nous. Tremmelec était chouan, Barrère était bleu ; c'étaient deux fiers soldats, oui ! Quand on a été soldat, on aime à raconter comme ça des histoires au coin du feu, l'hiver, avec les enfants entre les jambes. Le vicomte de Tremmelec et le colonel Barrère ont dû prononcer plus d'une fois, dans leurs récits de batailles, le nom de Vincent Le Quien : l'homme de la Mabilais, comme on l'appelait.

Tremmelec et Barrère firent tous deux un pas en avant.

— Le brave des braves ! dit le vicomte étudiant.

— Le chouan qui sauva la vie à mon père ! ajouta le lieutenant.

Sans changer aucunement d'accent ni de posture, le messager dit :

— C'est moi qui suis Vincent Le Quien.

Le vent tourna, comme bien vous pensez. Cela se fait brusquement dans une assemblée respectable, composée d'étudiants et de jeunes officiers. L'espion se transforma tout à coup en héros.

— Un verre de punch ! cria-t-on de tous côtés à la fois ; un verre de punch avec nous, monsieur Le Quien !

Tremmelec et Barrère, joignant le geste à la parole, s'étaient élancés tous les deux vers la table où fumait le bol. Ils revinrent, tenant chacun un verre à la main.

M. Cointelle regardait cela du dehors.

— Diable d'homme! dit-il, diable d'homme!... Moi, j'aurais bien sûr attrapé quelque mauvais coup!

— A la santé de mon père! proposèrent à la fois Barrère et Tremmelec.

Ils tendaient leurs verres pleins. M. Le Quien continua de tenir à deux mains les bords de son chapeau. Il répondit avec une froide politesse :

— Je n'ai pas soif, mes jeunes messieurs.

— Comment! comment! se récria-t-on; la santé du vicomte de Tremmelec! la santé du colonel Barrère! vous refusez?

— Je crois, ma parole d'honneur, qu'il fait des façons, se disait le gros commis greffier.

M. Le Quien baissa les yeux. Un peu de rouge lui monta au visage.

— S'ils étaient ici... commença-t-il.

— Eh bien!

— Il vaut mieux, croyez-moi, qu'ils ne soient pas ici. Du temps de M. le vicomte et du temps du colonel, on allait deux à deux... et je ne me souviens pas d'avoir vu jamais tant d'épées se griser avant la bataille de vingt contre un.

Il y eut un long murmure. Tremmelec était tout pâle; le joli lieutenant avait de la pourpre aux joues.

— Êtes-vous venu pour nous insulter, brave homme? demandèrent plusieurs voix.

— Non, mes jeunes messieurs, répliqua le messager sans rien perdre de sa simplicité calme; nous avons assez causé pour aujourd'hui. J'étais venu vous demander un renseignement; dès que vous me l'aurez donné, je vous laisserai à vos affaires et à vos plaisirs.

— Quel renseignement réclamez-vous?

— Je veux savoir le nom et la demeure du brave enfant qui vous a empêchés hier, tous autant que vous êtes, d'insulter une femme.

— Il n'est pas encore trouvé, interrompit le beau Tremmelec d'un ton de fanfaronade, celui qui nous empêchera de faire à notre fantaisie!

— Vous avez raison, repartit M. Le Quien, dont le flegme

semblait redoubler; nous autres, gens du commun, nous n'exprimons pas toujours clairement notre pensée; c'est faute d'avoir eu le moyen d'étudier à l'âge où l'étude est profitable. Celui dont je veux savoir le nom et la demeure ne vous a pas empêchés d'insulter une femme; il était seul, vous étiez cent; mais il a pris en main la défense de cette femme, comme eût fait votre père, monsieur de Tremmelec..., et le vôtre aussi, monsieur Barrère... et la honte qu'il n'a pu prévenir, il l'a châtiée, puisque l'un de vous déjà manque à l'appel !

Ces rudes paroles étaient prononcées avec une tranquillité voisine de la douceur. M. Le Quien ne faisait point de gestes. Il restait immobile. Sa figure hâlée se penchait légèrement de côté. Quand il faisait une pause, ses doigts tortillaient un petit peu les bords de son chapeau de Jugon.

Il y eut un instant de silence dans la salle naguère si bruyante, puis un grand tumulte s'éleva. M. Cointelle put se dire, en remarquant certains mouvements qui avaient lieu parmi MM. les étudiants :

— Est-ce qu'ils vont instrumenter contre lui?

O suavité incomparable des plaisanteries spéciales! Bons mots du palais, bons mots de l'atelier, bons mots des coulisses, bons mots de la Bourse, bons mots des ministères et bons mots de l'École polytechnique! Que d'esprit dans cette noble France! Rien qu'à l'aide des jeux de mots mathématiques, on peut se démettre gaîment la mâchoire ; avec les coqs-à-l'âne du greffe, on peut entretenir la joie innocente pendant les trois cent soixante-cinq jours de l'année!

Il y avait, en effet, parmi les Bas-Bretons de première année, quelques oreilles trop chaudes qui nourrissaient déjà de mauvais desseins contre le messager. On parlait de le jeter à la porte et même de faire pis. Les murmures dégénéraient en cris; le tapage allait devenir tempête.

Le beau Tremmelec écarta ceux qui s'approchaient de trop près.

A table! messieurs, dit-il; le lieutenant Barrère et moi nous étions d'avance de l'avis de ce brave homme. Celui qui nous a provoqués tous est un vaillant cœur. Nous tous qui avons accepté sa provocation, nous sommes des lâches!

— Oh! oh! fit-on de toutes part, des lâches! Parle pour toi, Tremmelec.

— Je parle pour moi, je parle pour les autres, et j'envoie

faire lanlaire tous ceux qui ne seront pas contents!... La paix!... Nous allons régler nos comptes de famille quand celui-là sera parti.

Il se tourna vers Le Quien dont le visage avait, sous sa gravité sévère, comme un rudiment de sourire.

On n'ira plus qu'une fois sur le pré, l'homme, poursuivit-il d'un ton hautain ; je vous en donne ma parole d'honneur!... mais cette fois-là sera la bonne, car nous mettrons de côté les pistolets, et c'est moi qui tiendrai l'épée!

Les officiers n'avaient rien à voir là-dedans ; ils avaient eu leur tour le matin. Les étudiants protestèrent, non point contre le fait principal qui rendait au duel son caractère équitable, mais contre le droit que s'arrogeait Tremmelec. Le demi-sourire de M. Le Quien avait disparu. Il ne donna aucun signe d'approbation et se borna à dire :

Si c'est un effet de votre bonté, j'attends mon renseignement.

Ce fut encore Tremmelec qui lui répondit.

— Il s'appelle Ange Palmer ; il vient d'Amérique ; il loge à l'hôtel de la Corne-de-Cerf... Mais qu'avez-vous donc, l'homme ?

M. Le Quien avait tout à coup chancelé sur ses jambes. Sa main tremblante avait cherché un appui. Il se retenait à la table voisine pour garder son équilibre.

— Pardon, excuse, murmura-t-il, c'est la chaleur qu'il fait. En vous remerciant, monsieur de Tremmelec. Pour finir, vous avez parlé comme le fils de votre père. Mes jeunes messieurs, à vous revoir.

Il repassa le seuil, après avoir mis dans son salut cette courtoisie grave et paisible qui était le principal caractère de son maintien. Comme il traversait la place en hâtant le pas, le gros Cointelle lui cria :

— Attendez donc, messager! croyez-vous que j'ai fait le pied de grue, là, pour ne plus rien savoir ?

Mais M. Le Quien ne s'arrêta point. Il gagna tout d'un temps la Place-aux-Arbres, puis la rue d'Orléans où était situé l'ancien hôtel de la Corne-de-Cerf. C'était un vieux bâtiment de très-laide apparence, bien qu'on y menât bonne vie. La cuisine de son chef était illustre dans toute la Bretagne. Sur la porte, un bois de cerf dix cors servait d'enseigne à la maison.

M. Le Quien était connu partout où il y avait des écuries.

Il entra dans la cour, choisit sans rien demander un escalier assez vaste dont la belle rampe de chêne cachait ses moulures sous une couche épaisse de poussière humide, et s'engagea dans un long corridor sombre dont les portes étaient numérotées.

Loisel ! appela-t-il d'une voix de Stentor ; ohé ! Loisel ! »

Un vieux brosseur sortit de l'embrasure d'une fenêtre tout à l'autre bout du corridor.

— Le numéro du jeune homme, dit Le Quien ; M. Ange Palmer ?

— Un nom qui n'est pas de chez nous, monsieur le Quien ?... Pas mal et vous, merci !... Ah ! ah ! dame ! l'âge vient, et je ne brosserais plus que mes propres *hannes* si j'avais de quoi. Le jeune homme est au numéro 16.

— Il est chez lui ?

— Je tiens ses *braies*, monsieur Le Quien, *Hannes* et *braies* ont la même signification, qui est culotte. M. Le Quien chercha le n° 16. La clef était sur la porte. Il entra sans frapper et mit la clef en dedans. La chambre était beaucoup plus claire que le corridor ; le soleil, qui s'en allait descendant à l'horizon, y entrait par deux fenêtres hautes à petits carreaux et jetait à l'intérieur deux larges raies où dansait la poussière. Sur la table, il y avait une lettre cachetée, dont l'adresse était ainsi : « A monsieur Le Quien, pour remettre à Mlle Marguerite Maynard. »

Un lit à ciel entouré de rideaux de serge bleue tenait un des coins de la chambre. Un jeune homme de vingt ans à peine dormait, la poitrine découverte et les deux mains croisées, derrière sa tête, sous les masses de ses cheveux noirs bouclés.

M. Le Quien alla droit au lit. Un instant, il considéra ce beau jeune homme dont le sommeil semblait agité par un rêve. Les yeux de M. Le Quien exprimaient une tendresse véritablement paternelle.

— Son père, aussi, avait le diable au corps ! murmura-t-il après deux ou trois minutes de silence, son père aurait fait comme lui. C'est le sang qui veut cela !

Il ramena la couverture sur la poitrine nue du jeune homme et la drapa sur les côtés avec un soin minutieux.

Puis, ayant consulté sa montre, il serra dans son vieux portefeuille de cuir la lettre adressée à Mlle Marguerite Maynard. Puis encore, il s'assit dans le fauteuil placé au chevet du lit, mit son fouet entre ses jambes et ferma les yeux en homme qui va faire un somme avec plaisir.

VI

Le beau ténébreux.

L'instant d'après, en effet, M. Le Quien, messager de Saint-Malo, Dol, Combourg et la route, dormait le sommeil du juste. C'eût été pour un peintre une curieuse étude que de détailler les contrastes de ces deux hommes endormis. Sous la bonhomie flegmatique de M. Le Quien, il y avait une singulière puissance d'obstination, une vigueur bretonne, dirions-nous, s'il ne fallait craindre de parquer les nuances morales. M. Le Quien, du reste, par ses qualités, par ses défauts, par son allure, par ses mœurs, par l'ensemble parfait de son être, présentait le type haut-breton dans toute sa rigueur. C'était une moitié de Celte, collée à une moitié de Normand, le tout frotté de Gaulois énergiquement.

Si vous alliez, comme nous l'avons fait tant de fois, le sac sur le dos, le bâton à la main, par ces vertes campagnes d'Ille-et-Vilaine, qui seraient déjà la Normandie, sans l'inextricable réseau des talus bretons, — des *fossés*, pour employer le solécisme local, — talus toujours plantés de chênes déformés par l'émondage et dont les lignes tortueuses, embrouillées à l'infini, donnent aspect de forêt à tous les horizons, vous pourriez rencontrer à chaque pas M. Le Quien avec son fouet à manche luisant, sa blouse déteinte par la lessive, son chapeau de cuir et ses grands cheveux. C'est le paysan du pays de Rennes, large et lourd, bas sur jambes, actif et n'en ayant point l'air, hardi derrière son apparence timide et n'abusant pas du matois sourire qui se cache sous la placide pesanteur de sa physionomie.

J'ai vu beaucoup de paysans dans les livres. Il faut croire que les paysans ne se ressemblent pas entre eux et que mes auteurs avaient pris leurs paysans dans des zones à moi tout à fait inconnues, car il ne m'a jamais été donné de rencontrer une figure vivante et parlante de paysan. Et, cependant, il y a chez l'homme de la campagne des traits qui sautent aux yeux. Pas n'est besoin d'aller loin pour trouver des paysans : j'en sais de très-vrais à quelques lieues de Paris, et de très-beaux. Pourquoi les livres ne savent-ils pas rendre cette saveur *generis* que la vue d'un vrai paysan dégage en nous, du moins chez tous ceux d'entre nous qui ont eu l'incomparable bonheur de vivre libres dans les champs, à l'abri de cette atmosphère maudite qui empoisonne nos enfants parisiens? Il y a des livres qui ont dilaté mes narines, à l'odeur de mes prairies bien aimées; il y a des livres qui m'ont enivré de l'amer parfum de la mer. J'ai tout retrouvé dans les livres, hommes et choses; silhouettes humaines dessinées sur nature, horizons largement saisis, détails minutieusement daguerréotypés. Mais j'ai cherché en vain un paysan noble et vulgaire à la fois, honnête homme avec des procédés de coquin, franc et défiant, brave, poltron, hospitalier, mais avare.

Si bien que j'ai pris l'opinion que la peinture de mon paysan était tout uniment chose impossible. Je n'oserais pas la tenter. M. Le Quien n'était paysan que d'aspect. Il payait patente de messager : c'était un bourgeois; il avait six cents francs de loyer rue Nantaise : c'était un citadin. Seulement, son costume prouvait qu'il ne tenait pas beaucoup à ces deux titres, et sa tournure allait merveilleusement à son costume.

Il y avait de la force aussi dans cette jeune et charmante tête, blanche parmi les masses de cheveux noirs éparpillés sur l'oreille. Vous connaissez la grâce créole et la beauté qui résulte presqu'à coup sûr de certains croisements de races. Celui qui dormait si tard entre les rideaux de serge bleue était évidemment créole. Je ne sais quelle délicatesse féminine adoucissait les vives arêtes de ses traits; on voyait ses veines à ses tempes, et les longs cils de sa paupière fermée portaient une grande ombre sur la pâleur de ses joues.

Il était tout jeune ; la blancheur de son teint avait des dessous bronzés, surtout autour des lèvres et dans la partie basse du front, qui était ample et souverainement viril. L'arcade aquiline de ses sourcils semblait sculptée au ciseau. Et certes, en regardant de près les modelés exquis de ces joues, de ces sinus frontaux et de ces fières narines, on pouvait se demander si la grosse face durement ébauchée de M. Le Quien appartenait à un animal de la même espèce.

M. Le Quien dormait bien mieux que notre beau jeune homme. Depuis que ses yeux s'étaient fermés, il n'avait pas fait un mouvement. Son fouet restait droit entre ses jambes ; son chapeau de cuir seul avait glissé sur le tapis. Il ronflait comme un tonnerre.

L'autre songeait. Il est charmant de suivre ces fantaisies du sommeil sur le visage d'un enfant endormi. Tout se tait de ce qui parle ordinairement : la bouche et les yeux, mais il reste le langage muet de la physionomie ; il reste le sourire qui entr'ouvre si doucement les lèvres.

Les lèvres de notre jeune homme étaient entr'ouvertes par le sourire. Il songeait ; son rêve était joyeux. Vous eussiez dit à certains frémissements que ses mains rêvaient aussi et prodiguaient en songe des caresses.

Le ronflement de M. Le Quien était non-seulement de la plus solide qualité, mais encore il procédait, comme certains maîtres de l'école italienne, par la méthode aussi heureuse que féconde du *crescendo*. Rossini n'avait pas encore écrit le *Barbier*. C'est peut-être en écoutant un ronfleur du mérite de M. Le Quien que Rossini trouva plus tard la formule admirable de son air : *La Calomnie*. Comme la calomnie, la respiration sonore de M. Le Quien avait d'abord rasé le sol, *piano*, *piano*, essayant des murmures timides, puis elle s'était nourrie *un peco più forte*, puis elle s'était enflée *maëstoso il basso* ; puis, grandissant par un large *rinforzando*, elle avait donné vaillamment tout le son de l'instrument ; puis enfin, atteignant et dépassant du même coup les limites du possible, elle avait éclaté comme un mortier qui crève, lançant une explosion effrayante, suivie d'un profond silence.

Ce ne fut pas l'explosion qui réveilla notre beau dormeur, ce fut le silence. Il ouvrit les yeux dès que ce ronflement vigoureux, régulier, retentissant comme une note de trombonne, ne berça plus son sommeil. Il vit bien un homme assis au pied de son lit, mais la figure de cet homme était à contre-jour : il ne le reconnut point d'abord.

Il se dressa sur le coude pour mieux regarder ; puis, rejetant sa couverture, il sauta d'un bond hors du lit.

M. Le Quien, secoué d'une main de maître, s'éveilla en sursaut à son tour.

— Bien ! bien ! fit-il, attelez !

Puis, se frottant les yeux à deux mains :

— Je n'ai donc pas rêvé ça ! s'interrompit-il ; Ange ! monsieur Ange, vous voilà parmi nous :

— Est-ce qu'elle sait que je suis arrivé? demanda notre beau jeune homme à voix basse et comme s'il eût redouté la réponse à cette question.

— Vous avez fait de belle besogne, monsieur Ange! reprit le messager. Non, non, elle ne sait pas que vous êtes arrivé! Seigneur Dieu! ce serait donc pour la rendre folle ou la faire mourir!

M. Ange respira longuement. Il s'assit sur le pied de son lit; une larme était derrière sa paupière demi-close.

M. Le Quien secoua la tête. Il y avait de la sévérité dans la tristesse de son accent, quand il dit :

— Nous avons bien souffert en attendant vos lettres qui ne venaient jamais! prononça-t-il avec lenteur. Il lui semblait que je devais toujours avoir de vos nouvelles à la maison, à cause des voitures qui arrivent le matin et le soir. Elle courait le jour, elle courait la nuit comme une âme en peine. Vous êtes cause qu'on l'a attaquée une fois et qu'il est arrivé malheur...

— Malheur! répéta le jeune homme en pâlissant; à elle?

— Non pas, Dieu merci! je n'aurais jamais cru qu'on pût blesser un homme avec ce petit bijou de couteau mexicain... et je n'aurais jamais cru que cette main si blanche et si douce... Mais elle frappa, saint Jésus! elle frappa! et l'officier fut bien obligé de lâcher prise!

— Ah!... fit M. Ange, c'était encore un officier!

M. Le Quien, qui s'était animé un peu, reprit incontinent son apparence calme et chagrine :

— Oui, oui, dit-il, les officiers... et les étudiants! vous nous avez fait de belle besogne!

Il allait poursuivre lorsqu'il vit le regard du jeune homme parcourir les chaises.

— Ça n'est pas l'embarras, s'interrompit-il; à cinq heures du soir, on peut bien voir à se lever. Quelle vie, Seigneur Dieu! Non, non, elle ne sait rien de tout cela!

Il gagna la porte, et cria dans le corridor :

— Oh! hé! vieux Loisel! les affaires du jeune monsieur!

Quand il revint, il portait d'une main les bottes, de l'autre le pantalon.

— Dans les temps, murmura-t-il, j'ai habillé plus d'une fois M. le vicomte... Allez-vous me dire maintenant pourquoi vous nous avez laissés sans nouvelles?

M. Ange était de ceux qui font les choses lestement. Il

n'avait pas besoin de valet de chambre. En un tour de main il fut chaussé et vêtu. Sa taille était comme sa figure : gracieuse, jeune et charmante.

— Mon bon ami, dit-il en boutonnant la ceinture de son pantalon, qui eût été pour MM. les lieutenants du Café militaire ce que fut pour les belles dames du pays des fées la pantoufle de Cendrillon, je vous raconterai fidèlement mes aventures. J'ai écrit... j'ai surtout bien pensé à elle... tous les jours, je vous le jure... toutes les heures de chaque jour,.. Mais le temps passe si vite... Je crois que j'ai été amoureux...

— Et vous avez oublié le but de votre voyage?

— Du tout!... fi donc!... un licencié en droit!... J'ai les papiers de mon père.

— Et les vôtres?

— Et les miens à plus forte raison.

La figure de l'ancien chouan s'éclaira.

— Dégommé, Kerdanio! dit-il.

— Quant à vos reproches sur la besogne que j'ai faite ici en arrivant, reprit M. Ange, vous allez bien voir qu'il n'y a pas de ma faute. L'idée de la joie qu'elle aurait à m'embrasser m'occupait pendant toute la traversée... J'ai songé à la surprendre...

— Mauvais! grommela le messager; du temps de Mme Le Quien, pauvre femme, j'avertissais toujours de mon arrivée,

Quel philosophe que cet ancien chouan !

— Jamais, poursuivit-il, je n'ai eu lieu de m'en repentir. Les surprises, voyez-vous, monsieur Ange, ce sont des petitesses ou pour le moins des enfantillages et des bêtises.

— A l'avenir, mon bon ami, répliqua notre beau jeune homme en soupirant, il est possible que je me défie des surprises... A peine débarqué à Nantes, je pris la voiture de Rennes, et, pour contenter ma maudite fantaisie, je suis descendu à Châtillon, où j'ai loué un cheval pour tomber ici incognito. Ma première pensée fut d'aller frapper à sa porte, mais je ne suis pas si fou que vous le croyez, Le Quien : je ne cédai point à ce désir. Je me rendis chez vous, rue Nantaise ; je vous demandai : vous étiez absent.

— J'étais là-bas, dit le messager, de l'autre côté de Vitré... pour l'affaire.

— Ne connaissant âme qui vive dans cette ville de Rennes, reprit M. Ange, je me mis à flâner de-ci de-là, sans but et n'ayant d'autre espoir que de la rencontrer dans les rues. Le hasard ne me servit point. Le soir venu, je me fis enseigner la demeure de ce M. Géraud, et je m'y rendis... Je voulais tout uniment croiser sous ses fenêtres... la deviner peut-être derrière les carreaux, et voir son ombre chérie se dessiner sur la mousseline des rideaux.

— Et vous n'eûtes pas encore de chance, monsieur Ange?
— Il y avait foule dans la rue, continua le jeune homme, dont la voix s'altéra pendant que ses joues se couvraient de pâleur.
— La sérénade était là! gronda M. Le Quien.
— Des infâmes! s'écria le jeune voyageur; de misérables lâches, ameutés comme un troupeau de chiens pour aboyer contre une femme.
— Ça durait depuis trois jours, dit encore le messager.
— Sur l'honneur, reprit notre jeune homme, je ne savais pas encore contre qui était dirigé cet odieux outrage, que déjà la colère me montait au cerveau. Mais quand j'ai entendu ce nom sortir de la cohue, ce nom respecté, ce nom adoré, ce nom doux et pur comme ceux des saintes au ciel : Marguerite! Marguerite Maynard! le vertige s'est emparé de moi, je vous l'avoue...

Le Quien dit froidement :
— Il y avait de quoi... mais que va-t-on penser dans la ville?
— Ce qu'on voudra, répliqua Ange Palmer, dont la nature était de regimber contre l'apparence même d'une menace.
— On disait déjà par la ville, reprit Le Quien en baissant la voix, que la duègne avait un amant.
— La duègne aura le titre de comtesse et cent mille livres de rente; on ne dira plus rien!

Le messager mit son fouet en travers sur ses genoux :
— M'est avis, prononça-t-il lentement, que vous vous êtes battu ce matin sans prendre la peine de demander à quelle occasion ces fous donnaient le charivari à Marguerite Maynard.
— Que m'importe?
— Il vous importe beaucoup. On donnait ce charivari à Marguerite Maynard, parce que M. Géraud va l'épouser...
— M. Géraud ne l'épousera pas, voilà tout!
— Et si Marguerite Maynard aimait M. Géraud?

Ange Palmer regarda le messager en face et fixement. M. Le Quien avait son calme imperturbable; au moment où le jeune homme allait baisser les yeux, il secoua la tête tristement :

— J'ai pensé à cela une fois... murmura Palmer.

— Il faut y penser toujours, répliqua M. Le Quien d'un ton péremptoire; cela est et cela devait être.

Un silence assez long s'ensuivit. Ange Palmer se promenait à grands pas dans la chambre. M. Le Quien le regardait de temps en temps du coin de l'œil.

Ange Palmer s'arrêta enfin devant lui, et dit :

— Ce M. Géraud est un honnête homme?

— Le plus honnête homme que je connaisse, mais *pataud* enragé.

— C'est un grand esprit?

— Et un grand cœur, quoique *pataud*.

— L'épousera-t-il vraiment?

— Si elle le veut.

— Le voudra-t-elle ?

— Si votre retour ne vient pas tout briser.

Notre beau jeune homme croisa ses bras sur sa poitrine. Sa figure, naguère si résolue, exprimait l'hésitation et l'abattement.

— Que faire? balbutia-t-il enfin.

— Est-ce un conseil que vous me demandez, monsieur Ange?

— Oui... c'est un conseil.

— Le suivrez-vous ?

— S'il est bon, je tâcherai.

Le messager croisa ses jambes l'une sur l'autre et se prit à dérouler la corde de son fouet pour la rouler ensuite en sens contraire autour du manche. C'était son occupation favorite quand il se recueillait.

— Ce n'est pas l'embarras, reprit-il au bout d'une minute, le conseil sera bon. La question est de savoir si vous voulez vous conduire comme un homme. J'avais mon franc parler avec votre père, comme avec tout le monde : s'il avait écouté mes avis... mais, ce qui est fait est fait... vous avez bon cœur et mauvaise tête, vous autres ; c'est de famille...

Il y a donc que la pauvre femme était toute seule et sans nouvelles. Voilà longtemps qu'elle pleure. Est-ce que je sais, moi, pourquoi personne ne peut la souffrir? Il y a des créatures qui sont trop belles, trop bonnes, comment dire cela? trop hautes... me comprenez-vous?

Ange lui tendit la main et répondit :

— Je vous comprends.

— C'est pourtant vrai, poursuivit le messager; j'en dirais presque autant de M. Géraud, si ce n'était pas un *fédéré*...

Longtemps après la restauration faite, on continua, dans l'Ouest, d'appliquer aux gens de l'opposition les sobriquets vieillis : jacobins, fédérés, etc.; le mot *pataud*, cependant, était le plus souvent employé pour désigner un libéral.

— Que m'importent les opinions politiques de M. Géraud? dit Palmer avec impatience.

— C'est vrai... c'est vrai, fit M. Le Quien, vous n'êtes pas né là-dedans... mais quoique ça, vous ne pouvez pas renier votre père... Il y a donc qu'elle a agi comme une sainte depuis que je la connais. Vous voilà un beau jeune homme, monsieur Ange; vous avez de l'éducation, vous êtes reçu avocat : savez-vous ce que vous lui devez?

— Tout mon sang, toute ma vie, tout mon cœur! répliqua Palmer qui avait les yeux humides.

A son tour, le messager lui tendit la main.

— C'est bien, dit-il, et ce n'est pas trop. Cet homme-là, voyez-vous, est grand comme elle, noble comme elle. Il a vu ce qu'elle était. Direz-vous que ce n'était pas difficile? Alors, pourquoi n'y a-t-il eu que lui pour le voir? Rennes est long et large. Prononcez le nom de Marguerite Maynard devant les belles dames et devant les beaux messieurs, on vous répondra...

— Bref, l'interrompit ici notre jeune homme, M. Géraud l'aime?

— Comme un fou. Quant à elle, je l'ai vue parfois bien indécise. M. Géraud est un Breton de la vieille roche, qui aime à rire et boire avec les amis...

Palmer eut un dédaigneux sourire.

— Bon! bon! fit M. Le Quien; c'est le pays. N'empêche qu'au tribunal, quand il a sa robe noire, personne ne le regarde en face. Et si jamais vous êtes tous deux vis-à-vis l'un de l'autre, ne riez pas, monsieur Ange, crainte de malheur, car je vous le dis encore une fois : c'est un Breton de la vieille roche. Dans un coin, quelque part, derrière les paperasses de son cabinet, il y avait une paire d'épées.

— Vrai Dieu! s'écria Palmer, vous me donnez envie de voir cet homme-là!

— Elle a refusé longtemps, continua le messager qui suivait son idée; mais il y a quelque chose qui séduit toujours les femmes : c'est l'idée de convertir un homme. Tout à l'heure, quand vous m'avez demandé : L'épousera-t-il? j'aurais pu vous répondre ce que tout le monde sait à Rennes : les bans sont publiés, la cérémonie est fixée... Ne m'interrompez pas... J'ai répondu : cela dépend d'elle, parce que Marguerite Maynard n'a qu'une loi, la conscience. Géraud est rentré ivre avant-hier; tout est remis en question.

Le beau jeune homme répéta ce mot avec une expression de dégoût.

— Ivre!

Puis il ajouta :

— Et celui-là épouserait Marguerite Maynard!

M. Le Quien le regarda de travers.

— Ivre, pas tout à fait, rectifia-t-il, mais *chaud de boire*, comme on dit... et ça arrive à tout le monde. Tant y a qu'on ne sait plus. Elle a retiré sa parole.

— Alors, s'écria vivement Palmer, — il est temps encore d'empêcher?...

— D'empêcher quoi? l'interrompit le messager, avec sévérité; êtes-vous du même bord que les donneurs de charivari? C'était pour empêcher aussi qu'ils jouaient des pincettes et des casseroles! N'empêchez rien, croyez-moi, monsieur Ange, ce n'est ni votre devoir, ni votre droit. Qu'elle soit libre, car sa volonté est éclairée et son choix, quel qu'il soit, sera bon.

M. Le Quien cligna de l'œil tout à coup et rapprocha son siége d'un air mystérieux :

— Vous souvenez-vous bien de ce que je vous ai écrit, reprit-il, non pas une fois, mais dix fois : si cet homme prenait le procès en mains, le procès serait gagné?

— Cet homme est donc sorcier? fit Palmer avec une nuance d'amertume dans la voix.

— C'est un Breton! répondit M. Le Quien avec emphase.

— Eh! s'écria le jeune homme, les quarante mille habitants de la ville de Rennes sont tous Bretons, et aussi les quinze cents mille habitants de la province!

M. Le Quien secoua la tête d'un air grave et répéta :

— C'est un Breton.

— D'ailleurs, reprit notre beau jeune homme, le procès se gagnera tout seul ; on ne va pas contre le droit. En troisième lieu, je ne me déterminerai jamais par des motifs de cette sorte.

M. Le Quien jouait avec son fouet. On pouvait lire sur sa figure la pleine conscience qu'il avait de sa supériorité en affaires.

— Bon, bon, fit-il, sans perdre son paisible sourire, vous êtes licencié, comme on dit, mais où avez-vous été reçu ? à Poitiers ? ce n'est déjà plus la Bretagne. Il y a droit et droit. Laissez-moi dire. Le Code a beau prêcher, nos juges font à leur guise. Si le diable voulait que Géraud plaidât contre vous, je ne donnerais pas un écu de votre droit, moi qui parle. Et personne ne connait mieux votre droit que moi, pas vrai, monsieur Ange ?

Il s'arrêta, prit brusquement dans sa poche la lettre qu'il avait trouvée sur la table en entrant, et demanda d'un ton bourru :

— Qu'est-ce que vous lui dites, dans cette lettre-là ?

Palmer baissa les yeux, rougit, puis appela autour de ses lèvres un sourire contraint.

— Cette lettre ne doit pas être remise, répliqua-t-il.

— Ah ! fit M. Le Quien.

Il ajouta après un court silence :

— C'était en cas de malheur.

Palmer resta muet cette fois. Il consulta sa montre.

— Mon bon Le Quien, dit-il, votre conseil est long à venir.

Le messager se leva aussitôt.

— Il ne sera pas long à donner, monsieur Ange, prononça-t-il tranquillement ; il n'a qu'un mot, mon conseil : Partez !

— Sans la voir ?... murmura Palmer qui fronça le sourcil.

— Sans la voir.

Notre jeune homme s'assit ou plutôt s'affaissa sur le siège que venait de quitter M. Le Quien. Il étreignit dans sa main son front pâle. Le Quien le considérait du coin de l'œil, et, dans ce regard oblique, presque sournois, un observateur eût démêlé je ne sais quel symptôme d'affection passionnée.

— Tenez, s'écria Palmer, en éclatant tout à coup, je déteste cet homme !

— Vous avez tort, repartit froidement le messager.

— J'avais encore un lien sur la terre, poursuivit notre

jeune homme, le voilà brisé violemment. Je hais cet homme, je suis jaloux de lui, je ne partirai pas!

Le Quien se dirigea vers la porte.

— A vous revoir, monsieur Ange, dit-il seulement; j'ai fait ce que j'ai pu. Pour tout ce qu'elle a souffert ici bas, le bon Dieu la récompensera bien sûr dans le ciel.

Sa main toucha le bouton de la porte.

— Restez! s'écria Palmer impérieusement.

Puis, se couvrant le visage à deux mains :

— Je partirai! murmura-t-il, sans la voir... Je partirai!

— Quand partirez-vous, monsieur Ange? demanda Le Quien avec sa fermeté douce.

— Demain.

— Mieux vaudrait ce soir.

— Demain! répéta rudement Palmer.

— A quelle heure?

— A neuf heures, par la voiture de Poitiers.

Le Quien revint sur ses pas, traversant la chambre dans toute sa longueur. Sa main calleuse s'appuya sur l'épaule de notre beau jeune homme.

— Monsieur le comte, prononça-t-il avec solennité, sans avoir conscience peut-être du titre qu'il donnait au jeune voyageur, c'est à huit heures que vous vous battez avec Tremmelec. S'il arrive malheur, elle vous pardonnera. Que Dieu fasse comme elle!

VII

Scholastique Mahé.

Vous avez admiré sans doute les parfaites convenances de la nature et la charmante harmonie qui règnent en toutes choses sorties directement de la main de Dieu. L'air est à l'oiseau dont le vol gracieux et puissant plane au-dessus de nos têtes; il semble que le soleil veuille caresser de près ces plumages si doux que la brise soulève; les poissons agiles glissent comme des nefs de nacre et d'argent sous l'azur des eaux transparentes; ces vivantes émeraudes, ces rubis animés, les insectes des champs jouent dans le foin mûr ou parmi l'or ondulant des moissons.

Vous avez vu dans les ruines le lézard, couleur de verte muraille, et sur l'arbre, la chenille cossue qui sait prendre la nuance même de la branche le long de laquelle elle rampe. Quelle demeure vouliez-vous à l'huître, sinon sa coquille? quelle maison à l'escargot, sinon sa spirale? Tout est miraculeusement approprié dans l'œuvre divine.

On n'en peut dire autant des choses qui viennent de l'homme. L'homme se trompe souvent; son orgueil l'entraîne à de fâcheuses discordances. J'ai vu des aïeules habillées en jeunes filles; j'ai vu des grands-pères risquer l'attaque d'apoplexie pour cacher l'injure envahissante de leur abdomen. Tel financier épais rêve la gloire impondérable du vaudevilliste; tel vainqueur à la grande bataille de la Bourse encadre dans le brocard et la soie sa bonne face qui regrette énergiquement la casquette de loutre. Nous avons, dit-on, des poètes dans des mansardes; nous avons indubitablement plusieurs faquins dans des palais. C'est le sort.

Mais que cette grande cuisine enfumée était bien faite pour Scholastique Mahé, le cordon bleu de M. Géraud ! et que Scholastique Mahé était bien faite pour cette grande cuisine aux soliveaux noirâtres, dont les creux donnaient asile à des dynasties d'araignées ! C'était le fruit et son enveloppe : fruit austère, enveloppe rugueuse. Nous penchons à croire que le créateur avait d'autorité placé Scholastique Mahé dans sa cuisine, comme il met l'abeille dans la ruche et le lapin dans le terrier.

Elles se ressemblaient, Scholastique et sa cuisine. La cuisine, sans Scholastique, eût semblé une coquille vide, et, sans la cuisine, Scholastique eût blessé l'œil comme la limace expropriée qui a perdu sa maison.

Scholastique était célibataire. Elle avait dû se marier trois fois; ses fiancés en étaient morts. La Providence s'opposait manifestement au mariage de Scholastique. Ainsi la terre a-t-elle vomi des torrents de flamme et de fumée chaque fois qu'on a voulu reconstruire le temple de Jérusalem.

Au temps où elle avait vingt-cinq ans, un haricotier du port Saint-Yves avait sollicité sa main. On appelle *haricotiers* les voituriers qui débarquent le vin à l'aide de chevaux condamnés à mort. Le haricotier de Scholastique, après avoir assassiné à ce métier cruel des centaines de haridelles, avait été tué à son tour par la ruade suprême d'une rosse agonisante. Scholastique l'avait bien aimé.

Vers l'âge de trente ans, un charpentier se présenta. Scholastique portait déjà moustache. Scholastique accueillit favorablement le charpentier, qui fut tué, le lendemain du premier ban, par la chute d'une poutre.

Scholastique dit, employant une locution qui lui était familière :

— Le *pauvre corps !* c'est moi qui lui ai porté guignon !

Elle le pleura dix ans ; puis, ayant noué par la fenêtre, des relations avec un couvreur qui restaurait le toit voisin, elle consentit pour la troisième fois à entrer en ménage. Le couvreur tomba d'un cinquième étage aussitôt qu'il eut connaissance de sa félicité, et Scholastique resta fille.

Ces trois deuils successifs qui avaient empli sa jeunesse et son âge mûr nuançaient de mélancolie la majestueuse vaillance de son caractère. Quoique bonne chrétienne, elle gardait au ciel une vague rancune pour tous ces maris perdus. Elle était très-honnête, très-dévouée, capable des plus charitables tendresses pour la souffrance ; elle était très-bavarde, très-médisante, parfaitement impitoyable à l'égard des gens qui ne lui revenaient point ; elle était fière, emportée, entêtée, gourmande, amie du cidre dur, et susceptible de commettre les scélératesses les plus noires pour garder sa royauté absolue.

Car elle était reine chez l'avocat Géraud qu'elle servait depuis plus de vingt ans.

Sa cuisine était son domaine. Dans l'après-dînée, quiconque voulait entrer chez l'avocat Géraud devait subir et bon plaisir de Scholastique, qui trônait de deux heures à cinq heures, sur une haute chaise dont le siége, en paille disparue, était remplacé par une planche, et qui travaillait à son rouet, filant les draps de monsieur.

Nos cuisinières parisiennes trouvent à peine le temps de ne pas cuire assez leur déjeuner et de trop cuire leur dîner. A part ces deux importantes fonctions, elles ne font œuvre de leurs dix doigts. En province, on trouve encore la vraie servante, âpre à la besogne et soignant l'intérêt de son maître. Elle vieillit cependant, et ne se renouvelle point. C'est une espèce qui s'en va. La civilisation grandit, le progrès marche.

Scholastique était une servante des temps ténébreux. Elle savait faire des ragoûts excellents ; elle tenait la maison propre ou à peu près, elle battait les habits de Géraud, elle frottait les salons, elle savonnait son linge, elle raccommodait ses hardes, elle filait les draps de son lit.

Le tout pour la somme annuelle de 30 écus ou 90 francs payable par semestre, à la Saint-Jean et à la Saint-Michel.

Scholastique ou mieux la Mahé, car on l'appelait plus volontiers ainsi au marché du Champ Jacquet et à la poissonnerie, avait environ cinquante-cinq ans à l'époque où se passe notre histoire. Elle ne songeait plus au mariage, mais quand son regard rencontrait, par la croisée ouverte, le toit rouge de mousse où pour la première fois elle avait vu son couvreur, un large soupir soulevait encore sa poitrine. Ce couvreur était bel homme, quoique marqué de la petite vérole, et rangé, quoique ivrogne, le pauvre corps!

La race féminine est haute sur jambes à Rennes. Scholastique avait une belle taille d'homme dépourvue de tous les attributs ordinaires de son sexe. Sa robe de futaine à raies rouges et brunes, retenue par une bonne paire de bretelles, son casaquin cotonnade bleu foncé, son tablier bleu déteint à piécette et son *mouchoué* de cou, bariolé des plus éblouissantes couleurs, la faisaient tout d'une venue. Elle avait l'air d'un ancien gendarme déguisé en gouvernante de curé. Ses souliers ferrés ne démentaient pas cette apparence, et sa coiffure morbihannaise, semblable à un casque prussien, achevait de donner à son ensemble un aspect sincèrement belliqueux.

Elle avait l'habitude de chanter, pendant que son rouet tournait en jetant son gémissement périodique, une redoutable complainte dont elle savait les quatre-vingt-seize couplets :

> Que t'ai-je fait? Placide, réponds-moi,
> Que t'ai-je fait que tu me persécutes?...

Quand les quatre-vingt-seize couplets étaient achevés, elle recommençait et ainsi de suite. Elle n'en était jamais fatiguée ni ennuyée. Un clerc calculateur avait compté sept cents couplets dans une après-dînée. Il affirmait qu'au sept centième verset, le contralto vigoureusement oxydé de Scholastique marchait aussi loyalement qu'au premier.

Scholastique avait pour sujets médiats tous les fournisseurs de la maison et une bonne partie des clients; elle dirigeait sans contrôle Niotte, la petite bonne, et Michain, le saute-ruisseau. Niotte était sa nièce; Michain n'avait aucune parenté connue et appartenait directement au diable.

Il était environ cinq heures du soir, et le soleil, incliné à l'horizon, glissait un rayon oblique à travers les carreaux qui n'étaient point d'une entière blancheur. Le rayon traversait la cuisine, éclairant, chemin faisant, des tourbillons d'atômes joueurs, et s'en allait frapper l'âtre où deux tisons disjoints jetaient encore, sous leur cendre, de minces filets de fumée, couleur d'ardoise.

L'intérieur de l'immense cheminée était en lumière. On voyait distinctement la crémaillère brillantée par les cristaux de la suie, le lard pendu aux parois, le chaudronnet contenant l'eau d'*en cas*, et les énormes landiers de fer forgé, terminés par des têtes de loup. A droite de la cheminée, dans l'ombre, était une sorte de maison contenant tout un solide système de roues, de chaînes et d'engrenages : un tournebroche cyclopéen qui faisait songer à ces taureaux entiers, rôtis avec soin par le vieil Homère pour l'épique appétit de ses héros. Scholastique était bien fière de son tournebroche, qui était réellement de la force de trois ou quatre catapultes; elle racontait avec plaisir la fin malheureuse de l'inventeur de cette formidable mécanique. L'inventeur avait eu la faiblesse de laisser prendre son doigt entre deux roues; emporté aussitôt par le mouvement, il avait été réduit en bouillie, pendant que son gigot rôtissait.

— Et voyez, ajoutait la Mahé orgueilleusement, la machine n'en fut pas seulement dérangée!

Kerdanio lui avait demandé un jour si le gigot fut brûlé par suite de l'aventure. Elle gardait rancune à Kerdanio.

A gauche de l'âtre, c'était le trou aux balais; il y avait là le balai de crin, ustensile vénéré, les trois balais de bruyère et le grand balai à tête ronde, l'*araignoire*, que les insectes tisserands, logés entre les solives, regardaient toute la journée sans haine et sans crainte. Au delà de la soute aux balais, c'était l'armoire de la Mahé, une belle pièce en chêne noir avec des serrures de cuivre brillantes comme l'or; au delà encore, l'alcôve contenant deux lits superposés avec couvre-pieds à ramages et rideaux de serge couleur poussière. La Mahé couchait en bas, la Niotte dormait en haut. Que de sermons inutiles avaient monté du rez-de-chaussée au premier étage!

Au pied du lit était la fontaine, peinte en granit. C'était la seconde merveille du royaume de Scholastique: cette fontaine filtrait l'eau à l'aide du charbon.

— Pour quant à ça, disait la Mahé, j'ai eu la curiosité d'y voir. C'est du charbon comme vous et moi... et l'eau sort claire, on dit qu'elle est bonne : je n'en ai jamais bu... Nous *sont* les premiers qu'avons eu la première dans tout Rennes!

Auprès de la fontaine magique s'ouvrait la porte communiquant avec les appartements de M. Géraud, puis, en retour, la porte du palier, surmontée d'une sorte de girandole en fer noirci. Au lieu de bobèches, cette girandole portait une douzaine de vigoureux crochets; à chaque crochet pendait une pièce de viande ou une volaille; c'était le *croc*. La Mahé avait coutume de montrer complaisamment le croc en détaillant le prix des objets qui le garnissaient, puis elle ajoutait :

— C'est pas ici qu'on fait la soupe avec des rebuts.

La huche suivait immédiatement la porte, puis le buffet, puis le trou aux fagots, contenant ces hauts branchages de chêne, inconnus à Paris, et si précieux pour les *flambées*, qui font la friture succulente, puis le fourneau, grand comme la cuisine d'un de nos rentiers et surmonté de la batterie de cuisine monumentale.

Au-delà du fourneau, en retour, s'ouvrait la fenêtre par où le couvreur... mais chassons ces tristes pensées! Sur l'appui de la fenêtre, il y avait une cage contenant un vieux chardonneret, trois pots de basilic et un chat gris de fer qui semblait une sculpture, tant il dormait assidûment, gardant toujours la même position. A droite de la fenêtre, c'était la toilette de la Mahé. Mon Dieu, oui. Foin des délicatesses civilisées! La Mahé, cette reine absolue, avait pour cuvette son bassin à laver la vaisselle. Ses ablutions, rares et insuffisantes, se faisaient entre son fourneau et sa cheminée. Elle n'en était pas plus fière pour cela.

A droite de la toilette s'ouvrait une troisième porte qui donnait dans la *galerie*. La galerie était un lieu tout à fait impur qui contenait des marmites cassées, du linge sale, des graisses pour oindre le fameux tourne-broche, des sabots hors d'usage, des rudiments de buanderie, un évier semblable à la mare d'un village, et enfin ce séjour qui n'a de nom que dans la langue anglaise : *shocking!*

Au centre, la table, épaisse comme une pièce de charpente, supportait le hachoir, les lardoires appareillées et la bouteille à cidre de la Mahé, grande, noire, de mauvaise mine, n'ayant

4

jamais été nettoyée de mémoire d'homme, parce que cela perd le goût du cidre.

Tel était le domaine de Scholastique Mahé, qui avait à nourrir six personnes : M. Géraud, Mlle Clémence, sa fille, l'institutrice, Michain, Niotte et elle-même. Niotte servait de camériste aux deux dames; Michain, le saute-ruisseau, quand sa haute besogne était achevée, aidait parfois aux nettoyages. M. Géraud avait deux autres clercs : M. Grivel et M. Judaille, qui ne mangeaient ni ne couchaient à la maison.

Quand le coucou sonna cinq heures, Scholastique arrêta son rouet et sa complainte qui était au soixante-treizième couplet. Elle poussa de droite et de gauche, sous les mèches épaisses de ses cheveux gris, une longue aiguille à tricoter qui servait uniquement à cet usage, et grommela deux ou trois fois le nom de Niotte.

— A quoi sert de lui dire : D'où viens-tu ? murmura-t-elle enfin avec mauvaise humeur; c'est toujours la même réponse : Mlle Marguerite a eu besoin de moi... et bientôt, au lieu de mademoiselle, on dira madame, voilà tout!

Elle se leva ; son regard rencontra le rayon de soleil.

— Celle-là n'aime pas la poussière, reprit-elle ; — non. non! je ne suis plus d'âge à servir une femme... Je m'en irai à Ploërmel vivre de mes rentes.

En trente ans, avec ses gages et les profits, elle avait amassé mille écus. Avec cela, l'on vit à Ploërmel.

Le marteau de la porte retentit.

— Bon, bon, fit-elle; tapez si vous voulez, vous autres!

Et sans se déranger :

— Les jours où il n'y a pas de soleil, la poussière ne paraît pas; il faut un rayon pour la faire danser et valser comme une folle. Il faut une femme pour savoir si les coins sont propres et nets partout : ça fait l'effet du soleil; tout ce qui était bien caché se montre...

On frappa de nouveau et plus fort.

— Bon! bon! allez toujours!... Pour ce qui est de l'honnêteté, je n'ai rien à cacher, non, Dieu merci! mais les coins... Ah! dame! s'il fallait tout essuyer! Et d'ailleurs, tout ce qu'on enlève revient. La poussière, c'est de la terre, et la terre n'est pas sale. Je ne veux pas qu'on me dise : Vous êtes une malpropre, une ci, une ça. J'ai mon âge.

Elle se dirigea d'un pas lent et grave vers la porte. Ses

sabots, dans lesquels étaient de bons chaussons de lisière, sonnaient bruyamment sur le carreau.

— On envoie de chez M. Tassin-Morel, dit-on, dès qu'elle eut ouvert, pour les conclusions de l'affaire Pescheur.

— Faut dire d'abord bonjour, et les civilités, répondit Scholastique en claquant la porte sur le nez du clerc de M. Tassin-Morel.

Celui-ci frappa à tour de bras.

— Bon! bon! fit la Mahé qui atteignit sa *chinchoire* (tabatière) de corne; va toujours, fainéant!

— C'est pressé! cria le clerc du dehors

Scholastique, qui était déjà près de la table, se retourna vers la porte et dit avec majesté :

— Monsieur est au lit. Remise à huitaine!

Le clerc descendit l'escalier en chantant.

Scholastique mit ses poings sur ses hanches.

— Malade! pensa-t-elle tout haut; c'est pourtant vrai, qu'il est malade! C'te duègne le rendra fou, c'est moi qui le dis. Toute la sainte journée sur son canapé! et les affaires, va comme je te pousse! Combien ça fait-il de saute-ruisseau que je renvoie depuis ce matin? ma parole sacrée, j'aimerais autant que ça soit fini. Je m'en irais, voilà tout... On y va!

C'était encore le marteau de la porte.

— On les reconnaît, ces oiseaux-là, reprit-elle en allant ouvrir : ça frappe comme des coqs borgnes!

— Allons donc, la Mahé, allons donc; fit le nouvel arrivant, je viens chercher les pièces Godimont et vite!... et vite!

— Si on te demande comment tu te nommes, toi, répliqua Scholastique, tu répondras : vilain-merle... Entends-tu, mal poli!... Monsieur est malade, pas de pièces; à huitaine.

— Malade de la sérénade d'hier soir? repartit le petit clerc.

Il n'eut pas le temps de s'esquiver. Le sabot de la Mahé l'atteignit dans sa course et coupa en deux son éclat de rire.

— Pour quant à ça, dit-elle, en allant ramasser sa chaussure, le pauvre corps est la fable de la ville, et ce n'est pas l'embarras, il ne l'a pas volé!

La corde qui retenait le croc était fixée à un piton derrière la porte. Scholastique la déroula, et le croc commença à descendre en faisant chanter sa poulie. Parmi les nombreux comestibles qui pendaient à ce gibet, Scholastique choisit une belle poularde de Janzé, tourterelle et noire, jaspée de quelques œillets blancs. Elle la tâta, puis la décrocha, après l'avoir soupesée.

Comme elle se rasseyait pour entamer l'opération du plumage, le marteau retentit une troisième fois.

Mais ce n'était pas un petit clerc. Les coups de marteau ont un accent. Celui-ci unissait la fermeté à la discrétion.

— On dirait M. Amédée, murmura la Mahé, en dépouillant selon l'art le ventre de la volaille; ce sera pour lui comme pour les autres, pas vrai? Monsieur ne reçoit pas ; il est libre.

Le second appel du marteau fut exactement pareil au premier. Ceci indique une grande tranquillité d'esprit. Les timides frappent moins fort la seconde fois, les impatients frappent plus fort.

La porte des appartements s'ouvrit au moment où Scholastique allait enfin s'ébranler, disant : Il faut pourtant lui répondre, à cet homme! Michain le petit clerc entra, suivi par Niotte, tout essoufflée.

— *V' zez cor drûgé, pas moins, garçailles!* cria la Mahé, parlant le pur patois rennais, cette fois.

C'était vrai : Niotte et Michain avaient encore drugé (joué) dans les appartements vides et dans les corridors; Niotte l'avait provoqué. Troisième coup de marteau exactement semblable aux deux précédents.

— Méchants sujets! fit Scholastique avec une juste indignation, avez-vous bien le cœur de laisser les clients à la porte?

Michain et Niotte s'élancèrent en même temps. Il y eut choc, puis bataille en règle. La porte restait close.

Oh! le magnanime cœur! Son quatrième coup de marteau ne fut ni plus ni moins discret que les précédents. Scholastique montra le poing; Michain, vainqueur, leva le loquet, et M. Amédée Goujeux des Etanches, maître de forges, fit son entrée, le chapeau à la main et le sourire aux lèvres.

— Visage de bois! lui cria la Mahé dès qu'il eut passé le seuil, personne à la maison.

M. Goujeux lui adressa un signe de tête tout aimable et continua de s'avancer vers elle.

— Ça fera un mignon garçon, dit-il en touchant le menton de Michain.

Puis donnant un petit coup sur la joue rougeaude de Niotte :

— Ah! le gentillet brin de fillette que nous aurons là, ma bonne Mahé!

— Allez-vous-en voir dans la galerie si j'y suis, ordonna Scholastique. — Niotte! effrontée! Michain, propre à rien! Toute la sainte véprée, je les ai *espérés*... les voilà qui arrivent parce qu'on n'a plus besoin d'eux... Je suis tout de même bien fâchée, monsieur Goujeux, mais on ne peut pas vous faire entrer.

Le maître de forges prit une chaise auprès du trou aux fagots et continua de s'approcher, en la tenant à la main.

Scholastique, évidemment flattée, étendit sa poularde sur ses genoux et hocha la tête agréablement.

— Vous n'êtes pas encore dehors! fit-elle en se retournant vers les deux enfants qui écoutaient; si je prends mon balai, engeance, gare à vous!

Michain et Niotte disparurent par la porte de la galerie. M. Goujeux s'assit tout près de Scholastique et caressa de la main le dos de la poularde.

— Une fine pièce, madé oui! dit-il; c'est de Janzé, pas vrai?

— Yan, yan, répondit la Mahé; on savait qu'il aimait les mignons morceaux, le pauvre corps! c'est de Janzé pour sûr!

Elle poussa un large soupir.

— Vous parlez de lui comme s'il était défunt, ma bonne Scholastique.

— C'est qu'il est bien failli, monsieur Amédée! Ah! mon Dieu donc! c'te créature-là nous a-t-elle apporté de la misère et de l'embarras par chez nous!

— Comment! comment! se récria le doux maître de forges; une noce! ce n'est pas de la misère, cela! Vous aurez un habillement tout neuf pour la messe... et un joli cadeau par dessus le marché!

Les plumes de la poularde de Janzé se mirent à tourbillonner, brusquement arrachées.

— Une noce! répéta Scholastique; en êtes-vous encore là, vous? C'était bon pour hier; aujourd'hui, la girouette a tourné... Ah! pauvre corps! pauvre corps! Je l'aimerais mieux avec une pierre au cou sur le chemin de la rivière, oui-mais! Aussi bien, elle en fera la fin, vous verrez ça! Il

4

est tout pâle et tout maigre! Il ne dort pas, il ne mange pas.

— L'affaire d'hier soir? commença M. Goujeux d'un ton insinuant.

— Des bêtises! s'il n'y avait eu que cela, bon saint Sauveur! quoi donc? Deux coups de pistolets chargés à petit plomb par la croisée! J'y aurais mis des balles, moi, des balles mâchées, comme on dit, que ça ne pardonne pas! un tas de galopins pareils! Si la justice vient pour les coups de pistolet, je m'en charge, moi; ça me connaît, la justice : voilà trente ans que je vais au palais!

— Mais vous ne savez donc pas? s'interrompit-elle en changeant de ton; je ne conterais pas nos affaires à tout le monde, au moins. Ça se trouve que vous êtes un ami, sans quoi, muette comme un poisson : c'est ma manière. Un homme est-il un scélérat parce qu'il rentre une fois par hasard *chaud de boire?* On ne peut donc plus aller avec les camarades? Répondez : sommes-nous au séminaire ou au couvent? Et encore, M. le curé n'est pas sans boire un coup pour se remettre le cœur. C'est trop fort de mener ainsi un homme par le bout du nez, un homme de cet âge-là! Et une quelqu'une qui se gêne surtout, qui va et vient... Ce n'est pas moi qui ai donné le coup de couteau à M. de Jaucourt, peut-être! Quand je vas rue Nantaise, c'est en plein jour et en tout bien, madé, oui! Et je ne me fourre pas un mouchoir sur le bec pour cacher mes péchés, entendez-vous, monsieur Goujeux!

En parlant ainsi, la Mahé s'était animée graduellement. La poule oubliée gisait à terre. Scholastique avait ses deux poings sur la hanche. Son visage courroucé était tout près de la face tranquille et débonnaire du maître de forges. On eût dit qu'elle allait le prendre aux cheveux.

Nous sommes forcés de noter ici qu'avant l'arrivée de Marguerite Maynard dans la maison, la Mahé faisait une guerre à mort aux péchés mignons de son maître; elle déblatérait avec raison et surtout avec vigueur contre les absences de Géraud; elle criait, elle se lamentait, elle comparait les soupers de la Baraque aux plus abominables orgies. Dès que Marguerite Maynard eut entrepris la conversion de l'avocat Rennais, Scholastique changea d'avis. Elle trouva mauvais qu'une autre qu'elle-même prétendît entraver les plaisirs de *son monsieur,* — le pauvre corps! et prit sous sa haute protection les bombances de la Baraque.

M. Goujeux, cependant, l'écoutait d'un air bienveillant et doucement approbateur.

— Ma bonne Scholastique, dit-il, tandis qu'elle reprenait haleine, je partage entièrement votre opinion. Néanmoins, Mlle Marguerite agit peut-être pour le bien de notre excellent ami Géraud.

— C'est ça! sauveur Jésus! c'est ça! s'écria la Mahé, qui prit le ton d'Oreste disant aux Dieux : Merci! je suis content; — Ah! comme c'est ça! Vous êtes tous de son parti, allez! Est-ce que je sais, moi, pourquoi tout le monde est avec elle? Il n'y a pas jusqu'à la petite demoiselle Clémence qui devrait l'abominer, puisqu'elle lui prend l'amitié de son père, il n'y a pas jusqu'à ce cher agneau qui ne s'avise de l'adorer. Ça va bien! elle a un sort dans sa manche, celle-là! Arriver dans une maison nue comme un ver, avec de méchantes savates aux pieds, et devenir la maîtresse!... Ah! vous avez raison de vous mettre tous de son côté! Ça va bien!

— Tout le monde n'est pas de son côté, ma bonne Scholastique, repartit paisiblement le maître de forges, témoin les gens qui ont donné le charivari d'hier au soir.

— Des malheureux! gronda la Mahé, dont l'exaspération changea aussitôt d'objet; de quoi se mêlent-ils, ceux-là? hein? On n'a donc plus le droit d'épouser qui on veut? Leur devons-nous quelque chose? Quel malheur! Nous irons leur demander permission, la prochaine fois, madé oui!

Elle atteignit un mouchoir de Chollet tout neuf, d'un beau bleu foncé, rayé de jaune, de rouge et de violet. Cette vaillante toile eût écorché la peau d'un requin, mais le nez de la Mahé était à l'épreuve : vous l'eussiez chatouillé agréablement avec une étrille. Le bruit de tonnerre qu'elle fit en se mouchant arracha une note plaintive au cuivre des casseroles. Le chat tressaillit sous son poil hérissé; le vieux chardonneret voltigea dans sa cage.

— Ah! ma pauvre bonne Mahé, soupira Goujeux, qui mit sa main caressante sur le tablier souillé de la vieille cuisinière, à qui dites-vous tout cela? Je souffre pour mon pauvre ami, voyez-vous, je souffre le martyre.

Scholastique le regarda de travers.

— Mon Dieu donc, fit-elle, pas tant d'hélas! nous n'en sommes pas à demander la compassion par les rues!

Mais ce mouvement d'orgueil fanfaron, qui était tout à fait dans le caractère de la Mahé, ne tint pas contre les pensées décourageantes qui débordaient en elle. Au risque de se mettre la paupière à vif, elle s'essuya tout à coup les yeux avec son mouchoir, rude comme un parchemin, puis elle croisa ses deux mains sur ses genoux en reprenant :

— Je sais bien que vous êtes un vrai homme, M. Goujeux, un ami, presqu'un parent éloigné. Je n'aime pas montrer notre chagrin, mais avec vous, c'est différent! Si c'te femme-là était diable, on la chasserait avec le bénitier; mais elle restera malgré les simagrées de départ qu'elle fait...

— Elle parle donc de se retirer? demanda vivement Goujeux.

— Est-ce qu'on sait? J'étais résignée moi, voyez-vous, à ce qu'elle ait nom Mme Géraud. Je disais toujours : J'enlèverai mon sac, mais je n'aurais peut-être pas eu le cœur de m'en aller... car c'est la douceur même, après tout, et jamais, au grand jamais, je n'ai entendu sortir de sa bouche que des paroles de bonté.

— Alors, interrompit Goujeux, qu'avez-vous contre elle?

— Ce que j'ai contre elle! répéta la bonne femme avec toute sa colère soudain revenue; il y a pourtant des gens qui ne comprennent rien, en conscience! J'ai contre elle qu'on n'avait pas besoin de sa douceur ni de sa bonté, ici, chez nous! on était bien avant qu'elle mît son nez dans nos affaires. Et puis encore, voilà le fin mot, tenez, monsieur Amédée : la voir refuser la main de monsieur, je lui déchirerais le corps avec mes dents!

— C'est pourtant le moyen qu'elle s'en aille, dit tranquillement le maître de forges.

— Vous n'en donnez que ça, vous, s'écria la Mahé, vous n'êtes pas dans notre peau! Si vous pouviez voir comme nous notre monsieur; si vous l'entendiez parler tout seul et geindre, le pauvre corps qu'il est, j'ai idée quelquefois qu'il est capable d'en mourir.

M. Goujeux fit un soubresaut sur sa chaise.

— Il en est là! reprit la Mahé, contente d'avoir produit cet effet oratoire; il ne boit plus que de l'eau, il ne mange plus. Tenez! c'te poularde, il n'en prendra pas seulement un blanc! ça m'écœure! il ne sort plus, il ne plaide plus, il ne consulte plus : tout va comme à vau-l'eau! Cette après-midi, j'ai renvoyé cinq clients et quatre clercs, un avocat, deux avoués, est-ce que je sais? Je fais semblant de rire; je dis comme au palais : A huitaine! mais j'ai plutôt envie de pleurer... Il ne veut voir personne. Il est là dans son cabinet, couché comme un malade sur son divan; si on lui parle, il ne répond pas; si on le rudoie, j'entends amicalement, il sourit, le pauvre corps! et vous montre la porte en silence... Là! j'aimerais mieux une fièvre maligne ou le mal caduc : ça tue!

Il y avait deux grosses larmes qui roulaient lentement sur les joues hâlées de la Mahé.

On ne pouvait jamais savoir si les sentiments exprimés par la figure de ce digne M. Goujeux étaient venus là tout seuls ou par l'effort de sa volonté. C'était une physionomie à part et qui aurait marqué même en Normandie. Si tout le monde à Rennes n'avait su parfaitement qu'il était le plus honnête homme du monde, bien des gens, rien qu'à le regarder en face, l'eussent pris pour un coquin.

En voyant pleurer la Mahé, il essuya une larme. C'était peut-être une vraie larme.

La Mahé lui tendit la main.

— Ma bonne Scholastique, prononça-t-il d'un accent pénétré, je vous remercie de votre confiance. Vous m'avez navré l'âme, je n'essayerai même pas de le cacher. Géraud est mon plus cher ami, bien que nous soyons éloignés l'un de l'autre par nos travaux respectifs. Je donnerais pour Géraud ma fortune et mon sang.

— Brave monsieur Goujeux, va! dit la Mahé attendrie.

Le maître de forges reprit avec solennité :

— Il est des cas où il faut passer par-dessus les petites convenances du monde; le devoir l'exige, et jamais je n'ai su méconnaître un devoir... Allez dire à M. Géraud que je suis là et que je désire lui parler.

Scholastique ramassa la volaille à demi plumée et reprit sa besogne sans mot dire. M. Goujeux ne la pressa point. Il resta un instant silencieux, tournant ses pouces d'un air bénin et regardant les duvets qui se dispersaient par bouffées. Quand la Mahé vit qu'il ne disait plus mot, elle tourna vers lui un regard sournois.

— Demain... commença-t-elle.

— Demain, l'interrompit M. Goujeux, il sera trop tard.

— Trop tard, pourquoi ?

Un fin observateur eût remarqué sur le débonnaire visage du maître de forges une légère nuance d'embarras. L'observateur en aurait conclu peut-être que le maître de forges avait lâché là une parole imprudente, mais la Mahé ne vit que le sourire modeste derrière lequel il cachait son trouble.

M. Goujeux répondit doucement :

— Il sera trop tard, parce que les affaires vont fort là-haut, à Vitré. Demain, je serai sur la route.

— Bonne foi! fit la Mahé, c'est pourtant vrai tout de même... Et quoi que vous lui diriez pour le remettre en cœur, si c'est qu'il y aurait possibilité de le voir, monsieur Amédée?

M. Goujeux se leva.

— Il se fait l'heure de goûter, dit-il; bien des compliments à l'ami Géraud et meilleure chance à la maison.. Je reviendrai à ma première tournée.

— Ah! s'écria Scholastique, si ce serait comme à l'habitude, on vous dirait : Y a de quoi souper, monsieur Amédée. C'te bête-là va embaumer après trois quarts d'heure de broche, et le gigot de Maur est presque entier. Vous savez comme je rafistole ça en poivrade... sans compter les trois couples de soles qui sont là dans la farine.., mais quoi donc que vous lui causeriez?

Le maître de forges avait fait déjà une demi-douzaine de pas vers la porte. Il parut hésiter. Sa grosse main fit crier sa barbe en caressant son menton.

— Tenez, Mahé, dit-il brusquement, il y a des choses... M'avez-vous entendu accuser d'être une mauvaise langue? Non, bien sûr! Je n'ai rien contre elle, moi, que diable! Que m'a-t-elle fait? Mais il y a des choses... Géraud ne sait pas tout... Eh bien! j'avais pris mon courage à deux mains; j'étais déterminé, je venais pour cela.

Scholastique buvait littéralement ces paroles énigmatiques. Ses yeux flambaient sous ses maîtres sourcils. Elle avait la bouche ouverte. Dire qu'elle comprenait, ce serait s'avancer beaucoup, car il est douteux qu'un sens bien précis fût enfermé dans ces phrases ambiguës du forgeron, mais elle croyait comprendre à demi, et la curiosité avide lui montait au cerveau comme une folie.

— Vous veniez, monsieur Amédée, répéta-t-elle d'une voix que la passion faisait chevroter, pour dire... pour dire quoi?

Goujeux mit son menton dans sa cravate et prit un air plein de réserve.

— Est-ce là la vérité, après tout! murmura-t-il entre ses

dents ; on fait tant de cancans... Enfin, voilà, j'en aurais eu
le cœur net.

Ils étaient tous deux près de la porte. Goujeux mit la main
sur le loquet. La Mahé lui saisit le bras sans façon.

— Que voulez-vous, ma bonne Scholastique, ajouta le
maître de forges, comme si quelqu'un eût blâmé sa détermination ; ça n'est pas dans mon caractère ;... mais, je ne sais
pas, moi, je me ferais hacher en morceaux pour cet homme-
là !

Scholastique jeta la poularde sous son bras gauche d'un
geste noble et théâtral.

— Pour être un vrai, vous êtes un vrai ! dit-elle.

Elle referma en même temps, d'un coup de poing tout viril, la porte entr'ouverte du palier, puis elle ajouta :

— Puisque vous en avez si long à lui dire, il ne nous mangera toujours pas ! Je n'ai rien contre elle non plus, au
moins, monsieur Amédée ; mais à la fin des fins, faut que ça
casse ! Le pauvre corps en mourrait, aussi vrai que nous
sommes tous deux des chrétiens !

Sa main tourna le bouton de la porte qui communiquait
avec les appartements de M. Géraud.

Goujeux disait :

— Non, ma bonne Mahé ; non, non... puisqu'il ne veut
voir personne...

Scholastique ouvrit la porte et le poussa dans la salle à
manger de force.

— Allez ! allez ! répliqua-t-elle ; vous savez la route. Je
vas mettre votre couvert.

Elle referma la porte avec bruit.

Puis, quand elle fut seule, ses bras tombèrent. Une expression de doute assombrit son visage aux lignes vaillantes
et masculines. Vous eussiez dit qu'il y avait en elle un remords.

— Non, non, murmura-t-elle après un silence en reprenant sa poularde à deux mains ; je n'ai rien contre la
duègne... mais ça ne peut pas être des cancans, puisque
tout le monde s'en mêle... Je m'en confesserai, d'ailleurs...
Et puis il en mourrait... faut que ça casse !

VIII

Amédée Goujeux.

Goujeux resta un instant immobile derrière la porte refermée. Il avait aux lèvres un singulier sourire, ce sourire de la bonne qui a trompé l'enfant pour le faire obéir. C'est pour leur bien qu'on trompe ainsi les enfants, et certes cet excellent M. Goujeux ne pouvait avoir dans l'esprit que de loyaux desseins.

Il traversa la salle à manger, vaste pièce, sévère et froide, où M. Géraud avait rassemblé quelques trophées de chasse, et s'introduisit dans le salon, désert comme la salle à manger. Le salon avait un vieux meuble de merisier recouvert en velours d'Utrecht jaune, qui avait dû voir les commencements de la Révolution. Nos fabricants ont absolument perdu le secret de ces honnêtes produits : braves étoffes qu'on héritait de son père et qu'on léguait à ses enfants.

Nous changeons à présent nos tentures tous les cinq ans, et les marchands achètent nos maisons de campagne.

Goujeux s'engagea dans le salon avec ce débonnaire sourire qu'il avait aux lèvres; mais tout à coup vous l'eussiez vu pâlir et se détourner de son chemin, comme si le sévère regard d'un maître eût choqué son regard. Cependant, nous l'avons dit, le salon était désert.

Ce même rayon de soleil, qui faisait danser la poussière dans la cuisine de la Mahé, traversait aussi les hautes croisées du salon de Géraud. Il venait frapper en plein le panneau qui faisait face à la porte. Au centre du panneau, il y avait un portrait. C'était sous le regard de ce portrait que le bon M. Goujeux avait baissé les yeux.

Je ne sais pas le nom du peintre : je sais que les cinq cent mille visiteurs de notre exposition du Louvre se seraient arrêtés devant cette toile, qui représentait tout simplement un homme de trente-cinq à quarante ans, tête nue, et revêtu du costume d'avocat. Il y avait, dans cette toile, d'étranges défaillances de talent et des qualités si frappantes qu'il fallait s'arrêter et contempler.

Était-ce la faute du peintre ou la faute du modèle? La robe tenait mal et s'attachait de travers, bridant sur la musculeuse carrure de deux épaules d'athlète. La toque, jetée sur une table, s'aplatissait, écrasée par la pression de la main droite, tandis que la main gauche froissait une pièce de procédure où il n'y avait de bien dessiné que le double écusson du timbre royal. Mais la tête, exécutée à l'aide des mêmes procédés malhabiles et presque rudimentaires, la tête vivait. Le hasard, plus fort que l'artiste Rennais, avait fait là un chef-d'œuvre. C'était un masque large, vigoureux, audacieux et montrant, parmi la passion qui l'animait, je ne sais quelle tranquillité robuste. Cette face eût pu servir de pendant à la grande figure de Mirabeau. En voyant l'une, on songeait involontairement à l'autre. Le front, qui se modelait sous ces rudes cheveux, pensait, travaillait, trouvait. Il n'est personne de vous qui n'ait vu sur les méplats de certains crânes ces mystérieux reflets qui sont comme l'éclair latent du génie.

J'ai bien dit : éclair. Ce n'est pas une auréole. Cela brille dans le sombre. Cela dégage un fluide, une puissance, peu importe le mot. Cela peut convaincre ou choquer, soutenir ou renverser ; c'est le signe perceptible d'un sens qui n'a ni rang ni nom dans la physiologie. On en voit les reflets, comme parfois la lumière arrache une étincelle révélatrice à l'acier de l'arme cachée.

Cette lueur était là. Peut-être qu'un peintre habile ne l'y eût point mise. La peinture est l'art qui joue le plus volontiers à pile ou face. Je ne me souviens plus du nom de ce maître qui jeta sa brosse à la tête d'un cheval qu'il ne pouvait faire écumer. Du coup l'écume fut faite. Le Dieu des ivrognes s'égare parfois dans les ateliers.

Cette lueur était là. Quelque chose commandait du haut de cette boîte osseuse, rudement rendue. La naïveté du pinceau avait gardé l'énergie des contours, le heurté des rugosités, en un mot, la brutale magnificence de ce front au point de vue phrénologique. Les cheveux se plantaient là-dessus comme une forêt, laissant à découvert des tempes vastes, mais délicatement préservées. Les sourcils aigus piquaient le plan de ces tempes et remontaient selon la courbe de leur arcade, très-surélevée, dessinant une voûte pleine de fierté. L'œil bleu couvait dans cette ombre, grand, profond, admirablement ovale, mais impuissant à faire pardonner l'irrégularité d'un nez trop saillant, trop tourmenté, dont les narines mobiles se terminaient par des arêtes tranchantes, taillées à facettes comme un cristal. La bouche aussi était grande et sculptée à outrance. Ce qu'il y avait de vigueur et de fougue dans ses lignes brusquement contrariées était exagéré en quelque sorte par la saillie disproportionnée du menton, mais adouci en même temps par un sourire bon, fin, d'une douceur, j'allais dire d'une gentillesse incomparable, qui entr'ouvrait légèrement les lèvres et laissait deviner la blancheur lactée des dents. Les dents eussent paré une jolie bouche de femme.

Tout cela, contrastes et harmonies, produisait un ensemble qui s'imposait et qui frappait. Évidemment, ce n'était pas la peinture qui était grande, c'était l'homme.

L'homme avait nom : Vincent-Nicolas Géraud du Pontais. Ses ennemis et même ses amis l'appelaient Géraud-Boutoir ou Géraud-l'Emporte-Pièce. Sur un théâtre plus haut et plus large, quel rôle eût-il joué? Dieu seul le sait. Naître et vivre dans un milieu trop étroit est la plus lamentable de toutes les misères pour un grand esprit et un grand cœur.

Goujeux fit d'abord comme s'il eût voulu passer franc devant le portrait de Géraud, mais il s'arrêta aux trois quarts de la chambre et s'enhardit jusqu'à relever les yeux.

— C'est étonnant, dit-il, comme le soleil lui met du sang dans la peau! Il vous regarde quelquefois comme cela... Eh bien! après? Je n'ai que de bonnes intentions. Dieu merci! Quand on a femme et enfants, il faut bien un peu penser à tout ce monde-là. Je ne crains ni les avocats ni la justice... Les affaires bien faites n'amènent jamais de désagréments.

Disant cela, le bon M. Goujeux souriait au portrait comme s'il eût voulu l'amadouer.

Si le lecteur demande pourquoi ce bon M. Goujeux, sur le point d'entrer chez Géraud, s'en allait penser à ses enfants et à sa femme, comme s'il eût cherché des arguments pour résoudre quelque mystérieux problème de conscience, nous répondrons que cet industriel passait pour un excellent père de famille.

Et quant à sa conscience, nous ne voyons aucun prétexte à reproches. Il venait accomplir en ce lieu un acte de dévouement et de charité, c'était sans nul doute par habitude qu'il parlait d'affaires bien faites.

— Bah! bah! reprit-il, égoïste tant que vous voudrez! c'est un mot et rien de plus! Qui ne songe un peu à soi dans le monde? ça ne m'empêche pas de faire bien du chemin pour obliger un ami!

Ses yeux restaient fixés sur le puissant visage du portrait où la lumière mettait une sorte de vie. Il poussa un gros soupir et dit enfin entre ses dents :

— Il ferait mauvais de l'avoir sur les bras !

Mais cette inquiétude avait trait sans doute à de fort lointaines éventualités, car, au lieu de s'assombrir, le visage du maître de forges se dérida tout-à-fait, tandis qu'il ajoutait :

— Je me mettrais au feu pour lui, c'est connu. Goujeux est l'ombre de Géraud, son satellite... et tant que les affaires sont bien faites...

Il se frotta, ma foi, les mains, et marcha résolûment vers la porte, située à gauche du portrait. Il posa son oreille contre la serrure ; un instant, il demeura immobile et retenant son souffle. Puis il entra sans frapper.

La chambre où il s'introduisait ainsi était plongée dans une demi-obscurité. C'est à peine si quelques lueurs glissaient entre les tablettes des persiennes fermées. La lumière, faisant irruption par la porte du salon, éclaira un bureau de chêne noir, chargé de papiers, et un pan de bibliothèque où se rangeait une armée d'in-folios. Le reste de la pièce demeura dans l'ombre.

Une voix creuse et fatiguée sortit du noir :

— Que voulez-vous, Amédée ? demanda-t-elle, j'avais donné l'ordre que ma porte fût fermée pour tout le monde.

M. Goujeux repoussa le battant et rendit à la chambre une obscurité presque complète, car le jour allait en baissant au dehors. Au lieu de répondre, il s'avança vivement vers l'endroit d'où la voix était partie.

— Chassez-moi si vous voulez, Géraud, prononça-t-il d'un accent pénétré, mais je n'ai pu résister au besoin de vous voir. Je suis égoïste, c'est convenu, mais je ne sais pas ce que je donnerais pour vous tirer de peine... Géraud, mon pauvre ami Géraud !

Dans le coin le plus obscur de la chambre, Géraud était couché sur un divan dont l'étoffe râpée et maculée montrait le grand usage qu'on en faisait. Géraud était étendu sur le ventre, dans une attitude de complet anéantissement. Sa tête, coiffée de cheveux ébouriffés dont le désordre doublait le volume, reposait sur ses deux mains croisées. Il n'avait pour tout vêtement qu'une chemise débraillée et un pantalon à pied, sans chaussures.

On ne pouvait distinguer ses traits, mais l'attitude entière de son corps indiquait l'affaissement d'une terrible douleur.

— Bien, Amédée, dit-il, vous êtes un sincère ami, je le crois. Maintenant que vous m'avez vu, retirez-vous, ce sera me rendre service.

— Permettez-moi de résister à cet ordre, Géraud, mon noble et bon Géraud, répondit le maître de forges avec la respectueuse fermeté du courtisan qui tâche de rendre le courage à son roi désespéré. Je n'ai pas mérité cet accueil. Il est indigne de vous, Géraud, d'humilier ainsi un vieux camarade.

Le patient, on peut bien le nommer ainsi, se retourna sur sa couche en étouffant un gémissement.

— Au nom de Dieu, laissez-moi en repos, Amédée ! murmura-t-il ; je ne suis pas en état de vous entendre. Je souffre... je souffre comme un damné dans l'enfer !

La voix de Goujeux s'affermit davantage.

— C'est pour cela que je reste, prononça-t-il en poussant un fauteuil vers le divan où Géraud était étendu.

Géraud était de ceux-là qu'on ne peint pas d'un trait de plume. Il faut bien pourtant que le lecteur le voie des pieds à la tête pour accepter tour à tour ses petitesses et ses grandeurs. Géraud, enfant gâté du succès, ne voulait point des convenances mondaines. Je ne sais trop s'il y a grandeur à cela ; assurément, il y a petitesse à faire gloriole de ce mépris. Géraud imposait volontiers ses rudesses et son sans-gêne, bien qu'il fût au fond un homme parfaitement élevé ; Géraud abusait un peu de sa force. Géraud vivait en ville conquise. Ses colères, ses boutades, ses violences même n'avaient pas peu contribué à le mettre en lumière, car les défauts d'un homme célèbre sont comme les enjolivements de sa gloire. Étant donnée une supériorité quelconque, en quelque genre que ce soit, la renommée embouchera sa trompette au prorata exact des vices qui truffent cette supériorité. C'est l'axiome.

Il a fallu Virgile pour faire pardonner au pieux Énée ses maladroites vertus.

Géraud était entier comme tous ceux qui pour beaucoup vaincre ont été forcés de combattre beaucoup ; Géraud était quinteux comme tous ceux que la victoire entoure de flatteurs et d'esclaves ; Géraud avait une rugueuse et souvent déplaisante enveloppe autour de l'exquise bonté de son cœur.

La contradiction l'exaspérait du premier coup, et jusqu'alors il n'avait trouvé qu'une seule créature humaine pour bravement lui tenir tête, c'était Scholastique Mahé. Scholastique et lui se livraient des batailles rangées où le grand Géraud n'avait pas toujours l'avantage.

Aux derniers mots du maître de forges, il sauta en bas de son divan comme un fou furieux. Sa langue s'épaissit pendant qu'il disait :

— Est-ce qu'on est à se moquer de moi, ici, morbleu? Croyez-vous que je n'aie plus assez de force pour vous jeter par la croisée ! Allez au diable, on vous le dit, et ne revenez plus!

Il avait saisi le bras de ce bon M. Goujeux, à qui séyait si bien son petit nom d'Amédée.

M. Goujeux fut tout uniment sublime à la manière de Thémistocle.

— Maltraitez-moi, soupira-t-il, Géraud, mon brave Géraud, ne vous gênez pas ! frappez-moi si vous voulez ! J'aime mieux vous voir debout et en colère que vautré comme un cadavre sur ces maudits coussins !

Les bras de l'avocat tombèrent. Sa tête s'inclina sur sa poitrine. Il fit un tour de chambre à pas lents, puis il revint vers le maître de forges, qui l'attendait, immobile.

— Monsieur Goujeux, prononça-t-il tout bas, je vous demande pardon. J'ai la tête bien faible. J'ai eu aujourd'hui plus d'un moment où j'ai cru que j'allais perdre la raison.

— Et vous repoussez vos amis ! s'écria le maître de forges.

— Vous savez, monsieur Goujeux, repartit Géraud avec un douloureux sourire, le médecin ne sert à rien quand le mal est sans remède.

Il n'est pas donné à tout le monde de prolonger certains entretiens où la réplique est malaisée à trouver. Les gens sincères réussissent peu généralement dans ces épreuves pénibles. M. Goujeux, qui était cependant un homme fort sincère, avait l'art d'éterniser toutes sortes de conversations.

— A qui parlez-vous de mal sans remède, Géraud? demanda-t-il presque gaiement; j'ai été condamné trois fois par nos docteurs et me voilà !

— Plût à Dieu que mon mal fût de la nature du vôtre, monsieur Goujeux ! dit l'avocat dont la main serrait convulsivement sa poitrine.

Goujeux repartit :

— Sans doute, mon Dieu, sans doute! personne ne peut apprécier mieux que moi les peines du cœur. J'ai passé par là. Il faut s'épancher, mon excellent ami : croyez-en mon expérience...

Géraud ne l'écoutait plus. Il avait repris sa promenade. Son pas était lourd et paresseux. Il s'arrêta devant une des fenêtres. Goujeux vit qu'il avait le frisson.

— Vous seriez mieux dans votre lit, commença-t-il.

— Amédée interrompit l'avocat, dont la voix prit des inflexions pleines d'angoisses; c'était aujourd'hui que nous devions nous marier à la mairie. La lettre qui vous convoquait est là, toute faite, sur mon bureau. Je vous avais choisi pour être un de ses témoins; elle vous aime... Et je voulais que ses témoins fussent mes meilleurs amis. Je n'ai pas envoyé la lettre. Tout est rompu, tout est brisé! Voici mon avenir mort! voici toute ma vie veuve! Lequel vaut mieux : porter ce deuil comme un lâche, sans espoir de prendre jamais le dessus? ou comme un lâche encore, se faire sauter la cervelle?

— Oh! Géraud! fit le maître de forges; est-ce vous qui parlez ainsi?

Géraud avait sa tête entre ses mains.

— La voilà finie, reprit-il après un silence, cette journée qui devait m'ouvrir les portes du ciel! Le soleil était beau. J'ai fait la nuit ici pour ne le point voir. Oh ! quelles soient longues et courtes à la fois, ces heures de la détresse! Les minutes me duraient comme des heures, et je les regrettais aussitôt passées, car je me disais : chaque minute qui s'écoule aggrave ma condamnation. Ce soir, l'arrêt qui me tue sera sans appel... Amédée, voici le soir venu : tout est fini... Comment le cœur peut-il se déchirer ainsi et continuer de battre?

— Voyons, voyons, dit M. Goujeux, de ce ton consolateur et banal qui a généralement pour résultat d'exaspérer l'angoisse; un peu de raison, Géraud! vous êtes un homme, que diable!

Géraud ne se fâcha pas; il gagna son bureau et alluma les deux flambeaux à double branche qui éclairaient nuitamment son travail. Il en prit un à la main. Il s'approcha de la glace placée au-dessus du foyer. Il se regarda.

On sait les prodigieux ravages que peut produire une seule journée de désespoir sur les robustes natures. Le maître de forges ne put contenir un cri d'étonnement à l'aspect du visage de son ami. Au contraire, Gérand eut un sourire en se regardant dans la glace.

— C'est bien! murmura-t-il; cela ne durera pas très-longtemps.

Il posa le flambeau sur la cheminée et s'assit au bord du divan, courbé en deux, les mains retenues et croisées au-devant de son genou. La lumière frappait en plein son front qui avait des nuances terreuses sous ses énormes cheveux dont la masse semblait terne et grise. Dans cette position, on ne voyait que deux trous noirs à la place de ses yeux, et sa bouche affaissée disait seule l'amertume terrible de ses découragements.

M. Goujeux le regardait. Nous sommes forcés d'avouer que sur l'excellente figure de cet ami tendre et dévoué, une certaine somme de curiosité se montrait. Ce fut l'affaire d'une seconde. M. Goujeux poussa un gros soupir et s'assit, lui aussi, d'un air contrit, sur le rebord d'une chaise.

— S'il y a du bon sens à se faire du chagrin comme cela! gronda-t-il; vous êtes changé comme après une maladie de six mois!

— Tant mieux! répondit Gérand; si je souffre six mois en un jour, la chose ira plus vite!

Il releva la tête en disant cela. C'était bien encore le portrait, mais involontairement on mesurait l'abîme creusé entre l'homme heureux qui avait posé devant le peintre et ce condamné arrêté un instant sur le chemin du supplice. Ils sont ainsi les condamnés, ils n'ont plus d'habit; leur chemise ouverte laisse voir le cou que le couteau va toucher et la poitrine où le cœur bat ses pulsations dernières.

Gérand regarda M. Goujeux en face.

— C'est hier au soir, dit-il; tout était prêt; j'allais envoyer par exprès votre lettre et celle de Kerdanio. La foudre est tombée. Elle a fait ses adieux à ma fille qui l'aimait tant; elle a dit : Jamais je ne serai sa femme.

— Tout cela pour une pauvre séance à la Baraque! murmura le maître de forges qui haussa les épaules.

— Ne l'accusez pas! s'écria impérieusement l'avocat. Devant moi, il n'est pas permis de l'accuser : vous voyez bien que je ne l'accuse pas moi-même. J'avais promis, je n'ai pas tenu... — Mais, s'interrompit-il les larmes aux yeux, sait-elle, saura-t-elle jamais ce qu'elle perd d'adoration? Quel culte! que de bonheur!

M. Goujeux rapprocha son siége.

— Tout égoïste que je suis, murmura-t-il, ça me fend l'âme de voir vos larmes.

Géraud leva les yeux au ciel et joignit ses mains au-dessus de sa tête.

— Dieu n'a pas voulu, reprit-il en laissant tomber sa voix; peut-être bien que c'était impossible. Le paradis ne peut pas exister sur terre. Et c'eût été le paradis, cela! On n'aurait jamais entendu parler d'une félicité pareille. Qu'avais-je à craindre? Quelques haines intestines? quelque jalousie entre ma fille qui devient une femme et celle à qui je donnais l'autorité dans la maison? Oui, j'avais à craindre cela : c'est toujours la pierre d'achoppement. Eh bien! Marguerite aimait Clémence mieux que sa mère ne l'eût aimée, sa propre mère! Je le sais; je l'ai vu! J'avais mis si souvent cette tendresse à l'épreuve; j'avais tant de joie à la constater, à la mesurer, à l'admirer! Et Clémence, de son côté, la chère enfant, aimait ma femme.

Il s'arrêta comme s'il eût subi un choc violent. Sa lèvre devint livide; sa prunelle nagea, indécise dans le blanc de ses yeux. Le maître de forges crut qu'il allait se trouver mal.

— Ma femme! répéta-t-il pourtant avec un déchirant sanglot; je me suis trompé! C'est que je l'appelais toujours ainsi en moi-même quand je me parlais d'elle... et je me parlais d'elle toujours! Ma femme, monsieur Goujeux, à l'heure où nous sommes, elle serait ma femme! Ce serait bientôt le moment de s'asseoir au repas de noces. Les misérables qui m'insultaient hier savent-ils qu'ils frappaient un homme mort? Si j'en tuais quelques-uns, serais-je guillotiné?

Il saisit sa chevelure à deux mains et s'écria :

— La mort! Seigneur mon Dieu! la mort! à genoux, la mort!

— Du calme! du calme! fit Goujeux, juste aussi sot que les meilleurs consolateurs.

— Celui que je tuerais, poursuivit M. Géraud, a peut-être

une mère. Ce sont de malheureux enfants. Je leur pardonne ! Peut-être que s'ils étaient là, me voyant et m'écoutant, ils auraient pitié de moi.

Il y eut un silence pendant lequel M. Goujeux dit :

— Vous voyez, vous vous épanchez, cela vous fait du bien.

Ces paroles innocentes allaient admirablement à la figure du maître de forges, à son gilet de moire verte, à son habit bleu à boutons de deuil, et même à sa vaste cravate de mousseline jaune semée de petits pois violets.

M. Géraud passa son mouchoir sur son front et se renversa sur les coussins du divan. Il avait réellement plus de tranquillité.

— En conscience, reprit-il en se parlant à lui-même bien plus qu'à son bénin partner, j'étais arrivé à mon âge sans savoir ce que c'est qu'aimer. Ma première femme était une bonne et belle créature ; mais nos parents nous avaient mariés trop jeunes. Il n'y avait entre nous que de l'estime et de l'amitié.... Quand Marguerite vint pour être la seconde mère de ma petite Clémence, vous savez comme je suis, Amédée, je fus bien des mois avant de la regarder. J'aurais pu répondre : Je ne sais pas, à quiconque m'aurait demandé : De quelle couleur sont ses yeux ! Mais je l'aimais déjà. Oh ! certes, je l'aimais. Je me souviens bien que ma maison me semblait toute changée, et que dans cette atmosphère froide des grandes vieilles chambres, il y avait pour moi comme un doux vent de gaîté. L'idée du bonheur possible entrait en moi par chacun de mes pores. Je ne savais pas, mais je sentais. Et un jour, mon regard tomba sur sa main, pour monter le long de son sein jusqu'à son visage. Qu'avais-je donc désiré jusqu'alors ? Pourquoi et de quoi vivais-je ? Un autre cœur battit dans ma poitrine. Je sentis naître cette poignante allégresse qui est comme le premier bond de l'âme s'éveillant à la passion. Je vous le demande, Amédée, est-il au monde une femme aussi belle que Marguerite ?

— Je n'en ai jamais vu, répondit le candide Amédée, mais c'est que j'ai bien peu voyagé.

— Il n'en est pas, croyez-moi, je vous l'affirme : aucune femme n'a ces grâces chastes et ce souverain attrait qui qui s'empare du cœur ; aucune femme n'a ce regard tout imprégné de suavités divines ; aucune femme n'a cette voix

5.

aux vibrations graves et douces comme les sons que rendent les cordes médiales d'une harpe ; aucune femme n'a ce sourire qui éclaire la nuit de l'âme ; aucune femme, aucune. Il n'y a qu'elle, et j'ai cru qu'elle m'aimait !

Il parlait très-bas, et chaque mot tombait de ses lèvres avec lenteur. Sa physionomie, éclairée vivement, peignait une sorte d'extase. Ce bel amour, qui débordait de tout son être, mettait des rayons autour de son visage : il était beau comme son amour.

— Le fait est, dit M. Goujeux avec conviction, qu'elle n'est pas mal... pas mal du tout pour une femme de son âge.

Géraud ferma les yeux ; il n'avait pas entendu.

La porte par où le maître de forges était entré s'ouvrit sans bruit, et Michain, le saute-ruisseau, montra sur le seuil sa figure d'oiseau effarouché.

— Une lettre pour monsieur, dit-il, une lettre pressée.

Géraud fit un geste de fatigue.

L'obligeant Goujeux se leva pour aller prendre la lettre, Géraud lui dit :

— Sur le bureau... avec les autres.

Il y avait sur le bureau un petit tas de missives non décachetées.

Michain donna la lettre après avoir jeté un regard curieux sur son maître. Il disparut derrière la porte à demi refermée, mais il la rouvrit presque aussitôt.

— La Scholastique a dit, prononça-t-il, sans point ni virgule, qu'elle a dit de dire à monsieur que la lettre ne vient pas par la poste, et que c'est le fils de la concierge de l'hôpital Saint-Yves qui l'a apportée.

Géraud était sur ses pieds avant la fin de cette longue phrase. Il s'était levé d'un bond à ce mot : *Hôpital Saint-Yves*.

— Va-t'en ! ordonna-t-il à Michain.

Puis il vint prendre la lettre sur le bureau. Avant de l'ouvrir, il appuya sa main contre sa poitrine, à la place du cœur. Tout son corps tremblait.

M. Goujeux, malgré sa réserve habituelle, ne put s'empêcher de demander :

— Vous attendiez des nouvelles de ce côté-là ?

Géraud ne répondit point. Il rompit le cachet. Ses jambes chancelaient sous le poids de son corps. Dès que son regard eut parcouru les premières lignes, sa main crispée essaya de s'accrocher aux casiers du bureau. Ses yeux battirent, puis se fermèrent. M. Goujeux n'eut que le temps de s'élancer pour le recevoir évanoui entre ses bras.

— Eh bien! eh bien! fit-il en l'asseyant dans un fauteuil, qu'avons-nous donc? Géraud! Géraud! Positivement, il ne m'entend plus!... L'amour est une drôle de chose... un homme pareil! à cet âge-là!... mais que diable dit donc cette lettre?

La lettre s'était échappée des mains de Géraud. Elle gisait à terre tout ouverte. M. Goujeux la ramassa. Géraud avait les yeux fermés, mais on ne saurait prendre trop de précautions. M. Goujeux passa derrière le fauteuil pour lire la lettre.

La lettre était ainsi conçue :

« Mon cher Démosthènes,

» Nos bonnes sœurs ont besoin de leur chapelle à l'heure
» que nous avions choisie. Il faudra vous lever un peu plus
» matin. Je dirai votre messe à cinq heures précises. Si
» vous préfériez retarder la cérémonie, un mot ce soir.

» Toujours à vous,

» et respects à la charmante fiancée.

B. LOUVEAU, prêtre. »

L'abbé Louveau, ami particulier de Géraud, était chapelain de Saint-Yves.

M. Goujeux lut ces quelques lignes fort attentivement.

— Il n'y a pourtant pas là de quoi tomber en syncope! grommela-t-il. Voilà! c'est l'idée qu'il était si près du but et que l'affaire est manquée... L'amour est une bien drôle de chose!

Il revint à Géraud et lui tapa dans les mains inutilement. La pensée lui vint d'appeler, mais, paraîtrait-il, la venue des gens de la maison ne faisait point son compte. Il regarda tout autour de lui avec un certain embarras, cherchant un moyen de secours.

Puis, saisi brusquement par une pensée, il déposa la lettre à terre, à l'endroit même où il l'avait prise.

Il y avait sur le bureau un paquet de plumes d'oie. M. Goujeux le prit, en fit flamber les barbes à la bougie, et le passa tout brûlant sous les narines de l'avocat, qui rejeta violemment la tête en arrière.

— Mon bon Géraud, mon bon Géraud, dit aussitôt le doux maître de forges dans un subit accès de tendresse, comment vous trouvez-vous? Voilà une belle peur que vous m'avez faite!

Il y avait de l'égarement dans les yeux de Géraud.

— Qu'est-il donc arrivé? demanda-t-il d'une voix faible.

Mais son regard rencontra la lettre. Deux larmes roulèrent sur sa joue.

— Lisez cela, Amédée, dit-il.

— Je n'aurais pas osé me permettre..., balbutia le maître de forges.

Il prit le papier, et mit, cette fois, ses lunettes pour le déchiffrer.

La respiration de Géraud sifflait dans sa gorge oppressée.

— La messe! fit M. Goujeux, à Saint-Yves... Ah! pauvre ami! pauvre ami! Je comprends! toutes ces angoisses des cœurs sensibles me sont si bien connues! La messe! ça vous a donné un coup!... mais, en définitive...

— Je sens que j'en mourrai, monsieur Goujeux; répondit l'avocat avec simplicité.

— Il ne faut pas! il ne faut pas! diable! un si beau talent!... Savez-vous une idée qui me vient?

Les paroles glissaient sur l'entendement de Géraud, absorbé dans son malheur. Goujeux avança une chaise et s'assit auprès de lui.

— Tant qu'elle n'a pas quitté la maison, reprit-il, on peut essayer...

— De quoi parlez-vous? demanda Géraud avec fatigue.

— De l'idée qui me vient.

— Quelle idée?

— Une idée, mon excellent ami, qui m'est inspirée par mon entier dévoûment et par l'affection sans bornes que je vous porte... vous savez, dans les cas désespérés... Ce qui ne fait pas de bien, ne peut toujours pas faire de mal.

— Je vous prie de vous expliquer, dit Géraud.

— Mon Dieu! repartit bonnement le maître de forges, je passe condamnation sur mon égoïsme, moi, pourvu qu'on me laisse m'ingénier à rendre service. Vous l'avez dit tout à l'heure ; Marguerite a quelque attachement pour moi ; j'ai su lui inspirer un petit peu de confiance... qui sait? si je la voyais? si je lui parlais?...

Les traits de l'avocat s'éclairèrent, puis un nuage plus sombre descendit sur son front.

— Monsieur Goujeux, dit-il, je vous remercie, je vous remercie du fond du cœur ; mais la décision de Marguerite est irrévocable.

Le maître de forges répéta :

— Qui sait? qui sait?

Puis il ajouta.

— Mais du moment que la chose ne vous convient pas, n'en parlons plus.

Un silence suivit. Géraud se recueillait en lui-même. La mobilité de ses pensées se reflétait sur son front.

— Qui sait?... murmura-t-il à son tour.

Il prit les deux mains du maître de forges et les serra contre sa poitrine haletante.

— Que ce soit le dernier enjeu, dit-il en se levant; je vous crois mon ami ; vous savez que vous avez entre vos mains ma vie et ma mort. Allez; si vous échouez, vous aurez la dernière prière de mon agonie. Si vous réussissez, je vous appartiendrai corps et âme!

IX

Premier assaut.

Ce bon M. Goujeux ne répondit qu'en donnant à son ami une chaude et vive accolade. Il se dirigea incontinent vers la porte, et ce fut seulement en franchissant le seuil qu'il put articuler d'une voix entrecoupée :

— Le vieux Goujeux ! le vieil égoïste ! Il donnerait la moitié de son sang pour vous rapporter une bonne parole!

Il fallait traverser le salon et la salle à manger pour gagner l'appartement de l'institutrice. A Rennes, comme dans la plupart des villes de provinces, les maisons sont grandes. C'est à Paris seulement, centre de la civilisation, des lumières et du bien-être que la police est obligée de veiller sans cesse à ce que les citoyens aient le nombre de pieds cubes d'air rigoureusement nécessaire à la respiration. Il est prouvé que, sans la police, un fort dixième des constructions nouvelles seraient à Paris des boîtes à asphyxie. Que les propriétaires, architectes et entrepreneurs des édifices susdits soient à jamais bénis! et malédiction sur la police qui opprime leurs bonnes intentions!

Dès que M. Goujeux fut dans le salon, sa figure s'épanouit étrangement. Vous eussiez dit qu'il venait de remporter une grande victoire. Vis-à-vis de la porte, il y avait une haute glace en deux feuilles, où Goujeux put voir en passant le pauvre visage de l'avocat qui, debout près du seuil, le suivait d'un regard suppliant. Géraud avait les mains jointes: sans doute, il priait ardemment pour le succès de cette suprême ambassade.

M. Goujeux sourit à l'aspect de son ami. Était-ce le plaisir qu'il goûtait à la pensée de son propre dévouement? Était-ce la joie intime et anticipée du service rendu?

Il referma derrière lui la porte du salon qui communiquait avec l'antichambre. La nuit était tout à fait venue. Il se trouva dans une complète obscurité, rompue seulement par une ligne brillante qui marquait, au niveau du carreau, le seuil de la chambre de l'institutrice.

M. Goujeux s'arrêta. Un long soupir souleva sa poitrine. Si quelque curieux se fût trouvé là, près de lui, et que le jour eût éclairé subitement les ténèbres, le curieux aurait pensé : Voici un homme dont le pied s'est débarrassé d'une rude épine! A notre connaissance, pourtant, M. Goujeux n'avait rien conquis dans sa visite à l'avocat.

Mais sa forge était située sur la route de Normandie. A dix lieues à la ronde autour de ce précieux pays normand, on commence à rencontrer des diplomates.

Quand M. Goujeux eut soufflé comme un homme arrivé au but de sa course, il s'essuya le front à l'aide d'un foulard de coton qu'il avait, puis il se frotta les mains tout doucement en murmurant :

— Nous y voilà! nous y voilà!

Était-ce donc pour s'introduire auprès de l'institutrice qu'il avait pris ce long circuit? Ne pouvait-il se présenter chez elle tout franchement, puisqu'il était son ami? Qu'avait-il besoin de circonvenir Scholastique et de violer l'asile où ce pauvre Géraud abritait son agonie morale?

Le vent qui venait de Normandie passait, pour arriver à la forge de M. Goujeux, sur un coin du Maine où fleurit le Normand et demi. Savez-vous pourquoi les pêches sont si belles à Montreuil? pourquoi Charenton produit de si miraculeux cucurbites? L'exposition fait tout. Là-bas, M. le prince de Talleyrand-Périgord n'eût été qu'un écolier. Ce terroir est le Montreuil-les-Pêches de la diplomatie en sabots. Toutes les têtes y protocolisent d'instinct et sans culture.

Vous pensiez peut-être que vous allez juger ainsi du premier coup M. Amédée Goujeux des Étanches, maître de forges à Saint-Émon et maire de sa commune? Erreur. Il vous faudra le suivre, le guetter, l'espionner; ensuite de quoi vous arriverez à vous convaincre que M. Goujeux est l'homme du monde qui sait le mieux garder ses petits secrets.

Après s'être essuyé le front, il eut cette bonne idée d'écouter un peu à la porte du salon pour voir si l'avocat ne l'avait point suivi. Nul bruit ne se faisait de ce côté; M. Goujeux se dit :

— Il n'est pas fier, ce soir, sapreminet! Voilà un citoyen supérieurement embobiné! Géraud-Bouche-de-Fer a perdu du coup toutes ses dents!...

— Je suis sûr, s'interrompit-il en ricanant, qu'il essaie en ce moment de retrouver le latin de ses patenôtres pour que Dieu donne heureuse issue à mon ambassade... Ce que c'est que de nous !

M. Goujeux était un peu esprit fort. Néanmoins, il n'avait pas d'animosité personnelle contre le bon Dieu. Son curé lui servait quelquefois à ramener les mutins de sa forge.

— Voyons! voyons! se reprit-il, recordons-nous; il faut désormais qu'il l'épouse, voilà le point de départ!

Et certaines gens osaient bien l'appeler Goujeux l'égoïste! Voyez s'il s'occupait de lui-même !

Il est vrai qu'il ajouta :

— La parole de Géraud vaut titre sur papier timbré. Il a dit : « Si vous échouez vous aurez la dernière parole de mon agonie. » Je n'y tiens pas positivement... mais il a dit encore : « Si vous réussissez, je vous appartiendrai corps et âme. » Quand les affaires sont bien faites, on n'a jamais de désagrément... Quinze cent mille francs... en terres...

Ces derniers mots tombèrent de ses lèvres comme les sons vagues et doux qui échappent à la rêverie des amoureux.

Un bruit léger et presque continu se faisait dans la chambre de l'institutrice. Une ombre passait et repassait, obscurcissant cette ligne lumineuse qui brillait sous la porte. Du côté de la cuisine, on entendait les grincements réellement formidables du fameux tournebroche.

M. Goujeux fit quelques pas vers la chambre de Marguerite Maynard et mit son œil à la serrure.

— Elle est seule, se dit-il; elle fait ses malles. Elle pleure... quel diable de dessous de cartes avons-nous donc?

Il frappa tout doucement.

— Qui est là? demanda une voix très-altérée.

— Moi, Goujeux, répondit le maître de forges.

Son accent onctueux et paterne valait la patte de velours qui passa sous la porte du petit Chaperon rouge.

— M. Goujeux! répéta la voix, qui exprima de l'étonnement, peut-être de l'espoir.

On hésita, puis on vint ouvrir.

Celle qui vint ouvrir était vêtue d'une robe de chambre de laine noire, serrée à la taille par une torsade de soie. Elle avait le col nu. Ses cheveux tombaient sur ses épaules.

Les peintres et les poètes ont dit beaucoup sur la molle et splendide beauté des créoles; mais les créoles passent vite, et les jolies femmes de Rennes surnommaient celle-ci : la Duègne.

Les femmes qui gardent leur charme après l'âge ont besoin de parure. Il faut l'art pour leur rendre toute leur puissance de séduction; le négligé les tue : le négligé de celle-ci ne pouvait rien contre sa souveraine beauté.

Et les larmes! Le phénix se cachait, dit-on, pour mourir; les femmes *qui sont encore* belles se cachent pour pleurer. Les larmes sont la pierre de touche de la jeunesse et de la beauté. Celle-ci avait pleuré, celle-là avait les yeux rouges et tout gonflés de larmes; celle-ci restait jeune sous les traces de ses pleurs, jeune et adorablement belle.

Les jolies dames de Rennes avaient décidément raison d'être jalouses. La Duègne était une enchanteresse; son pauvre négligé valait mieux que leurs toilettes, et tous les diamants du monde, toutes les perles, toutes les dentelles n'eussent rien ajouté au charme de ce front, couronné par son opulente chevelure.

Marguerite Maynard était grande, élancée, plutôt faible que forte au premier aspect. La grâce choisie de toute sa personne était dans la rondeur aisée de ses mouvements, plus encore que dans la remarquable proportion de sa taille. Nous avons parlé déjà de ses pieds et de ses mains, désespoir de ses rivales. Bien peu parmi ces dames pouvaient être jalouses des perfections idéales de sa gorge et de ces courbes suaves, dessinées par la blancheur de ses épaules : Marguerite Maynard ne montrait jamais rien de tout cela ; mais, par quelque chaude soirée d'été, ces dames avaient pu voir son col de cygne, débarrassé du voile importun : cela leur suffisait ; elles étaient jalouses.

Elles disaient à ces messieurs : La Duègne se boutonne jusqu'au menton, pour cause!

Mon Dieu! peut-être n'en faut-il pas trop vouloir à ces dames. De temps en temps, il y a quelqu'un d'étranglé au sérail. Ces dames de Turquie manifestent ainsi leur mauvaise humeur. A tout prendre, les mœurs de Rennes sont encore préférables. Je ne me souviens pas d'avoir entendu dire que ces dames aient jamais étranglé tout à fait les insolentes qui s'avisent d'être plus jolies qu'elles. Sachons leur tenir compte de cette modération.

La faute, d'ailleurs, était tout entière à ces messieurs, qui s'occupaient beaucoup trop de la Duègne.

L'ovale du visage de Marguerite Maynard était un peu trop allongé, sans qu'il y eût cependant maigreur. Le défaut ordinaire de cette conformation, c'est d'élargir à l'œil le volume de la bouche. Ce défaut existait chez Marguerite, et nous pensons que Dieu l'avait permis pour que ces dames ne fussent point damnées sans rémission dès leur vie mortelle. Marguerite avait réellement la bouche grande, ce que ces dames traduisaient par cette formule énergique : *Fendue jusqu'aux deux oreilles*; mais qu'elle fût souriante ou grave, la bouche de Marguerite plaisait et attirait. Elle avait une suprême fraîcheur de coloris, et l'arc solidement sculpté de ses lèvres rappelait le cachet antique.

Le reste de sa figure était un enchantement. Son nez délicat, aux narines légèrement sensuelles, s'épanouissait vers les sourcils en une double arcade si fière et si nette, que les maîtres du pinceau n'eussent pu que copier sa sereine pureté ; ses yeux d'un bleu d'agate, mouchetés de quelques traits de feu, pensaient, languissaient, rêvaient, brûlaient selon la délicieuse gamme des impressions féminines ; c'était du velours, ces yeux, et c'était l'eau limpide qui tremble dans la dure solidité du diamant, Leur regard laissait une empreinte comme la lumière elle-même. On revoyait ce regard quand on fermait les yeux.

Et je ne sais comment dire cela sans tomber dans les fadeurs banales du portrait fait à plaisir. Cette femme de chair et d'os était plus belle que la fantaisie. Ses paupières closes la paraient comme son regard. Géraud l'aimait mieux, figurez-vous, quand ses longs cils de soie, recourbés comme les pinceaux du cèdre du Liban, descendaient sur la ligne doucement bistrée qui estompait le dessous de ses paupières...

Ces dames disaient : La Duègne a les yeux *cotis*. Coti, à Rennes, est le superlatif de battu.

M. Goujeux avait épousé sa femme autrefois par estime et pour trente-sept mille cinq cents francs qu'elle avait, sans compter les espérances. Il ne s'en était jamais repenti. Madame Goujeux avait été, lors de son bon temps, une des plus laides filles du pays de Vitré. L'âge avait fait d'elle une vieille femme au tas. M. Goujeux n'était pas amateur. Ses goûts sérieux le portaient vers d'autres passe-temps. On l'avait entendu confesser, maintes fois au dessert, que, pour lui, toutes les femmes se ressemblaient, pourvu qu'elles fussent au complet, c'est-à-dire possédant deux bras, deux jambes, une paire d'yeux, un nez, une bouche, — et de quoi.

Cette dernière qualité « de quoi » pouvait même remplacer un bras ou une jambe et contre-balancer ce qu'on a parfois de trop : une bosse, par exemple, ou une loupe sur l'œil.

Ici, pour tout autre, l'entrée en matière n'aurait pas été des plus faciles, mais M. Goujeux était comme Guzman, dans ces cas-là : il ne connaissait pas d'obstacles. Il affecta de ne point voir le désordre de la chambre, les armoires déjà presque vides, les malles ouvertes et à demi fermées ; il affecta surtout de ne donner aucune attention à la pâleur de Marguerite, ni aux traces de larmes qui fatiguaient ses beaux yeux. Il avait à son service un gros rire innocent qui valait cher, il fit appel à son gros rire.

— C'est moi ! s'écria-t-il ; c'est Goujeux l'égoïste qui vient s'occuper un tantinet des autres. Hé ! hé ! hé ! hé !...

Marguerite était debout au devant du seuil. Elle ne répondit point. Sa physionomie parlait pour elle et demandait déjà la fin de l'entrevue. Ceci ne pouvait rien contre M. Goujeux, habitué à voir seulement ce qu'il voulait.

— Hé ! hé ! hé ! hé ! reprit-il en saluant bonnement, la santé, ma chère demoiselle ? Pas mal, et vous ? Couci, couci ;

ma femme... les enfants poussent... Il fait chaud, ce soir, et la route est longue d'ici la voiture de Vitré. Ah! dame! les jambes de quinze ans n'y sont plus. Je m'asseois sans compliment, pas vrai?

— Faites, faites, monsieur Goujeux, répliqua enfin l'institutrice, qui prit un fichu de soie sur la table et le noua autour de son cou, sans embarras comme sans fausse pudeur.

M. Goujeux choisit un bon fauteuil et s'y installa.

— Ne vous gênez pas au moins, ma chère demoiselle, dit-il, si vous avez quelque chose à finir : vous savez, moi, je ne connais point les façons... Tout rond, le vieux Goujeux ! un vrai *vitriâs*... mais qui aime bien ses amis, oui!... et qui tâche de le leur prouver, malgré son égoïsme, hé, hé, hé!

Marguerite s'inclina et dit :

— Vous avez quelque chose à me communiquer, monsieur Goujeux ?

— Oui et non, repartit celui-ci en clignant de l'œil ; ou plutôt, j'ai deux choses... une question à vous faire d'abord... J'ai même trois choses, en comptant la commission dont ce brave Géraud m'a chargé pour vous.

— M. Géraud vous a chargé d'une commission pour moi? murmura Marguerite dont la voix eut aussitôt un tremblement involontaire.

— Ça vous étonne, n'est-ce pas? s'écria le maître de forges en riant ; quand on est si près l'un de l'autre... une chambre à traverser... Mais donnez-moi donc des nouvelles de Clémence, ce cher petit cœur?

— Clémence vient de me faire ses adieux, monsieur, répondit l'institutrice; c'est pour cela que j'ai pleuré.

Pour la première fois, depuis le commencement de l'entrevue, M. Goujeux leva les yeux sur elle.

— Tiens! tiens! fit-il, c'est pourtant vrai! Je n'avais pas remarqué. Nous avons pleuré... beaucoup pleuré, ma foi!... Vous ne croiriez pas, moi, que ça m'étouffe de voir pleurer une femme? C'est étonnant, mais l'égoïsme. Hé, hé, hé! Voyons! avez-vous dix minutes à me donner?

La main de Marguerite montra les malles ouvertes.

— Quand cette besogne sera terminée, dit-elle avec une profonde tristesse, je n'aurai plus rien à faire ici.

L'œil de Goujeux suivit ce geste.

— Ah çà! murmura-t-il, je ne vois donc rien, moi! Des

malles ! elle fait ses malles ! Je serais un pauvre espion de police ! Géraud m'avait pourtant bien dit un mot ou deux, mais je ne peux pas me mettre ça dans la tête... Mais, au fait, pourquoi vous assurerait-il deux mille francs de pension viagère si vous restiez dans la maison ?

Le front de Marguerite s'inclina. Le maître de forges profita de cet instant pour lui jeter un coup d'œil perçant et rapide.

Il pensait :

— Nous prenons le chemin le plus long, ma mignonne, mais nous arriverons, sois tranquille !

Après deux ou trois secondes de silence Marguerite lui demanda :

— Est-ce la commission dont M. Géraud vous avait chargé pour moi ?

— Peut-être, peut-être, fit M. Goujeux qui se frotta les mains gaillardement.

Ce que cherchent ces diplomates de naissance, c'est une brèche pour entrer, alors même que la porte est ouverte. Goujeux venait de trouver sa brèche ; il était heureux comme un roi.

— Je vous avoue, reprit cette belle Marguerite d'un ton sérieux et péremptoire, que je désirerais le savoir positivement.

— Curieuse ! dit le maître de forges, d'autant plus caressant et léger que Marguerite devenait plus grave ; pourquoi désirez-vous savoir cela ?

— Parce que, répliqua l'institutrice, tout en gardant à M. Géraud de Pontais toute la gratitude que mérite sa générosité, je refuserais toute pension qu'il voudrait me faire.

— Sapreminette ! je l'entends bien ainsi ! s'écria Goujeux avec une véritable jubilation.

Marguerite le regarda d'un air étonné.

— Je n'ai pas peur de vos grands yeux, reprit-il ; non, ma chère enfant, non, du tout. Vous savez bien que je suis un égoïste. Si je rends service comme cela à tout bout de champ, c'est pour m'amuser. Ah ! certes, certes, ce n'est point par bonté d'âme... Je dis donc que je l'entends bien ainsi : vous refuserez, vous aurez raison.

— Je suis heureuse de votre approbation, balbutia Marguerite déroutée.

— Attendez donc, je n'ai pas fini : vous refuserez, parce

qu'il y a un terme à tout, même aux enfantillages ; vous refuserez, parce que vous épouserez mon pauvre ami Géraud bel et bien, c'est moi qui vous le dis !

Marguerite se redressa, non point par fierté ni colère, mais par le grand effort qu'elle fit sur elle-même pour réprimer un douloureux mouvement.

— Je crois que vous avez de l'amitié pour moi, monsieur Goujeux, dit-elle ; je vous ai distingué parmi ceux qui fréquentent cette maison : vous avez au plus haut degré mon estime et ma confiance... mais il est des cordes tellement sensibles que l'amitié elle-même, que le dévouement, dirais-je, si j'avais droit au vôtre, ne doit jamais les faire vibrer au hasard.

— Bon ! bon ! grommela le maître de forges avec une brusque bonhomie ; vous êtes aussi éloquente que lui, on sait bien cela... mais je vous préviens que vous ne me convertirez pas !

— Je vous supplie, monsieur...

— Je vous supplie, ma chère demoiselle, de croire, une bonne fois pour toutes, que si mon meilleur ami s'en va mourant de chagrin, il n'y aura point de ma faute !

Ceci fut lancé supérieurement, avec rondeur, avec franchise, avec colère.

Marguerite était très-pâle. Le cercle que le chagrin avait creusé sous ses yeux charmants était plus large et plus sombre.

— Un seul mot vous arrêtera, je l'espère, monsieur, prononça-t-elle péniblement : je vous le dis avec une profonde tristesse, mais avec une entière loyauté : vous avez entrepris une tâche impossible !

— Ta, ta, ta ! fit Goujeux, des romans ! Il n'y a qu'un cas d'impossibilité, c'est l'existence d'un premier mari...

— Monsieur ! interrompit Marguerite offensée.

— Mademoiselle, puisque vous n'êtes pas dans ce cas, il n'y a pas d'affront. Écoutez donc, nous ne sommes pas ici pour nous divertir. Vous épouserez Géraud ; je vous l'ai dit, je m'y tiens... quand le diable y serait, je m'y tiens !

Il passa son foulard sur son front. Marguerite vint à lui et prit sa main.

— Vous êtes un digne homme ! murmura-t-elle avec émotion, vous êtes un excellent homme ! je comprends votre tendresse pour lui. Les sentiments qu'il inspire sont ainsi faits… Après ce qui vient de se passer, je sens doubler en moi l'estime et l'affection que je vous portais ; mais vous n'insisterez plus, n'est-ce pas, quand je vous aurai dit : vous m'infligez une torture inutile. J'ai pour partir des raisons que vous ne connaissez pas.

— Alors, s'écria Goujeux, ce n'est pas pour l'affaire du souper à la Baraque. Ceci n'était qu'un prétexte. Vous ne l'aimez plus !

— Je l'aime et je pars, interrompit Marguerite, qui cacha son visage entre ses mains.

Goujeux se leva et fit deux ou trois tours dans la chambre, poussant du pied les malles et dérangeant les sièges avec bruit.

— Nous y voilà ! grondait-il ; nous y voilà bien ! romans ! pure et simple sottise ! je l'aime et je pars ! je pleure toutes les larmes de mon corps : c'est égal, je tue le plus honnête, le plus grand cœur qui soit au monde ; ça ne fait rien… je pars… Pourquoi ? parce que j'ai un secret !

Les deux mains de Marguerite Maynard quittèrent son visage. Elle eut un choc violent. Ses larmes se séchèrent.

Goujeux, malgré sa mise en scène de désordre et de brusquerie, la guettait toujours du coin de l'œil.

— Touché, pensa-t-il, un plomb dans l'aile, ma caille !

Puis, haussant les épaules et riant avec pitié, il reprit tout haut :

— Un secret ! qui n'a pas de secret ? Moi, j'ai vingt secrets et je ne suis pas femme. Le plus fort était fait, que diable ! vous aviez bien avoué que vous ne possédiez pas un seul papier ; vous aviez franchement confessé votre manque de famille. Et Géraud avait tant travaillé des pieds et des mains que la mairie comme l'église passait là-dessus. C'était un beau tour de force, dites donc ! quel secret vaut celui-là ? ma parole d'honneur, c'est diabolique !

— Je ne vous ai pas dit que j'eusse un secret, monsieur, balbutia Marguerite dont les larmes s'étaient subitement séchées.

Tout en parlant, le maître de forges essayait d'analyser ce trouble nouveau qui s'emparait d'elle, mais il n'y pouvait parvenir. Le point de départ lui manquait.

C'est une méthode bien connue et que désigne parfaitement l'expression proverbiale : plaider le faux pour savoir le vrai. Cela réussit très-souvent, mais encore faut-il tenir un tout petit bout du mystère.

Or, c'était maintenant seulement que M. Goujeux flairait pour la première fois l'existence d'un mystère.

Ce mot secret avait été prononcé par lui au hasard, et comme le chercheur de nids donne un coup de gaule aux buissons en passant.

Le coup de gaule du maître de forges avait fait lever un gibier. De quelle nature? C'était la question.

M. Goujeux arrêta sa promenade devant l'institutrice et croisa ses bras sur sa poitrine.

— Vous ne m'avez pas dit, répliqua-t-il, gardant toujours son accent courroucé, vous ne m'avez pas dit... Parbleu! personne ne va se vanter de but en blanc d'avoir un secret; mais quand les choses en sont au point où vous les avez mises, quand l'adjoint attend à la mairie et le prêtre à la paroisse, on ne vient pas dire : Je ne veux plus, en donnant pour raison une bagatelle!

Marguerite Maynard mit sa main sur le bras du maître de forges :

— Je n'excuserais personne autre que vous, dit-elle, de me parler comme vous le faites.

Il y avait dans ce reproche une extrême bienveillance; Goujeux ne le voulut point sentir.

— Excusez ou n'excusez pas! s'écria-t-il; je suis la patience même, et doux comme un agneau; mais, une fois parti, ce n'est pas avec des grands airs qu'on m'arrête, quand j'ai la raison pour moi. Un verre de vin de plus ou de moins n'est pas un motif de casser un mariage, que diable! Je ne suis pas né d'hier, et mon bourg de Saint-Émon n'est pas aux antipodes; j'ai su, comme tout le monde, les histoires de la rue Nantaise.

— M. Géraud ne souffrirait pas que l'on m'insultât dans sa maison, monsieur! prononça froidement l'institutrice.

Le maître de forges baissa les yeux devant son regard. Il eut le frisson, tant ce qu'elle venait de dire était vrai. Si Géraud eût entendu cet entretien, il y aurait eu des côtes cassées. M. Goujeux ne put s'empêcher de jeter vers la porte une œillade inquiète.

— C'est la bonne volonté que j'ai, balbutia-t-il; ce ne serait pas la centième fois que je me mets dans l'embarras pour les autres. L'égoïsme, hé! hé! Voyons, chère demoiselle, vous savez bien que personne ici ne songe à vous insulter. C'était dans la rue qu'on vous insultait hier... et si j'eusse été là, malgré mon âge, malgré ma position, sapreminette! je crois que j'aurais fait comme ce jeune homme qui s'est battu pour vous ce matin...

— Un jeune homme! s'écria Marguerite en changeant de couleur; un jeune homme s'est battu... pour moi!

— Vous ne le saviez pas?

— Non, sur ma conscience!

— Toute la ville le sait. On me l'a dit en descendant de voiture.

Le sang abandonna de nouveau les joues de Marguerite.

— Et... fit-elle toute tremblante, M. Géraud, le sait-il?

— Géraud n'est point sorti de la journée. Il ne m'a point parlé de cela.

Marguerite respira.

— Vous a-t-on dit le nom de ce jeune homme? demanda-t-elle après un court silence.

— C'est un étranger, on ne sait pas son nom.

— Contre qui s'est-il battu?

— Contre un officier de chasseurs.

— Y a-t-il eu du sang de versé?

— Oui, répondit Goujeux, une blessure assez grave.

Une autre question était sur les lèvres de Marguerite. Elle fut du temps à la formuler.

— Est-ce le jeune homme qui a été blessé? demanda-t-elle enfin.

— Non, répliqua Goujeux, c'est l'officier.

Son regard couvait l'institutrice. Celle-ci s'en aperçut et dit avec la douce dignité qui était sa nature même :

— Que Dieu soit loué!

— L'officier a peut-être une mère, fit Goujeux en baissant la voix.

Marguerite répondit :

— Personne ne se battra plus pour moi, monsieur Amédée. Demain, je serai loin de Rennes.

Et sans attendre la réplique, cette fois :

— Permettez, reprit-elle, que j'achève les préparatifs de mon départ.

C'est là le danger de cette méthode qui consiste à battre les buissons. Le maître du champ vient parfois et vous met dehors. Le talent est alors de rester sur le terrain, malgré le maître. M. Goujeux respira bruyamment. Bien des gens eussent cru que sa rhétorique était à bout et qu'il ne savait plus à quel argument se prendre.

Mais il était encore à naître, celui qui eût trouvé le fond du sac de ce brave fondeur de fer.

— Faites, faites, ma chère enfant, dit-il en se réfugiant derrière sa bonhomie habituelle, quand même vous seriez fille mineure, je ne suis pas votre père, et je n'ai aucun moyen de vous marier malgré vous. Essuyer des rebuffades, voyez-vous, c'est mon métier. Un égoïste comme moi, qui s'occupe toujours des autres, a le cuir dur : effet de l'habitude. Géraud s'arrangera comme il pourra, j'ai fait de mon mieux : parlons d'autres choses.

Il se rassit et tira de sa poche un volumineux portefeuille de cuir jaune, affaissé, maculé et gonflé de papiers.

— Il y a plus d'affaires aux autres qu'à moi là-dedans, soupira-t-il.

Marguerite s'était rapprochée de lui.

— Si j'ai été un peu vive, monsieur Goujeux..., commença-t-elle.

— Du tout, du tout, interrompit le bon maître de forges, c'est moi qui ai été trop brusque.

— Je vous prie de me pardonner.

— Et moi de même, chère demoiselle, mais c'est déjà de l'histoire ancienne. Laissons cela... j'ai un renseignement à vous demander.

Il feuilletait le cahier fixé au centre de son vaste calepin.

Marguerite se pencha jusqu'à mettre sa bouche au niveau de son oreille.

— Demain, quand je ne serai plus là, murmura-t-elle, dites-lui que je l'aimais.

— Pour peu que cela vous fasse plaisir, chère demoiselle, je n'y manquerai pas ; mais... j'ai un renseignement à prendre auprès de vous, et je vous saisis à la volée, puisque vous allez nous manquer... Je cherche le nom...

Il consulta ses notes pendant une minute environ, puis il dit :

— Vous qui avez habité la Jamaïque, connaissez-vous un jeune créole du nom d'Ange Palmer?

Marguerite devint si pâle qu'on aurait dit qu'elle allait se trouver mal. Goujeux ne vit point cela, courbé qu'il était sur son carnet. Il répéta sa question.

6

— J'ai entendu parler de lui, répondit Marguerite d'une voix à peine intelligible.

X

Bataille gagnée.

Ce fut l'altération même de la voix de Marguerite Maynard qui releva les yeux du maître de forges. Il la regarda tout étonné. Un instant, elle réussit à lui donner le change en disant :

— Monsieur Goujeux, vous avez rendu bien amère la dernière heure de mon séjour dans cette maison.

— Tiens, tiens! fit celui-ci, dont le petit œil gris exprimait déjà un soupçon; cette amertume-là est venue tout d'un coup. Combien y a-t-il de temps que cette famille Palmer a quitté la Jamaïque?

— Elle y était encore lors de mon départ, répliqua Marguerite.

— Et votre départ a eu lieu...?

— Voilà plusieurs années.

— Diable! diable! grommela Goujeux; ceci est bien vague! on dirait que vous me gardez rancune. Figurez-vous que ces renseignements ne sont point pour moi. Je suis égoïste, vous le savez : je laisse là mes affaires pour celles des autres. Avez-vous, par aventure, entendu parler de la mère du jeune homme... une nommée Margaret Palmer?

L'agitation de l'institutrice redoubla.

— Pourquoi me demandez-vous cela? interrogea-t-elle.

— Pour savoir, parbleu! répondit vaillamment Goujeux, et je m'étonne que vous preniez tant de gants pour me dire oui ou non!

Le trouble de Marguerite ne lui échappait nullement, bien qu'il affectât de donner toute son attention à une série de notes inscrites sur son carnet. Il faut bien que le lecteur ait toujours présent ce que déjà nous pouvons connaître du caractère de cet excellent industriel. Chacune de ses actions était calculée, chacun de ses gestes avait un but. Il ne perdait jamais de vue sa première visée; il était là pour marier Géraud de gré ou de force. Quelque mise en scène qu'il abordût pour donner le change, soyez certain qu'il travaillait au mariage de Géraud.

Mais c'était un utilitaire effréné. Ses parenthèses aussi avaient leur raison d'être, et s'il s'attardait sur sa route, soyez certain encore que ce n'était pas pour se divertir.

Faire d'une pierre deux coups, trois coups, dix coups, si c'était possible : telle était sa philosophie.

Il avait réellement besoin des renseignements qu'il demandait. Ce besoin, néanmoins, ne pouvait contrebalancer l'intérêt principal qui l'avait amené en ce lieu. Ce fut au point de vue de ce premier intérêt qu'il essaya d'analyser le trouble de l'institutrice.

— Ma chère demoiselle, reprit-il, vous comprenez bien que je n'ai point le droit de vous faire subir un interrogatoire. Je m'adresse uniquement à votre bonne obligeance. Je crois m'apercevoir que ce nom de Margaret Palmer produit sur vous un si douloureux effet...

— Vous vous trompez, monsieur, interrompit Mlle Maynard, qui, par un suprême effort de volonté, parvint à reprendre tout son calme.

— Il se peut que je me trompe, poursuivit M. Goujeux ; mais je n'aurais rien trouvé d'extrardinaire, absolument, à ce que des souvenirs réveillés tout à coup... Je me représente un peu la Jamaïque comme un de nos départements. Tout le monde doit s'y connaître. Si vous avez été l'amie de cette dame Palmer...

— Non, monsieur, répliqua Marguerite, je n'ai pas été son amie.

— Très-bien. Je serais curieux d'avoir quelques détails sur la fabrication de ce rhum célèbre dans l'univers entier. Il est bien difficile de s'en procurer d'authentique. La falsification des vins et spiritueux fait d'effrayants progrès...

Quand M. Goujeux se livrait à ce genre de digressions, c'est que son esprit travaillait.

Ce genre de digression met l'interlocuteur hors de garde.

Une idée foudroyante venait de frapper le cerveau de M. Goujeux. Il s'était dit :

— Si c'était elle !

Le sens de cette phrase doit nous paraître assez obscur. Ne nous en fâchons pas. Il n'était pas parfaitement clair non plus dans l'esprit de M. Goujeux :

— Si c'était elle !

— Dites-moi, continua-t-il en posant la main sur son carnet ouvert; en anglais, ce nom de Margaret est tout simplement notre nom de Marguerite, n'est-ce pas?

— Cela n'est pas bien difficile à traduire, répliqua Mlle Maynard, qui essaya de sourire.

Mais ses lèvres avaient un tremblement.

M. Goujeux l'examinait en dessous et se disait:

— C'est impossible, de toute impossibilité; elle est trop jeune!

— A l'époque où vous avez connu cette dame Palmer, reprit-il tout haut, quel âge pouvait-elle avoir?

— Je ne sais pas, repartit sèchement l'institutrice.

— Cherchez, insista Goujeux; faites votre calcul. Tenez, pour avoir un terme de comparaison, était-elle de beaucoup votre aînée?

Marguerite hésita encore, puis elle sourit en disant:

— Son fils doit avoir maintenant plus de vingt ans!

Ceci coula de source. Le maître de forges grommela:

— C'est clair! Il y a impossibilité flagrante.

Cette parole: Quel âge avez-vous? se pressait sur ses lèvres. Il n'eut pas le courage de la prononcer. A quoi bon, d'ailleurs? Si cette belle Marguerite Maynard avait trente ans, c'était l'extrême limite. Son sourire n'avait pas vingt-cinq ans.

Et cependant ces dames prétendaient... On l'appelait la Duègne!

Mais il y a quelque chose de plus fort que les cancans eux-mêmes! Saint Thomas ne douta plus quand on lui dit: Regarde! Il y a l'évidence, contre laquelle, seules au monde, ces dames ont le privilège de se roidir. Marguerite Maynard était là, debout, en face de M. Goujeux. M. Goujeux, en toute sa vie, n'avait peut-être jamais si bien examiné une femme. On a beau n'être pas amateur, certaines lignes ne trompent personne. La jeunesse rayonne comme la lumière, la jeunesse s'impose, la jeunesse se démontre par soi, comme la parole suffit à repousser l'accusation de mutisme, comme la marche dément le reproche d'immobilité.

Marguerite était jeune. Marguerite devait être tout enfant quand cette Margaret Palmer donna le jour à son fils.

Goujeux se moqua de lui-même pour avoir eu cette pensée: si c'était elle!...

Mais la seule possibilité du fait lui fournit incontinent

une autre idée. C'est là le côté précieux de cette qualité d'esprit qui produit les diplomates. Ils raisonnent à côté ; cela leur fournit parfois des évolutions par le flanc d'un incontestable mérite.

Aussitôt que M. Goujeux eut son idée, il la médita, il la pesa, il la caressa. Son carnet et ses renseignements n'étaient plus qu'un prétexte pour occuper la scène. Il était tout entier à son idée.

— Eh bien ! chère demoiselle, reprit-il tout en travaillant *in petto* son invention nouvelle, je vous avoue que j'attendais de vous plus de secours. J'en sais, à ce qu'il paraît, sur cette famille Palmer beaucoup plus long que vous-même. Il faut que vous ayez quitté ce pays-là bien jeune, car il est impossible que les Palmer n'y eussent pas une assez grande notoriété.

Marguerite s'était remise à sa besogne. Elle allait et venait, pliant les diverses pièces de sa toilette pour les ranger dans ses malles.

— La Jamaïque est un pays plus grand que vous ne pensez, dit-elle ; ceux qui habitent au nord des Montagnes-Bleues ne connaissent guère les habitants du sud.

— De quel côté habitiez-vous ? demanda le maître de forges.

— Ma famille est de Spanishtown, répondit l'institutrice sans hésiter.

Nous dirons plus. Un diplomate moins préoccupé que M. Goujeux eût pu croire qu'elle avait provoqué cette question.

Il consulta ses notes.

— Kingstown, lut-il entre haut et bas ; Port-Royal.

— Nous sommes là-bas, à l'égard de ces grandes villes, comme Washington est aux États-Unis vis-à-vis de New-York et de Boston. Nous sommes la capitale politique, mais nous sommes la province par rapport au commerce, au luxe, etc.

Marguerite s'étendait sur ces détails avec une sorte de complaisance.

— Leur habitation principale, reprit Goujeux, était sur les bords de la rivière du Cuivre...

— Rio-Cobre ! répéta Marguerite en donnant à ce nom toute l'emphase de la prononciation créole.

— Vous connaissez ce lieu ?

6.

L'institutrice avait le dos tourné. Goujeux crut la voir porter la main à ses yeux comme pour essuyer une larme.

— La chose sûre, pensa-t-il, c'est qu'elle a un secret; que nous faut-il de plus?

— Vous ne répondez pas? reprit-il tout haut; si je vous gêne, chère demoiselle, je suis prêt à me retirer.

— Non, dit Marguerite sans cacher sa tristesse; au moment où je vais me retrouver seule au monde, cela me plaît d'entendre parler de mon pays.

— Bien heureux, repartit galamment le maître de forges, de faire quelque chose qui puisse vous être agréable. L'histoire de ces Palmer tourne un peu au roman et j'en parle, moi, d'une façon bien désintéressée, car je ne suis héritier ni de près ni de loin...

— Il s'agit d'un héritage? demanda l'institutrice négligemment.

— Pas à la Jamaïque; ce serait un peu bien loin, mais en France, ici, en Bretagne. Le père de ce jeune Ange Palmer ne s'appelait pas du tout Palmer.

— Ah! dit Marguerite en casant un châle plié avec soin dans la plus grande de ses malles.

— C'était un gentilhomme breton, poursuivit le maître de forges, un émigré..., que diable! Depuis le temps que vous êtes chez un avocat, vous avez bien entendu parler de l'affaire Malhoët de Tréomer?

— L'affaire de ce pauvre Kerdanio? Je la connais; il me l'a expliquée.

— Il l'explique à tout le monde! Eh bien! ce gentilhomme, cet émigré, après avoir épousé notre Margaret Palmer, prit le nom de sa femme pour échapper à la loi portée par la chambre élective de la Jamaïque, car il paraît qu'ils ont une législature, là-bas, dans ce petit pays : grand bien leur fasse! pour échapper, disais-je, à la loi qui défendait aux étrangers de posséder des noirs... de telle sorte que Margaret Palmer serait madame la vicomtesse Malhoët, et son fils, par la mort du vieux Tréomer, serait M. le comte Malhoët de Tréomer, gros comme le bras... si toute cette belle histoire n'était pas un tissu de fables!

En arrivant à cette chute, M. Goujeux examina très-attentivement l'institutrice qui pliait sa robe de soie des grands jours, et qui dit froidement :

— Alors, c'est un tissu de fables!

— Depuis le commencement jusqu'à la fin! répliqua Goujeux; le vicomte Jean-Marie a bien émigré aux Antilles, mais il est mort sans héritier... mort, peut-être, dans cette famille Palmer, qui aura voulu exploiter son nom...

Marguerite, portant sa belle robe comme un corps saint, passa devant M. Goujeux et dit avec indifférence :

— On a vu des choses comme cela.

— En Europe comme en Amérique, appuya le maître de forges; c'est bien certain, mademoiselle Maynard! Partout où il y a une ruche, vous voyez rôder les frelons. Vous êtes bien de mon avis, n'est-ce pas? Ces Palmer sont des intrigants?

Du fond de sa malle, Marguerite l'interrompit :

— Monsieur Goujeux, répondit-elle, je n'ai aucune opinion sur ces Palmer.

Ce bon Amédée eut un petit instant de découragement. Aurions-nous oublié de vous dire qu'il était pêcheur à la ligne? Vous l'auriez deviné, tant cette paisible passion cadrait bien avec ses mœurs débonnaires. Il se dit en feuilletant de nouveau son carnet :

— Sapreminette! ça ne mord pas!

Heureusement qu'il y avait l'*idée*. L'idée mûrissait. C'était désormais la seule chance sur laquelle on pût lancer son va-tout.

— Tout cela vous est bien égal, voilà le fait, reprit-il; tout le monde n'est pas égoïste à ma manière, pour s'occuper sans cesse des intérêts d'autrui. Je vous fais grâce du surplus. Une dernière question, pourtant, si vous le permettez, chère demoiselle.

— Je le permets de grand cœur, monsieur Goujeux, et croyez que j'aurais voulu vous être bonne à quelque chose.

— Vous avez habité l'Angleterre?

— Très-peu de temps.

— Vous demeuriez à Londres?

Marguerite s'inclina en signe d'affirmation.

— Vous étiez, poursuivit-il, l'institutrice des filles de sir Lionel Cochrane, Grosvenor street? Mais Londres est si grand!... vous n'y avez jamais rencontré cette Margaret Palmer?

— Jamais.

Marguerite avait quitté ses malles et s'était rapprochée de lui. Sur ses traits charmants, nulle trace d'embarras ne restait. On n'y voyait plus que sa tristesse calme et résignée.

Nous ne craignons pas de le dire : un pêcheur à la ligne moins vaillant que M. Goujeux eût tout uniment abandonné la partie. Cela n'avait pas mordu. La belle sérénité de Marguerite, un instant entamée, regagnait tout son éclat. Elle présentait désormais un front de bataille inattaquable.

Mais il y avait l'*idée*, et M. Goujeux était un terrible stratégiste.

— Voilà! dit-il en refermant son portefeuille; j'ai fait ce que j'ai pu, mais ce pauvre Kerdanio n'a pas de chance!

Il se leva comme pour prendre congé. Il boutonna même du haut en bas son habit bleu, qui laissait passer la pointe verte et moirée de son gilet.

— Voilà! répéta-t-il d'un accent traînant et distrait, voilà... voilà! Il me reste à vous souhaiter toute sorte de chance et bon voyage. Voulez-vous permettre que je vous donne le baiser d'adieu, ma chère mademoiselle Maynard?

— De tout mon cœur, mon cher monsieur Goujeux.

Elle lui tendit gracieusement son beau front, qu'il effleura de ses lèvres.

— Je pourrais être largement votre père! murmura-t-il.

— Plût à Dieu, répliqua-t-elle avec un soupir, que j'eusse un père comme vous!

Goujeux avait les yeux baissés. Ses deux mains s'appuyaient sur les épaules de l'institutrice. Il restait là, prolongeant outre mesure le moment de l'adieu. Elle ne s'en plaignait point.

— Avez-vous parlé sérieusement? murmura-t-il après un silence; suis-je pour vous un de ces hommes à qui l'on peut vouer confiance et respect?

— Je vous jure que je vous respecte et que j'ai confiance en vous, répondit Marguerite; quoi qu'il m'arrive, je me souviendrai de vous comme d'un bon et vénérable ami.

Elle sentit les doigts de Goujeux qui se crispaient sur son épaule. Il l'attira brusquement vers lui et la serra contre sa poitrine avec une force convulsive.

— Méchante enfant! balbutia-t-il d'une voix qui sanglotait assez bien; cruelle enfant! n'avez-vous pas deviné que je sais votre secret?

Ce fut un coup de théâtre.

Elle se dégagea de son étreinte et fit plusieurs pas en arrière.

Goujeux restait là les bras ouverts et la larme à l'œil. Il jouait son va-tout. Il essayait *son idée*.

Une chose bizarre et qui dut singulièrement l'étonner tout d'abord, c'est qu'à cette déclaration inattendue, la physionomie de l'institutrice exprima beaucoup plus de surprise que de chagrin.

— Vous savez mon secret, répéta-t-elle sans aucun signe de honte ni de crainte, vous, monsieur Goujeux?

Le maître de forges appela sur son visage une nouvelle couche d'onction sentimentale.

— Cruelle enfant! répéta-t-il encore.

La position, croyez-le bien, était malaisée, même pour un diplomate, pêcheur à la ligne. Il s'agissait d'éviter tout éclaircissement quelconque et de couper court à toute question. M. Goujeux, nous avons à peine besoin de le dire, avait menti effrontément. Il ne savait pas le premier mot du secret qu'il se vantait de posséder.

Comme Marguerite ouvrait la bouche pour interroger, il prit une contenance solennelle.

— Écoutez-moi bien, l'interrompit-il, ne perdez, je vous prie, aucune de mes paroles; elles seront l'explication complète de ma conduite. J'ai un ami, je n'ai qu'un ami; vous savez quel est l'homme dont je veux parler. Cet ami prend une si grande part de mon cœur que ma conscience me reproche parfois de le mettre au-dessus de ma propre famille... Oui, cela est ainsi, je m'en accuse... Il m'est arrivé d'avoir comme un remords en contemplant mes enfants et ma femme, là-bas, dans notre modeste retraite. Il me semblait qu'ils avaient le droit d'être jaloux de l'affection sans bornes que je porte à Géraud!...

Il fit une pause, parce qu'il vit bien que Marguerite ne voulait pas l'interrompre. Il lui tendit sa main, qu'elle prit avec empressement; il l'attira vers lui.

— Nous parlions tout à l'heure de tendresse paternelle, poursuivit-il; je serai franc, selon ma constante habitude. C'est la seule qualité que m'accordent les ennemis de mes amis. Je vous avouerai sincèrement, Marguerite, que ma tendresse pour vous n'est qu'un reflet. Je ne sais rien au monde que je ne fisse pour vous servir, et peut-être avant qu'il soit longtemps serai-je à même de vous prouver par des faits la vérité de mes paroles; mais ce dévouement ne va pas directement à vous; c'est Géraud qui vous le vaut et qui me l'inspire; je vous aime parce que Géraud vous adore.

Il sentit une pression de la main de Marguerite.

— Cela ne vous blesse pas? continua-t-il; je m'y attendais. Je n'ai jamais rencontré en ma vie une femme si noble et si grande que vous : vous êtes digne en tout de Géraud.

Il s'arrêta un instant pour voir si Marguerite protesterait, soit par ses paroles, soit du moins par le jeu de sa physionomie. C'était une manière de la sonder sur la nature de son secret.

Marguerite garda toute sa tranquilité.

Ce n'était pas le moment d'insister. M. Goujeux tourna court, et reprit en s'animant :

— Cette profession de foi étant faite, vous ne vous étonnerez plus de la posture que je vais prendre près de vous. Je suis l'avocat de Géraud. Tous les moyens me seront bons pour faire triompher ma cause, tous. Moi, honnête homme, moi, père de famille, je ne reculerai devant aucune extrémité... et s'il faut user de la connaissance que j'ai de votre vie passée...

Ici, Marguerite courba la tête. Était-ce seulement pour se recueillir?

— Géraud souffre, continua M. Goujeux, Géraud se meurt... Géraud avait mis en vous toutes ses espérances... Ce ne sont pas ici de vaines paroles : quand il s'agit de Géraud, les exagérations sont des vérités. La vie de Géraud est là, sur le tapis; c'est la vie de Géraud que je défends contre vous.

— Que voulez-vous donc que je fasse? prononça sourdement l'institutrice.

— Je veux que vous soyez la femme de Géraud! répondit M. Goujeux.

Elle releva les yeux sur lui lentement. Ses yeux avaient une indéfinissable expression. Elle dit avec un accent qui traduisait son regard :

— Vous voulez que je sois sa femme, vous, monsieur Goujeux, qui êtes son ami et qui prétendez connaître mon passé!

Le maître de forges ne s'attendait pas à cela. Il faillit être désarçonné du coup. C'était assurément une réplique effrayante. Elle faisait du mot de l'énigme un véritable épouvantail. Quel était donc le secret de cette belle et pâle créature qui portait ainsi son passé comme un défi et comme une menace?

Un éblouissement dansa devant les yeux de notre diplomate campagnard.

Et pourtant il fallait répondre, répondre tout de suite, car le regard de Marguerite le brûlait.

L'hésitation de M. Goujeux fut grande; il eut réellement la pensée de battre en retraite. Mais l'intérêt qu'il avait à réussir dans son ambassade était, paraît-il, supérieur à toute autre considération, car cet intérêt fit taire ses scrupules et ses craintes. Les dernières paroles de Géraud lui revinrent en mémoire.

— Je serai à vous corps et âme! avait dit le fougueux avocat.

M. Goujeux avait besoin, sans doute, que Géraud fût à lui corps et âme, ou tout au moins, pour employer des expressions moins exagérées, M. Goujeux voulait enlever à Géraud toute possibilité de répondre par un refus à certaine requête qu'il comptait lui adresser sous peu.

Et cette requête lui tenait fort au cœur.

Il répondit d'une voix assurée :

— Je connais votre passé; je suis l'ami de Géraud, je veux que vous soyez sa femme.

La charmante physionomie de Marguerite s'éclaira. Vous eussiez dit qu'il y avait tout à coup des rayons autour de sa suave et ravissante beauté.

— Merci! murmura-t-elle.

Et sans prendre garde au long soupir qui soulevait la poitrine du maître de forges :

— Alors, dit-elle, s'il revient, vous m'aiderez?

— Certes, certes, répliqua Goujeux à tout hasard; mais il ne reviendra pas...

— Que dites-vous? s'écria Marguerite, dont les joues ranimées devinrent soudain livides.

— J'entends, balbutia Goujeux, qu'il ne reviendra pas dans des conditions telles... Les circonstances marchent... Il est tel événement... Enfin, chère demoiselle, nous n'en sommes pas à jouer aux charades ensemble, nous nous comprenons parfaitement.

Cet audacieux Amédée se tirait là d'un bourbier profond. Heureusement pour lui, Marguerite ne l'écoutait guère. Elle était tout entière à ses pensées.

— La Providence a des voies qu'il ne nous est point permis de sonder, reprit-elle en se parlant à elle-même. Qui m'eût dit hier que j'aurais eu le courage de préparer ce départ? et qui m'eût dit, voilà une heure, que je resterais dans cette maison? — Tenez, monsieur Goujeux, s'interrompit-elle, c'était vous que je craignais surtout, vous, l'honnête homme par excellence! Je me disais : Celui-là ne pardonnera pas une supercherie.

Goujeux était sur le gril. Chaque fois qu'on s'embarque dans la route qu'il avait prise, on s'expose au supplice de Tantale. Les confidences venaient jusque sur les lèvres de l'institutrice et s'y arrêtaient suspendues.

Interroger, c'eût été tout perdre.

— Et même après ce que vous m'avez dit, continua Marguerite, j'ai besoin d'une assurance plus catégorique encore. J'aime M. Géraud ; je vous l'ai dit, je l'aime à la fois d'admiration et d'amour. Ce départ me déchirait le cœur. J'aime Clémentine, mon élève et ma fille chérie ; tout mon bonheur est ici rassemblé. Je ne veux pas, entendez-moi bien, je ne veux pas que tout ce bonheur soit à la merci d'un événement qui doit avoir lieu, tôt ou tard. Sur votre honneur, monsieur Goujeux, sur votre conscience, jurez-moi qu'au moment dangereux, je vous trouverai à mes côtés, prêt à dire : Je savais tout, et c'est moi qui lui ai conseillé de passer outre.

Gougeux étendit la main et dit :

— Je vous le jure sur ma conscience et sur mon honneur.

Il ajouta à part lui :

— Nous y sommes! Quelque part, sur la route de Saint-Malo, nous avons quelque beau petit enfant de l'amour, dans une ferme. De là; les visites à la rue Nantaise : le bureau des voitures est là..., et ce vieux chouan de Le Quien est sans doute chargé de payer les mois de nourrice.

En vérité, la solution est plausible.

— Je vous crois, reprit Marguerite, et je suis prête à faire selon votre volonté.

Le bon maître de forges, cédant à un mouvement de joie très-sincère, s'écria :

— Remettons la garderobe dans les armoires!

Il ouvrit ses deux bras, et mademoiselle Maynard, très-émue, s'y laissa tomber. Un cri d'allégresse enfantine les fit tressaillir. La porte du fond venait de s'ouvrir brusquement; un ange blond, un joli ange pétulant et souriant bondit en travers de la chambre, et sauta au cou de Marguerite, qui le pressa avec passion contre son cœur.

C'était Clémence, la fille de Gérand : elle riait, elle pleurait; elle secouait tant qu'elle pouvait ses cheveux dénoués qui revenaient toujours inonder son visage.

— Bonne amie! s'écria-t-elle parmi ses larmes et son sourire, tu ne pars pas! Tu ne pars pas! Tu vas être ma petite mère! Oh! que je suis heureuse!

Puis, avec la volubilité des enfants :

— Je ne suis pas curieuse; je n'ai pas écouté aux portes ne croyez pas cela! ne croyez pas cela, monsieur Goujeux! Monsieur Goujeux, est-ce vous qui nous l'avez rendue? Si vous saviez comme je vous aime, monsieur Goujeux!

Elle se dressa sur la pointe de ses petits pieds pour l'embrasser et reprit tout d'un trait :

— Je ne pouvais pas dormir... Petite mère, ton baiser d'adieu me restait comme un froid sur le front. Mon cœur me faisait mal. Je croyais sans cesse entendre la porte de la rue s'ouvrir, et je me disais : Je ne la reverrai plus! Demain, ce n'est pas elle qui viendra m'éveiller. Comment ferai-je, mon Dieu, pour me passer de ses leçons et de ses caresses? Je t'aime tant, bonne amie! Oh! comment as-tu pu songer à nous quitter?... Peut-être que je me suis assoupie un instant... puis je me suis levée en sursaut. Je n'entendais plus rien... rien!... Est-elle partie? Je ne pouvais plus respirer. J'ai été jusqu'à la double porte. Rien encore. J'ai prié le bon Dieu et la Vierge. Rendez-nous bonne amie. Seigneur Jésus! Sainte Mère de Dieu, ne nous prenez pas notre bonheur! J'ai ouvert la seconde porte. J'ai vu la lumière. J'ai entendu M. Goujeux qui disait : Remettons la garderobe dans les armoires!...

Elle se pendit au cou du maître de forges, puis elle revint à Marguerite, qui l'attira sur son cœur.

— Vous voyez, ma chère demoiselle, déclama Goujeux, la joie naïve de cette enfant doit vous aller à l'âme ; mais il nous reste encore un heureux à faire...

— Papa! mon cher papa! s'écria Clémence; viens vite, bonne amie! Il a tant souffert! je ne l'avais jamais vu pleurer!

Ce fut une marche triomphale; on enleva victorieusement

Marguerite. M. Goujeux lui offrit le bras, tandis que Clémence la prenait par la main.

Dès la salle à manger, Clémence cria :

— Père! père! elle reste avec nous!

Géraud vint jusqu'au seuil de son cabinet. Il s'appuya tout chancelant au montant de la porte. Il avait le vertige. Quand Marguerite lui tendit la main, il fondit en larmes comme un enfant.

— Merci! balbutia-t-il.

On eût dit qu'il n'osait point encore porter cette main à ses lèvres.

Mais il embrassa ce bon M. Goujeux avec l'enthousiasme de la reconnaissance, puis il enleva Clémence entre ses bras et la dévora de baisers. Cette allégresse était à la fois si profonde et si naïve qu'elle eût ému le témoin le plus indifférent.

Il y a toujours de l'enfant chez l'homme qui se distingue par une supériorité quelconque. L'excès de force dans notre nature humaine ne peut exister qu'à la condition d'une faiblesse correspondante. Cette mâle et vigoureuse nature se fondait littéralement à la joie.

— Voyons, voyons, dit Goujeux, embrassez-vous.

Clémence poussa Marguerite dans les bras de Géraud. Leurs larmes se confondirent.

Puis, quand ils furent assis tous deux sur ce divan où l'agonie morale de Géraud avait naguère essayé de s'engourdir, Marguerite dit :

— En vous quittant, mon ami, je m'infligeais peut-être un supplice au-dessus de mes forces. J'ai beaucoup souffert dans ma vie, jamais je n'ai souffert aussi cruellement qu'aujourd'hui. Mon cœur défaillait; il me semblait que je laissais ici ma vie... mais je croyais accomplir un devoir.

— A bas les reproches! s'écria Goujeux avec une gaillardise qui ne lui était point habituelle.

Et Clémence, imitatrice comme tous les enfants :

— A bas les reproches!

— Si vous m'avez pardonné... commença tendrement M. Géraud.

— Ce n'est pas un reproche que j'allais vous faire, interrompit Marguerite.

Goujeux ne le savait que trop. Ce qu'il craignait, c'était une allusion au motif véritable qui avait fait naître chez

Marguerite l'idée de la séparation. Quel qu'il fût, ce motif devait avoir une telle gravité que tout était remis en question si l'on abordait ce sujet.

Goujeux ne voulait pas que tout fût remis en question. Il tenait à sa besogne faite.

— Pas plus d'explications que de reproches! s'écria-t-il encore.

Et Clémence le gentil écho :

— Non, non, pas plus d'explications que de reproches!

Marguerite regarda le maître de forges. Celui-ci, d'un air moitié magistral, moitié suppliant, mit un doigt sur sa bouche, choisissant pour cela le moment où Géraud avait les yeux tournés d'un autre côté.

Marguerite se dit :

— L'excellent homme ne veut pas que le moindre nuage obscurcisse notre joie.

Elle donnait une de ses mains à Géraud, muet et comme en extase, l'autre à cette belle petite Clémence qui était folle.

— J'ai beau faire, murmura Géraud, il me semble que c'est un rêve et que je vais m'éveiller. Marguerite, dites-moi encore une fois que vous consentez à devenir ma femme... que vous m'avez pardonné...

Il se leva tout d'un coup sans attendre la réponse, et saisit le bras de Goujeux.

— Il faut que nous soyons mariés à l'église demain matin, dit-il tout bas.

— Vous savez mieux que moi, repartit Goujeux, que les choses ne se font pas ainsi, le mariage civil doit précéder l'union religieuse.

Géraud frappa du pied.

— Je sais que j'ai besoin de l'enchaîner! s'écria-t-il; je ne veux plus qu'elle m'échappe! Chargez-vous de cela, Amédée, Il doit y avoir une cérémonie possible, une bénédiction, un échange d'anneaux... des fiançailles... Nous y sommes, tenez! des fiançailles... un peu plus que cela... Enfin, la loi ne dit rien de bien positif sur ce sujet ; c'est la coutume. Et puis, que nous importent la coutume et la loi? Me comprenez-vous? Je ne veux qu'un lien qui engage sa loyale et sincère religion...

— Que complotez-vous? demanda Clémence.

Toute l'agitation était revenue.

Marguerite sourit en la regardant. Peut-être qu'elle devinait. Elle empêcha Clémence impatiente et mutine de se rapprocher de son père.

— Après tout, dit le maître de forges répondant aux dernières paroles de Géraud, vous avez la lettre du chapelain de Saint-Yves. Ce bon M. Louveau est votre ami... et comme, sous l'empire de nos lois, le mariage religieux n'engage pas civilement...

— Me promettez-vous d'arranger cela ce soir, Amédée?

— Je ferai mon possible.

Géraud revint à Marguerite et lui baisa la main avec transport. Le maître de forges prit sa canne et son chapeau.

— Vous soupez avec nous? demanda Géraud.

— Peut-être, peut-être, répondit M. Goujeux; en ma qualité d'égoïste, j'ai bien encore à finir ce soir quelques petites affaires qui ne me regardent pas. Si je reviens, je vous ramènerai Kerdanio, notre autre témoin.

— Il pense à tout! dit Géraud avec admiration. Quel diamant que ce cœur-là!

— Oh! monsieur Goujeux, que je vous aime! ajouta notre belle petite Clémence.

Goujeux murmura en se baissant pour prendre congé de Marguerite :

— Pas un mot, ce soir! C'est moi qui me chargerai de tout. Je suis votre père désormais, et vous me devez obéissance.

Mademoiselle Maynard, l'œil humide, attira sa main jusqu'à ses lèvres.

Puis toute la famille lui fit la conduite jusqu'à la cuisine. C'était à qui se serrerait contre lui. Et ne méritait-il pas bien cette humble ovation? n'avait-il pas ramené la joie dans cette maison désolée?

La poularde de Janzé emplissait l'air de ses savoureux parfums. Le tournebroche grondait furieusement. La Mahé, assise près du feu flambant, arrosait son rôti selon l'art. Au bruit que fit la famille, elle tourna sa mâle figure de gendarme vers la porte.

— Ça va-t-il avoir une fin, tous ces *débits*, marmaille? commença-t-elle, croyant qu'elle avait affaire au turbulent Michain ou à Niotte l'étourdie.

Mais quand elle vit la face radieuse de Géraud, la cuillère

étamée s'échappa de ses mains. Elle était dévouée avant tout; son premier mouvement fut à la joie.

— Oh! le pauvre corps! le pauvre corps! s'écria-t-elle, le voilà tout *récaupi!* (réchauffé).

Puis, apercevant l'institutrice et avec une nuance de mélancolie :

— Ça s'a donc raccommodé?

— Pauvre corps! répéta-t-elle ensuite en se levant, ça doit être M. Amédée qu'a fait la videlle? (reprise). Quel ange d'homme!

Elle prit, ma foi, le maître de forges à bras le corps, et il dut subir sa franche mais redoutable accolade.

Géraud ne quitta son sauveur qu'à la première marche de l'escalier.

— Je voudrais savoir comment acquitter ma dette, dit-il en lui serrant fortement la main.

— Votre bonheur est ma récompense, répondit l'excellent homme avec onction.

Puis, piquant chacune de ses paroles :

— Mais vous savez, reprit-il, l'égoïste a souvent des services à rendre. Qui sait s'il ne vous rappellera pas sous peu la promesse que vous lui avez faite de ne lui rien refuser?

XI

Le café de la Pomme-de-Pin.

La conscience de l'homme qui vient de faire une bonne action est comme un vase de parfums dont l'âme savoure incessamment les effluves. C'est la joie intime et calme, c'est le parfait contentement du juste, c'est comme un avant-goût, dès ce bas monde, du suave repos que goûteront les élus dans le ciel.

Telle devait être la situation d'esprit de ce charitable M. Goujeux quand il sortit de la maison Géraud, où il avait joué le rôle d'un bienfaisant génie.

En mettant le pied dans la rue, il commença à s'essuyer le front avec son vaste foulard. La soirée avait été laborieuse. On ne fait pas le bien sans peine.

Puis il marmotta entre ses dents une sorte de refrain qu'il affectionnait:

— Les affaires bien faites n'amènent jamais de désagréments.

Cette pensée de procureur ne rimait à rien de ce qui vient de se passer. Les bonnes gens ont parfois des manies. J'ai connu un professeur de mazurka qui disait du matin au soir : « *La jeunesse, l'amour et les fraises.* » Il avait soixante ans ; il n'aimait que le cassis des vieilles dames et ressemblait bien plus à une poire tapée qu'au plus vermeil des fruits du printemps. C'est égal. Le refrain ne peint pas toujours l'homme. Ce professeur de mazurka, quand on lui demandait de ses nouvelles, répondait :

— Tout doucement, merci bien, la jeunesse, l'amour et les fraises !

Au moins, le refrain de ce bon M. Goujeux avait un sens raisonnable. Proclamons avec lui que les affaires bien faites n'amènent jamais de désagréments.

Ayant mis en avant cet axiome, il continue sa marche, le chapeau à la main, pour rafraîchir un peu sa tête fatiguée.

Au coin de la première rue, il s'arrêta. La ville était déjà déserte. Les réverbères rares et fumeux qui avaient charge d'éclairer la capitale bretonne avant l'invention du gaz, ne brillaient point ce soir, parce que l'almanach avait promis clair de lune. La lune, comme il arrivait parfois à cet astre aimé des poètes, négligeait de tenir les promesses solennelles de l'almanach et faisait l'école buissonnière derrière les nuages. Les maisons noires de la sombre cité brisaient leurs angles de granit dans les ténèbres. Le vent balançait tristement les enseignes suspendues, et l'on entendait au loin le cri de la grande girouette de l'hôtel-de-ville, virant sur son axe rouillé.

M. Goujeux n'était pas poète ; il connaissait parfaitement les rues de Rennes et la lune lui importait peu. Cependant on eût dit qu'il s'orientait au milieu de ce carrefour et qu'il hésitait entre plusieurs routes.

— Trente ans ! dit-il tout à coup ; a-t-elle trente ans ? On jurerait qu'elle est la fille aînée de Gérand, et Gérand, par tous pays, peut passer pour un homme bien conservé. Après cela, on dit que Ninon de Lenclos garda sa jeunesse jusqu'à soixante et dix ans ; c'est drôle, j'aurais voulu voir cela. Madame Goujeux était couperosée à vingt-cinq ans, et brèche-dents aussi. Tout ça dépend des tempéraments.

— Mais voyons, s'interrompit-il avec une sorte de colère; tempérament à part, peut-on croire qu'elle ait plus de trente ans? Elle n'a pas trente ans: moi je la trouvais trop jeune pour être institutrice. Mais tout cela ne me dit pas son secret. Sapreminette! je joue à Colin-Maillard. Si Géraud allait me prendre à la gorge dans deux ou trois mois.

Il se remit à marcher droit devant lui.

Au bout de cinq minutes il arriva à la place d'armes. Dans ce quartier central, on voyait encore, de loin en loin, quelques boutiques éclairées.

— Ma foi, oui! s'écria-t-il en lui-même au moment où il débouchait sur la place; avec Géraud pour avocat, on peut donner cinquante mille francs de la succession. Ce bon Kerdanio va-t-il être content! C'est encore un heureux que je vais faire.

La grosse horloge de l'hôtel-de-ville, *le Gros*, comme on l'appelle à Rennes, sonnait les trois quarts avant huit heures.

— Toujours exact! dit le maître de forges avec satisfaction; mais à qui diable s'adresser pour savoir le fin mot de l'histoire?

Quelques groupes se promenaient encore de long en large sur la place. M. Goujeux remit son chapeau et l'enfonça sur ses yeux. Il ne voulait point être reconnu. Il traversa la place, en s'éloignant des groupes le plus possible, et son esprit travaillait toujours.

— Il n'y a pas à dire, pensait-il, quand je lui ai parlé de ces Palmer, elle a changé de visage. Le fils de Palmer, est en âge de faire des fredaines... peut-être se sont-ils rencontrés... ma parole, c'est la bouteille au noir! Et comme elle m'a dit cela: vous êtes l'ami de Géraud et vous me conseillez de l'épouser! Sapreminette! sapreminette! ce secret-là me fait peur! il doit être gros et bien portant ce secret-là!... Holà! faites donc attention, que diable!

Il venait de se heurter assez rudement contre un individu qui remontait la rue d'Orléans, dans laquelle il s'était engagé au sortir de la place. Dans toute la longueur de la rue d'Orléans, il n'y avait plus qu'une seule boutique éclairée. C'était un assez grand magasin, situé au coin de la basse Baudrairie et décoré, à l'extérieur, de deux lions de faïence. Ces vilains animaux, en Bretagne et ailleurs, sont l'enseigne héraldique des marchands de soupières. C'était précisément en face et tout près du magasin que le choc avait eu lieu.

A l'apostrophe du maître de forges, le promeneur nocturne, qui déjà l'avait dépassé, se retourna. C'était un jeune homme enveloppé dans un manteau de couleur sombre. La lumière de la boutique envoyait jusqu'à son visage des reflets indécis. Goujeux recula de plusieurs pas.

L'inconnu crut sans doute qu'il regrettait son inconvenante algarade et poursuivit sa route paisiblement.

Il traversa la rue, frappa à l'hôtel de la Corne-de-Cerf et entra.

Goujeux était resté immobile à la même place. Il se frotta les yeux énergiquement.

— J'ai la berlue ou je ne l'ai pas, grommela-t-il, quand le jeune inconnu eut refermé la porte de l'hôtel ; si j'ai la berlue il ne faut pas traiter mon affaire ce soir. Peste! Cinquante mille francs... si je n'ai pas la berlue. Là, en conscience, je ne sortirais pas de chez elle; on me dirait: Elle se déguise en homme, je le croirais!

Au lieu de descendre vers la rivière, il prit au travers de la rue.

— Le même regard! continua-t-il, la même coupe de figure. Ma parole, je deviens imbécile! je baisse! je baisse! Est-ce que cette femme-là va me poursuivre partout comme un fantôme?

Il marcha ainsi jusqu'à la porte de la Corne-de-Cerf. Sa main fit un mouvement pour saisir le marteau ; sa main retomba sans l'avoir touché.

— Une ressemblance! pensa-t-il; et suis-je bien sûr qu'il y ait ressemblance? Il fait nuit. L'image de cette fille me trotte dans la cervelle; je la vois partout. Une paire d'yeux noirs, un pâle visage, me voilà parti! Amédée, ce n'est pas raisonnable!

— Et d'ailleurs, se reprit-il, qui demanderai-je dans cet hôtel? Est-ce que je sais le nom de ce jeune étourneau? Allons! allons! de l'exactitude! Kerdanio m'attend ; c'est une affaire!

M. Goujeux tourna le dos lentement. Il s'éloignait de la porte de la Corne-de-Cerf avec un certain regret. Aucune idée bien précise n'était en lui, mais il y avait comme un vague instinct qui lui criait le mot des enfants jouant à la baguette : Tu brûles !

Il traversa tout pensif le pont qui reliait en ce temps-là la rue d'Orléans au Pré-Botté. Sur l'emplacement de ce pont, on a creusé depuis, le bassin qui sert de port formant le centre de la ligne nouvelle des quais.

Au milieu du pont, M. Goujeux se dit :

— Sapreminette! quarante mille francs font déjà un assez joli denier ! Je lui offrirai quarante mille francs. S'il n'est pas content, il le dira

La place du Pré-Botté fait partie de la vieille ville. La canalisation de la Vilaine et l'achèvement des quais lui ont enlevé le caractère qu'elle avait autrefois ; mais, à l'époque où se passe notre histoire, vous eussiez reconnu encore cette figure de carré surallongé que présentaient toutes les places ayant servi d'arènes ou de lices. L'antique Allemagne est pleine de ces souvenirs qui vivent aussi dans la plupart de nos provinces. Rennes avait deux lieux de tournois : le Pré-Botté et la place des Lices.

Le centre du Pré-Botté est coupé par la voie qui, traversant la rivière, va droit à la façade de l'ancien palais des États de Bretagne. Il y a dans ce dessin une évidente intention de plan monumental.

Mais l'intention seule existe. Ce sont des masures qui entourent la place, patrie des guinguettes à soldats et des cabarets où se réunissent les gens de foire.

Il faisait encore plus nuit dans le Pré-Botté que dans le reste de la ville. Toutes les pauvres boutiques occupant son pourtour étaient closes. On voyait seulement çà et là quelques lueurs sombres, filtrant à travers la cotonnade rouge des rideaux des auberges qui, là-bas, sont presque toutes des cabarets avec l'enseigne : *Bonne double bière, cidre, eau-de-vie, liqueurs.*

De même que la lune fait pâlir les étoiles par les belles nuits d'hiver, de même la lanterne carrée de la mère Pouponnel éclipsait toutes les lueurs rivales. Il y avait une chandelle dans la lanterne de la mère Pouponnel. C'était comme un phare dans ces vastes ténèbres. Ce phare disait en lettres irrégulières, ménagées en blanc sur fond capucine : *Grand café de la Pomme-de-Pin, donne à boire et à manger, billard.* Au dessus de cette inscription se trouvaient trois billes manquant de rondeur : une rouge, une bleue, une blanche, accompagnées de deux queues de billard, croisées en sautoir très-ouvert et reliées à leur point d'intersection par un énorme bouffette de rubans amaranthe. A gauche de l'inscription était une bouteille de bière, échevelant sa mousse et chassant son bouchon impétueusement ; à droite, une vignette plus compliquée montrait un militaire humant sa demi-tasse avec plaisir, en compagnie de sa payse.

A en juger par ce frontispice, le café de la Pomme-de-Pin devait être assurément un établissement d'importance. On ne voyait pourtant que sa lanterne. Aucune lumière ne brillait au rez-de-chaussée de la maison. Il fallait s'approcher tout près pour voir que la lanterne surmontait une allée borgne, étroite et noire, au mur de laquelle était peinte une main de géant. La main tendait son doigt indicateur qui désignait le fond de l'allée.

M. Goujeux suivit le conseil muet de ce doigt et s'engagea bravement dans le mystérieux couloir. On affirme que le chemin du paradis est plein de ronces et d'épines : l'établissement de la mère Pouponnel était peut-être un paradis. L'allée tournait, le sol en était fangeux et glissant; si par malheur, en tâtonnant, la main touchait les murailles, elle se retirait mouillée par une sorte d'enduit visqueux et froid. Au bout de quelques pas, les ténèbres devinrent si profondes et la sensation d'humidité si vive qu'on eût pu se croire au fond d'une cave.

Mais les caves ont rarement cette violente et insupportable odeur. Vous connaissez ces parfums ennemis, si parfois vous avez passé, le matin, devant la porte ouverte d'un bouge. L'air qui sort de là saisit la gorge et provoque la nausée. Pour certains, c'est l'atmosphère même du plaisir.

L'allée noire était énergiquement imprégnée de ces terribles émanations où la fumée des pipes se mêle aux vapeurs du café, aux chaudes haleines de l'eau-de-vie, aux amères senteurs de la petite bière: le tout mélangé chimiquement et méphitiquement.

M. Goujeux n'était pas un petit-maître. Il eut néanmoins un soupir de soulagement lorsque, sortant de ce boyau, il déboucha dans une petite cour pavée de cailloux pointus, sur laquelle donnaient plusieurs fenêtres éclairées. Il y avait du bruit dans la cour. On y entendait des chants, des conversations haut montées et le choc des billes sur le billard. C'étaient les derrières du café de la Pomme-de-Pin, dont la principale et glorieuse entrée donnait sur la rue Vasselot. M. Goujeux connaissait les êtres. Il poussa une porte vitrée dont les rideaux avaient été blancs et entra dans le billard, grande pièce oblongue et entourée de hautes banquettes pour la galerie. Le billard occupait naturellement le centre. Il était gras, luisant et pourvu de six gouffres ou blouses où l'on aurait mis la tête avec facilité. Aux deux bouts de la chambre, il y avait des tables; toutes les tables étaient occupées par des gens d'apparence fort honnête: petits bourgeois, demi-messieurs, sous-officiers d'artillerie en permission, etc. Sur les banquettes, à la galerie, on voyait une demi-douzaine de sphynx, généreusement momifiés, qui regardaient la partie, plongés dans un demi-sommeil.

Les gens qui forment la galerie, au billard, le soir, vont se chauffer, le jour, aux audiences de la police correctionnelle. En province, c'est la classe sociale.

On jouait la poule à cinq sous.

La mère Pouponnel était à son comptoir. Vous n'avez jamais vu de petite femme si grosse, si ronde, si honnête, si empressée, si bavarde, si caressante que la mère Pouponnel. Son comptoir était véritablement assez propre; ses grosses mains courtes avait des restes de blancheur; elle portait avec une certaine coquetterie le bonnet à grands tuyaux, orné de rubans d'un rose éclatant.

Le père Pouponnel avait été un heureux homme. Il passait pour avoir battu sa femme longtemps et bien. Mais toute grandeur a sa décadence: il était maintenant idiot et sa femme lui jetait les fonds de bouteille à la figure quand il n'était pas sage.

Il était là, tout près du comptoir, la pipe à la bouche, la casquette sur la tête, les mains dans ses poches. Il ne quittait guère cette place favorite que pour aller se coucher. Il pesait deux cent soixante livres.

Jamais personne ne se fût avisé de dire: le café du père Pouponnel. La mère Pouponnel régnait et gouvernait. Cet énorme impotent n'était plus que le prince époux. Il avait le droit de ne pas bouger et de se taire.

La mère Pouponnel ne pesait guère que deux cents livres. Elle embrassait les collégiens qui venaient faire goguette le jeudi dans la chambre du bout, et ses yeux savaient encore parler aux artilleurs.

— Ah! par exemple! s'écria-t-elle dès que le maître de

forges eut passé le seuil, comment vous en va donc, monsieur Amédée? Toujours par la petite porte! crainte de se compromettre en passant par l'entrée sur la rue! Il vient pourtant ici, des gens comme il faut, pas mal, et des marquis et des comtes! ça ne paie pas un petit verre plus cher que les autres. Mais chacun fait à sa volonté, monsieur Amédée: Entrez par où vous voudrez. Pas mal et vous? je vous remercie. Le bonhomme toujours bien lourd. La tête n'y est plus. Ah! dame, chacun a ses charges.

— Bonjour, madame Pouponnel, bonjour, fit M. Goujeux, qui ne dédaigna même pas de saluer le vieux souverain détrôné; avez-vous vu M. de Kerdanio?

— En voilà un qui entre par la porte de tout le monde, répliqua la grosse femme; un bon vivant, quoi! Je ne dis pas cela pour vous mépriser, monsieur Amédée... M. Guy est là, je crois bien! Il perd sa petite pièce de quinze sous à la *mignonnette*. Ah! le bon garçon n'a pas souvent de chance! Allez-vous risquer un petit écu?

La *mignonnette* est tout uniquement une partie d'écarté où l'on ne joue que de la *mitraille*.

La *mitraille* se compose de toutes pièces de monnaie au-dessous de l'écu de cinq francs.

— Madame Pouponnel, dit Goujeux, je déteste les jeux de hasard. Faites-nous servir une bouteille de bière dans la chambre des collégiens, et qu'on dise à M. de Kerdanio que je l'y attends.

— Bien, bien, monsieur Amédée. La chambre des collégiens est vide, justement, quoique ce soit jour de sortie; mais les petits sont partis à sept heures. Comme ça boit déjà bien l'anisette et le parfait amour, ces anges-là! Il y en a qui fument, qui prisent, qui chiquent: des petits hommes, quoi!

Elle soupira. L'ex-Pouponnel ne lui avait point donné d'enfants. Et quelle joie pourtant de voir sa progéniture fumer, chiquer, priser et boire de l'anisette! L'homme se distingue de la brute par ces divers talents.

M. Goujeux gagna la chambre des collégiens, petit salon orné d'estampes violemment enluminées, dont les fenêtres donnaient sur la rue Vasselot. Il y avait trente ans que madame Pouponnel possédait cette tendre clientèle. Les élèves de rhétorique et de philosophie qui ne faisaient pas leurs farces chez elle étaient mal vus et notés comme *lâches*.

Kerdanio arriva, les cheveux ébouriffés, le teint échauffé, la peau de loup sous le bras.

— Ma foi de Dieu! dit-il, le guignon s'en mêle ou le diable m'emporte! j'avais la tierce majeure en atout, le roi et le valet de pique... et premier! J'abats atout, ratout, ratatout, je passe mon monarque... il avait la dame seconde! je manque la vole! Il pique sur quatre et je perds mon paroli de trente sous!

— Asseyez-vous là, Guy, interrompit gravement le maître de forges; j'ai réfléchi; je ne peux pas laisser un vieil ami comme vous dans l'embarras : c'est impossible, mon caractère s'y oppose.

Kerdanio s'assit, mais il ne fut pas apaisé.

— Ce vieux Kergoz, dit-il, a positivement de la graisse de pendu! Il a piqué sur quatre cinq fois dans la soirée. Tout à l'heure, nous étions quatre-à... Il fait la main; je relève trois rois et deux dames; je lui dis : Kergoz, cette fois-ci, vous pouvez écrire à vos parents. Il tourne le quatrième roi : comme je vous le dis, Amédée!

Il donna un grand coup de poing sur la table. Les verres et la bouteille dansèrent.

— Quelle funeste passion que le jeu! murmura le maître de forges en débouchant la bouteille de bière.

Le hobereau s'essuya le front et retira son verre au moment où Goujeux allait le remplir.

— C'est trop froid pour mon estomac, gronda-t-il; trois rois en main... et deux dames! Je prendrai un doigt de vin chaud, Amédée. Je veux être pendu si je touche jamais une carte!

— Plaise à Dieu que vous teniez votre serment, Guy, mon pauvre ami!

— Quatre atouts et le roi de trèfle, gémit Kerdanio, la fois que je jouais triple; il demande des cartes, je refuse comme de raison. Qu'auriez-vous fait? Il abat son jeu : tierce majeure d'atout! Trois points et la partie! Je l'aurais étranglé, voyez-vous!

— Combien avez-vous perdu ce soir, Guy? demanda le maître de forges.

Le hobereau vida sa poche dans sa main.

— Sept livres dix sous! s'écria-t-il en s'arrachant une poignée de cheveux.

— Que cela vous serve de leçon, mon ami. Sonnez Michel

pour qu'il vous apporte un verre de vin chaud, et veuillez ne plus me parler de vos folies. Ce n'est pas pour cela que je me suis dérangé.

Kerdanio répondit en fermant les poings :

— Le vieux Kergoz me le payera ! Je vous écoute, Amédée.

— Guy, déclama aussitôt ce dernier d'un ton de profonde sensibilité, depuis que je vous ai quitté, ce matin, je n'ai plus qu'une pensée : concilier mes devoirs de père de famille, les intérêts de ma femme et de mes enfants avec le désir que j'ai de vous rendre service.

— Vous êtes un brave cœur, vous, Amédée, murmura le hobereau ; on sait bien cela !

— C'est mon genre d'égoïsme, répliqua le maître de forges. Voyez-vous, l'idée de cette maison où est morte votre vieille mère et que vous êtes obligé de vendre, l'idée du fauteuil de famille surtout me trotte dans la tête. Moi, ces choses-là me touchent. Je ne m'en cache pas.

Kerdanio avait les larmes aux yeux, le pauvre garçon ; néanmoins il murmura :

— Ne pas faire la vole avec la tierce majeure d'atout et un roi second par le valet !

Gonjeux le regarda sévèrement :

— Bien, bien, fit le hobereau, je n'en parlerai plus.

Michel lui apportait son verre de vin chaud. Il en but la moitié d'un trait, puis il dit :

— Alors, Amédée, vous allez m'acheter cela ?

— Peste ! peste ! repartit le maître de forges, vous acheter cela ! Vous n'y allez pas de main morte, vous, mon pauvre Guy ! Depuis quand l'argent se trouve-t-il dans le pas d'un cheval ? C'est une mise dehors bien lourde pour moi.

— Mais, si vous ne l'achetez pas, Amédée...

— Causons raison, apprécions, discutons. Voulez-vous savoir de quel principe je pars, moi ? Le voici : les affaires bien faites n'amènent jamais de désagrément. Mais, pour qu'une affaire soit bien faite, il ne faut pas aller comme une corneille qui abat des noix ; il faut prendre ses mesures, poser ses jalons, établir ses points de repère et surtout ménager soigneusement ses sûretés...

Kerdanio ouvrit sa bouche, barbue jusqu'aux oreilles, en un formidable bâillement.

— Saperbleure ! dit-il, ça m'a l'air assommant, les affaires !

— Il n'y a pas de plaisir sans peine, répliqua Goujeux ; quand on palpe de bons écus...

— Vous allez donc me compter des écus, Amédée ? s'écria le hobereau tout à coup ragaillardi.

— Minute! minute! diable! les écus ne viendront qu'à la fin.

— Arrivons tout de suite à la fin, Amédée ; vous savez bien que je n'entends goutte à toutes ces manigances-là.

— Patience, Guy, mon ami, patience : les affaires bien faites... mais je vous l'ai déjà dit : elles n'amènent jamais de désagrément, tandis que les affaires mal faites... vous sentez bien d'abord que je ne puis paraître dans une transaction de cette nature-là ?...

— Comment! paraître? répéta Kerdanio.

— Ma position... mon industrie... La magistrature municipale que le gouvernement m'a confiée...

— Eh bien ! Amédée, vous ne paraîtrez pas, voilà tout ; vous me compterez les espèces ; je les empocherai ; je vous dirai : Tous mes droits sont à vous... et roule ta bosse!

M. Goujeux enfla ses joues et rendit un sifflement prolongé.

— Vous croyez que cela marche ainsi ! dit-il.

— Est-ce que vous n'auriez pas confiance en moi ? se récria le hobereau, sur le point de se mettre en colère.

— Si fait, si fait, Guy, mon ami. J'ai confiance en vous. J'ai confiance en tout le monde, moi, mais les affaires sont des affaires.

— Poussez donc votre pointe, Amédée, carrément, saperbleure ! et qu'on sache une fois ce que vous avez dans le ventre !

Le maître de forges but une petite gorgée de bière.

— Si l'on ne vous connaissait pas, mon pauvre Guy, reprit-il, on s'effaroucherait de la brutalité de vos paroles. Mais on sait bien que vous êtes une bonne âme au fond. C'est l'éducation qui manque un peu... et l'habitude du grand monde. Je passe pour un homme incertain auprès de bien des gens, et même pour un homme faux, parce que je n'ai point l'assurance effrontée de plusieurs que je pourrais nommer; mais l'opinion du tiers et du quart ne m'importe point. J'ai ma conscience, je m'y tiens : je suis heureux quand elle est tranquille.

Ce disant, M. Goujeux, contre son ordinaire, regardait le hobereau bien en face.

Celui-ci ne put s'empêcher de lui tendre la main en murmurant :

— Voilà ! vous êtes une manière de saint ! je ne plaisante pas ; on a beau vous chercher des défauts, c'est peine perdue ; revenons à nos moutons.

— Et ne divaguons plus, Guy, s'il vous plaît. Pour que je ne paraisse point, il faut que, même après la vente, vous restiez héritier titulaire et que vous souteniez le procès en personne.

— Parbleure ! je ne demande pas mieux.

— Suivez-moi bien : il faut que le public et les juges eux-mêmes ignorent absolument les conventions qui vont avoir lieu entre nous.

— Accordé, Amédée. Est-ce tout ?

— Non. Plus l'ignorance du monde sera complète, mieux je serai livré entre vos mains, mon ami Guy.

— Encore de la défiance.

— Il ne s'agit pas de défiance ; je suppose que vous mouriez cette nuit...

— Au diable ! s'écria le hobereau en faisant la grimace.

— Cette nuit, continua paisiblement M. Goujeux, après avoir empoché mon argent, pour employer vos propres expressions...

— Mais, foi de Dieu ! protesta Kerdanio, je me porte comme un charme.

— Nous sommes tous entre les mains de Dieu, répondit M. Goujeux ; hier soir, Francin Moyeux, mon fermier de la Haute-Saudre, est venu me payer ses arrérages ; il se portait aussi comme un charme ; il se portait mieux que vous, Guy, car votre poitrine se rentre, et vous avez le dos bien rond depuis l'automne. Vous savez mieux que moi la vie que vous menez. Ce matin, en allant à la voiture, j'ai passé devant la Haute-Saudre ; les enfants pleuraient sur la porte. Le prêtre est sorti, puis la ménagère qui criait : Héla ! héla ! notre Francin Moyeux a mouru comme un chrétien, avec le bon Dieu dans le corps. Héla ! me voici femme veuve de mon pauvre homme ! Héla ! héla ! *Requiem !*

Kerdanio était tout pâle.

— Allez-vous nous tourner le sang, vous ? dit-il en regardant Goujeux de travers.

— Ça signifie qu'on ne sait jamais ni qui vit ni qui meurt, Guy, mon ami, répondit le maître de forges avec son imperturbable tranquillité. Je serais donc entre vos mains, et je suis père de famille.

— On vous fera un écrit si vous voulez, gronda le hobereau de mauvaise humeur.

— Un écrit sous seing privé ne suffirait pas, et je ne veux pas me fier à tous les notaires. J'ai mon homme. Nous minuterons un joli petit acte, voyez-vous, Guy, qui nous mettra à l'abri tous les deux. Les affaires bien faites...

— N'amènent jamais de désagrément, parbleure ! l'interrompit Kerdanio ; il faudrait avoir la tête dure pour ne pas savoir cette leçon-là quand on a causé seulement dix minutes avec vous, Amédée. Eh bien ! voilà : nous minuterons le joli petit acte chez le notaire que vous voudrez, voilà qui est convenu.

Goujeux tendit sa large main.

— En avant! s'écria-t-il, nous soupons chez Géraud !

Kerdanio se leva joyeusement. Il aimait Géraud et il aimait souper.

— En avant! répéta-t-il ; et l'on dit que vous n'êtes pas rond en affaires, Amédée !

— Que ne dit-on pas, mon pauvre Guy ! A cinq heures, demain matin, nous sommes tous les deux témoins du mariage.

— Ah ! fit le hobereau tout ému, Géraud a pensé à moi ? et l'on déjeûnera pour sûr ?

— Je crois bien. Michel ! une bouteille de bière et le vin chaud : je paye tout... je te donne le reste de la bouteille : c'est un pourboire en nature. En avant, Guy, mon vieux

— En avant !

Ils se prirent bras-dessus bras-dessous. Kerdanio mit sa casquette sur l'oreille et toucha le menton de la mère Pouponnel en passant devant le comptoir.

— On dirait qu'il a le gousset garni celui-là ! grommela la grosse bonne femme : avez-vous vu cet aplomb ?

Nos deux amis ne touchaient pas terre. Ils étaient déjà dans la cour aux pavés pointus.

Dans l'allée, Kerdanio se mit à chanter à tue-tête.

En débouchant sur le Pré-Botté, il dit :

— Tenez, Amédée, embrassons-nous ! Vous êtes un dieu pour moi, ma parole sacrée !

Amédée se laissa embrasser.

Kerdanio reprit :

— Quand nous aurons fait le petit acte, vous donnerez bien moitié comptant, pas vrai ?

— C'est trop juste.

— Oh! le vrai Breton! Cinquante mille écus dans ma poche!

Il allait se mettre à danser, lorsque le maître de forges l'arrêta court en lui demandant sèchement :

— Êtes-vous fou, Guy? Cent cinquante mille francs pour des droits qui ne valent pas dix mille écus!

Le hobereau laissa retomber ses deux bras. Vous ne l'auriez pas mieux étourdi en lui donnant un coup de massue sur la tête.

En d'autres pays, le dissipateur ne sait pas compter. A Paris, par exemple, vous trouvez en abondance des jeunes fous qui jettent à la tête d'un usurier l'espérance d'un million pour quelques centaines de louis. Mais là-bas, l'enfant prodigue garde un restant d'arithmétique.

C'est toujours le voisinage de la terre normande qui produit son bienfaisant effet. Il faut aller à vingt lieues au moins du pays des fils de Rollon pour trouver des agneaux qui se laissent tondre sans marchander.

Ils étaient pourtant bien d'accord ces deux excellents amis! Tout avait été discuté, balancé, assuré ; des détails de la transaction nul n'était resté dans l'ombre. Seulement, ils avaient oublié de parler du prix. Kerdanio avait lâché son chiffre, le matin, dans la voiture: cela lui suffisait; M. Goujeux, plein de sa diplomatie, n'avait songé qu'à sauvegarder sa position. En somme, l'affaire eût été bien faite et n'aurait point amené de désagrément, s'ils n'avaient été à mille pour cent de différence.

A cause de cet écart trop large, l'affaire était mal faite.

Elle devait amener des désagréments.

— Vous m'avez déjà chanté votre chanson de trois cent mille francs ce matin, Guy, reprit le maître de forges avec sévérité, je croyais vous en avoir dit franchement ma façon de penser. Vous n'avez pas besoin, mon ami, de tant d'argent que cela pour racheter la bicoque et les bragas qui sont dedans.

— Et vous avez besoin, vous, à ce qu'il paraît, Amédée, répliqua aigrement le hobereau, de gagner une livre pour un sou sur les camarades, quand vous leur ouvrez votre bourse !

Ils étaient au bout du pont, à l'entrée de la rue d'Orléans. M. Goujeux s'arrêta et croisa ses bras sur sa poitrine.

— Je vous pardonne, mon pauvre Guy, dit-il ; vous comprenez que, dans une vie aussi longue déjà que la mienne et presque tout entière employée à rendre service selon mes moyens...

— Ils sont aimables, vos moyens ! interrompit Kerdanio.

— Dans une vie, dis-je, aussi longue que la mienne, poursuivit le maître de forges avec dignité, j'ai dû faire bien des ingrats. J'y suis habitué ; outragez-moi tant que vous voudrez : je vous pardonne !

— Ma foi de Dieu ! Amédée ! s'écria le hobereau, dont la colère s'éteignait tout à coup dans un gros accès de rire, savez-vous à qui vous ressemblez dans ce rôle-là ? Au premier comique de la troupe, quand le préfet lui permet de jouer Tartuffe. Mais il ne joue pas moitié si bien que vous !

M. Goujeux se reprit à marcher. Kerdanio le suivit disant :

— J'ai bonne envie de conter l'histoire à Géraud...

— Vous feriez tout uniment acte de coquin, Guy, répliqua M. Goujeux dont la voix devint ferme tout à coup.

— Coquin ! répéta le gentillâtre en lui saisissant le bras ; est-ce à moi que vous parlez, dites-donc, vieux Barrabas ?

Le maître de forges s'arrêta encore et fit carrément volte-face.

— C'est à vous que je parle, dit-il.

Kerdanio avait les mœurs du terroir. Il leva la main. Deux étaux étreignirent aussitôt ses poignets. Sa rage fut moins forte que son étonnement.

— Le diable m'emporte ! s'écria-t-il ; est-ce à vous ces tenailles-là, Amédée ? Je vous croyais mou comme une limace.

— Et c'est pour cela que vous vouliez me frapper ?

— Lâchez-moi, vous me faites mal !

Le maître de forges desserra aussitôt les doigts, mais il prit une pose défensive. Kerdanio n'essaya point de renouveler le combat.

— J'ai eu tort un petit peu, grommela-t-il ; mais pour un autre que vous, monsieur Goujeux, ce que vous avez fait là vaudrait un coup d'épée.

— Menacez-moi tant qu'il vous plaira, Guy, mon ami, répondit le maître de forges avec toute sa douceur revenue, mais, croyez-moi, n'allez jamais plus loin que la menace. Qui sait si vous ne me trouveriez pas aussi bon sur le terrain que dans la rue ?

— Foi de Dieu ! murmura le hobereau, je ne jurerai plus de rien ! Quelle poigne.

M. Goujeux passa son bras sous le sien.

— Voilà donc qui est bien entendu, dit-il, l'affaire est rompue, et vous êtes muet comme un poisson.

— Je serai muet si cela me va, Amédée ; si cela ne me va pas, je parlerai. J'ai bien vu que vous êtes un gaillard solide ; mais quand vous seriez le diable, voyez-vous, je n'aurais pas peur !

— Alors, mon ami Guy, c'est la guerre que vous me déclarez, parce que je ne suis pas assez riche pour vous acheter vos droits aléatoires ?

— Mon pas ! Est-ce que j'ai de la méchanceté, moi ? Seulement, quand j'irai chez Lecerf pour traiter de l'affaire, — car il faut que l'affaire se fasse, — je lui dirai : M. Goujeux, qui s'y connaît, m'a offert trente mille francs au bas mot, et je ne dirai que la vérité.

— C'est juste, fit le maître de forges ; voilà ceux qui s'appellent des Bretons ! Faites donc à votre guise, monsieur de Kerdanio, et moi j'agirai à la mienne. Vous souvenez-vous du vieux Penguil, qui était si riche ?

— Et qui est mort à l'hôpital ?

— Je lui avais dit, un soir que nous nous promenions comme cela : Monsieur de Penguil, faites à votre guise !

— Goujeux ! gronda le hobereau en retirant son bras, je crois que vous avez un pied en enfer. Vous êtes capable de tout !

— Je me défends quand on m'attaque, monsieur de Kerdanio. Je pousse la patience très-loin, et je vais vous le prouver encore une fois avant de monter chez Géraud, dont voici la porte. Quel est votre dernier mot pour notre affaire ?

— Tenez, Amédée, je veux être rond ; deux cent mille francs, pas un liard de moins !

Goujeux mit la main sur le marteau.

— Je vous donne ma parole d'honneur que vous mourrez misérable, Guy, mon garçon ! prononça-t-il en haussant les épaules ; j'ai fait ce que j'ai pu : désormais n'accusez que vous !

Il n'était peut-être personne au monde qui fût aussi près que Kerdanio de connaître à fond ce bon M. Goujeux, mais il est certain que Kerdanio, malgré sa brutale insouciance, subissait fort énergiquement la supériorité intellectuelle du maître de forges qui lui inspirait en outre une sorte de terreur superstitieuse.

— Voyons, Amédée, lui dit-il, d'un ton presque suppliant, ne me jetez pas la malechance ! ne tournez pas encore le bouton... entre amis, vous savez, on se querelle et puis on n'y pense plus. Deux cent mille francs, c'est pour rien : j'ai des dettes...

— Dites votre dernier mot; on nous attend ! répéta M. Goujeux sèchement.

— Cent cinquante mille, voilà un rabais, que diable ! Je ne peux pas vivre avec moins de sept mille livres de rentes. Soyez juste !

— Votre dernier mot, répéta Goujeux pour la troisième fois et très-durement.

Le hobereau ferma les poings. Cinq ou six jurons lui vinrent à la file.

— Je vous verrais en train de vous noyer, Amédée, gronda-t-il enfin, que je ne vous tendrais pas le petit doigt, non, ma foi de Dieu ! Cent mille, écorcheur que vous êtes, et le diable vous étrangle ! Cent mille francs, entendez-vous ? mais vous me hacheriez menu comme chair à pâté que je n'en rabattrais pas un denier.

M. Goujeux ouvrit la porte et dit avec douceur :

— C'est cher... c'est bien cher... Tenez-vous tranquille jusqu'à demain à midi ; je consulterai mes ressources et je vous rendrai réponse loyalement.

XII

Le portail Saint-Yves.

C'est un vieux couvent, caduc et d'humble tournure, qui étendait autrefois sa main-mise sur un bon quart de la capitale bretonne. Naguère ses constructions bizarres occupaient encore un assez vaste espace : tout cela va s'amoindrissant à mesure qu'on donne aux antiques quartiers de la ville l'air libre et la lumière.

La ligne des quais a fait au couvent de Saint-Yves une large blessure. Le paysage y perd énormément; le comfort y gagne. C'est le destin. Les cités vont se nettoyant, s'alignant, se blanchissant. On ne peut tout avoir, paraît-il. Le choix doit être fait entre la symétrie et l'originalité. L'originalité ne sera bientôt plus qu'un souvenir de l'ancien temps exprimé par un mot hors d'usage.

Il faisait nuit encore, mais l'aube naissait à l'horizon. Le vent frais du matin mettait aux toits du vieux monastère, transformé en hospice, une légère bordure de gelée blanche. Les rues étaient désertes, et c'est à peine si de loin en loin quelques diligentes fenêtres commençaient à s'éclairer aux étages les plus élevés des maisons.

L'horloge de Saint-Yves avait sonné cinq heures déjà depuis du temps.

Les vitraux coloriés de la chapelle brillaient, mais on n'entendait point le chant accoutumé des matines. La porte était ouverte, contre l'ordinaire à pareille heure.

Le portail de l'hospice, au contraire, était fermé.

La demie de cinq heures tomba, aiguë et argentine, de la petite horloge située au haut des tours Saint-Pierre. Les clochers voisins, comme s'ils eussent été réveillés par ce signal, tintèrent ce double coup en tierce-mineure qui était l'accord de presque toutes les vieilles sonneries. Le Gros vint le dernier, proclamant de sa voix de tonnerre et pour toute la ville le temps officiel.

On pouvait entendre encore ses larges vibrations passer en ondes dans l'atmosphère, lorsque des pas précipités résonnèrent sur le pavé de la rue des Dames. Trois ou quatre jeunes gens débouchèrent dans le carrefour et marchèrent droit au portail de l'hôtel.

L'un d'eux frappa à coups redoublés, tandis que les autres appelaient.

On tardait à répondre de l'autre côté du portail. Les concierges d'hôpitaux ne passent pas d'examen pour la vivacité.

— Dépêchez-vous ou l'on enfonce la porte! cria l'un des assaillants.

Un peu de bruit se fit dans la cour. Un chien enrhumé aboya. Des sabots traînèrent.

Les jeunes-gens arrêtés au dehors écoutaient impatiemment.

Il y en eut un qui dit:

— Il a du cœur ce garçon-là! Il avait laissé relever Tremmelec!

— C'est un vrai brave! répondit-on; mais Tremmelec était en colère.

— Tremmelec a été touché trois fois!

— Tremmelec a failli s'évanouir quand il l'a vu tomber!

— Tremmelec a dit : Je donnerais les cinq doigts de ma main droite pour n'avoir pas fait cela!

Et tous en chœur :

Allons! allons! coquin de portier, gare à tes oreilles!

Il y a toujours là-bas une petite couleur moyen âge.

Le coquin de portier ouvrit enfin le judas et demanda ce dont il s'agissait :

— Je suis Gustave de Villarmé, cousin de la supérieure, lui répondit-on.

— Et moi, Léon Larribe, filleul de l'administrateur.

— Et moi, Bernard Ferrier, frère cadet du premier interne.

Et tous encore :

— Ouvrez, portier! ouvrez! ouvrez!

Le brave homme, au lieu d'être ébloui par ces titres, demanda tout uniment :

— Et que voulez-vous, mes amis?

— Un chirurgien, un médecin, des sœurs, de la charpie!

— Y a-t-il quelqu'un de blessé?

— Eh! oui, grièvement!

— Il fallait donc le dire tout de suite!

La grosse clef grinça dans la serrure, les verrous jouèrent en criant, et la porte roula lentement sur ses gonds. Nos étudiants firent aussitôt irruption dans la cour et se mirent à commander tout à la fois :

— Qu'on réveille les religieuses! qu'on fasse venir l'interne de service! une chambre! un lit! Et vite!

Le portier les regardait tour à tour aux lueurs du crépuscule, qui allaient grandissant. Il cherchait en vain le blessé. Le chien, qui avait le rhume, étonné de voir tant de gens valides à la fois, tournait autour d'un air rogue. Enfin, une sœur converse descendit; on s'expliqua : Il s'agissait d'un duel malheureux; le blessé, porté sur un brancard depuis les buttes Saint-Cyr, où avait eu lieu le combat, n'allait pas tarder à venir.

En effet, de nouveaux arrivants entrèrent, annonçant l'approche du convoi. Deux infirmiers furent détachés à sa rencontre avec des lanternes à manche.

Il y avait, en ce moment, beaucoup de monde devant le portail de Saint-Yves. On ne sait pas comment la chose se fait, mais il est prouvé surabondamment que les mendiants ont une police. Vous avez beau tenir secrets l'heure et le lieu d'un mariage, vous trouvez à l'heure dite, et au lieu convenu, des mendiants à la porte de l'église.

Le parvis est désert au moment où vous entrez; au moment où vous sortez, le concert lamentable possède son orchestre au complet. Émerveillez-vous, c'est votre droit, mais donnez, c'est votre devoir; car, entre tous ces déguenillés, dont plusieurs ont des pièces d'or dans leur paillasse, il peut se trouver un malheureux qui véritablement a faim.

Ils étaient là exacts et sûrs de leur fait. On aurait pu voir les retardataires se hâter dans les rues voisines : les fausses mères pressant à coups de béquille leurs enfants de hasard et les paralytiques courant un peu à toutes jambes.

Peu de villes, sous le rapport de la gueuserie, pourraient se vanter d'égaler Rennes. C'est organisé en grand. Parmi un million d'histoires burlesques ou curieuses, il me souvient de l'enterrement du gueux Quatre-Pattes, qui exploitait en son vivant la cour des Messageries. Une armée de grands gaillards endimanchés suivaient le convoi : vous n'auriez certes pas soupçonné dans cette foule ingambe et de bonne humeur toutes les infirmités. Les ulcères étaient guéris pour un jour, les membres avaient retrouvé leur vigueur, les aveugles voyaient, les muets bavardaient, les idiots avaient de l'esprit.

Ce Quatre-Pattes, vivante immondice qui traînait du soir au matin, dans la boue, ses hideuses difformités, avait une jeune et jolie femme qui porta chapeau le lendemain de sa mort. Quatre-Pattes lui laissait trois ou quatre mille livres de rentes.

C'était pour un mariage que les cierges brûlaient cette nuit, dans la chapelle Saint-Yves : un de ces mariages qui se célèbrent à huis-clos, en quelque sorte, et n'ont que le nombre de témoins rigoureusement nécessaires. Vers six heures moins vingt minutes du matin, le bedeau vint ouvrir la porte battante pour livrer passage aux nouveaux époux qui sortaient.

Il faisait assez jour désormais pour qu'on pût distinguer les visages.

Le marié donnait le bras à sa femme ; il portait haut la tête. Il était radieux. Il laissait tomber quelque chose dans la main du bedeau qui s'inclina jusqu'à terre. La mariée avait un voile de dentelle noire. Quatre témoins suivaient.

— Il a donné un double louis d'or, dit-on dans la troupe en guenille.

Ce mot circula comme un long et avide murmure.

Puis, vingt voix ensemble, sur des modes divers, mais également lamentables :

— Ah ! monsieur Géraud ! bon monsieur Géraud !
— L'avocat du pauvre monde !
— La petite charité, s'il vous plaît !
— Pour l'amour du bon Dieu !
— N'oubliez pas une pauvre malheureuse !
— Bonnes âmes charitables !
— Pour votre bonheur en ménage !

— Foi de Dieu ! s'écria un des témoins en se bouchant les oreilles, faites avancer la patache ou nous allons être assourdis !

Il y avait au coin de la rue des Dames un de ces vénérables carrosses dont les loueurs de province ont gardé longtemps la spécialité. Nos vieux fiacres parisiens sont des voitures légères auprès de ces arches.

Le bedeau, complaisant, courut chercher la voiture.

Géraud, cependant, prit dans sa poche une pleine poignée de monnaie blanche.

Toutes les mains, tous les chapeaux, toutes les sébilles se tendirent à la fois, pendant que le concert reprenait avec une énergie nouvelle.

La voiture s'ébranla. Derrière la voiture, on vit approcher un cortège que précédaient deux lanternes à manche portées par des infirmiers de Saint-Yves.

— Place au blessé ! firent des voix impérieuses.

La cohue déguenillée s'ouvrit à regret. Géraud et sa femme descendirent les deux marches qui précèdent humblement le seuil de la chapelle. Le cortège passa entre eux et la voiture.

Il y avait six étudiants en tête desquels marchait le jeune M. de Tremmelec, le front bandé, la chemise tachée de rouge et la main droite passée dans un mouchoir sanglant qui pendait à son cou. Ces duels bretons n'étaient pas au premier sang.

Quatre des six étudiants portaient un brancard sur lequel un jeune homme très-pâle et sans mouvement était étendu. Auprès du brancard marchait un homme de courte taille, coiffé du petit chapeau des Côtes-du-Nord, et tenant son fouet sous le bras.

La vue de cet homme fit faire un double mouvement à la mariée et à M. Goujeux qui descendait à son tour, accompagné de Kerdanio.

Kerdanio dit :

— Que fait-il là, ce Le Quien ?

C'était précisément la question que s'adressaient, chacun de son côté, le maître de forges et la belle Marguerite Maynard, sous son voile.

Clémence sortait en ce moment de la chapelle avec Scholastique. Il y avait du monde sous le portail de l'hospice : des sœurs converses, des employés, et les trois étudiants, qui s'avancèrent avec l'interne de service à la rencontre du cortége.

— Voilà un *avènement !* fit Scholastique en se signant ; si ce mariage-là est heureux, on m'en dira des nouvelles !

Géraud avait hésité un instant. Peut-être était-il du même avis que la Mahé au sujet du présage, car son visage s'était rembruni tout à coup, et ses sourcils froncés se rapprochaient violemment. Il abandonna le bras de Marguerite tremblante et s'approcha du brancard.

Les pauvres faisaient silence.

Tous les étudiants connaissaient Géraud. Il n'y en eut pas un parmi eux pour garder son chapeau sur la tête.

Tremmelec dit :

— Monsieur Géraud, ce n'était pas pour vous qu'était la sérénade. Maintenant que vous êtes marié, nous nous engageons à respecter votre femme.

— Je m'y engage aussi pour vous, mes petits ! répliqua rudement l'avocat ; si vous faisiez autrement, ce serait tant pis pour vous.

Cette menace, faite du ton le plus provoquant, ne fut point relevée.

— Est-ce celui-là, reprit Géraud, arrêté auprès du blessé, qui vous a dit que vous étiez des drôles ?

— C'est celui-là, répondit Tremmelec doucement, mais sans baisser les yeux.

— Il a bien dit! prononça Géraud avec force; vous m'avez outragé dans celle que j'aime, vous qui étiez mes enfants! Celui-là, qui ne me connaît pas, m'a défendu.

Il se pencha au-dessus du blessé, dont ses lèvres effleurèrent le front pâle.

Ce mouvement démasqua, pour Marguerite Maynard, le visage de son défenseur inconnu. Depuis le commencement de cette scène, son émotion grandissait jusqu'à la détresse. A l'aspect du blessé, tout son corps tressaillit avec violence; elle étendit ses deux bras en avant et un cri déchirant s'échappa de sa poitrine.

M. Goujeux la prit à bras le corps, comme s'il eût eu frayeur de la voir tomber.

Il lui dit rapidement à l'oreille:

— Vous vous perdez, madame!

Elle leva sur lui ses yeux inondés de larmes.

— Vous vous perdez, vous dis-je! répéta Goujeux sévèrement. Géraud ne pardonnera pas un mensonge!

Son accent était ferme. Il ne parlait plus désormais au hasard. Avait-il réellement deviné cette fois?

Comme Géraud se retournait inquiet vers sa femme, Goujeux lui dit:

— La vue du sang... les femmes... ce ne sera rien.

Il serra en même temps la main de Marguerite et ajouta tout bas:

— Si vous voulez éviter le plus grand de tous les malheurs, pas un mot, pas un geste qui puisse vous trahir! Laissez-moi la conduite de cette affaire... absolument... vous entendez: absolument!

Marguerite courba la tête.

— Je veux parler à cet homme, dit-elle en désignant Le Quien.

Goujeux fit signe au messager d'avancer, et celui-ci obéit aussitôt.

— Vous saviez qu'il était arrivé! sanglota Marguerite.

— Oui, répondit Le Quien.

— Et vous ne m'avez pas avertie!

Le Quien répliqua froidement:

— Si je vous avais avertie, vous ne sortiriez pas de l'église à l'heure qu'il est. Il nous fallait ce mariage. Maintenant que vous êtes sa femme, vous lui direz : Plaidez, il plaidera. S'il plaide, il gagnera, et le fils de monsieur aura son héritage.

Le maître de forges disait à Kerdanio :

— Nous allons causer tout à l'heure.

Comme l'interne s'approchait du brancard pour introduire le blessé à l'hospice, Géraud l'aborda :

— Monsieur, lui dit-il, si rien ne s'y oppose, ce jeune homme deviendra mon hôte et sera soigné dans ma propre maison.

L'interne s'inclina et répondit :

— Il n'y a point d'obstacle.

Des larmes de joie vinrent aux yeux de Marguerite.

Goujeux lui toucha l'épaule par derrière.

— Souvenez-vous de ceci, prononça-t-il tout bas : d'un signe, vous pouvez tuer votre mari.

Elle voulut répliquer. Il posa son doigt sur sa bouche : Géraud revenait.

Le cortége prit le chemin de la demeure de l'avocat.

Au seuil, les témoins prirent congé. Le maître de forges trouva moyen de dire encore à Marguerite, en la saluant avec de grandes marques de respect :

— Souvenez-vous! Sa confiance en vous est son amour; son amour est sa vie. Il en mourrait!

— A nous deux, Guy, mon garçon, reprit-il en passant son bras sous celui du hobereau; en avant.

— Où allons-nous comme cela? demanda Kerdanio.

Le maître de forges se mit à marcher à grands pas. Il ne parla plus. Une seule fois, il dit en pressant le pas :

— La voiture part à la demie!

Ils allèrent ainsi jusqu'au faubourg de Paris. Goujeux s'arrêta devant la maison où nous avons vu descendre la voiture de Vitré, au début de cette histoire.

— Deux places! s'écria-t-il en passant sa tête par la fenêtre ouverte, pour Vitré!

— Ah çà! foi de Dieu! dit le hobereau révolté, je ne suis pas un baudet pour qu'on me traîne par le licou. Qu'allons-nous faire à Vitré?

Goujeux le prit dans ses bras et le pressa contre son cœur.

— Guy! mon pauvre Guy! répliqua-t-il avec cette facile

émotion qui était toujours à ses ordres, vous rachèterez la maison de votre mère! Depuis hier soir, l'égoïste n'a pas perdu son temps. L'égoïste ne dort que d'un œil quand il sait un ami dans l'embarras. Nous allons chez mon notaire, Guy, nous allons passer notre acte. Je vous achète vos droits cent mille francs!

DEUXIÈME PARTIE

LA BARAQUE

I

Le point du jour.

Deux années avaient passé sur les événements que nous avons racontés. C'était vers le commencement de l'automne, un samedi matin, un peu avant le lever du jour. La bonne ville de Rennes dormait, cachant ses oreilles sous son bonnet de brouillards. Dans les rues noires, aucun citadin attardé ne passait, mais on entendait déjà le roulement des charrettes villageoises apportant les légumes et la volaille au marché du Champ-Jacquet. Ils allaient, ces paisibles attelages, au petit pas de leurs juments somnolentes, tandis que les voitures de poisson venant de Port-Louis et de Cancale trottaient fièrement sur le pavé pointu. Les Guichenais, assis comme des femmes sur leurs chevaux moins hauts que des chèvres, chantaient le rauque patois de leurs landes; les paysannes de la Prévalaye, tenant en équilibre sur leur tête carrée une chancelante pyramide de pots au lait, piaulaient la langue plaintive des campagnes rennaises; les charretiers juraient sous leurs peaux de bique; les charbonniers jetaient leur cri étrange, pourchassant, à l'aide de leurs longs fouets emmanchés de court, l'interminable troupeau de leurs bidets nègres, velus, trapus, la tête entre les jambes, chargés de sacs noirs et pourvus chacun d'une clochette fêlée qui donnait sa note triste et fausse dans le concert.

C'était l'heure où la Boucherie s'éveille ouvrant ses ventaux toujours souillés et jetant à la brise matinière l'injure de son haleine; c'était l'heure où la Poissonnerie retentit de cris sans nom pendant le partage amiable de la marée; l'heure où les dames de la halle aiguisent l'arme terrible de leur éloquence et le tranchant de leurs ongles vaillants, pour livrer la bataille quotidienne, augmentant chaque jour le vocabulaire déjà si riche de leurs outrages et semant dans la boue sanglante les lambeaux de coiffes avec les poignées de cheveux.

Riche peuple, cependant, que ce peuple des marchés! mais croyez-vous qu'il soit possible de faire sa fortune dans le commerce sans mordre ou écorcher?

La maison de M. Géraud était située non loin du Calvaire; les bonnes gens qui venaient de la Prévalaye, ou de la Mabilais, ou du Moulin-du-Comte, ou de ces belles métairies peuplant la route de Brest, passaient sous les fenêtres du grand avocat pour gagner le marché. Tout ce monde de la campagne connaissait Géraud — *Monsié Géraô*, comme prononcent les paysans de l'Ille-et-Vilaine, — tout ce monde, ami des procès et portant un respect dévot aux choses de la chicane, jetait en passant un regard au logis du grand avocat.

— Hélà! mon Dieu donc! dit une grosse laitière en soupirant sous son camail de bure, si notre homme l'avait pris quand c'est que je plaidîmes, j'arions encore cl Pré-Futaine et les Grands-Vergers, pour sûr et pour vrai, madé oui!

— Ah! dame! répondirent ensemble trois porteuses de légumes, droites sous leurs *cabassons* empilés, deux gars de ferme courbés sous la hotte et un finaud de Guichen qui venait de faire six lieues de pays pour vendre au marché quatre bottes de paille de quinze sous : le tout faisant office de chœur : Ah! dame! ça se pourrait tout de même, je ne mens pas!

— Notre homme ne voulut point le prendre, rapport à la dépense, quoique j'li disais disant : Les juges, ça juge, sauf respect, comme notre jument de brancard qu'est aveugle des deux yeux et qui va droit quand on la mène. Monsié Géraud les tient tous par el bout du nez, madé oui, pour sûr et pour vrai!

— Tiens! tiens! dit une fillette, il y a de la lumière chez monsié Géraud!

— Ça travaille nuit et jour, ma Françoise, et ça se donne

du bon temps aussi, car je l'ai rencontré plus d'une fois qui revenait de la Baraque, un petit peu *chaud-de-boire* tout de même.

Le chœur laissa échapper un murmure bienveillant.

Et cependant Bacchus, dans ses voyages, ne toucha jamais ce sol froid où la vigne ne croit point. Y a-t-il un dieu pour le cidre? Dès qu'on prononce ce mot *boire*, la voix de nos paysans bretons, quel que soit le sexe ou l'âge, s'imprègne de caressantes tendresses.

— Son gratte-papier le soutenait quasiment comme une béquille, reprit la grosse laitière ; mais c'est fini de rire à présent, depuis qu'il s'est épousé avec c'te femme-là !

— La Duègne? fit le chœur.

Le chœur ne savait pas la signification du mot duègne; ce sont là les meilleures injures.

Mais, je vous le demande, pourquoi les trois porteuses de légumes, les deux gars à la hotte, le Guichenais et la grosse laitière nourrissaient-ils un sentiment de rancune contre la Duègne?

Curieux mystères! Au temps des Grecs, il y eut déjà le châtiment d'Aristide, exilé pour cause de perfection.

— N'empêche, poursuivit un des gars, que M. Géraud trouve à qui parler d'à présent, au présidial et au palais. Il y a un autre grand avocat qui prêche-affreux itout et aussi bellement que monsié Geraud, je ne ments point!

— C'est un faux ! s'écria la laitière.

— Nenni point! Monsié Tréomer est un vrai. Je l'ai ouï prêcher pour un vilain cas, faut point mentir, avec les circonstances d'affection et l'escalade aussi, qu'ils disent à la grand'chambre, que tout le juré brayait la larme à l'œil, fallait voir!

La laitière mit le poing sur la hanche. Mais, se ravisant tout à coup au moment d'entamer la bataille, elle dit :

— C'est-il pas celui qu'est de chez nous, de par Vitré?

— Qui s'était battu ensemble avec le jeune monsié Tremmelec aux buttes de Saint-Cyr? ajouta une porteuse.

— Mon Dieu donc! fit la laitière, notre homme a encore trois petits bouts de procès pour le Moulin-Bertin, la Sente-Percée et le Grand-Barre. Où c'est-il qu'on lui cause, à ce monsié Tréomer?

Ainsi se font les jeunes renommées, aux dépens des anciennes gloires.

Pendant que le hasard des bavardages populaires élevait autel contre autel, Géraud travaillait, comme l'avait dit la grosse laitière, en regardant la lueur qui brillait à sa croisée.

Géraud était assis dans son bureau, les bras nus, la chemise dénouée au col et les cheveux en désordre. Sur sa table, de nombreux papiers, appartenant tous à la même affaire, s'éparpillaient. Le bas de son visage, large et puissant, était éclairé vivement par la lueur qui glissait sous l'abat-jour de sa lampe. Au contraire, les yeux et le front restaient dans l'ombre. A l'âge qu'avait Géraud, étant donnée surtout la souveraine vigueur de sa nature, deux ans ne suffisent point pour amener chez l'homme une transformation apparente et notable. Il avait peu changé. Si nous nous reportons à la circonstance où nous l'avons vu pour la première fois, brisé et comme anéanti dans sa douleur profonde, il avait plutôt gagné que perdu.

Mais, pour juger quelqu'un, il ne faut point choisir une de ces crises qui sont l'exception dans sa vie. Nous avons mal vu Géraud : nous avons pénétré de force, un soir, avec l'apostolique Gonjeux, dans cette retraite où il murait sa détresse. Reconnaîtriez-vous, aux jours de force et de santé, celui que vous n'auriez aperçu qu'une fois, à l'improviste, la tête sur l'oreiller d'un lit d'agonie?

Si la maladie revenait, à la bonne heure !

Eh bien ! vous eussiez reconnu Géraud. Donc, la souffrance était revenue.

Vous l'eussiez reconnu, quoique le sang rouge et vif colorât abondamment ses joues jadis livides, quoiqu'il y eût en toute sa personne l'annonce d'une santé vigoureuse, quoique ses yeux eussent tous leurs rayons et ses lèvres un sourire moitié gaillard, moitié moqueur.

Géraud souffrait, peu importe pourquoi ou comment. Géraud lutta. La lutte devait durer depuis longtemps, car elle l'avait lassé; la lutte devait être rude, car il en portait les marques profondes.

La crinière du lion s'éclaircissait aux tempes. Sa robuste poitrine se voûtait. Il y avait dans son regard je ne sais quel reflet d'amertume découragée.

Et ce n'était pas, croyez-le, une de ces névralgiques victimes du mal inconnu que notre littérature a fait surgir des limbes, ce n'était pas un de ces vagues amoureux du désespoir qui ont défrayé depuis cinquante années tant de pages charmantes ou imbéciles. Ce n'était pas un enfant du siècle comme le fantôme brillant évoqué par Alfred de Musset; il n'avait pas dans l'esprit ce qu'il faut de brouillard poétique pour souffrir à vide.

A sa torture, il fallait autre chose que les chevalets, tourniquets et menottes fabriqués par la pure imagination.

Mais de rien on ne fait rien. Il est certain que ce sont des martyrs de chair et d'os qui ont posé devant le pinceau de nos romantiques, quand ils ont fait sortir de la toile en deuil leur armée d'insatiables pleureurs.

Il y a l'angoisse du bonheur. Rome, matérialisant cette vérité qui est comme la figure et la preuve de la condamnation originelle, ameutait l'insulte mercenaire derrière le char des triomphateurs.

Il est rare, il est bien rare que le but de nos plus passionnés désirs, au moment où on le touche, ne démasque pas un abîme.

La plupart du temps, le ver du malheur naît au sein même de ce beau fruit : la félicité conquise.

D'autres fois, les dures compensations de la victoire germent et se développent au dehors.

Mais qu'il vienne d'ici ou de là, l'invisible créancier des victorieux attend son heure. Il est là. Il frappera, tôt pour l'un, tard pour l'autre; qu'importe? il frappera, afin qu'ici-bas nul n'oublie que l'existence est un châtiment et la terre un exil.

Depuis deux ans, Géraud était au comble de ses souhaits Marguerite était sa femme; Marguerite, toujours bonne et charmante, était de plus en plus une mère pour Clémence. Clémence grandissait et devenait une délicieuse jeune fille. La maison de Géraud, on peut le dire, était toute pleine d'éléments de bonheur.

Ses affaires allaient au mieux. Marguerite avait imprimé à son ménage cette allure d'ordre dans le bien-être qui conserve et augmente la prospérité matérielle. Sa gloire d'avocat atteignait son apogée.

Pourquoi sa main blême et froide frémissait-elle en tourmentant les rudes masses de ses cheveux? Pourquoi son front plissé creusait-il ses rides précoces? Pourquoi derrière le sourire qui détendait en ce moment ses lèvres devinait-on cette amère lassitude?

Il croyait travailler, il rêvait.

— La chose curieuse, pensait-il, c'est le plaisir qu'ils ont à me l'opposer! Ils lui font un piédestal de toute l'aversion qu'ils me portent. A leurs yeux, son succès est ma ruine; ils enflent son succès; volontiers lui attacheraient-ils des échasses aux jarrets pour mettre sa tête au-dessus de la mienne!

Son sourire s'éclaira. Ici n'était pas la plaie.

— Il a du talent, reprit-il; c'est une belle intelligence : fort en droit, le gaillard! autant qu'on peut l'être à son âge... une parole facile, pleine, franche... de la passion, du feu, de l'esprit... Depuis mon début, c'est le seul...

Un nuage descendit sur son front, pendant qu'il ajoutait :

— J'avais envie d'aimer ce garçon-là!

Son doigt fiévreux feuilleta le dossier qui était devant lui.

— Je l'ai eu trois mois à la maison, reprit-il ; je lui devais bien cela ; son sang avait coulé pour Marguerite...

— Eh bien! quoi? s'interrompit-il avec une colère soudaine et sans motif apparent, on ne se convient pas mutuellement, on se sépare, on se brouille même... Est-ce une raison pour nourrir des sentiments mauvais? Sur ma foi, s'il m'était donné de rendre un service à M. Ange Palmer, comme il s'appelait autrefois, ou à M. le vicomte de Tréomer, comme il veut s'appeler aujourd'hui, je le ferais de tout mon cœur.

— Est-ce vrai, cela? s'interrogea-t-il en fermant les yeux à demi comme pour regarder sa conscience.

— C'est vrai, dit-il gravement après un silence ; il ne m'a pas insulté, cet enfant-là... c'est la fougue de la jeunesse... On voit près de soi une femme angélique et mille fois adorable... le cœur bat... Marguerite est une sainte...

Sa tête tomba lourdement sur ses deux mains.

— Je vieillis! murmura-t-il; vieillir, c'est souffrir !

La lumière qui le frappait d'en haut portait de grandes ombres sous chacune des saillies de son visage. Sa figure ressortait ainsi, profondément fouillée, dans toute l'énergie de sa sombre beauté.

Il reprit :

— Je suis laid; je ne sais pas porter les habits à la mode. Il aurait fallu à Marguerite un mari homme du monde, Je n'ai pas de distinction .. Mes habitudes et mes goûts sont grossiers... Vraiment... je le sens bien... Il est des instants où je me fais honte à moi-même!

— Qui dit cela? s'écria-t-il, rouge tout à coup d'un courroux extravagant; est-ce Marguerite?... Qu'elle aille au diable si elle veut!...

— Misère! misère! s'interrompit-il encore une fois d'une voix altérée; voilà où j'en suis! Douce créature! Pauvre femme! Elle ne peut parler qu'à Dieu. On la tuerait avec une parole!

Il frémit depuis la plante de ses pieds jusqu'à la racine de ses cheveux.

Puis une larme vint rougir le bord de sa paupière.

Il remonta sa lampe et prit à deux mains une des feuilles timbrées qui composaient le dossier, comme pour s'arracher de force à l'obsession de ses pensées.

La demie de quatre heures sonnait à sa pendule. La rue, naguère silencieuse, s'animait. Géraud se leva sans avoir achevé la page entamée.

— Il a du talent, prononça-t-il d'un ton dégagé en faisant quelques pas dans sa chambre; un talent de jeune homme; il cherche l'effet. L'ami Goujeux... quel homme, celui-là! jamais une préoccupation personnelle! L'ami Goujeux a voulu absolument que je misse le nez dans ces paperasses pour donner un conseil à ce pauvre Kerdanio. Moi, je crois en conscience, que Tréomer est l'héritier. Que veulent-ils que j'y fasse? Que diable! je ne peux pas plaider contre Tréomer! c'est un confrère. Est-ce une raison cela? Non. Kerdanio est un vieil ami... S'il avait droit... mais ma position vis-à-vis de Tréomer... nos anciennes relations... notre brouille elle-même... C'est absurde et impossible!

Sa marche s'activait sans qu'il en eût conscience.

— Certes, certes, murmura-t-il pendant qu'un étrange sourire naissait autour de ses lèvres, il a beaucoup de talent. Mais nous ne nous sommes jamais trouvés en présence, ni devant le tribunal, ni devant la cour. Le monde est plein d'axiomes contraires qui se coudoient et qui sont vrais, cependant. « Les débuts sont difficiles; les positions acquises barrent la route aux jeunes gens. » Accordé! Mais il est incontestable aussi qu'on tient compte du moindre succès au débutant et que les plus éclatantes victoires du vieux triomphateur ont peine à réveiller l'attention. Je ne me plains pas de cela; j'ai été débutant. Seulement, je dis que l'idée peut venir au soldat émérite de céder au jeune champion la lance la plus longue, l'avantage du terrain, tout ce qui prépare le gain d'une bataille et lui crier : Allons! descends dans ce champ clos inégal; je te rends la moitié des points, héros imberbe, et je te provoque à la lutte!

Ses yeux brillaient, sa taille athlétique se redressait, développant sa poitrine élargie.

Il s'arrêta court et croisa ses bras.

— Si vous êtes véritablement le fils légitime du vicomte Jean-Marie de Tréomer, prononça-t-il, nuançant à son insu sa déclamation, comme s'il eût été au palais, pourquoi tarder si longtemps à nous produire la preuve de votre naissance? N'y a-t-il point de registres de l'état civil aux Antilles? point de maison commune? point de témoins qui puissent, en dernière analyse, établir et signer un acte de notoriété, ce pis-aller des constatations douteuses? La veuve du vicomte Jean-Marie est-elle vivante? Qu'elle vienne! Est-elle morte? Nous demandons son acte de décès!

— De par tous les diables! s'écria-t-il en reprenant sa course à grands pas; je lui donne à choisir entre tous les tribunaux de France et de Navarre! Il a du talent, mais si je m'en mêle, il est tordu!

Ce dernier mot le piqua comme une pointe d'aiguille. Toute sa violence tomba.

— Je ne suis pas envieux, murmura-t-il avec une sorte de honte; je suis un honnête homme. Un honnête homme peut être l'ennemi de quiconque lui a fait du mal. Quel mal m'a fait Tréomer? Est-ce parce qu'on me parle de lui chaque jour en me disant : Il vous remplacera?

L'expression de sa physionomie était sévère et grave. Peu à peu, un voile de pâleur descendit de son front à ses joues.

— La connaissait-il avant de la défendre? pensa-t-il tout haut, et ce n'est pas une injure que de défendre une femme. Marguerite est pure comme les anges du ciel... mais je suis jaloux!

Il appuya ses deux mains contre sa poitrine et ses traits se décomposèrent.

— Jaloux! répéta-t-il avec une angoisse terrible; j'ai beau me raidir et combattre. Il est jeune, il est généreux, il est brillant, il aime... moi, je suis vieux, moi j'ai une fille de dix-huit ans... je hais ce Tréomer... sur ma foi, je ne m'en cache pas : je le hais!

On eût dit que cette explosion avait soulagé sa poitrine. Il revint vers son bureau d'un pas calme et lourd. Il prit un à un les papiers épars pour les remettre dans la *chemise* du dossier ; puis il posa sur le tout une figurine de bronze en disant :

— Raison de plus pour ne pas plaider contre lui !

Géraud tourna le bouton de sa lampe. Il se jeta sur son divan et s'endormit du premier coup, comme un enfant.

Le crépuscule naissant dessinait déjà plus nettement le châssis de la croisée.

Dans la cuisine, noire comme un four, parce que la Mahé, trésor vivant de lamentables aventures, barricadait chaque soir ses contrevents comme pour soutenir un siége, on apercevait trois points lumineux : un charbon qui sortait des cendres et les deux yeux du chat gris de fer, accroupi sur la planchette du rouet. Au sein de ces ténèbres, un duo vigoureux se faisait entendre : la Mahé, dormant au rez-de-chaussée, et Niotte, sommeillant au premier étage de l'alcôve, mariaient leurs ronflements sonores. Le nez de Scholastique donnait les notes mâles de la basse ; celui de Niotte brodait les dessins légers du dessus. Le chat gris-de-fer n'en paraissait point incommodé. Pouvoir merveilleux de l'habitude !

A droite du croc aux comestibles, il y avait, nous le savons, une porte qui pénétrait dans l'intérieur de l'appartement. Elle était close pour le moment. Au delà de cette porte, un petit vestibule précédait la salle à manger.

Dans la salle à manger où l'aurore glissait déjà quelques lueurs indécises, un ronflement unique, mais magistral, allait et venait avec la régularité d'un balancier de pendule. C'était Michain, ennemi de Niotte et saute-ruisseau, qui avait son lit de sangle dressé dans cette pièce.

Trois portes s'ouvraient dans la salle à manger outre celle du vestibule ; il y avait deux fenêtres.

A gauche, c'était la chambre de madame Géraud ; à gauche encore, au second plan, celle de mademoiselle Clémence ; à droite, celle du salon, au delà duquel on trouvait le cabinet de Géraud, flanqué de sa chambre à coucher en retour ; les deux fenêtres donnaient sur la rue.

Sur dix appartements, neuf pour le moins ont cette distribution élémentaire. Chacun aura en quelque sorte sous les yeux le plan de la maison quand nous aurons ajouté que la cuisine, le salon et la chambre à coucher de Géraud entouraient le palier de l'escalier, sur lequel chacune de ces pièces avait une issue, savoir : la cuisine à gauche, la chambre à coucher à droite, le salon au centre.

Ces explications étaient indispensables pour l'intelligence d'une scène muette et rapide à laquelle nous devons assister.

C'était à peu près le moment où Géraud éteignait sa lampe. La porte de la chambre de madame Géraud tourna si doucement sur ses gonds que le ronflement de Michain ne perdit rien de sa régularité. Une voix se fit entendre à l'intérieur, qui disait tout bas : Il dort...

Un homme sortit et resta un instant sur le seuil, parce que Marguerite lui tenait les deux mains. Aux lueurs indécises du crépuscule, on devinait la silhouette gracieuse de madame Géraud. Elle se penchait en avant comme pour appeler un baiser d'adieu. Sa pose et toute l'attitude de son corps étaient pleines de caresses.

L'homme, qui, par sa taille et son port, semblait tout jeune, mais dont le visage se cachait presque entièrement derrière le collet relevé de sa redingote, mit en effet un baiser sur le front de Marguerite.

— Prends bien garde d'éveiller Michain, murmura-t-elle.

— A ce soir, repartit le jeune homme.

— A ce soir, mon Ange bien aimé... Passe par le salon, la porte du palier est ouverte.

Le jeune homme se dirigea vers le salon. Marguerite le suivait des yeux tendrement. De loin, ils échangèrent encore un baiser.

Au moment où le jeune homme touchait la porte du salon, Michain se retourna dans son lit. Marguerite, effrayée, referma sa porte.

Le jeune homme resta immobile en retenant son souffle. Michain ronflait toujours.

Au bout de quelques secondes, le jeune homme lâcha le bouton du salon et traversa de nouveau la salle à manger sur la pointe des pieds. Ce n'était pas Michain qu'il semblait craindre désormais.

Il s'approcha de la porte de Clémence, et en gratta le battant si légèrement qu'on eût dit ce mystérieux appel des araignées au printemps.

La porte s'ouvrit aussitôt.

— Comme vous venez tard, Ange, dit une douce voix de fillette.

Deux belles petites mains prirent encore les mains du jeune homme et l'attirèrent à l'intérieur de la chambre, qui se referma.

Sur le carreau de la salle à manger, l'aube éclairait un objet blanc, chiffon de papier ou mouchoir, qui ne se trouvait point là avant le passage de notre jeune inconnu.

II

La porte du salon.

Après le mariage de Géraud, la Mahé n'avait point quitté sa maison. Nous ne savons, en vérité, comment exprimer ces nuances : la Mahé rendait justice à Marguerite, dont la mansuétude et la bonté ne s'étaient pas un seul instant démenties ; on pourrait même dire qu'elle aimait Marguerite, en ce sens qu'elle aurait livré bataille de tout son cœur à quiconque eût lâché un mot malséant au sujet de *madame*.

Mais il est certain que ce mot de madame lui écorchait encore la bouche.

Il y avait un vieux levain. Marguerite était pour elle la femme impeccable et absolument parfaite. Mais c'était la duègne, — l'usurpatrice ; la Mahé avait été trop longtemps régente. Elle ne pouvait pardonner à cette jeune reine qui lui avait pris le sceptre dans la main. Si douce que fût l'autorité de Marguerite, c'était de l'autorité. La Mahé rongeait son frein. Le cas de guerre était pendant au milieu de cette paix.

Six heures sonnaient au Gros, Scholastique Mahé sauta hors de son lit et mit ses pieds dans ses sabots pour aller ouvrir les volets. Le jour se faisait clair. Scholastique arrosa ses basilics et retira de sa propre armoire la pâtée du chat gris-de-fer qui fit le gros dos et commença incontinent son repas. Scholastique prit derrière le chevet de son lit une petite échelle qu'elle dressa contre la soupente de Niotte et monta. Niotte fut secouée d'importance. C'était son réveil de chaque matin.

Ayant secoué Niotte, Scholastique se mit à genoux devant

son lit et fit sa prière. Elle avait une façon à elle de parler à Dieu.

— Notre père qui êtes aux cieux, dit-elle, rallume le feu, failli sujet!... Que votre nom soit sanctifié... Tu n'es pas encore en bas, pie-grièche!... Que votre règne arrive... Va-t-il falloir que je te descende?... Que votre volonté soit faite... Il était encore debout ce matin à quatre heures, le pauvre corps. Si on lui fait attendre son déjeuner, maintenant!... Sur la terre comme aux cieux.

— Madame ne serait pas contente, dit Niotte qui avait un pied sur l'échelle, si elle savait cela!

— Madame! madame! gronda la Mahé, tu ne seras jamais qu'une effrontée! Parler quand je fais ma prière! Élevez-donc les enfants des autres! Et la paix, s'il vous plaît... Donnez-nous aujourd'hui notre pain quotidien et pardonnez-nous nos offenses... Pas cette cafetière-là, coquine, ou je te daube, à la fin!... comme nous pardonnons à ceux qui nous ont offensés... Quelle patience!... est-ce qu'il n'y a pas du café moulu dans le tiroir?... Voilà que je ne sais plus où j'en étais de mon *pater*!

— Mais délivrez-nous du mal. Ainsi soit-il! dit Niotte avec la même bonne foi que sa tante, car il est superflu de faire observer que l'impiété était à cent lieues de la Mahé.

Scholastique était la terreur de tous les prêtres de sa paroisse. Elle se croyait quelque chose dans la hiérarchie ecclésiastique. M. le recteur (le curé) lui inspirait bien un certain respect, mais les vicaires lui devaient foi et hommage. Depuis trente ans, elle occupait la même chaise, à la messe. Cela donne des droits.

Et si elle parlait à Dieu avec un certain sans gêne, c'est qu'elle se sentait forte. Prenait-elle des gants avec M. Géraud?

Elle était fervente chrétienne, on vous l'affirme. Mais quand elle entrait à l'église, le dimanche avec sa coiffe empesée et son mouchoir de cou, éclatant comme une poignée de coquelicots, elle pensait bien que le bon Dieu ne la confondait point avec Jeannette de chez le greffier, avec Rosalie de chez le juge d'instruction, ni même avec la grande Thérèse de chez le président.

Dans sa conscience, c'était encore un hommage au bon Dieu qui, en ceci, faisait preuve d'un rare discernement.

— A ton balai, paresse! reprit-elle quand sa prière fut

achevée; tu as pourtant de qui tenir pour le travail, car ton père était comme moi, un avale-besogne. Fais ton ouvrage et moque-toi du reste. Quoique c'est pas l'embarras, il y en a qui gagnent le gros lot sans se fouler... mais c'est la chance, pas vrai? Va voir s'ils sont réveillés là-bas.

Niotte, les yeux gros de sommeil, les cheveux mal peignés, le fichu de travers, ouvrit la porte de la salle à manger juste à temps pour recevoir en pleine poitrine le matelas de Michain qui rapportait son lit au pas de course.

— Ne peux-tu faire attention, racaille? s'écria la Mahé qui saisit une branche de fagot. Est-ce parce qu'elle appartient à ma famille que tu la traites comme la dernière des dernières? Es-tu plus que nous dans la maison, va-nu-pieds? Réponds un mot, voir et je t'étrille!

Michain n'eut garde. Il tira la langue à Niotte, qui lui fit des cornes et lança son matelas dans la soupente.

Il portait, ce Michain, l'uniforme classique de son grade dans la grande armée sociale. Il avait une veste trop étroite, un gilet d'une ampleur démesurée, dépouille de M. Géraud, et un pantalon, trop court de quatre pouces, qui laissait voir une cheville saillante à laquelle pendait maladroitement un pied très-plat, très-long et très-large, chaussé de souliers difformes.

Michain était petit, pâlot, maigrot, et taré par la petite-vérole. Il pouvait avoir entre seize et vingt ans; on ne savait pas son âge. Ses cheveux ébouriffés lui donnaient une tête énorme qui grimaçait sans relâche, éclairée par une belle paire d'yeux franchement rieurs.

Michain n'était pas encore galant. Quel que fut son âge, il restait dans cet état poétique et farouche si heureusement dépeint par Racine dans le personnage d'Hippolyte. Seulement, Michain n'avait pas les mêmes goûts que le fils de Thésée; il ne domptait aucun coursier, il ne combattait aucun monstre des forêts. Son attrait le portait vers le cervelas et la *dru*, deux passions qui jamais ne mettront en branle la cloche du tragique alexandrin.

Le cervelas est un mets savoureux que chacun peut connaître. La *dru* se nomme en quelques contrées la *galoche*, et à Paris le *bouchon*.

Michain était un dieu sur le terrain. Il avait dans sa pochette des décimes de la République pour placer, et des décimes de Louis XVI pour tirer. Les uns avaient la tranche barbelée à la lime ; les autres, frottés en tous sens, ne gardaient ni arêtes ni empreinte. Il savait piquer, il savait couper ; suivant sa volonté, le bouchon tombait à droite, à gauche, en avant, en arrière. Il *faisait des effets* avec sa pièce de deux sous comme les virtuoses du billard avec le *procédé* de leur queue.

Nulle Phèdre, cependant, ne s'occupait de Michain. Niotte l'agaçait bien un peu, mais il battait Niotte.

Au moment où il lançait son matelas dans la soupente, Scholastique, l'ayant regardé par hasard, vit un objet blanc qui sortait à moitié de la poche de son pantalon. Il faut rendre cette justice à Michain. Le blanc était chez lui une couleur insolite. Cela faisait tache absolument parmi les nuances neutres et déteintes de son costume.

La Mahé s'approcha d'un pas cauteleux et saisit l'objet, qui était un mouchoir de batiste.

— Où as-tu volé cela, petiot ? demanda-t-elle d'un accent sérieux et sévère.

Michain devint rouge. Niotte, qui balayait autour de la fontaine, dit avec son petit rire pointu :

— M'sieu Michain va peut-être devenir un mirliflor, maintenant que madame l'a augmenté de quarante sous par mois.

— C'est tout fil, reprit la Mahé, avec une belle marque, ma foi ! Ceux de notre demoiselle, à quatre livres dix sous la pièce, ne sont pas de moitié si fins!

— Voyons la marque! s'écria Niotte qui savait épeler. A... N... T... Augustine-Marie... C'est justement les noms de mademoiselle Tremmelec, avec qui j'ai fait ma première communion.

Michain, qui avait eu le temps de se remettre, haussa les épaules.

— Si ça vaut plus de quatre livres dix sous, dit-il, M. Tréomer me donnera toujours bien un franc quand je le lui rapporterai.

A ce nom, la Mahé fronça le sourcil.

Ces vieilles servantes sont comme les génies familiers d'une maison. Elles devinent les amours et les haines du maître. La Mahé jeta le mouchoir à la figure de Michain.

— Tu as donc été chez cet homme-là ? demanda-t-elle indignée.

— Non fait, répondit le saute-ruisseau; c'est hier que M. de Tréomer passait à cheval ici près, le long du port

Saint-Yves ; moi j'allais chez l'avoué; son cheval a pris le galop, son mouchoir est tombé... quoi donc ! je l'ai ramassé. Y a-t-il du mal à cela?

— A. M. T., murmura Niotte; Ange Malhoët de Tréomer. Ma tante, pourquoi donc qu'il s'appelait M. Palmer au commencement qu'il était chez nous ?

Scholastique regardait Michain en face.

— Tu dois mentir, petiot, dit-elle ; peut-être qu'il y a une histoire... mais tout se découvre petit à petit... Écoute-moi bien ; si le mouchoir est à ce Tréomer, il faut le lui reporter... mais un quelqu'un qui est de chez M. Géraud ne doit rien recevoir de ce paroissien-là, m'entends-tu?

— Oui, madame Jordonne, répondit Michain avec mauvaise humeur.

— Bonjour, reine déchue, dit une voix prétentieuse et moqueuse à la porte du carré, comment se porte M. votre chat ? J'ai vu en passant près du bureau que vous avez gagné un terne sec à la loterie. Que payez-vous ?

— Est-ce que vous connaissiez mes *liméros*, monsieur Judaille ? s'écria Scholastique hors de garde.

Ses larges narines s'enflaient, un naïf éclair s'alluma dans ses yeux.

Le clerc prit le menton de Niotte, qui leva résolûment son balai.

— Laisse voir qu'il réponde, dit Scholastique.

— Depuis combien d'années l'engraissez-vous, votre terne, mademoiselle Mahé? demanda le clerc.

Puis, voyant que Scholastique prenait déjà sa tenue de bataille, il s'inclina profondément.

— J'ai l'honneur de vous offrir mes respects très-humbles, dit-il ; vous daignerez me monter pour déjeuner un petit pain et trois sous de fromage d'Italie.

Il repassa le seuil afin de gagner la porte opposée par où l'on entrait dans l'étude, en traversant la chambre à coucher de l'avocat.

— Monsieur Judaille ! s'écria Scholastique en le poursuivant le poing sur la hanche, nous ne les avons pas gardés ensemble, pas vrai? Je vous défends de rire avec moi, insolent, mal élevé !

Niotte pinça les bras de Michain et prit cette information :

— Combien ça coûte pour nourrir un terne ?

— Il lui faut trois sous de hachis à ce Judaille, maintenant! grommela Michain au lieu de répondre.

La voix de Géraud retentit dans le salon.

— Scholastique! appela-t-il.

Tout le monde se tut comme par enchantement.

Scholastique s'élança; Niotte joua du balai, Michain saisit un plumeau, et M. Judaille, fredonnant tout bas un air d'opéra-comique, gagna son bureau, établi tout au bout de l'appartement, dans une chambre étroite et longue qui faisait pendant à la galerie, annexée aux domaines de la Mahé.

Celle-ci, se rendant à l'appel de son maître, grommelait :

— Levé avant huit heures! pauvre corps! Bientôt, il ne dormira plus du tout! C'est donc ça le bonheur du ménage?

Quand Scholastique entra dans le salon, Géraud était debout auprès de la première fenêtre. Il avait les mains dans les poches de sa robe de chambre. Sa physionomie calme et distraite n'exprimait nullement la tristesse. Il n'y avait sur ses traits que la fatigue du travail excessif. Ses regards semblaient se perdre dans le vide.

— Voilà, notre monsieur, voilà! dit la Mahé.

Comme il ne répondait point, elle ajouta, non sans un mouvement d'impatience :

— Et puis, après?

Géraud retourna vers elle son œil souriant.

— Eh bien! Mahé, dit-il, quoi de nouveau?

— Ah bah! fit Scholastique étonnée; aussi vrai comme Dieu est Dieu, j'avais cru vous entendre appeler.

L'expression du visage de Géraud changea tout à coup.

— Mais, certes, prononça-t-il avec une sévérité rude et soudaine, mais, certes, j'ai appelé! Quand on prend des airs de servante-maîtresse, morbleu! il faudrait au moins conduire la maison convenablement.

— Qui donc ça qui prend des airs de servante-maîtresse? riposta la Mahé, toujours prête au combat; sur quelle herbe a-t-il marché, ce matin?

Géraud lui prit le poignet en disant :

— Taisez-vous!

Il n'y avait que lui au monde pour faire baisser les yeux à Scholastique.

Elle essuya ses moustaches avec son tablier, destiné à d'autres usages, et dit avec un tremblement dans la voix :

— Pourquoi donc qu'on se tairait?

9.

— La paix! répéta Géraud.

Une larme vint aux paupières de la bonne femme.

— Renvoyez-moi, notre monsieur, dit-elle, si mon service ne va plus à madame.

— Il s'agit bien de madame, sorcière que tu es! s'écria Géraud, qui lui secoua le bras d'un air moitié riant, moitié fâché; si je te renvoyais, madame irait te chercher... Elle sait que tu m'aimes... et que je tiens à tous mes bragas...

— A la bonne heure! fit Scholastique dont les yeux mouillés eurent un sourire; on veut bien avoir des sottises de vous, mais pas de raisons!

Géraud éclata de rire à cette distinction. Puis, reprenant son sérieux, et d'un ton paternel:

— Mahé, dit-il, voilà que Clémence est une demoiselle...

— Et une jolie demoiselle, pas moins, notre monsieur!

— Et quand il n'y aurait que mes dossiers, Mahé... J'ai là les secrets de plusieurs familles. Que diable! on ne couche pas les portes ouvertes!

Scholastique le regardait ébahie.

— Pauvre corps! pensait-elle déjà, il bat la berloque!

Mais son étonnement changea d'objet quand le doigt tendu de Géraud lui eut montré la porte du salon, donnant sur le palier.

— Ah! bonne foi! s'écria-t-elle, prise d'une soudaine et fougueuse colère, voilà du nouveau! la barre enlevée! les verroux défaits! Niotte! couleuvre! Michain! malheureux! je vas renvoyer tout ça d'un coup, pas vrai, notre monsieur? maison nette! bon débarras! Michain, rien qui vaille! Niotte, vagabonde! ici, tous deux!

Sa voix avait les notes éclatantes et à la fois enrhumées d'une trompe de chasse.

— Qu'y a-t-il donc? demanda doucement Marguerite dont le charmant visage se montra à la porte de la salle à manger.

Clémence accourait, effrayée, en répétant:

— Qu'y a-t-il donc?

Marguerite avait les cheveux dénoués; elle les tenait à pleine main. C'était toujours la femme adorablement belle. Cependant, la qualité de son charme, si l'on peut ainsi s'exprimer, avait changé. C'était une auréole de sérénité suave et sainte, maternelle, devrait-on dire, qui couronnait les grâces de son front. Un peintre eût fait tout naturellement un chef-d'œuvre en la peignant madone. En la voyant près de Clémence, deux sentiments contraires qui se croisaient, naissaient, sans que l'un pût entamer l'autre.

L'âme percevait une saveur de jeunesse et en même temps l'idée de la maternité se dégageait invinciblement. Était-ce une chose possible? la différence d'âge voulue existait-elle? les apparences physiques répondaient tout haut : Non, sœur cadette et sœur aînée; mais tout bas, l'impression irraisonnée, l'instinct qui se rit des calculs comme de la vraisemblance disait oui. Cela plaisait, c'était une joie : mère splendide à fille délicieusement jolie.

Elle avait embelli, cette Clémence. Ses cheveux blonds encadraient un ovale délicat et doux. Sa fraîcheur était celle des roses pâles, qui caresse le regard et veloute le rêve. Son œil pensait, mélancolique, mais mutin et tout prêt à suivre l'espiègle sourire qui dormait autour de ses lèvres éclatantes.

Elle était bonne : toute la chère harmonie de ces traits le disait. Il suffisait de surprendre l'éclair mignon de sa prunelle entre ses paupières demi-closes et frangées de longs cils soyeux pour deviner à la fois son esprit et son cœur.

Elle avait maintenant la taille de Marguerite, sa mère.

Dans toute la grandeur du mot, entendez-vous? sa mère; c'était là le bonheur de Géraud. Il avait saisi, lui aussi, et le premier sans doute, le parfum qui se dégageait de ce groupe. Les deux fleurs mariaient leurs effluves selon un certain accord sentimental, et donnaient cette mystique octave qui est encore l'identité dans la gamme des notes et dans l'échelle des âmes.

C'était sa joie, c'était l'accomplissement de la partie poétique et impossible de son rêve. Il était heureux, cet homme que nous avons vu pleurer dans la fièvre de son insomnie, heureux comme Dieu ne veut point que les fils d'Adam soient heureux ici-bas.

Elles s'aimaient, elles se cherchaient, quoiqu'elles fussent toujours ensemble. Elles étaient insatiables l'une de l'autre. Géraud, l'amoureux double, le père et le mari, avait parfois de doubles jalousies. Il s'asseyait entre elles deux, comme l'enfant qui veut séparer ceux qu'il aime, pour avoir, lui tout seul, les caresses au passage.

On le chérissait, il le savait, mais il voulait qu'on le lui dit sans cesse. Nous sommes loin, n'est-ce pas, bien loin des douloureux transports de la nuit?

Nous ne pouvons pas les oublier, cependant; et si nous perdions la mémoire, Géraud est là, en face de son portrait. La toile regarde l'homme. L'homme a des rides; la lutte a pesé sur son front. La toile, date inflexible, sourit dans sa virilité exubérante, et fait tout haut le bilan des dernières années. Examinez-bien l'homme et le portrait, vous saurez ce qu'à coûté le bonheur.

Et tournez vos yeux vers Marguerite, afin que cet aveu tombe malgré vous de vos lèvres: le bonheur n'a pas coûté trop cher...

C'était ainsi toujours. Dès qu'elle se montrait, les violences se taisaient. Avez-vous vu parfois le seul regard du soleil changer l'aspect de la nature entière, et forcer la tempête elle-même à sourire? Dans cette maison, Marguerite était le soleil.

Géraud ouvrit ses bras. Elles vinrent toutes deux, la mère et la fille, donnant leur front unis au même baiser.

— Quoique ça, dit Scholastique subitement apaisée; m'est avis, sauf respect...

— Bonjour, Mahé, interrompit Clémence.

— Bonjour, ma bonne Mahé, ajouta Marguerite.

Scholastique fit en souriant une paire de révérences.

— Bien honnêtes, madame et mademoiselle, dit-elle; pour quant à ça, sans l'événement, je n'aurais pas été la dernière à la politesse. Mais je suis chargée de garder la maison, et les voleurs auraient pu venir jusque dans ma cuisine, ousque l'argenterie était sur la table.

— As-tu bien dormi, Mahé? demanda la fillette, comme si elle eût voulu détourner l'entretien.

Il n'y eut que Marguerite pour saisir cette secrète envie; son œil interrogea Clémence à la dérobée.

— Bien honnête, répondit encore Scholastique; n'empêche qu'on devrait faire, comme l'on dit, une enquête.

Géraud se mit à rire. Les termes de palais dans la bouche de la Mahé avait le don de le mettre en gaîté.

Clémence tenait une de ses mains, Marguerite l'autre. Derrière le sourire de Clémence, un peu d'embarras se montrait. Aucun nuage, si léger qu'on le puisse supposer, ne troublait la douce sérénité de Marguerite.

— Faisons l'enquête, dit celle-ci ; je crois deviner qu'il s'agit de la barre et des verroux...

— Une négligence... l'interrompit Clémence.

— Faut d'abord citer Niotte et le Michain de malheur ! ajouta Scholastique.

— Inutile, ma bonne Mahé, répliqua Marguerite ; je suis seule coupable.

Alors tout est dit... commença Scholastique.

— Non pas, interrompit doucement madame Géraud ; il sera bien désormais de visiter les portes chaque soir, quoique le tapissier ne vienne pas tous les jours.

En prononçant ces derniers mots, elle jeta un regard à son mari, dont les traits mobiles s'éclairèrent tout à coup

La veille, Géraud avait trouvé dans son bureau une bergère Louis XV, brodée de la main de Marguerite.

Clémence laissa échapper un souvenir de soulagement et baissa les yeux sous une seconde œillade de sa belle-mère. Scholastique enfla ses joues et dit :

— Fectivement ! c'est pas l'embarras, fectivement ! M. Malassis est venu avec le fauteuil, et madame se trouvait toute seule, par quoi j'avais conduit mademoiselle au salut... L'incident n'aura pas de suite... mais je vais aller boire un verre de cidre chaud, pour l'idée de l'estomac d'avoir couché comme ça la porte ouverte !

Marguerite, au lieu de retourner dans sa chambre pour achever sa toilette, entra dans celle de Clémence. La fillette avait peine à cacher son agitation.

Elle voulut embrasser sa belle-mère, qui la tint à distance en posant ses deux mains sur ses épaules.

Leurs regards charmants se croisaient.

Ce fut Clémence qui baissa les yeux la première.

Marguerite l'attira contre son cœur. Elle souriait, mais il y eut dans sa voix une profonde émotion et une nuance de reproche lorsqu'elle dit tout bas :

— Tu sais donc qu'il est venu ?

III

M. Judaille.

De nos jours, M. Judaille aurait coiffé ses cheveux plats d'un chapeau à grands bords en feutre mou ; il aurait porté la moustache crochue et la mouche en fer de lance. Il se serait fait appeler M. Adolphe Judaille en toutes lettres, parce qu'un prénom donne l'air artiste. Il aurait eu des boutons de manche en auréide et un cache-nez algérien.

En 1820, ces marques distinctives d'une laborieuse et inutile prétention au titre d'homme élégant étaient remplacées par une paire de lunettes en cuivre doré.

M. Judaille avait cette paire de lunettes. Cela suffisait à le distinguer de tous les démodés qui ne portaient que leurs yeux. Il en était très-fier. Cependant, ses lunettes ne lui coûtaient que trois livres dix sous.

Ce n'était pas un joli garçon. Il pouvait avoir vingt-cinq ans. Il avait fait déjà six années de droit et comptait toujours passer sa thèse aux vacances. Son père, honnête usurier de Saint-Malo, lui envoyait quelque argent avec beaucoup de malédictions, mais M. Judaille avait de grands besoins. Il jouait la poule au café de la Comédie, il cabalait au parterre du théâtre et donnait des bals travestis dans sa mansarde de la rue Huc.

M. Géraud le gardait chez lui: par bonté d'abord, en second lieu par habitude, et enfin pour la fort belle écriture qu'il avait. Quand Judaille voulait travailler, il abattait beaucoup de besogne et sa copie valait l'impression.

Judaille aimait assez M. Géraud; il trouvait Clémence jolie; il détestait madame Géraud, parce qu'elle avait *rangé* son mari.

Il y avait à Rennes beaucoup de gens comme Judaille. La femme qui guérit un homme de certains vices affronte à coup sûr un faisceau de rancunes et d'inimitiés. Parfois le camp des vertueux lui tient compte de sa vaillance. C'est l'exception : d'ordinaire, les vicieux mordent; les vertueux laissent faire. Cette règle, néanmoins, n'est point générale encore. Il arrive souvent que les damnés mordent d'un côté, les élus de l'autre.

C'était ainsi pour cette pauvre belle créature de Marguerite. On ne lui savait nul gré de la conversion de Géraud dans le monde qui sait se tenir; dans le monde qui ne sait pas se tenir, on fulminait contre elle, autour du bol de punch, des anathèmes et des malédictions. Pour les uns, Géraud *s'était cassé le cou:* voilà le principe; pour les autres, Géraud *était tombé en puissance de femme*.

Tous les anciens griefs subsistaient. Il ne faut pas croire

que, là-bas, la chronique se renouvelle comme à Paris. La province n'oublie rien. Elle a cette terrible mémoire qui capitalise les anciennes vérités avec les vieux mensonges pour en former à la longue un monstrueux trésor de cancans. On ressassait encore après deux ans l'histoire des mystérieuses excursions au cabaret de la rue Nantaise; le drame de la rue Nantaise; le drame du coup de poignard avait subi de notables enjolivements. Mais ce n'était pas tout. On savait que Géraud avait eu besoin de toute son influence pour lever les obstacles légaux qui s'opposaient à son mariage. On avait fait à Marguerite un état civil, à l'aide d'actes de notoriété, venus d'Angleterre et des Antilles. Loin de s'éclaircir avec le temps, le mystère de cette existence avait pris des teintes plus foncées.

D'où sortait-elle?

Ce n'était pas tout encore. Ce jeune homme, cet Ange Palmer qui venait d'avoir des débuts si brillants dans la carrière d'avocat, sous son nouveau nom de Tréomer, s'était battu pour elle. Personne n'ignorait cela. Tout le monde savait que Géraud l'avait recueilli et soigné chez lui après le mariage. On se moquait de Géraud tant qu'on pouvait.

Géraud, il est vrai, s'était séparé de ce jeune homme; mais il était bien temps! La rupture même n'avait-elle pas sa signification?

Géraud ne pouvait souffrir Tréomer. Il était, parbleu, payé pour cela !

C'était tout, cette fois? Non pas!

Mais ici la médisance ou la calomnie prenait son allure la plus discrète. Savez-vous de quel air pudique on peut assassiner? Ces dames baissaient les yeux et imposaient silence à ces messieurs qui jamais n'en disaient si long qu'elles.

Des cancans du genre mystérieux et romanesque glissaient. On avait gardé à Tréomer ce nom de Beau Ténébreux, qui allait si bien au rôle qu'on lui faisait jouer en tout ceci. Le monde du palais, le monde des autorités, le monde pur de la rue des Dames et le trois-quarts de monde du Contour de la Motte se réunissaient dans une même ardeur de bavardage. La boutique s'en mêlait. Que dis-je! le café s'en occupait; et les cercles qu'on nommait alors des *sociétés*, et les pensions bourgeoises, et tout!

De ces murmures, faits par trente mille voix, un cri se détachait: PAUVRE GÉRAUD!

Mais Géraud n'entendait point, endormi qu'il était dans les délices de son paradis de famille. S'il souffrait parfois, l'aiguillon qui le piquait au cœur ne venait point du dehors.

M. Judaille avait pour mission, dans la maison de Géraud, de tenir en ordre le carnet d'audience, de classer la correspondance et de copier les pièces. Sa position n'était point du tout celle des secrétaires de nos avocats parisiens. Nos avocats à la mode sont des chevaliers, comme le prouve bien l'obligation qu'ils acceptent de défendre la veuve et l'orphelin ; ils ont des écuyers et des pages. Les secrétaires de nos avocats sont des avocats eux-mêmes ; ils apprennent à manier la lance oratoire dont ils se serviront un jour pour leur propre compte.

M. Judaille avait vaguement l'idée d'arriver, un jour à être avocat ou toute autre chose ; mais, pour le présent, le billard suffisait à ses instincts, et il ne donnait à Géraud que son écriture nette, rapide et admirablement régulière. Géraud, du reste ne lui demandait que cela.

Il entra par la chambre à coucher, et constata d'un coup d'œil que le lit n'avait point été défait.

— On aura dépouillé le dossier Kerdanio, pensa-t-il ; j'aurai cinq cents francs s'il plaide ce procès-là.... cinq cents francs ! Pour le coup, je me paierai une chaîne à breloques et un jonc ! Mais quant à influencer M. Géraud, vas-y voir !

— Bon ! s'interrompit-il en franchissant le seuil de la pièce en retour qu'on désignait sous le nom de bureau ou d'étude, le Michain n'a pas épousseté. Voilà un oiseau dont je ne donnerais pas cher ! Il s'est moqué de moi l'autre jour ; je le retrouverai :

Voici à quelle occasion le Michain s'était moqué de M. Judaille.

M. Judaille avait une voix sourde et prétentieuse qu'il employait à chanter des couplets de vaudeville. Le vaudeville, tout jeune encore, avait un succès fou en province comme à Paris. M. Judaille comptait sur sa voix pour entraîner quelque héritière. Il trouvait Clémence à son gré. Quand Clémence était au salon, il allait ouvrir tout doucement la porte de la chambre à coucher et il entonnait un couplet.

Or, ce Michain, malin singe, imitait à ravir les roulades avantageuses de M. Judaille. Un jour de cette semaine,

M. Judaille l'avait surpris roucoulant une de ses romances, et il avait entendu, à la fin du morceau, l'éclat de rire mignon de Clémence. La moquerie peut attaquer une inclination naissante, comme la rouille ronge l'acier. M. Judaille, au fond de l'âme, imputait à Michain la perte de ses espérances.

Mais cela ne l'empêchait pas de chanter, et de chanter comme au théâtre, en parlant les mots à effet. Nous ne cachons point au lecteur que ce M. Judaille était un gaillard insupportable.

Il chanta en ôtant sa *lévite* à gigots et son chapeau forme trois-pour-cent. Il chanta en passant ses fausses manches de lustrine ; il chanta en troquant ses souliers cirés à l'œuf contre des chaussons de lisière. Au moment où il s'asseyait devant son bureau de bois blanc, Michain entra, le balai à la main.

— C'est donc aujourd'hui qu'on vous tire les oreilles, à vous? s'écria M. Judaille; vous venez tout exprès pour mettre de la poussière au collet de ma lévite et à mon chapeau !

— Pour sûr, répondit humblement Michain, ça s'attache, la poussière, aux collets d'habits qui sont graisseux un petit peu. Bien le bonjour, monsieur Judaille ; je n'ai pas venu plus tôt parce que la cassine est sens dessus dessous... Vous savez, pour la porte?...

Il cligna de l'œil à tout hasard, espérant détourner la tempête.

— Pour la porte? répéta M. Judaille dont la curiosité s'éveillait à peu de frais.

— La porte du salon, pardi! madame est là, monsieur aussi et encore mademoiselle. La Mahé *fait du train*, la Niotte piaille.

— Et que lui a-t-on fait à la porte du salon? demanda M. Judaille, déjà notablement radouci.

— On lui a fait qu'elle est restée ouverte c'te nuit, sans verrou ni barre, à la grâce de Dieu. Tenez, entendez-vous la Scholastique?

Il arrêta son plumeau qui, en trois coups, avait soulevé un redoutable nuage de poussière.

— Veux-tu bien rester en repos, méchant sujet ! s'écria Judaille qui alla étendre son mouchoir sur le collet de sa redingote ; c'est pourtant vrai que la Mahé a l'air en colère.

Michain reprit son balai après avoir jeté le plumeau sous son bras.

— Alors, si ma besogne ne peut pas se faire, bonsoir! à revoir, monsieur Judaille.

Il se dirigea vers la porte à pas lents.

— Hé! Michain! fit le clerc.

— Après, monsieur Judaille?

— La Mahé a-t-elle été bien secouée?

— La Mahé! mais c'est elle qui mène tout le débit, je vous dis.

— Et madame?

— Toujours douce comme un mouton, quoi donc! Madame n'a pas voulu qu'on gronde la Niotte. Elle a dit ceci et ça, que c'était sa faute, à elle.

— Tu plaisantes! interrompit le clerc, dont l'attention semblait grandir.

— Non fait! Madame a dit comme ça : C'est moi qu'en suis l'auteur, rapport au tapissier, pour la bergère.

M. Judaille prit sa plume qu'il avait passée derrière son oreille. Sa physionomie, animée naguère par une expression de très-vive curiosité, venait de changer d'aspect tout à coup et peignait une profonde indifférence.

Il donna le coup de doigt à ses lunettes pour les mettre d'aplomb, et dit à Michain :

— Va voir dans la cuisine si j'y suis, insecte!

Mais Michain ne voulait plus s'en aller. Le rouge venait de lui monter aux joues. Il glissa vers le clerc un regard sournois; il avait une idée.

Il déposa son plumeau sur une chaise et dressa son balai contre le mur. Sa main tourmentait un objet invisible dans les profondeurs de sa poche.

M. Judaille, qui commençait la copie d'un mémoire à consulter, se retourna en sursaut, parce qu'une haleine chaude lui caressait le cou.

— Comment! c'est encore toi, graine de recors! s'écria-t-il; tu n'es pas encore au diable où je t'ai envoyé!

— Parlez pas si haut, monsieur Judaille, répliqua Michain d'un ton confidentiel, j'ai à vous causer.

Le regard de Michain peignait encore mieux son embarras que l'écarlate de ses joues.

— Et qu'as-tu à me dire? demanda brusquement le clerc.

— Monsieur Judaille... n'y a pas besoin de crier comme si

c'était pour avoir les pompiers, pas vrai? C'était à seule fin de savoir si vous vouliez m'acheter un objet premier choix et pas cher.

— Quel objet?

Michain tira de sa poche avec respect le mouchoir de batiste.

— Ça vous irait un peu, ça, monsieur Judaille, prononça-t-il d'un ton caressant, quand vous faites votre beau au Champ de Mars ou au Thabor.

Le clerc lui arracha le mouchoir des mains, et son premier mot fut celui de Scholastique :

— Où as-tu volé ça?

— Je l'ai trouvé, monsieur Judaille, et la Mahé dit bien que l'objet vaut aux environs de quatre livres dix sous.

Le clerc tournait et retournait la fine batiste entre ses doigts et l'approcha de ses narines pour la flairer.

— Ce n'est pas une femme, grommela-t-il; ça sentirait l'odeur.

— La Mahé dit que c'est au jeune M. de Tréomer... commença Michain.

Judaille sauta sur la marque.

— A. M. T,! lut-il ; c'est évident : Ange Malhoët de Tréomer. Où l'as-tu trouvé, si tu l'as trouvé? Tu m'entends bien, je veux savoir !

Judaille regardait l'enfant fixement et parlait d'un ton impérieux.

— Pour l'avoir trouvé, ça ne fait pas de doute, répliqua Michain; mais j'ai dit à la Mahé que c'était dans la rue, pour qu'elle n'aille pas vouloir qu'on le lui donne.

— Ce n'est donc pas dans la rue?

— Et je parierais bien ma tête à couper que ce n'est pas au jeune M. de Tréomer, malgré la marque, car il y a plus d'un an qu'il n'a mis les pieds à la maison.

— Ce serait ici, à la maison ! s'écria M. Judaille vivement.

— De sorte que, poursuivit en paix le saute-ruisseau, je peux bien le vendre, puisque je ne sais pas à qui il appartient.

Judaille s'était levé; il lui avait saisi les deux poignets.

Réponds! réponds! dit-il en le secouant, c'est ici que tu as trouvé ce mouchoir?

— Eh! pardié! repartit Michain, dans la salle à manger,

quoi donc ! entre la porte de madame et la porte de mademoiselle.

M. Judaille lui lâcha les poignets et se mit à arpenter l'étude de ce pas saccadé que savent si bien prendre les jeunes premiers rôles des théâtres de province.

— Dans la salle à manger ! répétait-il à part lui, et la porte du salon est restée ouverte !...

— L'achetez-vous ? demanda Michain ; c'est un écu de six livres.

Quand l'as-tu trouvé ?

— Ce matin, pardi !

— M. Judaille est-il arrivé ? prononça dehors la voix de Géraud.

— Pas un mot ! dit rapidement le clerc, qui mit l'index et le pouce dans le gousset de son gilet pointu, en casimir jaune, pas une syllabe ! Je prends le mouchoir... et voici trente sous. File !

— Vous donnerez bien le petit écu.

— Muet comme un poisson ou crains ma colère ! Décampe !

Il ouvrit lui-même la porte de l'escalier et poussa Michain dehors.

M. Judaille est arrivé, patron, reprit-il en mettant sa tête crépue à l'huis entrebâillé du cabinet, faut-il copier le mémoire ou avez-vous de la besogne plus pressée ?

Géraud lui montra du doigt le dossier de l'affaire Kerdanio qui était sur la table.

— Vous allez prendre cela, dit-il, classer les pièces, s'il y a lieu, et vérifier le numérotage, puis vous le porterez chez l'ami Goujeux avec bien des compliments de ma part.

— Il me demandera peut-être si vous vous chargez de la chose, patron ?

— Peut-être bien, mons Judaille.

— Que faudra-t-il lui répondre ?

— Il faudra lui répondre que vous êtes un clerc comme il y en a peu, et que vous ne vous permettez jamais de questions indiscrètes.

IV

Maison Goujeux.

Il y avait de la poussière dans les coins de la cuisine de Scholastique, nous ne pouvons le nier, mais, depuis cette grande révolution — le mariage de monsieur — l'aspect général de la maison Géraud annonçait une propreté relative. Là-bas, c'est beaucoup. Il ne faut point demander à nos Bretonnes la minutieuse netteté des ménagères hollandaises.

Scholastique nous l'a dit une fois : la poussière, c'est de la terre, et la terre n'est pas sale.

Prenez ce paradoxe armoricain pour ce qu'il vaut, mais avouez avec nous que la monomanie du nettoyage qui tient certaines bonnes dames et les fait gémir douze heures par jour la même complainte fatigante et monotone a bien aussi ses inconvéniens.

Telle était madame Goujeux, Méto Goujeux, pour lui donner son petit nom, femme du doux Amédée Goujeux des Etanches, ancien maître forges, ancien maire de Saint-Emon.

Chose singulière, les bonnes dames, bigotes de propreté, farouches ennemies de la poussière, nettoyeuses insatiables et grandes-maîtresses de l'ordre du plumeau, sont très-souvent sujettes à se démentir en ce qui concerne leurs vêtements et leurs personnes. J'en ai connu qui hurlaient de désespoir pour une tache de bougie, et qui se présentaient aux gens vêtues de maculatures.

Telle était encore madame Goujeux, que les commères du quartier appelaient volontiers la Goujeux.

Or, tout le monde a besoin de linge blanc, mais l'âge mûr surtout, l'âge où la moitié la plus rose du genre humain cesse d'inspirer des idées souriantes et ne peut plus faire naître que le respect.

Tranchons le mot, une vieille femme sale épouvante le regard.

Telle était, hélas ! Méto Goujeux, épouse de l'homme le plus propre et le mieux soigné qui fût dans la rue Hue, autrement dite Faubourg de Paris.

Méto avait de quarante à soixante ans, on ne pouvait pas savoir. Elle était grasse à lard, ce qui fait paraître davantage les souillures en diminuant le nombre de ces plis protecteurs où les petits malheurs trouvent à se cacher; elle avait les cheveux d'un gris sale; sa figure rouge et luisante offensait insolemment la vue. Vénus, fille de Jupiter et de Diane, avait, dit-on, un *tour d'œil,* mais j'ai peine à croire qu'elle louchât de la même façon que Méto Goujeux.

Elle était très-brune avec cela, et bâtie en homme. Elle mangeait avidement, elle buvait à pleins verres. Et dès qu'elle quittait ses haillons de tous les jours, vous eussiez dit une châsse votive, tant elle resplendissait déplorablement sous la prodigieuse charge de ses atours.

Il y avait dans sa maison deux servantes effarouchées qu'elle payait peu, mais qu'elle opprimait à la journée. Elles n'avaient pas le temps de se mettre au fait des êtres. Méto les gardait rarement plus de quinze jours. Et c'était là le sujet de longues doléances dont on vous épargnera le détail.

Méto Goujeux avait un fils et trois filles. L'aînée de celles-ci était à marier : elle se nommait Héloïse et n'était pas plus laide que bien des ingénues de notre connaissance; seulement, elle pinçait de la harpe et ses yeux avaient une légère inflammation chronique. Nul Abailard ne s'était jusqu'alors présenté. Les deux autres petites Goujeux allaient à l'école sur leurs longues jambes crottées qui sortaient de robes d'indienne trop courtes.

Mais n'avez-vous point remarqué ceci? Nous avons dit, en parlant d'Amédée : Ancien maître de forges et ancien maire de Saint-Emon. Il n'était donc plus rien de tout cela? Devinez-vous qu'il s'agit encore de quelque généreux dévouement? Vous savez de quelle manière ce bon Goujeux était égoïste. Attendez-vous à recevoir ici même une ou plusieurs preuves nouvelles de son héroïque abnégation.

Goujeux avait donné à son fils Adolphe la direction de sa forge et d'une... Goujeux avait renoncé à sa dignité de maire pour veiller de plus près à l'éducation de ses filles cadettes, qui apprenaient à lire, moyennant 1 fr. 50 par mois, chez les sœurs. Et de deux.

Goujeux avait quitté sa patrie et loué une maison à Rennes pour marier plus avantageusement sa fille aînée. Et de trois.

Goujeux s'était exilé pour suivre l'affaire Kerdanio. Et de quatre.

Peut-être avait-il encore d'autres motifs. On eût en vain cherché des limites à l'obligeance et au désintéressement de cet excellent homme.

Il était seul, ce matin, dans l'étroit réduit qu'il s'était choisi et qui lui servait à la fois de chambre à coucher et de cabinet de travail. On eût dit qu'il s'était efforcé de faire sa place, la plus petite possible, dans sa propre maison. Méto prétendait, il est vrai, que ce trou donnait sur l'escalier et que Goujeux *rentrait quand il voulait*. Mais vous savez quelles étaient ses mœurs.

Méto était de ces femmes jalouses, défiantes, inquiètes, qui voient toujours le mal sous le bien.

Goujeux avait sa conscience.

Il fredonnait tout doucement en se faisant la barbe, une douce et naïve mélodie. La façon dont un homme s'y prend pour se raser dit son caractère à l'observateur. Goujeux se rasait lentement, patiemment, maladroitement. Il revenait sur les coupures et n'osait attaquer le contre-poil.

— Il y a là, au coin de la bouche, dit-il en trempant son rasoir dans l'eau chaude, un petit endroit qui me ferait pleurer!

— Tais-toi! fit une voix rude dans la pièce voisine, tu es douillet comme une poule, monsieur Goujeux.

Le tutoiement combiné avec l'usage du mot monsieur classe un ménage.

Goujeux sourit en regardant la porte ouverte.

— Tu es levée, Méto, ma bonne et chère compagne? dit-il; donne-moi, je te prie, des nouvelles de ta santé.

— Bien, bien, répondit la compagne d'Amédée, quand on s'intéresse à la santé de sa femme, on ne passe pas toutes ses soirées dehors.

— Les affaires, ma bonne chérie...

— As-tu fini!... on ne m'en passe pas, à moi! Depuis que tu n'as plus de forge, tu n'as plus d'affaires!

— Voilà bien les femmes! chanta Goujeux tendrement; plus on les aime, moins elles vous le rendent. Ma pauvre Méto, si je me comportais avec toi comme certains maris que tu connais bien font dans leur ménage...

— Quels maris? interrompit Méto qui vint se planter debout sur le seuil; parles-tu de Norin, ton banquier? il ne vaut pas mieux que toi, c'est vrai, mais il apporte de l'argent à la maison. Parles-tu de ton avoué de Retrait; un méchant sujet, je ne dis pas, mais qui vient d'acheter une ferme à Sainte-Foy. Toi, tu n'achètes rien ; toi, tu ne fais rien ; toi, tu nous conduis à mourir sur la paille !

Elle avait un madras jaune et bleu noué autour de la tête. Un mouchoir à carreaux protégeait sa gorge. Sa robe en bonne et forte soie marron, qui avait fait longtemps les beaux jours de la mairie à Saint-Emon, portait autant de taches que de reprises. Vous connaissez l'effet des haillons de soie.

Amédée répliqua seulement par un doux hochement de tête, accompagné d'un sourire.

Il essuya son rasoir sanglant sur un carré de linge plié en quatre et continua de se barbifier paisiblement.

La figure de M. Goujeux était de celles qui ne trahissent guère le secret de la pensée. Cependant, un observateur attentif aurait vu que cette flèche, décochée au hasard par Méto, qui n'avait d'autre envie que de malfaire, touchait quelque point sensible. M. Goujeux eut un léger tressaillement, et son rasoir découpa sur sa joue gauche une sérieuse enfilade.

— Je t'avais priée de le faire repasser, dit-il avec résignation ; je m'en occuperai moi-même.

— Alors, s'écria Méto, dont la face brune s'empourpra tout à coup, je suis une fainéante ! Tu ne me trouves plus capable de conduire ta maison ! Voilà comme sont les hommes ! il leur faut la jeunesse. Veux-tu me mettre au couvent de la Providence ? ou à la Visitation ? ou n'importe où ? paie ma pension, et tu seras débarrassé de moi !

— Bonne amie, répliqua Goujeux, dont la sérénité ne se démentait point, je te demande quelle mouche te pique ?

— C'est cela ! je suis folle ! je parle sans raison ! Continue. Qui veut abattre son chien dit qu'il a la rage. J'ai tort de me plaindre ; je suis ici comme un coq en pâte. Je me lève tard, je me couche de bonne heure. Toute la sainte journée, je ne suis pas sur le dos de ta cuisinière et de ta bonne. Sais-tu leurs noms seulement ?

— Chérie, répliqua Amédée, tu ne me donnes pas le temps de les apprendre. Tous les huit jours, nous changeons de servantes.

— Et c'est ma faute ! Va toujours ! Je les malmène ! Je suis injuste, taquine, exigeante ; je ne sais pas garder de domestiques ! Voilà la récompense d'un dévouement de vingt ans et plus. Ah! monsieur Goujeux, quand on a la vie que tu mènes, il faut bien chercher noise à sa femme de temps en temps, pour détourner les chiens. Crois-tu qu'on ignore ta belle conduite? Tu vas au café, toi, à ton âge et chargé de famille! Tu t'es mis de la Baraque, une société de mange-tout et de fainéants! Tu piques l'assiette chez ce Géraud, qui n'est pas venu seulement faire une visite à ta femme. Tu soupires, vieux Rodrigue, aux genoux de madame Géraud, une belle espèce, encore, qui faisait ses farces avant le *conjungo*, et qui les continue. Voilà!

— Méto! Méto! fit l'ancien maître de forges.

— Voilà! répéta madame Goujeux qui mit ses deux mains sur ses hanches; et, avec ça, ton fils qui te ressemble a mis la forge à vau l'eau! et ta fille grandit. Où est sa dot? dans le coin de mon œil? Les deux petites poussent, pauvres amours! et, veux-tu que je te le dise? tu n'as pas le sou, pas le sou! pas le sou!

Elle prononça par trois fois ces derniers mots avec un accent de dédain admirablement nuancé; puis, changeant tout à coup de physionomie et de posture, elle se bouchonna vigoureusement les yeux à l'aide de son tablier qui n'était plus qu'une tache.

— Je ne te dis jamais rien, monsieur Goujeux! s'écriat-elle en pleurant soudain à chaudes larmes; fais la cour à ta duègne, ça ne me regarde pas. Je dévore mes pleurs, vois-tu bien, je fais croire aux voisins que je suis heureuse en ménage... Mais quand je pense à mes enfants, mon cœur saigne... Ah! s'il n'y avait que moi, comme j'aurais vite fait mon paquet. Mourir pour mourir, on trouve un lit à l'hôpital...

Pendant cette péroraison attendrissante, Goujeux avait ôté sa robe de chambre d'indienne et passé son pantalon. Il prit son gilet à fleurs pour le brosser et vint se poser devant sa femme qu'il regarda d'un air riant et doux.

— Bobonne, dit-il, tu as besoin de ça pour ta santé. Un autre pourrait se formaliser, moi je me dévoue. C'est ma manière d'être égoïste. Aide-moi à passer ma manche; l'âge vient: que veux-tu? Voilà plus de dix-huit mois, quand j'ai vu le menton du fils Adolphe prendre de la barbe, je me suis dit: faisons un sort à ce garçon-là. Était-ce facile? Depuis qu'il est au monde, il n'a jamais voulu travailler; et tu te souviens bien que tu te mettais de son côté quand je le grondais. Tu disais : Je ne sais pas l'orthographe, moi ! en suis-je plus malade? Héloïse aussi allongeait. Je suis père, n'est-ce pas? Avec dix à douze mille francs que me donnait la forge...

— Les gagnes-tu ici, les douze mille francs? interrompit violemment madame Goujeux qui s'était tenue à quatre pendant la moitié d'une minute; est-ce ta madame Géraud qui te les rapporte? Est-ce la Baraque? Est-ce le café de la Pomme-de-Pin ?

— Tu t'enlèves, chérie! tu t'enlèves comme une soupe au lait ! madame Géraud est une sainte; si elle ne t'a pas fait visite, c'est qu'elle vit dans la retraite la plus absolue; mais elle me demande toujours de tes nouvelles...

— Grand merci !

— Cette bonne madame Goujeux, je l'ai vue à la messe... Savez-vous qu'elle porte parfaitement la toilette, monsieur Goujeux?... Mais il ne s'agit pas de cela; je ne suis pas ici pour te faire des compliments. J'ai quitté la forge pour un avantage, sois sûre de cela, minette. Vois à rabattre le collet de ma lévite. Toutes ces fréquentations que tu me reproches : le banquier, l'avoué, Kerdanio, Géraud, la Baraque elle-même, et aussi le café de la Pomme-de-Pin, ont leur utilité. De bonne foi, est-ce que je te fais l'effet d'un dissipateur?...

— On ne sait pas, répondit Méto, un peu radoucie par l'idée que madame Géraud lui trouvait bon air à l'église ; quand un homme sur le retour se met à *brimbaler*...

— Tu ne dis pas ce que tu penses. Je n'ai qu'un défaut, tu le sais bien : c'est d'être égoïste à ma façon. Quant à cela, il faut compter que je ne m'en corrigerai jamais. Dès que je vois un service à rendre, c'est plus fort que moi !

— Eh bien! monsieur Goujeux, moi, je dis qu'il faut d'abord rendre service à sa famille. Charité bien ordonnée...

Amédée l'interrompit en lui touchant paternellement le menton.

Sa toilette était achevée. Il était frais comme une rose.

— Bobonne, dit-il d'un ton solennel, as-tu confiance en ton Amédée? Laisse jaser les mauvaises langues. Tu rouleras carrosse avant de mourir !

Il s'interrompit brusquement comme s'il avait eu regret d'en avoir trop dit.

Méto devint toute pâle, ses yeux tournèrent. Elle ouvrit

une large bouche mal meublée pour demander des explications. Goujeux l'arrêta d'un geste péremptoire.

— Voici Héloïse, dit-il ; je te recommande le plus profond secret ; un mot pourrait tout perdre.

Dieu merci, Méto n'avait garde de trahir un secret qu'on ne lui avait point révélé. Mais songez donc : un équipage, un carrosse, — pour employer l'expression d'Amédée, pleine de mystérieuse emphase, — quel parfait bonheur ! Méto suffoquait de joie, rien qu'à l'idée des voisines jalouses, maudissant sa prospérité par derrière.

Nous soutenons que, pour l'espèce Méto — elle est nombreuse, — le plaisir n'est pas tant dans la jouissance elle-même que dans l'envie excitée.

Vous connaissez tous cette petite rentière qui ne mangerait pas sa côtelette avec plaisir si elle n'en envoyait la fumée à sa voisine à jeun.

Ce sont de belles âmes, à qui, certes, on ne peut reprocher de se renfermer en elles-mêmes.

Héloïse, pauvrement, mais prétentieusement accoutrée, malgré l'heure matinale, vint offrir sa large joue au baiser de son père. Méto, toute ragaillardie par le fantôme évoqué du carrosse, la regardait minauder avec bonheur.

— Ça sera donc riche ! murmura-t-elle, ça fera la nique aux insolentes de la paroisse Saint-Germain ! Ça épousera un de ces messieurs ! Je veux un titre, d'abord, si elle a de quoi, et un château, et un des hôtels de la Motte ; la rue des Dames, ça sent le renfermé !

— Mais vois donc, Amédée, s'interrompit-elle, l'embonpoint lui sort, à cet amour-là ! Elle est belle tout plein... Quand je songe que c'est à nous !

Goujeux attira la grande fille contre son cœur.

— La plus pure de toutes les jouissances, déclama-t-il d'une voix attendrie, consiste à se voir revivre ainsi dans les enfants que vous donna une épouse chérie. Je suis égoïste, c'est connu, mais je prodiguerais tout le sang de mes veines, jusqu'à la dernière goutte, pour ma postérité.

— Excellent père ! chanta Héloïse, qui tourna ses yeux malades langoureusement.

— Mais viens donc me *biser*, bichette, reprit Méto. Comment que ça va, mon trésor ?

— Ma bonne mère, répondit Bichette, il ne vous en coûterait pas davantage de parler correctement : Comment te portes-tu, mon Héloïse ? ou bien : Ta santé, comment est-elle ?

Méto ne se fâcha point. Elle donna une petite tape sur la joue de son trésor en disant :

— Tu es bien heureuse, toi, Minette, d'avoir reçu une instruction distinguée et élémentaire. Ça nous a coûté bon... mais qu'y a-t-il en bas ?

— Foi de Dieu ! criait une voix retentissante, cet animal d'Amédée m'a fait droguer toute la soirée au rendez-vous... Je vais lui frotter les oreilles !

— M. de Kerdanio ! murmura Héloïse qui devint rouge comme une tomate.

— Est-ce qu'il vient déjeuner ? demanda Méto avec inquiétude.

Un nuage couvrait la sereine figure d'Amédée.

— Sapreminette ! grommela-t-il entre ses dents ; voilà un bon garçon que je voudrais voir au diable !

— Seriez-vous fâchée qu'il vînt déjeuner, maman ? dit Héloïse aigrement.

Un ténor nazal et traînard se fit entendre au dehors et prononça dolemment :

— C'est ennuyant ! on ne peut pas avoir deux sardines sur une omelette... Et ce braillard de Kerdanio fait du train ici comme si mon papa lui devait de l'argent !

Amédée ne put retenir une grimace. Méto s'élança pourpre de plaisir.

— C'est Goujeux ! s'écria-t-elle ; c'est mon petit Ado, le pauvre cœur ! Françoise ! mais elle n'est plus ici... Pauline ! je l'ai renvoyée... Madeleine !... Ah çà ! est-ce que la mémoire s'en va ? Perrotte ! Mathurine ! ici, *vacabonnes !* Qu'on serve à Goujeux tout ce qu'il demandera ! Il est maître de forges, à son âge !

— Tuons le veau gras ! ajouta ce trésor d'Héloïse en ricanant.

Une longue figure blondâtre se montra sur le seuil et disparut au même instant sous les copieux embrassements de Méto.

C'était un maigre garçon, un peu lourd comme sa tendre mère : tournure de séminariste manqué, physionomie de traître de mélodrame. Son costume avait quelque chose de clérical, malgré le chapeau de cuir qui coiffait sa chevelure jaune.

— Bonjour, mon papa, dit-il d'un accent timide et plaintif; je viens chercher des fonds, un petit peu, pour la paye de samedi soir.

— Tu auras des fonds, garçon, répondit Méto, et ton omelette et tes sardines. Mais que fait donc en bas M. Kerdanio?

— De Kerdanio, rectifia sèchement la grande fille.

— Il boit la goutte à la cuisine, répondit M. Adolphe Goujeux. Paraît qu'il est chez lui ce paroissien-là, dans la maison de mon papa. J'ai voyagé en venant avec le père Le Quien, messager de Saint-Malo, qui parle aux fermiers de Malhoët, là-bas, comme s'il était le maître; et M. Le Quien disait que Kerdanio avait trouvé une bonne vache à lait. Ça serait-il vous, papa, tout de même?

L'ancien maire de Saint-Emon avait repris tout son calme. Il regardait son fils en souriant.

— Tu te formes, Goujeux, dit-il; ta sœur et toi, vous voilà élevés. Je ne te demande pas des nouvelles de la forge, j'ai mon petit doigt qui me dit ce qu'on y fait et ce qu'on n'y fait pas. Viens embrasser ton père.

— Oui, mon papa, répondit Ado; n'empêche que Kerdanio est bien couvert maintenant et qu'il fait claquer son fouet dans le bourg.

Amédée baisa son fils sur les deux joues.

Et le baisant sur la deuxième joue, il lui dit tout bas:

— Nicodème! s'il t'arrive encore de parler d'affaires devant le monde, tu auras sur les oreilles, aussi vrai que tu ne seras jamais qu'un nigaud!

— Ne faut donc pas?... commença l'héritier.

— La paix, baudet! je sais tes histoires! nous allons causer tous deux.

— Aïe! fit Ado en poussant un cri de douleur.

C'était la grande Héloïse qui venait de le pincer en passant. Histoire de rire — et de venger M. de Kerdanio.

— Tu as de vilains jeux, toi! dit le benêt, est-ce que je suis cause si tu montes en graine comme une salade qu'on a oublié de couper?

Mais Héloïse était déjà dans la chambre de sa mère, où la voix croassante du hobereau faisait tapage.

— Pour quant à la forge, mon papa, poursuivit Ado Goujeux, si vous voulez la laisser tomber, ça m'est encore bien égal. C'est vous qui piquez les noyaux, comme l'on dit, et

10.

c'est moi qui ai toute la peine, je commence à trouver ça ennuyant.

— Et tu vas au cabaret pour te distraire! un Goujeux! et tu as sept écus de dettes au Pot-d'Étain! Et la fille de la Macé dit partout que tu as déchiré son mouchoir! et tu as promis mariage à la nièce de l'adjoint! Avec ton air bêta!, tu es cousu de vices, garçon; tu fais des festins de Baltazar à la Bouëxière. Le bruit de tes débauches est arrivé jusqu'ici, et si par hasard ta mère infortunée venait à savoir...

— Tiens! tiens! riposta l'héritier rouge de plaisir; vous disiez tous que j'étais un grand niais. Ma maman ne serait peut-être pas déjà si fâchée de savoir que je suis un luron. D'après ça, faut que jeunesse se passe!

— Foi de Dieu! disait le hobereau dans la chambre voisine, sommes-nous de bonne humeur, maman Goujeux? La volaille est-elle chère au marché? Combien vaut le beurre demi-sel? Saqueurdienne! je parie qu'il était pour rien le jour où vous en avez mis fondre une livre pour nettoyer votre robe!

Il ponctua cette gentillesse par un retentissant éclat de rire.

Mèto prenait déjà les armes.

Héloïse aiguisa son filet de voix pour riposter.

— Ce sont vos plaisanteries qui sont demi-sel, monsieur Guy!

— Étiez-vous là, fleur des pois? s'écria Kerdanio. Si je l'avais su, j'aurais rentré mes cornes, car on n'a jamais le dernier mot avec vous. Nom de nom! vous avez l'esprit de toute la famille. Je ne dis pas cela pour maman Goujeux, qui est une fine mouche! Mais je viens de rencontrer l'abbé Adolphe. Foi de Dieu! il a tout à fait l'air d'un rat d'église, ce garçon-là. Amédée ne sait pas regarder les gens en face, c'est vrai, mais Adolphe baisse les yeux comme un coquin fini.

— Monsieur de Kerdanio! commença Mèto furieuse.

— Le fait est, maman, dit Héloïse, que mon frère n'a pas un regard très-franc.

— Saqueurbleure! gronda le hobereau dans sa barbe, si j'avais eu la chance de posséder une sœur et qu'elle en eût dit seulement la moitié, je l'aurais daubée une fois pour toutes si bel et si bien, qu'elle eût mis sa langue dans sa poche tout le restant de sa vie. Ne rougissez pas pour cela, fleur des pois, nous ne sommes pas frère et sœur... ni même cousins, que je sache... et M. le maire ne compte pas nous afficher de sitôt!

— Monsieur Guy!... dit à son tour Héloïse, qui avait la larme à l'œil.

Kerdanio tira de sa poche un bon foulard rouge-sang et alla se planter devant une glace. Depuis deux ans que nous ne l'avons vu, il avait changé complètement à son avantage. Il était gras, maintenant, les pommettes anguleuses de ses joues reluisaient sous sa peau tendue. Son gilet avait des boutons d'or; sa chemise violette à fleurs jaunes avait des boutons d'émail bleu; sa cravate noire à points roses avait une épinglette de filigrane. Un énorme paquet de breloques dansait sur son ventre arrondi, et son pantalon à la hussarde était tout battant neuf, ainsi que sa lévite à brandebourgs.

C'était toujours, des pieds à la tête, une figure à pipe, mais le cachet de la misère avait disparu, remplacé par une élégance impertinente. Ce bon Kerdanio ne pouvait pas être tolérable. Sa détresse d'autrefois avait mauvaise odeur, sa prospérité actuelle offensait comme un défi. Tout en lui était d'une pièce, son costume, sa tenue, sa physionomie, sa voix, ses discours. Il faisait trop de bruit, il prenait trop de place. Ce n'était pas seulement un homme de mauvais ton, comme vous et moi nous pouvons en connaître beaucoup, c'était un être gênant, fatigant, oppresseur, qui rendait tout naturellement le lieu où il était inhabitable.

Mais bon garçon, par exemple, beau joueur depuis qu'il avait de l'argent, fort tireur, amateur éclairé de chevaux et de chiens, serviable un petit peu, franc jusqu'à un certain point, buvant ferme, mangeant gros, exécutant n'importe quel carambolage avec aisance, poltron comme un lièvre vis-à-vis des femmes comme il faut, brutal avec les autres, surtout quand il croyait n'être que galant, hâbleur, joueur, querelleur, familier hors de propos, hautain à contre-sens, indiscret, tapageur, naïf; orgueilleux plus qu'un dindon, ignorant, ne doutant de rien, esprit fort à ses heures et ne sachant littéralement faire œuvre de ses dix doigts.

Nous en avons quelques-uns comme cela.

Dans le jeune cœur d'Héloïse Goujeux une inclination était née; elle voyait Kerdanio dans ses rêves.

En quoi que ce soit au monde, nous ne pouvons répondre de Kerdanio. Ces braillards à cervelle de hanneton sont capables de tout. Si Kerdanio s'était aperçu de son triomphe, il en aurait abusé. Mais il ne voyait rien, absolument rien avec ses gros yeux de coléoptère. Dans son opinion, il plaisait à toutes les femmes. Cela suffisait à le tenir en joie.

— Foi de Dieu ! reprit-il sans deviner aucunement la blessure qu'il venait de faire, de quelle couleur est votre nappe, maman Goujeux? Il y a un siècle que je n'ai déjeuné chez vous : je m'invite. Et qu'on m'apporte le doux Amédée, afin que je lui apprenne ce que parler veut dire.

Jadis, au temps de la jaquette en peau de loup, râpée et pelée, Méto avait mis le hobereau à la porte plutôt dix fois qu'une et pour moins que cela ; mais depuis deux ans, il avait du foin dans ses bottes. Il dépensait de l'argent, on lui devait des égards.

— Il est drôle tout de même, ce Kerdanio, dit la bonne dame ; moi j'aime quand il m'appelle maman Goujeux!

La porte d'Amédée s'était fermée sans bruit pendant la scène qui précède. L'ancien maître de forges avait poussé le verrou. Nous arrivons pour assister aux derniers mots de son entretien avec Ado Goujeux, son premier-né.

Celui-ci avait la tête basse et tortillait entre ses doigts un petit mouchoir-chollet, comme font tous les niais de village au théâtre de l'Opéra-Comique. Amédée appuyait sa main droite sur son épaule et le regardait paternellement.

— Tu n'es pas un aigle, Ado, disait-il, mais tu comprends bien ce que c'est qu'une crise, pas vrai?

Ado secoua la tête tristement.

— C'est, répliqua-t-il, quand on balance pour faire la culbute, mon papa.

— Juste; seulement, je n'irai pas jusqu'à la culbute. Je me tiens ferme, mes calculs sont faits. Encore quelques jours, et l'affaire est dans le sac!

— Mais quelle affaire, nom d'un petit bonhomme?

— Ne blasphème pas, Goujeux! L'affaire est complétement au-dessus de ta portée. Repose-toi sur ton père, qui ne t'abandonnera pas malgré tes fautes, et emprunte quelques écus en ton nom personnel.

Un coup de poing du hobereau secoua la porte en dehors.

L'ancien maître de forges posa un doigt sur sa bouche et alla ouvrir.

V

Le dilemme de Goujeux.

— Tiens! c'est vous, Guy? s'écria M. Goujeux d'un air satisfait; va-t'en, Ado, mon pauvre ami; du courage! Kerdanio est un ami : je vais lui demander s'il peut faire ton affaire.

— Il poussa l'héritier dehors.

— Est-ce qu'il a un duel sur les bras, ce polisson-là? demanda le hobereau.

— Guy, prononça lentement Amédée qui referma la porte, vous êtes un homme léger ; mais je ne crois pas que vous ayez mauvais cœur. Savez-vous exactement ce que c'est qu'une crise?

— Voilà le vieux renard qui veut dépister la meute! s'écria Kerdanio. Vous avez mauvais cœur, vous, Amédée; mais je ne crois pas que vous soyez un homme léger. Quelle coquinerie allez-vous me faire, ma vieille? Et d'abord, pourquoi n'étiez-vous pas hier soir au rendez-vous?

— Parce que je cherchais à vendre ma montre avec celle de madame Goujeux, Guy, répliqua l'ancien maitre de forges sans hésiter.

La figure de Kerdanio changea.

— Foi de Dieu! dit-il durement, j'ai donc vendu mon héritage à un mendiant!

— Vous ne m'avez rien vendu, Guy. J'ai donné mes pauvres écus de six livres pour un peu de fumée!

— En sommes-nous là, Amédée? m'avez-vous réellement trompé?

— Je ne vous ai pas trompé, Guy ; je n'ai jamais trompé personne. Et nous en sommes-là.

— Alors, s'écria le hobereau, déchirons l'acte et n'en parlons plus.

Une lueur rapide et fugitive s'alluma dans la prunelle de l'ancien maître de forges.

Puis sa large paupière tomba.

Puis encore son sourire de marbre lui revint aux lèvres.

— Sapreminette! dit-il en changeant de ton tout à coup, comme nous y allons, Guy, ma poule! déchirons l'acte! Et les dix-neuf mille cinq cent soixante-six francs que je vous ai comptés depuis deux ans?

— Je vous les rendrai, Amédée.

— Rendez d'abord, Guy, mon ami. Et, aussi vrai que Dieu est ciel, vous aurez tiré une dangereuse épine du pied d'un père de famille!

La colère montait à la tête de Kerdanio. Il ne croyait pas un mot de ce que lui disait Goujeux, mais il savait par expérience que, dans les luttes de paroles, l'escrime normande de celui-ci le rendait inexpugnable.

Goujeux lui avait acheté, pour une somme ronde de cent mille francs, ses droits éventuels à la succession du vieux Malhoët de Tréomer, son oncle. L'acte était en due forme; seulement, les échéances étaient réglées de telle sorte que Kerdanio avait les mains liées.

Et cependant Kerdanio restait le maître, en apparence du moins, car la valeur du contrat était tout entière dans le secret qui l'entourait. Un mot de Kerdanio pouvait tout perdre.

Il était le maître, nous le répétons, à la façon de celui qui, sur un vaisseau, tient la mèche allumée au-dessus d'un baril de poudre. Il était le maître de faire sauter Goujeux, à la condition de sauter avec lui.

Nous ne saurions établir trop nettement la situation respective de ces deux hommes.

Kerdanio abusait dans la forme et pesait de tout le poids de ses exigences absurdes et brutales; mais, au fond, il ne demandait que son dû. Et encore peut-on dire que, dans l'esprit du contrat, les paiements effectués par Goujeux étaient insuffisants.

Kerdanio avait cru traiter pour argent comptant. Goujeux passait pour riche. Il ne l'était pas. S'il eût été riche, peut-être n'eût-il point tenté ce périlleux coup de dé.

En Bretagne, le métier de maître de forges, pour des causes qu'il serait trop long de déduire, est laborieux et chanceux. On s'y ruine plus souvent qu'on n'y fait fortune. Goujeux, adroit comme un singe et possédant cet art merveilleux de retomber toujours sur ses pieds, ne s'était point ruiné, mais il n'avait pas fait fortune. Il était ambitieux sous ses dehors rustiques. Il était résolu aussi, quand ses calculs de probabilités lui semblaient solidement établis.

Tel était le cas. La succession Tréomer entourait de toutes parts le petit bien qu'il avait à Saint-Émon. L'héritage Tréomer était l'éblouissement de toute sa vie. Les champs, les bois, les prés de Tréomer le pressaient à droite et à gauche, par devant et par derrière. La première fois que l'idée lui vint de conquérir cette proie, il eut le vertige.

C'était folie. Telle fut sa première impression.

Mais le rêve s'acharnait. Cette pensée devint l'insomnie de ses nuits, le travail de toutes les heures de ses jours.

Il n'avait point de confident. Le confident est une naïve invention du roman et du théâtre. Les gens qui marchent dans le ténébreux sentier de la conquête n'ont jamais de confident.

Il discutait son plan avec lui-même; il combinait ses moyens; il creusait sa mine, et, en définitive, il arrivait toujours au même résultat dans la logique de son esprit délié et pratique : folie! folie!

Folie assurément. Mais l'idée brute est comme le sauvageon de nos haies, et vous savez les merveilles opérées par la culture.

Rien ne résiste au labeur opiniâtre. Le génie de l'homme asservit l'impossible à ses lois. Le génie est parfois tout uniment la volonté. En ce sens Goujeux avait du génie.

Il se fit l'ami de Géraud et l'ami de Kerdanio, ami respectueux et dévoué pour l'un, ami protecteur pour l'autre; il entra dans leurs secrets, il se mit de leur vie.

Quand nous l'avons vu pour la première fois côte à côte avec le hobereau dans la petite diligence de Vitré, il y avait déjà des mois et des années qu'il poursuivait sa tâche. Chacune de ces paroles qui nous semblaient alors venir du hasard de la riposte dans un entretien amical était froidement calculée. Il savait d'autant mieux la position de Kerdanio, qu'il l'avait faite lui-même; il devinait d'autant plus aisément l'expédient probable auquel Kerdanio s'arrêterait, qu'il lui en avait lui-même suggéré la pensée indirectement et selon l'art des diplomates champêtres.

Quiconque a eu la joie d'assister à une discussion d'intérêt entre Haut-Breton et Bas-Normand a mesuré l'énorme tas de ruses absurdes, de stratagèmes à la fois puérils et hardis, de roueries banales ou inventées, de finesses de tous calibres qui peut tenir dans deux étroites cervelles. C'est renversant comme ce tour où Robert Houdin fait sortir une montagne d'un chapeau. Pour vendre et acheter une vache, un bidet, voire une chèvre, on dépense là-bas de si effrontés trésors de mensonges que l'esprit effrayé se demande quel bénéfice peut sortir en définitive de ces interminables joûtes où le temps, ce précieux capital, se gaspille à échanger des assertions fausses et des parjures au nom de Dieu, de la Vierge et de tous les saints.

C'est le pays. L'opinion proverbiale qui accorde aux Bretons la franchise n'a jamais entendu parler du paysan ni du marchand. Une âme vaut là-bas un écu en foire. Marchandez, vous l'aurez pour trente sous. Mais vous serez volé, car elle était déjà au diable.

Il y avait du paysan dans Goujeux ; il y avait aussi du marchand, mais il y avait surtout du penseur solitaire, de l'inventeur, du conquérant ; sous sa débonnaire enveloppe de marguillier libéral, c'était une manière de Christophe Colomb. Il avait vu en songe son Eldorado ; il lui fallait son rêve. La distance à parcourir, le temps à dévorer, les obstacles à franchir importaient peu. Une fois le premier pas fait, il devait être infatigable et implacable.

Sa résolution d'acheter les droits de Kerdanio fut prise mûrement. S'il mit un peu de passion à l'exécuter, c'est que la circonstance était faite pour exalter un esprit comme le sien. Nous comprendrons plus tard qu'au moment où Goujeux disait au gentillâtre : Je vous donne cent mille francs de la succession du vieux Tréomer, Goujeux devait se croire absolument certain de gagner mille pour cent sur le marché.

Souvenons-nous des événements de cette journée.

Il y a là trois points à noter en ce qui concerne Goujeux :

La promesse que Géraud lui avait faite de ne rien lui refuser, promesse solennelle et faite en récompense d'un grand service rendu ;

La confession de Marguerite Maynard, sorte d'accouchement de conscience, opéré avec une merveilleuse adresse ;

Le duel des étudiants contre le jeune Ange Palmer, et la blessure de ce dernier qui était grave et pouvait être suivie de mort.

En sortant de la chambre de Marguerite, Goujeux savait que Marguerite avait un secret.

Au seuil de la chapelle Saint-Yves, au moment où la vue d'Ange blessé arrachait à Marguerite ce cri involontaire et déchirant, Goujeux avait deviné le secret de Marguerite.

Elle était madame Géraud depuis dix minutes. Géraud emmenait le blessé chez lui. Goujeux fut ébloui par une lumière soudaine. Un dilemme solide et clair étaya de droite et de gauche sa résolution chancelante.

Il se dit : Voici l'héritier ! Il l'avait reconnu. Il eût mis sa main sur le brasier comme Mutius Scœvola ! Ce n'était pas du tout une conjecture : c'était une certitude.

Il se dit encore : Si la blessure est mortelle, le dénouement se fait tout seul. Kerdanio hérite de 1,500,000 francs au soleil.

Il se dit enfin : Si le jeune homme survit, je tiens Marguerite et ma main sera de fer. Marguerite tiendra le jeune homme. Géraud plaidera, si je veux ; Géraud plaidant, notre cause est gagnée.

La première corne du dilemme était de ces vérités qui sautent aux yeux et ne se prouvent point.

La suite nous démontrera que la seconde, logiquement parlant, valait la première.

Cependant Goujeux ne s'arrêtait pas là. Il admettait l'hypothèse où l'édifice de son raisonnement croûlerait contre toute apparence, et il avait réponse encore à cette objection de sa prudence excessive.

Si, par impossible, l'héritier, guéri de sa blessure, et passant par-dessus tous les obstacles, arrivait vainqueur devant la justice, il ne pourrait demander qu'une part d'enfant naturel. Goujeux avait des raisons pour se croire ici parfaitement sûr de son fait.

Mais les diplomates ne sont pas tout à fait des sorciers. Ils se trompent sur un détail, parfois, et adieu la combinaison tout entière !

Goujeux, depuis deux ans, suivait son plan avec une vaillance et une habileté au-dessus de tout éloge. Il gardait intacts tous les points de sa ligne de bataille. La certitude de vaincre était en lui ; mais il n'avait rien gagné.

Le combat ne s'était point engagé comme on avait tout lieu de s'y attendre, aussitôt après la guérison du jeune Ange Palmer, qui pourtant avait pris le nom de Tréomer et introduit une instance devant le tribunal civil de Rennes. L'attaque, du côté de l'héritier, avait été molle et suivie de plusieurs reculades. Il avait demandé des délais ; il avait opposé de simples exceptions de droit aux demandes directes d'envoi en possession, introduites par Kerdanio ; il fuyait évidemment la lutte décisive.

Mais en même temps, comme on dit en Angleterre, il plaidait héritier légitime et motivait ses remises par l'obligation où il était de compléter ses titres de famille.

C'était une cause dont la marche mystérieuse occupait singulièrement la curiosité rennaise. Les finauds s'accordaient à convenir *qu'il y avait quelque chose là-dessous.* Mais quoi? De deux choses l'une : ou M. Ange Malhoët de Tréomer possédait les titres établissant son état civil, ou il les cherchait encore. Dans le premier cas, tout était dit. Dans le second, il y avait gros à parier pour Kerdanio, car les choses qu'on met si longtemps à trouver doivent être bien cachées.

Or, ce jeune M. de Tréomer n'était pas un de ces ignorants qui font blanc de leur épée et vont de l'avant au hasard, — un Kerdanio, par exemple. Il avait eu comme stagiaire des débuts fort éclatants, et les plus habiles jurisconsultes de Rennes faisaient grand cas de son talent. Sauf les deux duels qui avaient marqué son arrivée à Rennes, sa conduite avait toujours été irréprochable. Il savait où il allait et ce qu'il faisait.

Il avait tout l'air d'un homme qui peut attendre.

Et Goujeux, lui, ne pouvait plus attendre.

Pour la rareté du fait, nous constatons qu'il avait parlé sincèrement au hobereau ce matin. Goujeux était à bout de ressources.

Il ne serait pas juste de lui imputer à faute le péril de sa situation. En quittant sa forge pour se donner entièrement à cette partie dont le gain devait le placer si haut dans l'honorable confrérie des propriétaires fonciers, Goujeux était à la tête d'une trentaine de mille francs. C'était donc deux fois plus qu'il n'en fallait pour amuser Kerdanio avec des àcomptes pendant six mois, pendant un an au plus, si par impossible l'affaire restait au rôle jusque-là.

Ces délais désastreux qui allaient se prolongeant toujours étaient un accident. Nulle prudence humaine n'aurait pu les prévoir; car, en face d'un magnifique héritage, l'empressement des deux parties adverses est généralement le même. En tout cas, si l'une des deux parties avait dû, pour Goujeux, jouer le rôle de Fabius Cunctator, ce n'était pas le jeune et brillant légiste sûr de son droit, armé de toutes pièces pour la lutte; c'était au contraire le pauvre Kerdanio, dont les prétentions s'en allaient en fumée à la seule apparition de l'héritier direct,

Convenez-en plutôt, ce bon M. Goujeux avait eu du malheur. En premier lieu, Ange n'était point mort de sa blessure, ce qui, d'un coup, tranchait net une des cornes de son dilemme. En second lieu, Ange avait distancé en quelques mois tous ses rivaux du jeune barreau, et l'opinion publique, toujours un peu injuste et trop pressée, le posait en face de Géraud, le Mirabeau rennais.

Comment deviner cela d'avance ?

Dans le récit des guerres du moyen âge, on voit souvent un capitaine qui fait brèche aux murs d'une citadelle et se trouve inopinément en face d'une seconde enceinte plus forte et toute neuve.

Que faire ? se retirer ou donner de nouveau l'assaut.

Goujeux était homme à miner successivement et sans se lasser une demi-douzaine de remparts, mais il avait derrière lui Kerdanio, — cette épine dans son pied.

Goujeux n'avait rien perdu dans son propre fait, sa situation dans la maison Géraud restait intacte. Il pesait toujours du même poids sur la femme, et le mari restait son débiteur.

C'est beau, cela, nous ne craignons pas de le dire. madame Géraud était un cœur très-vaillant et une intelligence d'élite. Pour ne faire ici aucune équivoque, pour ne point jouer à ce jeu enfantin de cache-cache qui égare la curiosité du lecteur, nous ajouterons que madame Géraud n'avait à se reprocher, ni dans le passé, ni dans le présent, aucune de ces fautes qui restent dans la bouche du coupable comme un mors et l'empêchent éternellement de regimber.

La vie de madame Géraud était belle et noble comme son âme.

Et Goujeux la tenait en bride serrée depuis deux ans. C'est fort.

Pendant ces deux ans, il n'y avait point eu, à proprement parler, entre Goujeux et Marguerite de confidences réglées ni d'explications en forme. Pourtant Goujeux savait maintenant tout le secret de Marguerite. Son point de départ, nous nous en souvenons bien, avait été cette feinte, — une des plus connues de la rhétorique normande, — qui consiste à mettre un masque sur son ignorance et à dire bien haut : Je suis au fait, vous n'avez plus rien à m'apprendre.

En escrime, tous les coups sont bons quand on les exécute comme il faut. Les plus vieilles combinaisons peuvent être rajeunies par une épée vive et sûre. Cette botte, ridicule et surannée, était devenue entre les mains de Goujeux un moyen puissant; il s'y tenait. Sans jamais interroger, il avait scruté pas à pas tous les recoins de cette conscience; il n'ignorait plus rien, et, chose bizarre, il était arrivé à cette certitude que c'était lui, lui-même, Goujeux, qui arrêtait la marche du procès,

C'était, dans toute la rigueur du terme, un cercle vicieux; le serpent mordait sa queue.

Les délais ruinaient Goujeux; Goujeux était l'unique cause de ces délais.

Pour parler plus clairement, Marguerite était la roue-mère dont le mouvement devait mettre en branle toute la mécanique, et, depuis deux ans, Goujeux usait ses forces à immobiliser Marguerite.

Et il faisait bien, car, au moindre mouvement de Marguerite, l'autre corne du dilemme, — l'unique planche de salut désormais, — tombait en poudre.

Il fallait sortir de là ou périr, et périr violemment, car la corde était tendue outre mesure, et l'ancien maître de forges n'avait nulle pitié à espérer au dedans ni au dehors. On n'aime pas les gens trop vertueux, et Aristide est toujours sous le coup de l'ostracisme.

Il savait cela; il était seul contre tous, sans en excepter sa propre famille.

Il avait peur, mais il supportait froidement ces secousses suprêmes. Il était grand, ce Normand double, comme le soldat résigné qui calcule je ne sais quelles chances impossibles de salut en mordant sa dernière cartouche.

Quant à Kerdanio, il ignorait tout. Le dessous des cartes lui importait peu. Son rôle était d'arracher à Goujeux le plus possible d'écus de six livres.

Si l'on avait fantaisie de creuser la situation et de voir quelle était la pensée secrète du hobereau, le plus élémentaire de tous les calculs la fournirait : Kerdanio avait vendu à quinze cents pour cent de perte. Il devait, au fond de l'âme, rire des anicroches qui damnaient son acheteur.

Seulement, il n'avait touché que le cinquième de son dû. Pour bien rire, il lui aurait fallu ses cent mille francs et la perte d'Amédée.

Ami lecteur, si vous faites ici une grimace de dégoût, c'est que vous n'avez pas bien regardé votre entourage. Je parie que vous avez connu un Goujeux, petit ou grand, car il y en a de toute taille, et le nôtre est haut comme la colonne. Mais Kerdanio! votre ami des basses classes au collége ou le cousin de votre femme, foi de Dieu! il est au nord comme au midi, celui-là; je l'ai rencontré à Lille et à Marseille. Si Rennes se vantait de l'accaparer, Bourg-en-Bresse, à trois cents lieues de là, réclamerait comme on fit pour le divin Homère...

Goujeux s'était assis sur une chaise de paille auprès de la petite table qui lui servait de toilette. Il avait préalablement fermé au verrou la porte communiquant avec la chambre de Méto.

— Vous pouvez faire ici tout le bruit que vous voudrez, Guy, mon pauvre garçon, reprit-il très-froidement; on sait que vous avez le verbe haut. Ne vous gênez pas; j'ai une demi-heure à perdre.

Kerdanio donna un maître coup de pied au meuble qui était le plus voisin de lui.

— Tenez, Amédée, s'écria-t-il, ne me poussez pas! Je suis de mauvais poil ce matin; je ferais quelque malheur.

L'ancien maître de forges croisa ses mains sur ses genoux et se prit à tourner ses pouces paisiblement.

— On a bien raison de le dire, reprit-il se parlant à lui-même; je suis un égoïste! Oui, certes, oui, c'est être égoïste que de ne pas savoir résister au mouvement de son cœur. N'aurais-je pas dû penser que j'avais une femme et des enfants? Mais vous saviez votre Amédée par cœur, Guy! Vous m'avez enjôlé avec vos larmes et le fauteuil de votre vieille mère!

Kerdanio tourna la tête.

— Maintenant, poursuivit Goujeux, vous avez eu ce que vous vouliez; vous avez mené pendant deux ans une vie de Sardanapale, dînant à la Corne-de-Cerf ou à la Baraque, maquignonnant des chevaux, mis comme un prince et fumant des cigares... Dieu merci, vous ne vous êtes rien refusé, et feu votre père, qui allait en sabots à la foire de Gahard, ne vous aurait pas reconnu! La passion du jeu vous a pris à la gorge. Madame Poupponnel m'a dit que vous perdiez jusqu'à huit francs, huit francs dix sous, quelquefois neuf dans une même soirée...

— Saperbleure! Amédée... voulut interrompre le hobereau.

— Quand on est où je suis, Guy, prononça l'ancien maître

de forges, on s'embarrasse peu de fâcher l'un ou l'autre. Si vous vous mettez en colère, tant pis, je dis la vérité. Vous avez gaspillé les pauvres économies d'un père de famille. Ici, dans la maison, Guy, on regarde à dépenser un sou, mais vous jetiez, vous, les écus par la fenêtre. C'est bien fait! Tondez Goujeux l'égoïste!

— Mais enfin, Amédée, s'écria le hobereau, si vous n'aviez pas d'argent pour payer, vous n'auriez pas dû acheter.

— Allez toujours, riposta Goujeux avec une ironie amère; plaignez-vous de celui qui vous a tendu la main pour vous empêcher de vous noyer, et dites-lui : Malheureux! tu aurais dû consulter ta force! de quel front es-tu venu à mon secours, toi dont le bras tremble? Pour la peine, je vais essayer de te noyer à mon tour!...

— Foi de Dieu! vous dites des bêtises, Amédée...

Goujeux poussa un gros soupir.

— J'en ai fait une, voilà ce qui est sûr, Guy! répliqua-t-il tristement. J'ai dépensé vingt mille francs argent et deux années entières de mon temps pour le roi de Prusse, car je vois bien à présent que nous sommes rasés de fond en comble!

Kerdanio pâlit. L'idée lui venait bien que tout ceci était une comédie jouée par l'ancien maître de forges; mais l'accent de ce dernier était si piteux que l'estomac du hobereau se serra.

Était-ce la fin du rêve? Allait-il retomber tout au fond de sa vie besogneuse?

Il se sentait sans courage devant ces pensées de misère. Il était comme les Carthaginois d'Annibal, gâtés par les délices de Capoue.

— Jetez-vous le manche après la cognée? murmura-t-il.

Les affaires bien faites, prononça Goujeux avec emphase, n'amènent jamais de désagréments. C'est la règle, voyez-vous, Guy! Je m'en suis départi, j'en porte la peine, voilà tout. Vous connaissant comme je vous connais, j'aurais dû me dire : il abusera. Il n'a ni bon sens ni tenue; il parlera!

— Je vous donne ma parole d'honneur, Amédée...

— A l'instant même, interrompit l'ancien maître de forges, mon fils Ado, le pauvre enfant...

— Un joli merle! grommela Kerdanio.

— Mon fils Ado me disait : Ce casse-noisette de Kerdanio fait tapage chez toi comme si tu lui devais de l'argent!

— Casse-noisette! s'écria le hobereau, rouge comme une crête de coq; c'est cet échalas qui m'appelle comme cela, oui? Attendez voir, Amédée, je vais le casser sur mon genou avant de continuer nos affaires!

Il se dirigeait, furieux, vers la porte. Goujeux l'arrêta d'un mot.

— Guy, dit-il, si vous voulez vous en prendre à quelqu'un, me voici. Je ne suis pas un homme de violence, mais vous avez comblé la mesure et je suis prêt à me battre contre vous.

Kerdanio le regarda étonné.

— Iriez-vous jusque sur le pré, Amédée? grommela-t-il.

Et cette question fut faite avec bien plus de curiosité que de colère.

— Je ne sais pas manier l'épée, répondit Goujeux résolûment, mais j'ai ouï dire qu'au pistolet on pouvait se battre à bout portant.

— Ah çà, vieux! s'écria le hobereau, qui tombait littéralement de son haut, vous êtes donc à *quia*, pour chanter des chansons pareilles?

— Vous m'avez ruiné, Guy, répondit Goujeux d'un ton morne; j'ai la guerre dans ma maison. Cela m'est égal de mourir.

Kerdanio revint vers lui à pas lents.

— Vous avez quelque chose à me demander, Amédée, dit-il avec lenteur et en baissant la voix, quelque chose de dur. Je vous connais; je devine cela... vous pouvez parler; je vous écoute... Souvenez-vous seulement que mon père était un gentilhomme et ma mère une sainte femme.

A ces paroles, Goujeux se replia visiblement sur lui-même.

— Foi de Dieu! gronda le hobereau effrayé, le diable s'en va quand on fait le signe de la croix... Est-ce donc tout à fait un mauvais coup que vous avez à me proposer, Amédée?

VI

Le mouchoir de batiste.

L'ancien maître de forges fut quelque temps avant de répondre. Il semblait réfléchir profondément.

L'inquiétude et la gêne du gentillâtre augmentaient pendant qu'il le regardait.

Goujeux avait les yeux cloués au sol. De temps en temps, les muscles de sa face tressaillaient.

— Je suis fou, Guy, vous voyez bien, dit-il après un long silence ; ne me jugez pas d'après ce qui vient de se passer, je n'aurais pas tiré sur vous, mon pauvre garçon. Vous m'auriez tué, voilà tout. C'était une méchante pensée, car j'ai Mèto et des enfants. Quand je devrais travailler aux champs, j'espère qu'ils auront toujours du pain.

Kerdanio frappa du pied et dit avec rudesse :

— Voyons, Amédée, ne plaisantons pas! Qu'avez-vous à me demander?

— Ne me jugez pas non plus d'après vous-même, reprit lentement Goujeux ; vous êtes un bon et joyeux garçon. Tout le monde sait que vous avez du cœur; moi, j'ai passé ma vie à rendre service et je passe pour un égoïste. Me voilà sur la paille à cause de vous et vous me maltraitez. Est-ce vrai? Vous avez payé un fusil de chasse 500 francs, savez-vous qu'on vit trois mois et plus chez nous avec cela ?

— Voulez-vous accoucher, oui ou non? s'écria le hobereau qui mit son chapeau de travers.

— J'accouche, Guy ; c'est moi qui suis à l'agonie et c'est vous qui grondez. Tout cela pour une affaire mal faite. Asseyez-vous là, près de moi, et causons. Le dossier est entre les mains de Géraud.

— Et vous pensez qu'il refusera de plaider pour moi ?

— Je le pense.

— C'est la duègne, saquerdienne! qui lui a fourré cette idée-là dans la tête.

— Plût à Dieu, Guy!

— Vous dites ?...

Je m'entends. Et fort heureusement pour nous, Guy, mon garçon, il n'est pas absolument nécessaire que vous compreniez tout-à-fait, car la chose est embrouillée, et vous seriez bien là-dessus trois semaines durant sans y voir goutte. Géraud refusera de plaider pour vous, je m'y attends... et je désire que madame Géraud soit pour quelque chose dans sa résolution.

— Allez-vous m'expliquer ?...

L'ancien maître de forges lui prit les deux mains.

— Écoutez, Guy, s'écria-t-il, moi, je ne vous cache pas

que, dans mon idée, je vous mariais avec mon Héloïse. Je suppose que vous êtes comme tous ceux qui voient cette enfant-là. Vous la trouvez belle fille. Elle a de l'esprit. Je m'appelle Goujeux des Étanches, comme vous Malhoët de Kerdanio. Vous auriez eu cinq cent mille francs de dot....

— Mon argent! fit le hobereau d'un air maussade.

— Non pas votre argent, Guy, répliqua Goujeux avec une douceur d'ange, voici comme j'arrangeais la chose. Je prélevais cent mille francs sur le gain du procès; je vous donnais cinq cent mille francs à vous et pareille somme à ma fille; je gardais le reste pour mes peines et soins, et puis... Était-ce trop?

Le hobereau restait bouche béante à le regarder.

— Mais vous ne m'aviez jamais dit cela, Amédée! balbutia-t-il.

Goujeux eut un sourire de paternelle bonté.

— Je trouvais déjà que vous alliez trop vite, Guy, mon pauvre garçon, dit-il; mais ne parlons plus de cela : cette succession, c'était la peau de l'ours. Plus je vous examine, moins je trouve en vous ce qu'il faut pour nous faire remonter sur notre bête.

Kerdanio baissa les yeux; il prononça avec effort :

— Il y a donc un moyen?...

Puis, coupant la parole de Goujeux, qui allait répondre :

— Foi de Dieu! gronda-t-il d'un air sombre, rien contre l'honneur, Amédée, ou je me fâche!

L'ancien maître de forges haussa les épaules.

— Ma vie entière est là pour vous répondre, Guy, dit-il. Puis fermant les yeux à demi.

— M. Le Quien a été aujourd'hui là-bas, poursuivit-il négligemment.

— Kerdanio serra les poings.

— On dit, reprit Goujeux du même ton, que tous les fermiers du bien de Tréomer vont venir à Rennes pour la Saint-Ange avec un bouquet chacun, ça fera de l'effet.

— Un intrigant, quoi! Tous les moyens sont bons à ces gens-là!

— Trouvez-vous que Marguerite Maynard ait beaucoup changé depuis deux ans, vous, Guy? demanda brusquement Goujeux.

— Pourquoi cela?

11.

— Répondez.

— Je trouve que je la déteste, mais que c'est toujours la plus jolie femme de Rennes.

Goujeux se frotta les mains et dit entre haut et bas :

— C'est bien aussi l'avis de M. Ange de Tréomer.

Et comme le hobereau ouvrit de grands yeux :

— Madame Géraud, reprit Goujeux, a peut-être bien ses raisons pour détourner son mari de plaider contre M. Ange.

— Ah! bah!...

— Si Géraud le croyait, notre affaire serait bonne, n'est-ce pas, Guy, mon garçon?

— Foi de Dieu! Amédée, s'écria le hobereau, je n'ai jamais vu d'homme qui ait moitié tant d'esprit que vous!

Goujeux ajouta du bout des lèvres :

— Mais pourquoi Géraud croirait-il cela?

— Oui... pourquoi? demanda le hobereau de bonne foi.

Goujeux fut un instant avant de répondre, puis il dit entre ses dents :

— On ne sait pas. En tout cas, ce ne serait pas là votre besogne; vous êtes trop rude pour cela, Guy, et trop rustique, malgré vos épinglettes et vos breloques. Il faut ici beaucoup de tact, beaucoup de délicatesse.

— Saperbleure! Amédée, dit le hobereau, je ne suis pas si bête que vous le croyez, non ! je vois plus loin que le bout de mon nez... et quand il s'agit de marcher sur la pointe des pieds sans faire crier le parquet, nom d'un petit bonhomme!...

Le regard de Goujeux se posa sur Kerdanio. Sa prunelle avait je ne sais quelle fixité étrange. Son œil entier luisait comme une pierre polie. Le hobereau eut froid dans les veines.

Il se tut. Goujeux reprit en baissant la voix :

— C'est égal, c'est égal, comprenez bien ; Géraud est mon meilleur ami. Plus que mon meilleur ami. C'est un dieu pour moi, que Géraud. Je lui donnerais mes quatre membres, voyez-vous bien. Ah! Guy, je suis un égoïste, mais je sais aimer, je l'ai prouvé. C'est moi qui ai fait ce mariage, souvenez-vous-en. Et pourquoi l'ai-je fait? parce que je croyais Marguerite Maynard digne en tout de Géraud.

— Ne le croyez-vous plus, Amédée?

— Si fait, Guy. Certes, certes, comme vous y allez ! Je vous dis que c'est brûlant et que vous casseriez du premier coup toutes les vitres. Faite bien attention à une chose, mon garçon, c'est que je chéris Marguerite presque aussi tendrement que Géraud lui-même, à ce point que ma femme est jalouse d'elle: pas davantage! Et ma petite Clémence, une enfant que j'ai tenue sur mes genoux! cette maison-là est l'arche sainte, Guy : je ne veux pas qu'on y touche !

— Cependant, commença Kerdanio, qui veut la fin...

— Il n'y a pas de cependant, interrompit l'ancien maître de forges avec impatience ; et les proverbes sont des âneries, tout uniment, voyez-vous! La fin, c'est le bonheur de tous ceux à qui je m'intéresse. Il arrivera de moi ce que le bon Dieu voudra, voilà mon égoïsme !... Les moyens, je me les réserve. S'il tombait un cheveu de la tête de Géraud, j'en perdrais la raison !

— Alors, faites le mort, saquerdienne ! et n'en parlons plus, s'écria Kerdanio.

Goujeux avait de nouveau croisé ses mains sur ses genoux et tournait ses pouces avec un redoublement de candeur.

— Est-ce que vous croyez, Guy, demanda-t-il doucement, que je veuille du mal à ce jeune homme si beau, si bien fait, si intelligent, si plein de cœur, M. Ange Malhoët de Tréomer ?

— Moi ? répondit le hobereau. Je ne crois rien du tout, Amédée, sinon que vous êtes le diable déguisé en saint et tout trempé de l'eau du bénitier.

— C'est votre cousin, en définive, Guy, et vous seriez dénaturé, mon garçon, si vous nourrissiez contre lui des sentiments de haine.

— Foi de Dieu ! je l'abhorre, Amédée ! N'en ai-je pas sujet, puisqu'il me vole soixante et quelques mille livres de rentes.

— Du calme! vous ne ferez jamais rien avec vos violences.

Sa paupière se baissa et il reprit d'un ton grave :

— Nous sommes bien bas, mon garçon ; nous sommes si bas, qu'il y aurait de quoi perdre courage...

Malgré l'esprit de révolte et de défiance qui animait Kerdanio, l'ancien maître de forges exerçait sur lui une influence extraordinaire. Chacune de ses paroles amenait un changement dans la physionomie naïve et rude du hobereau. Tout à l'heure celui-ci avait l'eau à la bouche et voyait bataille gagnée. Aux derniers mots de Goujeux, une sorte d'affaissement le prit, et la sueur lui vint sous les cheveux.

— Il faut se remuer! balbutia-t-il.

Goujeux releva sur lui son regard fixe et blanc comme un verre.

— Comment dites-vous cela, prononça-t-il lentement, vous autres joueurs, quand l'un de vous a quatre points marqués sur cinq, l'autre rien, et que c'est l'autre qui gagne?

— On dit qu'il a piqué sur quatre, répliqua Kerdanio.

— C'est cela: piquer sur quatre! poursuivit Goujeux.

Puis il ajouta brusquement:

— Vous n'aviez pas froid aux yeux, vous, Guy, dans votre temps.

— Foi de Dieu! s'écria le gentillâtre; s'il ne s'agissait que d'aller sur le pré!..

— Il ne s'agit pas de cela.

— Ou d'offrir à cet olibrius une trempée de coups de canne...

— Ni de cela non plus.

— Alors, je ne vois pas...

— La paix, Guy! Une seule chose est plus stupide que les coups de canne, ce sont les coups d'épée. Et, si nous ne piquons pas sur quatre aujourd'hui, mon garçon, nous sommes perdus!

— Saquerdienne! Amédée, vous me ferez tomber du haut mal, entendez-vous?... J'irai chez Géraud, si vous voulez, et je lui dirai...

— Des sottises, c'est entendu... vous en avez déjà fait assez, Guy.

Goujeux fourra ses deux mains dans les poches de son pantalon et se renversa sur le dos de sa chaise de paille.

Il regardait le hobereau en face.

Et cependant il ne parlait point. On eût dit qu'un obstacle était dans sa gorge.

— C'est donc bien dur à passer? demanda Kerdanio qui s'efforçait de rire.

Mais son inquiétude prenait le dessus, son rire était une grimace de détresse.

— J'ai peur, prononça Goujeux d'une voix que l'autre ne lui connaissait pas, j'ai peur de trouver une poule mouillée sous la peau d'un loup!

Au moment où Kerdanio, rouge de colère, allait répondre, on frappa rondement à la porte fermée.

Goujeux tressaillit et fronça le sourcil.

— Ne soufflez mot, Guy, murmura-t-il, nous n'avons pas fini.

— Monsieur Goujeux! appela-t-on en frappant plus fort; monsieur Amédée Goujeux! je sais que vous êtes là! C'est moi Judaille! Je viens de la part de M. Géraud!

Nos deux compagnons se regardèrent.

— S'il venait dire que Géraud accepte... balbutia Kerdanio.

— Il vient dire que Géraud refuse, répliqua l'ancien maître de forges; les femmes ont parlé, tant mieux. Tenez-vous dans l'embrasure, Guy, je vais recevoir M. Judaille.

Le hobereau se rapprocha de la fenêtre, tandis que M. Goujeux allait tirer le verrou de la porte.

La maison était composée d'un petit corps de logis à trois fenêtres et de deux ailes en retour, ayant chacune sa croisée unique. La chambre de l'ancien maître de forges occupait une des deux ailes. L'autre appartenait à mademoiselle Héloïse, qui donnait de l'air à son appartement chaque fois qu'elle jouait de la harpe. De cette façon, les voisins avaient quatre heures par jour pour maudire son funeste talent. Mademoiselle Héloïse était à sa harpe quand Kerdanio vint coller aux carreaux sa face rouge et barbue. Mademoiselle Héloïse baissa les yeux et prit la pose de sainte Cécile en arrachant à son instrument des accords déchirants.

Le hobereau la regarda avec attention pour la première fois de sa vie et pensa:

— Nom d'un petit bonhomme, il faudra bien faire une fin! et l'on pourrait toujours la laisser là-bas, au château, pendant qu'on se donnerait du bon temps à la ville.

Héloïse leva avec timidité ses yeux malades. Kerdanio lui envoya résolûment un baiser.

— Hé bien! monsieur Amédée, que diable bricolez-vous à vous enfermer comme cela? disait M. Judaille en entrant avec son paquet de papiers sous le bras.

— Tiens! tiens! s'interrompit-il en apercevant Kerdanio, vous n'êtes pas seul, à ce qu'il paraît? C'est dommage, car j'avais à vous dire pas mal de choses et d'autres.

Ces dernières paroles furent prononcées à voix basse et accompagnées d'un clignement de paupière, fort significatif.

Goujeux haussa les épaules en regardant le hobereau qui avait les yeux ailleurs.

— Savez-vous bien, dit tout haut Judaille, que votre garçon prend de la tournure, monsieur Amédée? Je viens de le rencontrer dans la cuisine où il caressait le menton d'une grosse joufflue de malouine qui lui a donné ma foi une paire de soufflets bien appliqués.

— Que voulez-vous, monsieur Judaille? répliqua Goujeux en soupirant ; il faut bien que jeunesse se passe.

— C'est certain, monsieur Amédée.

Kerdanio sifflait une fanfare.

— Voilà les pièces, reprit tout bas le clerc, ce pauvre M. Kerdanio va la danser, à ce qu'il paraît. Je plains la vache à lait qui lui a mis de si beaux habits sur le corps.

Et tout haut :

— Le patron vous fait bien ses compliments, monsieur Amédée. On va tout doucement à la maison, merci bien ! Est-ce qu'on ne vous verra pas ces temps-ci ?

Ce disant, il tendait le dossier que Goujeux prit et jeta à la volée sur une table en murmurant :

— Ma foi, j'ai fait ce que j'ai pu !

— Ça, c'est une justice à vous rendre, monsieur Amédée. On aurait dit que la chose vous regardait un petit peu. Et il n'y aurait pas d'affront, quand même. On avance de l'argent, n'est-ce pas?...

Kerdanio se tourna à demi, M. Judaille baissa les yeux sous son regard.

Ils ne se ressemblaient point, mais leurs costumes présentaient une certaine analogie de prétentions fâcheuses et risquées. Seulement, la toilette de Kerdanio était de beaucoup la plus magnifique.

En thèse générale, dans nos départements de l'Ouest, les hidalgos fauves qui ont un peu oublié d'aller à l'école méprisent profondément les gens de plume, quel que soit le niveau social occupé par ces derniers. Les gens de plume le leur rendent avec usure.

Au point de vue de la considération publique, de l'influence, du poids spécifique moral, Kerdanio et M. Judaille pouvaient être mis à peu près sur la même ligne. Cependant, à la Pomme-de-Pin, M. Judaille avait un peu plus de crédit que Kerdanio, à cause des cinquante francs d'appointements qu'il touchait tous les mois chez Géraud. Ils jouaient la poule tous les deux et la mignonnette avec un égal succès. Kerdanio se moquait des lunettes de M. Judaille ; M. Judaille faisait des gorges chaudes sur la succession Kerdanio; ils ne pouvaient pas se souffrir.

— Bonjour, monsieur Kerdanio, dit le clerc, je n'avais pas eu l'honneur... rapport à ma vue basse... Ce sont vos papiers.

— C'est bon, mons Judaille, répondit le hobereau par dessus l'épaule, si Géraud a trop d'affaires maintenant, tant mieux pour lui; quand vous aurez fini, vous savez, j'ai besoin avec Amédée.

Il se mit à battre la générale sur les carreaux. De l'autre côté de la cour, mademoiselle Héloïse prit ce passe-temps pour une déclaration télégraphique en forme et cacha sa joyeuse confusion derrière son mouchoir.

— Ma parole, dit Judaille, c'eût été dommage si cet ours mal léché avait eu de l'argent du vieux bonhomme... Mais vous êtes pressé, monsieur Amédée... Rien de nouveau par chez nous, si ce n'est que j'ai rêvé cette nuit que vous alliez me prêter cinq écus de six livres.

Goujeux prit aussi un air froid.

— C'est comme j'ai l'honneur, poursuivit Judaille qui donna le coup de doigt à ses lunettes, les temps sont durs, la poule aussi. Je suis rafalé ces temps-ci comme défunt Bélisaire.

— Mon cher monsieur Judaille, répliqua Goujeux avec dignité, j'ai pu, dans certaines circonstances, vous rendre quelques petits services, et je ne m'en repens point, au contraire... mais trente-six francs d'un coup...

— Quarante, si vous voulez, monsieur Amédée; je suis à sec, et nous ne sommes qu'au six du mois.

— Ce ton que vous prenez...

— Vous êtes pressé, moi aussi; je cours la poste : connaissez-vous la marque de cet ustensile-là?

Il lui présenta le fameux mouchoir de batiste.

— A. M. T., déchiffra Goujeux; sapreminette! ce sont ses initiales.

Judaille fit un signe de tête familier.

— Ce sera cinquante francs, monsieur Amédée, dit-il, au plus juste prix, parce que le patron m'attend et que je n'ai pas le temps de marchander.

Goujeux tournait et retournait le mouchoir entre ses doigts.

— Flairez si vous voulez, répéta Judaille, il n'y a pas d'eau de Cologne, c'est bien à lui, ça vaut cher!

— A lui ! répéta l'ancien maître de forges qui fixait sur le clerc un regard voilé ; et qu'est-ce que cela me fait à moi ?

— Il est venu cette nuit... commença Judaille.

Goujeux d'un geste violent lui mit la main sur la bouche.

— Malheureux ! fit-il avec toutes les marques d'un véritable effroi : Veux-tu perdre la famille de celui qui te donne du pain ?... Songes-tu qu'il y a l'honneur d'une femme et l'honneur d'une jeune fille !...

— Je ne pensais pas à la jeune fille, répliqua effrontément M. Judaille ; ça vaut plus cher que je ne croyais.

Malgré tout son sang-froid, Goujeux ne put réprimer un mouvement de satisfaction. Judaille donnait dans le panneau. Pour lui le maître de forges était le protecteur de Marguerite et de Clémence. Les cinquante francs exigés formaient la rançon de Clémence et de l'honneur de Marguerite.

L'ancien maître de forges n'avait-il pas des raisons pour être fier ? Et connaissez-vous, décidément, beaucoup de diplomates aussi futés que lui ?

— Monsieur Judaille, reprit-il d'un accent pénétré, je ne suis pas un capitaliste, mais la somme que vous exigez ne me ruinera point. Pas un mot de plus ici ! on pourrait nous entendre. Voici deux louis de vingt-quatre francs, et deux francs d'appoint. Je vous reverrai aujourd'hui en allant chez Géraud. Je ne crois pas que vous soyez un méchant homme, monsieur Judaille ; à votre âge, on a des passions, mais le cœur reste honnête. Réfléchissez. Vous avez un secret qui pèse lourd ! Et si une indiscrétion était commise, je serais là pour dire : Voici l'imprudent qui a parlé.

Il avait conduit le clerc jusqu'à la porte qu'il ouvrit. Judaille avait mis l'argent dans la poche de son gilet jaune à pointe. M. Goujeux le poussa en ajoutant :

— Tout à l'heure, vous m'expliquerez cette énigme. J'espère encore qu'il y a quiproquo, et, en tous cas, les apparences sont bien souvent trompeuses. A tantôt, monsieur Judaille ; vous êtes sous le coup d'une grave responsabilité.

La porte refermée fit tourner la tête à Kerdanio. Il put remarquer l'étrange émotion qui décomposait les traits de l'ancien maître de forges.

— Amédée, dit-il, on pourra faire l'affaire de votre demoiselle. Le médecin de Gabard vend une eau qui rapproprie les yeux. Elle mord à l'hameçon assez bien, saquerdienne! cette enfant-là!

— Si je peux vous parler comme à mon gendre, Guy, prononça Goujeux dont la voix tremblait pour de bon, les quinze cents mille francs sont à nous!

— Parlez, Amédée, parlez, et pas de cache-cache. Vous avez des mystères avec ce méchant gratte-papier de Judaille?

Goujeux passa son bras sous celui du hobereau.

— C'est cinq points qu'il faut pour piquer sur quatre, n'est-ce pas? demanda-t-il.

— Évidemment.

— Comptons sur nos doigts, Guy : Géraud vaut bien trois points.

— Puisqu'il refuse...

— Vaut-il trois points?

— Oui, foi de Dieu!... mais...

— Je fais donc trois points, Guy, car je me charge de Géraud. J'ai la baguette qu'il faut pour opérer ce prodige. Géraud plaidera.

— Dites-moi au moins... commença le hobereau dont la curiosité était violemment excitée.

— Plus tard, Guy, mon garçon, interrompit Goujeux; restent deux points pour gagner le coup, les prenez-vous à faire?

— Si je savais comment?

Goujeux baissa la voix involontairement.

— Géraud plaide bien, dit-il, mais les titres, les diables de titres! C'est pour cela, Guy, que je vous demandais si vous étiez toujours un gaillard résolu.

Les sourcils du hobereau se froncèrent.

— A bon entendeur, salut! reprit Goujeux; en Angleterre, tout se fabrique à la grosse même les actes de naissance et les actes de mariage.

— Et vous croiriez?

— De nous deux Guy, lequel a dit cela le premier : S'il a les titres, les titres sont faux?

— C'est moi, saquerdienne! J'ai le courage de mon opinion.

— Trois points et deux points font cinq points, mon garçon, prononça lentement l'ancien maître de forges, et cinq font partie gagnée : à moi Géraud, à vous les titres, Guy, si vous avez du cœur.

Kerdanio avait les yeux cloués au carreau. Sa main droite se crispait dans ses cheveux.

— Allons déjeuner, Guy, mon garçon, reprit gaîment Goujeux, vous aurez le temps de la réflexion jusqu'à ce soir, et, je vous le dis, sapreminette! car je ne sais rien vous refuser, si nous avions comme cela beau jeu et belles cartes, je me ferais fort de vous trouver demain matin trois ou quatre cents écus.

VII

La première femme de Géraud.

Rennes grandit petit à petit, non point par bonds fiévreux comme les cités industrielles, mais doucement, honnêtement, sans fracas. Depuis l'ouverture du chemin de fer, il y vient quatre Parisiens par an ; cela dérouille une localité. Le chemin de fer, on le sait bien, engendre l'omnibus, qui est le dernier mot de la civilisation.

En 1817, Rennes était une vieille ville qui gardait parfaitement sa physionomie originale et tranchée. On reconnaissait en elle la capitale des États bretons, la métropole parlementaire, pleine d'aspects et de souvenirs. Maintenant, c'est une préfecture de seconde classe qui essaie d'aligner ses rues et qui se passe au travers du corps une ligne de quais étroits, bordée de logis prétentieux. La Vilaine, profonde et noire comme un puits, fait semblant de couler dans son auge de granit. M. le maire est content, parce que les yeux de l'Europe sont évidemment fixés sur lui, depuis l'ouverture du chemin de fer.

Mais qui donc chantera une bonne fois comme il faut l'ouverture d'un chemin de fer? Qui dira les naïves splendeurs de M. le maire et l'effroi des poulains dans les champs? Moi, je ne le peux pas. Je suis comme ces imprudents qui ont regardé le soleil. L'image de M. le maire est restée en ma rétine; je ne vois plus que ses rayons qui m'éblouissent. Et penser que ces astres sont destitués de temps en temps!

En 1817, à l'endroit où se développe maintenant la rue qui prolonge le champ Dolent en passant devant les Incurables, il n'y avait qu'une seule maison de campagne dont les derrières donnaient sur un grand jardin. C'était un logis de bonne apparence bâti en pierres de taille et élevé de deux étages. Il avait sa façade tournée vers le nord, et des fenêtres du premier étage on apercevait la maison de Géraud, située non loin des Tours-Saint-Pierre, sur le versant de la pente où la croix de mission fut plantée depuis.

M. Ange Malhoët de Tréomer occupait cette maison isolée. Une lunette d'approche établie sur pivot dans sa chambre à coucher eût donné, par sa direction, les motifs de ce choix un peu excentrique. La levée de la Santé (ainsi avait nom la voie qui longeait l'hospice des Incurables) était loin du Palais-de-Justice, mais la lunette d'approche restait incessamment braquée sur la façade de la demeure de Géraud.

Tréomer menait la vie de jeune homme. Il prenait ses repas au dehors; son valet de chambre et un magnifique chien de chasse, qu'il appelait Thunder, formaient son entourage. Il recevait peu de visites en dehors des consultations qu'il donnait. Ses anciens adversaires, Tremmelec et autres lui avaient fait nombre d'avances au temps où il habitait la maison de Géraud ; cette situation même lui avait permis de se tenir à distance sans manquer aux lois de la courtoisie. Les étudiants sont oiseaux de passage. La plupart avaient quitté Rennes pour retourner, les uns en basse Bretagne, les autres en Anjou, en Normandie ou ailleurs. Il ne restait guère en ville que Tremelec lui-même. Ses relations avec Tréomer étaient amicales, mais peu suivies.

Tréomer n'allait point dans le monde : ceci est un point important à Rennes, où le monde est une agrégation très-active, faisant sa principale affaire des visites prêtées, des visites rendues et autres petits devoirs fatigants, mais qui occupent l'incurable oisiveté de ces messieurs et de ces dames. Tréomer, pour échapper à ces obligations, s'était réfugié derrière son procès. On ne lui en voulait point trop de se tenir à l'écart. Il excitait dans les deux camps nobles du monde rennais, auxquels il appartenait par sa naissance, une très-vive curiosité, à laquelle se mêlait quelque sympathie. Le nom de beau Ténébreux lui était resté. Rien n'influence l'opinion comme un surnom. Beaucoup de jolies dames portaient à Tréomer un intérêt romanesque, surtout depuis qu'il avait quitté la maison Géraud.

En somme, il y avait chance, remarquez bien ceci, pour que ce petit avocat fût sous peu un personnage de premier rang. Nous ne parlons nullement de son talent ; mais de ses droits. Les fortunes d'un million et demi ne se trouvent nulle part au coin d'une borne. Si Tréomer gagnait son procès, il devenait un des gentilshommes les plus riches du département. Il était beau, bien fait, porteur d'un nom distingué, sa vie avait ce côté mystérieux qui, là-bas, est très-rare. La sympathie vague de ces dames était, en vérité, motivée surabondamment.

Ce jour-là, par hasard, un des trois habitants de la maison isolée manquait. Grand-François, le valet de chambre, avait été congédié la veille. Ange restait seul avec Thunder, fidèle gardien du logis. Il avait écrit le matin même à M. Le Quien, pour le prier de lui trouver immédiatement un autre serviteur.

Il était dix heures du matin. Le soleil jouait parmi le feuillage des vieux arbres plantés dans l'ancien fossé de la ville, le long de la promenade des Murs. Ange venait d'achever son déjeuner, dont le noble épagneul broyait les débris à grand bruit, tandis que le regard de son maître se reposait au loin sur une croisée ouverte qui était celle de Clémence Géraud. Un coup de sifflet retentit au dehors sur la levée de la Santé. Ange dit tout haut sans se déranger :

— Montez, Le Quien, montez, mon ami !

Thunder, plus empressé, lâcha son os et mit d'un bond ses pieds sur l'appui de la fenêtre. Le pas lourd, mais ferme du messager de Saint-Malo était déjà dans l'escalier.

— Bonjour à vous, monsieur le comte, dit Le Quien, qui entra sans frapper.

Il toucha son chapeau de cuir, repoussa du pied doucement le beau chien qui lui faisait fête, et marcha tout droit au coin de la cheminée, où se trouvait une chaise de paille. Il s'y assit et posa son fouet sur ses genoux.

— Avez-vous mon affaire ? demanda le jeune avocat.

— Ça pourra se trouver tout de même, répondit Le Quien ; le service n'est pas bien malin chez vous. A bas, Thunder ! ma fille ! Pourquoi Grand-François est-il parti ?

— Il devenait insolent.

— C'était un gars de Hédé, fort et dur. J'aimais le sentir chez vous. Thunder, bon chien, on t'enjôlerait rien qu'en te passant la main sur le cou. La maison est bien seule ici ; et voulez-vous que je couche chez vous jusqu'à voir, monsieur le comte ?

— Grand merci, Le Quien, répondit Ange en riant : je n'ai pas besoin de garde du corps.

— Savoir, prononça tranquillement l'ancien chouan, qui croisa ses jambes l'une sur l'autre.

Il ajouta en mordant la mèche de son fouet :

— J'ai mon idée.

Puis, sans regarder Tréomer :

— Tout ça finira mal, c'est moi qui vous le dis.

— Est-ce que tu vas reprendre ton rôle d'Ezéchiel, vieux chouan? demanda gaîment Tréomer.

— On parle, répondit Le Quien d'un air sombre; ici et ailleurs. Il y a deux ans, je vous dis : Partez. Mais vous êtes le fils de votre père et vous n'en faites qu'à votre fantaisie. Le diable a voulu que Géraud vous prît chez lui pour soigner votre blessure.

— Quand je vivrais cent ans, s'écria le jeune avocat avec une émotion profonde, je n'oublierai jamais ces jours de bonheur!

— Vous ne vivrez pas cent ans, monsieur le comte, repartit le messager de Saint-Malo dont les gros sourcils se froncèrent; je vous l'ai dit et je vous le répète : tout ça finira mal!

— Eh! mais, interrogea Tréomer, sais-tu donc quelque chose de nouveau?

— Du nouveau? L'ancien suffit, Dieu merci. La mine est chargée et n'a pas besoin d'autre poudre. Cet homme-là, souvenez-vous bien de ma parole, éclatera comme un canon. Le temps de dire : Ouf! vous serez tous broyés. Vous ne le connaissez pas. C'est le dernier Breton. Il y a une fournaise dans cette poitrine-là. Vous savez bien que je suis à vous, n'est-ce pas? à vous et à madame? Eh bien! je le verrais, lui, avec les mains rouges de votre sang à tous deux, que je ne lui ferais pas de mal!

Le Quien prononça ces derniers mots avec une énergie sourde.

Ange répondit :

— Vieux, tu es fou!

Le Quien étendit ses jambes et fourra ses deux mains sous sa blouse.

— Nous l'aimons tous, reprit Tréomer en changeant de ton; crois-tu que j'en sois à deviner sa belle âme?

— Je ne sais pas s'il a une belle âme, grommela le messager; je sais qu'il ferait sauter la ville et les faubourgs quand il est en colère; j'aime ça : voilà.

— Il sera mon père, poursuivit Ange qui s'animait; nous ferons une famille heureuse et unie.

Le Quien secoua la tête gravement.

— Je te dis qu'il sera mon père! répéta le jeune homme; je le veux!

— Le roi dit : Nous voulons, monsieur le comte; j'ai mon idée. Si vous vouliez que je couche chez vous, ça me ferait plaisir.

Ange se leva.

— Tu crois donc qu'on veut me jouer quelque méchant tour, toi? demanda-t-il.

— Grand-François a dû être travaillé, répliqua Le Quien.

Ange éclata de rire.

— Une conspiration en forme! s'écria-t-il, Géraud ne veut plus que j'aie de valet de chambre!

L'ancien chouan le regarda d'un air étonné.

— Qui vous parle de Géraud? prononça-t-il tout bas.

— Et de qui parles-tu donc, oracle?

Le Quien ouvrit la bouche vivement, mais ce fut pour mettre le manche de son fouet entre ses dents.

— Eh bien! fit Tréomer impatienté.

— Eh bien! vous valez de l'argent, quoi! gronda le messager; Kerdanio est un sauvage... pas trop méchant, au fond, mais s'il y a quelqu'un derrière lui?

— Et quand même il aurait derrière lui une armée, ton sauvage de Kerdanio?

— Voilà! vous ressemblez à votre père, monsieur le comte. Ils disent que vous serez un grand avocat, tant mieux; mais si vous avez le coup d'œil pour les affaires des autres, en ce qui vous concerne, sauf respect, vous n'y voyez goutte. Ça finira mal.

Tréomer vint s'asseoir auprès de lui.

— Voyons, explique-toi, sphynx, dit-il en posant sa main sur le genou de Le Quien; tu as marché sur une mauvaise herbe, ce matin.

— Ce matin, repartit le messager, je suis revenu de Vitré par la concurrence. On parle, je vous dis, on parle d'un quelqu'un qui entre la nuit dans la maison de M. Géraud, et qui en sort au petit jour.

— Et tu n'as pas su répondre que c'est M. Géraud lui-même qui s'échappe pour aller en tapinois à la Baraque?

— Si c'était Géraud, répliqua Le Quien, il sortirait le soir et il rentrerait le matin.

— C'est pourtant lui ! s'écria Ange, et si ce n'était pas lui...

Il s'arrêta tout pâle.

— Tiens, reprit-il, tu me rendrais fou comme toi! J'ai été sur le point d'avoir un soupçon.

Le Quien fixait sur lui son œil rond qui perçait sous les grosses touffes de ses sourcils grisonnants.

— Est-ce que ce ne serait pas vous, monsieur le comte? murmura-t-il.

— Deux fois, répondit Ange, rien que deux fois.

Le messager respira.

Puis, par réflexion :

— C'est tout ce qu'il en faut chez nous, dit-il, pour déshonorer deux femmes d'un seul coup.

— Est-ce que la calomnie oserait?...

— La calomnie ose tout, monsieur le comte. Vous devriez pourtant savoir ça, vous qui avez étudié. Moi, je ne suis qu'un ignorant, mais je me lèverai matin désormais et c'est moi qui vous trouverai sur le pavé avec une balle dans la tête.

— Au moins, dit Tréomer en reculant son siége, tu n'y vas pas par quatre chemins. Si je couche chez moi, assassiné; assassiné, si je sors....

— Ne riez pas! interrompit rudement l'ancien chouan, vous riez jaune! Vous êtes brave comme un lion et comme un fou... Mais vous avez trop de cœur pour ne pas songer à celles qui resteraient après vous !

La tête du jeune avocat se pencha sur sa poitrine.

— Vous avez raison, Le Quien, prononça-t-il tout bas; il y a des moments où j'ai peur !

Le messager lui tendit la main. Ils échangèrent une pression muette.

Puis le messager reprit :

— Quand l'avez-vous vue la dernière fois?

— Cette nuit.

— Géraud était à la Baraque?

— Géraud était chez lui.

— Et vous n'avez pas craint?...

— C'est elle qui l'a voulu.

Il y eut un court silence, après lequel le messager demanda en homme qui a droit de savoir :

— Que s'est-il passé entre vous ?

— Je ne sais pas si tu comprendras cela, mon vieux Le Quien, répondit Ange, dont la voix tremblait ; tu as bon cœur, mais ces adorables délicatesses de l'amour ne te touchent guère.

— De l'amour ? répéta Le Quien.

— Laisse-moi te dire ; raconter cela, c'est encore du bonheur. Tu sais que nous sommes des fiancés....

— C'est de madame que je parle, dit le messager sévèrement.

— Laisse, te dis-je ! celle que tu appelles madame a béni nos serments. Te souviens-tu, ami, quand j'étais blessé, presque mourant dans cette maison deux fois chérie, te souviens-tu que je te disais : Dieu m'a fait une mort qui vaut la félicité d'une longue vie ? J'avais deux anges à mon chevet. Va, je souffre, laisse-moi verser ce baume sur ma plaie. Je n'ai personne à qui ouvrir mon cœur. Ne t'impatiente pas, vieux compagnon de mon père, et fais comme si tu comprenais pour me donner une minute de joie !

Un ange, ai-je dit ? Écoute : Dieu n'en a pas de plus pur ni de plus beau ! c'est l'âme d'une sainte. Elle possède, dès cette vie, toutes les douces sérénités du ciel. Quand je la regarde et que je vois son image bien-aimée dans le champ de mon télescope, il me semble que nos deux âmes s'élancent l'une vers l'autre et que nous planons déjà au-dessus des misérables espoirs de cette vie.

Un jour qu'elle était à genoux, je vis des larmes parmi sa prière. Je lui écrivis. Sa réponse est là, et tout son cœur virginal est dans sa réponse. Une jeune fille prudente n'écrit pas ; j'ai ouï dire cela. Peut-être condamnerais-je celle dont on me dirait : Elle a écrit à un homme. Mais Clémence est du ciel.

Je l'aime, vois-tu, comme jamais fille d'Ève ne fut aimée ici-bas. Toutes les heures de mes jours sont à elle ; je vis par elle et sa pensée est le souffle de ma poitrine.

Nous sommes tout jeunes elle et moi, mais déjà c'est un vieil amour. Je l'aimais avant de revenir à Rennes. Je l'avais vue à Nantes chez la sœur de sa mère. Le jour où je te dis :

Je suis épris, c'était son nom que mes lèvres taisaient, mais qui s'élançait de mon cœur.

Elle sera ma femme ou je mourrai. Il n'y a rien pour moi en dehors de cette alternative.

Elle pleurait parce qu'elle ne me voyait plus, parce que ses rêves d'enfant me montraient à elle livré à toutes les dissipations du monde. Naguère, on me mariait, pour employer leur langue bavarde, on me mariait avec Mlle Marie de Kerguz. Le bruit en est venu jusqu'à Clémence : elle pleurait.

Elle voulait me voir, à l'insu de tous, à l'insu même de sa meilleure, de son unique amie, confidente de nos espérances et de nos tendresses. Je devais obéir. Comme d'autres voient une démarche coupable, moi, j'ai caché la candide solennité de nos accords. Je me suis glissé dans sa retraite à l'heure où mon audace, en effet, ne pouvait faire naître qu'une odieuse pensée. C'est la nuit que j'ai franchi le seuil de la chambre à coucher de Clémence.

Pauvre nid blanc, douce petite église où Dieu se plaît comme sur l'autel consacré ! Dieu était là, Dieu et la vierge, enguirlandés tous deux et entourés de bougies allumées. L'enfant chérie avait voulu un temple pour donner plus de poids à l'échange de nos promesses. Ce sanctuaire était l'œuvre de ses terreurs naïves. Elle comptait me garder contre moi-même et contre les entraînements du monde inconnu à l'aide de cette cérémonie, dès longtemps préparée; et qui, dans les religieuses naïvetés de son calcul, devait m'enchaîner à jamais.

Regarde-moi. Tu vois mon sourire au travers de mes larmes, n'est-ce pas? Telles furent nos noces enfantines : une larme et un sourire. Nous restâmes dix minutes agenouillés l'un près de l'autre, devant l'image du Christ. Nos promesses s'échangèrent; elle tendit son front à mon baiser, comme une petite sœur qui appelle la caresse de son frère, puis elle me dit :

— Ange, soyez béni ! je crois en vous et je n'ai plus d'inquiétude.

Tréomer sauta au cou de l'ancien chouan, parce que les rudes paupières de celui-ci étaient humides.

Le Quien roula vivement la corde de son fouet autour du manche, comme s'il avait eu honte de son émotion.

— Bien ! bien ! fit-il, c'est frais comme l'innocence, ça, monsieur le comte. Vous êtes un honnête jeune homme, parbleu! je le savais bien, et son âme est plus blanche qu'un lis... et cependant, je vois du rouge, tonnerre de Dieu! Ce serait grand dommage, oui, si ces mignons petits jeux finissaient dans le sang!

Tréomer voguait encore en plein rêve.

— Ce n'était pas ça que je vous demandais, reprit le messager avec brusquerie. Vous avez vu madame. Où en est l'affaire?

— L'affaire? répéta Ange qui sembla s'éveiller; toujours au même point. Elle espère encore que Géraud ne plaidera pas.

Le Quien fit un geste d'impatience.

— Elle n'a rien dit à M. Géraud? interrogea-t-il.

— Elle hésite...

— Voilà deux ans qu'elle hésite!

— Elle aime son mari comme j'aime Clémence.

Ange prononça ces paroles avec tristesse.

Le pied ferré du messager heurta les chenets.

— Et vous? dit-il en fronçant le sourcil.

— Moi je veux ce qu'elle veut.

Le Quien se leva d'un mouvement si violent que Thunder, le beau chien de chasse, fit un bond jusqu'à l'autre bout de la chambre.

— Ah çà! s'écria-t-il, vous êtes donc tous aveugles et sourds, vous autres? vous n'entendez donc pas la ville de Rennes jaser depuis la rue jusqu'aux mansardes? On se demande tout haut si les visites mystérieuses sont pour la femme de Géraud ou pour sa fille, ou pour toutes les deux...

— Je me charge d'imposer silence..., commença Ange.

— Orgueilleux! fou! interrompit Le Quien qui avait croisé ses bras sur sa poitrine; imposer silence à qui? à trente mille langues de fainéants! Voulez-vous soulever un cri si haut et si fort que les oreilles de Géraud en tintent, à la fin?

— Il n'y a rien que d'honorable... reprit Tréomer.

— Alors, pourquoi ne se déclare-t-on pas? interrompit encore le messager avec un véritable emportement; sous prétexte de je ne sais quelle répugnance imbécile, vous affrontez des dangers mortels, entendez-vous bien? Il y aura une catastrophe; le sang montera aux yeux de Géraud, et, si jamais cela arrive, la maison de Géraud s'écroulera pour écraser tout ce qu'il aime!

Ange avait de la pâleur au front, mais l'intrépidité de sa nature allait contre ces menaces trop brutales.

— Elle aurait dû parler le lendemain des noces, poursuivit Le Quien; c'était facile. Vous étiez là. Géraud avait tant de bonheur dans l'âme! Dès ce premier jour-là, j'ai eu soupçon qu'il y avait un mauvais génie entre elle et Géraud; quelqu'un l'empêcha de parler, quelqu'un l'a toujours empêchée de parler.

— Qui donc?

— Est-ce que je le sais? Je cherche.

— Il n'y a qu'un homme dans la maison, dit Ange qui réfléchissait, M. Goujeux, la bonté même; un être un peu ridicule, mais qui ne ferait pas de mal à une mouche.

— Je cherche, répéta le messager, et j'accorde que le temps écoulé a rendu l'aveu plus difficile; mais il ne s'agit pas de difficulté: la nécessité est là : il faut qu'elle parle.

— Si elle ne veut pas, cependant? répliqua Ange, dont les joues se colorèrent.

— Moi, je le veux! prononça rondement Le Quien.

— Vous savez de qui vous parlez et à qui vous parlez? dit Tréomer, blessé dans sa fierté.

— Je sais que l'héritage de mon maître est entre les mains des hommes de loi, répliqua Le Quien; je sais que la maison de mon maître est vide; je sais que la plus vieille histoire du monde est celle du serpent qui tenta la femme... Je sais que voici une sainte, déguisée en coupable; un honnête garçon affublé des allures d'un aventurier, une fillette en équilibre au dessus d'un abîme; je sais que nous avons affaire à Géraud; j'ai peur de Géraud. Je sais qu'il y a sur vous un vent de folie et d'aveuglement, que vous courez tous tant que vous êtes au fossé pour y faire la culbute, et, de par tous les diables, s'il ne suffit pas de vous crier casse-cou, je vous prendrai à la gorge, au collet, aux cheveux, pour vous arrêter en chemin. Bien des excuses, monsieur le comte, si ça vous blesse un petit peu, mais on le fera comme on le dit.

Il y avait un grain d'ironie dans cette chute. Tréomer prit un ton calme et hautain pour demander.

— Et que prétendez-vous faire, monsieur Le Quien?

— Appelez-moi monsieur Le Quien tant que vous voudrez, Tréomer, repartit l'ancien chouan; nous ne sommes pas ici pour nous caresser. Ce que je prétends faire, le voici : j'irai à Géraud tout droit.

— Toi ?
— Et pourquoi pas ?
— Vous ne le feriez pas malgré madame et malgré moi, mon vieil ami, dit Ange qui lui tendit la main.

Le Quien ôta son chapeau et s'inclina gravement.

— Je le ferai malgré madame et malgré vous, monsieur le comte, répliqua-t-il en accentuant fortement ses paroles.

Puis, sans attendre la réponse du jeune avocat, il fit un pas en avant et reprit d'une voix sourde, debout qu'il était et tête nue :

— Je n'ai pas assisté monsieur à son lit de mort, mais je sais bien qu'il a parlé de l'homme de la Mabilais. La famille du vicomte Jean-Marie ne me doit rien ; elle est libre de m'écarter de sa route, mais j'ai le droit d'aller, de parler et d'agir. Votre père avait confiance en moi, Tréomer ; il m'avait vu à l'épreuve...

— Vous ne savez pas, s'interrompit-il en secouant tout à coup son émotion, ce que c'est que cet homme-là ! Il y avait de terribles gaillards dans nos guerres ! et croyez-vous qu'il soit facile de me donner la chair de poule ?

— Il faut que vous le sachiez. Ce ne sera pas long, écoutez. On était sous l'empire ; on ne se battait plus. J'avais pris la poste de Saint-Pierre de Plesguen, entre Rennes et Saint-Malo, pour faire quelque chose, n'est-ce pas ? J'avais deux chambres au premier étage du bâtiment du fond, sur l'écurie, que je louais aux voyageurs. Un soir, il vint un jeune monsieur et une jeune dame qui avaient l'air pressé diantrement. Les chevaux manquaient ; il fallut coucher. Le jeune homme prit les deux chambres, en me disant : L'ami, tu m'as l'air d'un mâle ; nous sommes dans un embarras de vie et de mort. Les premiers chevaux pour nous, et d'ici-là, bouche close !

La jeune dame était bien pâle. Le garçon avait du feu dans les yeux.

On connaît ça, pas vrai, un enlèvement. J'ai vu des fois qu'il en sortait de bons ménages.

A onze heures de nuit, clic ! clac ! une chaise, ventre à terre, escortée de quatre hommes à cheval. Ils étaient quatre dans la chaise : ça faisait huit, tous armés. Je les reconnus bien. Il y avait le baron du Dézers, de Tinteniac et ses deux fils, avec le colonel de Bréal, qui devait épouser mademoiselle Marie du Dézers. Vous comprenez?

— A peu près, répondit Ange.

Je montai, poursuivit Le Quien, pour prévenir les autres. La porte était fermée. Par le trou de la serrure, je vis le garçon à genoux auprès de mademoiselle du Dézers, évanouie. Ils avaient entendu. Les poursuivants fouillaient déjà la maison. Qu'y faire? Je n'étais pas déjà en trop bonne odeur, rapport à ce que j'avais chouanné jusqu'à la fin et encore après la fin. Je criai derrière la porte: Ils sont huit!

Le garçon se releva et fit signe de la main en me disant: merci!

Deux minutes après, le colonel de Bréal prenait son élan pour enfoncer leur porte d'un coup de pied. La porte ne valait pas grand chose; je la crus démolie du coup, mais elle sonna sec sous le choc, et je me dis:

— Il a roulé l'armoire!

C'était une maison, cette armoire. Nous nous mettions moi et trois postillons pour l'ébranler. Il l'avait poussée tout seul, le garçon! Tonnerre de Brest, pas vrai, l'envie vient de donner un coup d'épaule à un paroissien de même?

On fit jouer le maillet, mais bast! l'armoire tenait comme un mur. La sueur me coulait. Je poussais au dedans de moi, censé, pour soutenir l'armoire, si fort et si dru que mes nerfs se nouaient.

— Une échelle! dit le colonel.

Et les trois du Dézers:

— Une échelle! une échelle!

Ils se lancèrent tous les quatre au bas de l'escalier. J'étais seul. Je mis ma bouche à la fente et je criai:

— La fenêtre du cabinet donne sur les champs, et les deux juments de Pierre Limet sont dans le pré!

On ne voyait plus rien par la serrure, rapport à l'armoire qui était devant, mais j'entendis encore qu'il me disait: Merci!

Il ne m'avait rien fait, quoi, cette vieille moustache de colonel, et les du Dézers étaient des bons; mais que voulez-vous, ça vous prend comme des fièvres. J'avais presque l'idée de décrocher mon fusil et de voir...

Ils étaient tous les huit dans la cour. La pauvre défunte Jeanne Le Quien avait donné l'échelle. L'échelle était dressée contre la devanture de l'écurie; elle dépassait la fenêtre du premier étage.

Je vins et je dis au colonel :

— Laissez monter; vous êtes en colère, vous feriez un malheur.

Il me repoussa. L'aîné des du Dezers mit le pied sur l'échelle. Les autres se rangèrent en cercle avec leurs pistolets armés pour garder l'échelle.

Tout à coup, le garçon parut à la fenêtre. Il riait de rage. Je vois encore sa figure, blême comme un linge dans les touffes hérissées de ses grands cheveux.

Il avait à la main gauche sa lumière; son bras droit soutenait la jeune fille évanouie.

Il déposa la chandelle sur l'appui de la croisée. Il prit à sa ceinture un pistolet à deux coups. Le jeune du Dezers se colla à l'échelle. Les autres n'osaient pas tirer, car ils avaient peur de tuer la demoiselle.

— Elle m'a suivi de son plein gré, dit-il d'une voix que j'entends encore au moment où je vous parle; vous ne me la prendrez que morte.

Le canon du pistolet double toucha le front de la pauvre enfant.

Le vieux du Dezers tomba sur ses genoux. Le colonel avait de l'écume à la bouche.

Le garçon dit encore :

— J'ai deux coups : un pour elle, un pour moi.

Puis il disparut de la fenêtre et la lumière s'éteignit.

Je me serais fait tuer pour ce garçon-là! Je demandai son nom aux valets : un petit avocat de Rennes, un nommé Vincent Géraud, me dirent-ils.

Tréomer, je ne vous raconte pas cette histoire pour vous faire peur, mais pour vous dire ceci : Vous tournez, tous tant que vous êtes, autour d'un baril de poudre, avec une mèche allumée.

— Cette Marie du Dezers était sa première femme? demanda Ange qui restait pensif.

— Pendant qu'ils se consultaient dans la cour, poursuivit Le Quien au lieu de répondre, il descendit la demoiselle par la fenêtre, et Pierre Limet donna ses chevaux.

— On dit que la première madame Géraud est morte malheureuse, murmura encore Tréomer.

— Dit-on cela? Les du Dezers ne voulurent jamais pardonner. On fit à Géraud une guerre de taquineries déloyales. Un essaim de mouches peut mettre un lion en fureur. Mais que Géraud ait jamais fait retomber sa colère sur une femme, sur sa femme !...

— Cela ne nous regarde pas, ami Le Quien, interrompit le jeune avocat qui secoua la tête comme pour chasser une obsédante pensée ; je veux plus que jamais savoir quel est votre dessein. Prétendez-vous demander à Géraud, en notre faveur, le prix du service que vous lui rendites autrefois ?

L'ancien chouan eut un rire silencieux.

— Je n'ai pas reçu beaucoup d'éducation, monsieur Ange, répondit-il après une pause, et je suis bien sûr que vous ne me méprisez point pour cela. Il y a des choses que je ne comprends pas tout à fait. Certaines délicatesses, par exemple, comme vous appelez cela, qui consistent à braver un danger sérieux pour s'épargner la honte de dire : J'ai menti. Non, je n'entends goutte à cela ; et encore moins quand le mensonge fut honorable dans son principe, quand on n'eut point l'intention de tromper, quand on est, en définitive, une sainte femme des pieds à la tête. Permettez-moi d'aller jusqu'au bout cette fois, car j'ai ma besogne comme vous avez la vôtre, et je suis pressé. Je ne compte point demander à M. Géraud le prix d'un service rendu. Je le connais et il me connait. En 1814, nous nous sommes vus face à face. Je sais parler aux gens comme lui en leur regardant le blanc des yeux. Je lui dirai : Je viens prendre une consultation. J'avais comme cela un maître ; je l'aimais fièrement ; il est mort. Il a laissé une veuve ; je l'aime. C'est une perle du bon Dieu. Elle a des ennemis qui la calomnient ; elle se conduit comme une folle, et je la vois prête à se perdre. Que feriez-vous à ma place ? Il me répondra : Je la sauverai. Alors, moi : c'est bien, monsieur Géraud, merci ! je fais comme vous, je la sauve et je vous dis : La veuve de mon maître est votre femme.

Le jeune avocat se promenait à grands pas dans la chambre. Il paraissait ébranlé.

— Les raisons qu'elle a pour garder le silence... commença-t-il cependant.

— Je les connais, interrompit Le Quien, tandis qu'elle ne connait pas elle-même le volcan qui est sous ses pieds. Faut-il parler franc ? Il y a quelqu'un qui entretient ses terreurs...

— Et ce quelqu'un?

— Ne m'interrompez pas, Tréomer; je suis sur la trace d'un infâme complot, mais je ne pourrais pas vous répondre maintenant, parce que je ne parle jamais qu'à coup sûr; ce que je vous dirai bien haut, entendez-vous, parce que c'est ma certitude, parce que je le sens comme je sens mon pouls battre et mon souffle sortir de ma gorge, c'est que vous jouez avec le feu, c'est que vous porterez sous peu le deuil de vos deux amours et que vous vous frapperez la poitrine en versant des larmes de sang.

Ange s'était arrêté devant lui. Ses regards étaient cloués au sol. Il ne cherchait point à cacher son embarras douloureux ni l'impression profonde que les paroles de Le Quien faisaient sur lui.

— Je la verrai cette nuit, dit-il enfin. Il le faut. Je la prierai, je la supplierai. Attends sa décision pour agir.

Le Quien remit son chapeau sur sa tête et son fouet sous son bras.

— Soit, répliqua-t-il; j'aime mieux obéir que de faire à ma tête. J'attendrai jusqu'à demain matin. Mais, passé ce terme, de gré ou de force je parlerai, foi d'homme!

Il se dirigea vers la porte, mais avant de sortir il se retourna.

— De la prudence, dit-il, tout ça brûle, ma parole sacrée! Je ne viendrai pas cette nuit, puisque vous découchez, mais la nuit d'après, si le grand François n'est pas encore remplacé. Je fais mon lit dans la cuisine.

Cette fois, il passa le seuil, suivi de Thunder qui gambadait autour de lui.

Avant d'ouvrir la porte de la rue, Le Quien lui prit la tête à deux mains et le baisa.

— Beau chien, dit-il; bonne bête! Mais j'aime mieux un bâton de houx que la badine de nos muscadins. Si tu étais un gros mâtin rageur et grondeur, bijou, je m'en irais plus tranquille.

VIII

Le dessert.

A midi et quelques minutes, la porte de la cuisine s'ouvrit avec un fracas de bon augure. Les huîtres de roche, maigres, mais savoureuses, et les *boucs* ou *chevrettes*, petits crustacés que les raffinés préfèrent à nos brillantes crevettes de la Manche, étaient à leur poste déjà sur la grande table carrée, recouverte d'une nappe éclatante, fille du travail de la Mahé. Le pâté de levrant montrait effrontément sa large brèche, le jambon noir sur son lit de topaze étalait ses fines marbrures, la casse-pierre était une soucoupe, les cornichons dans l'autre, faisant symétrie à deux coquilles, hélas! un peu fendillées où souriaient des radis plus gais que cerises.

Cette charmante Marguerite, madame Géraud, avait eu beau faire, la maison du célèbre avocat n'était pas tout à fait le temple de l'ordre. Les tasses osaient encore y montrer leurs brèches et les assiettes prolongeaient leur service au delà du temps fixé pour une retraite honorable.

Il est un milieu, certainement, entre le sans-façon un peu sauvage de nos maisons bretonnes, le luxe parisien, souvent puéril ou grossier, et l'intolérable minutie des propretés hollandaises. Chez Géraud, on n'avait pas trouvé ce milieu.

Chaque objet pris isolément y était nettoyé comme il faut; Marguerite, reine, n'eût point supporté de souillures, mais l'aspect général manquait, ainsi que le poli suprême dans les détails. Je ne sais quelle révolte se hérissait sourdement, indiquée par l'estompe maladroite que le balai avait laissée au plafond, par tel doigt indiscret vigoureusement dessiné sur la porte, par telle chaise dont le jonc s'échevelait, par telle carafe (*infandum!*) dont le fond attaqué portait un topique de cire à cacheter rouge !

C'était de la propreté sans amour, du soin sans conviction. Le vieux vice se montrait partout comme la dent du roc perce l'herbe dans les terrains pierreux. Cela étonnait d'autant plus, que l'ensemble du paysage intérieur annonçait l'abondance qui ne compte point et l'absence de toute économie.

Il n'y avait point de faste; le luxe faisait défaut, mais on devinait en toutes choses une sorte de prodigalité facile. Pour employer une expression vulgaire, l'argent devait rouler. Et encore, Marguerite avait-elle opéré des réformes.

Par la porte ouverte de la cuisine, la Mahé, Niotte et Michain entraient processionnellement, portant chacun un plat fumant : la Mahé, de mauvaise humeur; Niotte, pointue et ricanante; Michain, fier et heureux des trente sous qu'il avait conquis sur M. Judaille.

La Mahé déposa son fardeau la première et, se relevant de toute sa hauteur, prononça d'une voix de stentor :

— A la soupe, monsieur, madame et mademoiselle !

Ceci remplaçait la cloche du château ou l'annonce courtoise du valet civilisé : Madame est servie.

Géraud en robe de chambre, Marguerite et Clémence, en fraîche toilette du matin, vinrent à ce retentissant appel et prirent place à table : Géraud entre les deux femmes.

Je crois qu'on mange à Paris autant qu'ailleurs. Seulement, dans ces pays de Cocagne où tous les aliments abondent à bas prix, on mange autrement. La fantaisie a la bride sur le cou ; chacun choisit son mets et suit son attrait. La plus mince aisance y peut sacrifier un peu au caprice, et l'on n'y voit presque jamais la famille entière, acharnée à la même sauce, vider le plat unique en mesurant ses morceaux.

Paris prétend toutefois vivre mieux que le restant de l'univers. Paris peut ne point se tromper, mais la question est trop mince pour arrêter une plume qui se respecte.

Géraud attaqua le filet de bœuf saignant, comme un homme, Clémence éplucha ses sardines argentées où le gril avait mis des barres de mordorures. Marguerite étendit sur son pain menu tranché le beurre exquis de la Prévalaye et croqua les radis roses. A l'avocat, le bordeaux sincère et amendé par la traversée maritime ; aux deux dames le cidre mousseux et léger de l'Ille-et-Vilaine, qui fait sauter son bouchon plus haut que le champagne.

Telle que nous la connaissons, Scholastique était un cordon bleu très-distingué. On naît cuisinière, personne ne peut aller contre cet axiome. La Mahé n'avait pas fait ses études complètes, mais elle possédait le feu sacré. Niotte et Michain servaient de leur mieux, c'est-à-dire très-mal.

C'était, à ce petit coin de la grande table où la famille était étroitement groupée, un échange de tranquilles sourires et de gentils propos. On s'aimait, on était heureux, les physionomies le disaient plus haut encore que les paroles. Pourquoi raconter ou peindre ce dîner semblable au repas de tous les jours ? Ce sont, en vérité, des nuances qui échappent à la plume comme au pinceau. L'entretien, quoi qu'on fît, semblerait insignifiant et terne. Il n'y a ici nul prétexte à drame ni même à comédie. Le bonheur jouit de ce suprême privilège, il échappe à l'analyse, au récit, à la peinture. Il est. Dès qu'on veut dire comme il est ou ce qu'il est, le professeur divague et l'auditoire s'enfuit.

Il est bien vrai que, sous ce calme profond de la maison Géraud, la passion couvait ; il est bien vrai qu'à l'horizon de ce jour pur, les tempêtes s'amoncelaient. Mais attendons, pour saluer la tempête, que la foudre ait grondé au lointain.

— Marguerite, dit Géraud vers le dessert, vous allez être contente : j'ai décidément refusé de plaider l'affaire Kerdanio contre Tréomer.

Une nuance rosée vint aux joues de madame Géraud. Elle était de ces belles natures qui jamais, et sous aucun prétexte, ne doivent se laisser entraîner hors de la droite ligne. Ces âmes franches et hautes, une fois emprisonnées dans un rôle, dépassent à tout propos le but, parce que le mensonge n'est pas en elles.

Tout mensonge, même le plus innocent au point de départ, peut peser sur une existence entière comme une fatalité.

C'est le germe pestilentiel qui couve, mais qui se développe et empoisonnera quelque jour le bonheur et l'honneur de tous ceux qu'on aime.

— Pourquoi contente ? balbutia Marguerite.

Une comédienne d'habitude n'eût pas commis cette lourde faute.

Géraud la regarda avec étonnement.

— Vous m'aviez donné de si bonnes raisons pour me tenir en dehors de cette affaire... commença-t-il.

— Contente pour vous, Vincent, dit madame Géraud s'accrochant au premier sophisme venu, vous avez raison : je ne m'en défends pas.

— Contente pour moi ! répéta l'avocat en riant ; il y a des jours, Marguerite, où vous parlez comme si nous étions deux cœurs.

Il sentit la pression d'une main qu'il porta doucement à ses lèvres.

Marguerite avait les larmes aux yeux.

— Vous avez encore raison, Vincent, reprit-elle ; j'ai quelque chose et je ne saurais dire quoi ; je me surprends à parler quand je n'ai point pensé... Il faut avoir de l'indulgence.

— Et puis, dit Clémence d'un petit ton résolu, — ce n'est pas maman qui a parlé le plus pour cette histoire de La Pipe. C'est moi ?

Pour un observateur, il eût été patent que Clémence faisait ici diversion en faveur de sa belle-mère. Mais Géraud, entre ces deux chères créatures, n'était pas du tout un observateur.

Ajoutons en note que ce nom original de La Pipe désignait notre ami Guy Malhoët de Kerdanio. Il avait été trouvé par Clémence et peignait le hobereau de pied en cap.

— Tu n'aimes pas ce pauvre Kerdanio, Clémence? dit Géraud.

— J'aime mon père, répondit hardiment la fillette, et je ne veux pas qu'on dise : M. Géraud plaide contre M. Ange de Tréomer, parce qu'il est jaloux de lui.

Marguerite devint plus pâle que la batiste brodée de sa collerette.

L'avocat, au contraire, rougit jusqu'au blanc des yeux. Il y eut un silence, de ces silences qui durent une seconde et qui pèsent le poids d'une heure.

— Ceux qui auraient dit cela, prononça tout bas Géraud, auraient bien fait de se tenir à distance.

— Père! petit père chéri, s'écria la fillette en lui jetant ses deux bras autour du cou, je ne suis méchante et fière que pour toi. Mais tu sais bien, ils sont jaloux; ils te détestent parce que tu es au-dessus d'eux.

Géraud la baisa au front, puis il dit avec une nuance de sévérité dans la voix :

— Mes enfants, ceux qui vivent en dehors du monde comme nous et qui sont assez fous pour s'occuper du monde, non-seulement perdent leur temps, mais présentent leur joue découverte à tous les outrages. Nous sommes de ceux qui doivent murer leur bonheur; ce qui se fait et ce qui se dit dans la ville importe peu; je bouche mes yeux et mes oreilles, faites comme moi.

Clémence regarda Marguerite et crut qu'elle allait se trouver mal.

Mais Marguerite, souriant parmi sa pâleur, dit :

— Pour nous deux ma fille, cela est bien, Vincent; mais pour vous, je trouve que vous vivez trop en dehors du monvement. Ne m'accusez point d'ouvrir les yeux et les oreilles, ce ne serait pas juste ; mais cependant quelques échos viennent jusqu'à moi. Je sais qu'on m'accuse de vous garrotter dans la chaîne de mon affection. Vous êtes mon prisonnier, s'interrompit-elle en souriant ; j'ai le droit d'entr'ouvrir un peu les portes de votre cachot. Il est des relations...

Géraud bouchonna sa serviette.

— Sur quelle herbe avons-nous marché ce matin ? s'écriat-il en rappelant de force sa gaîté qui avait disparu, nous sommes lugubres, mes petites belles! Nous avons l'air d'échanger des consolations au fond d'un précipice.

— Moi, répliqua Clémence toujours brave, je suis de l'avis de petite maman.

— Je veux mourir si moi, s'écria Géraud, je sais quel est l'avis de petite maman!

— Je vais vous le dire, Vincent ; c'est aujourd'hui le dîner mensuel à la Baraque. Allez-y!

— Vous voulez donc m'éloigner, Marguerite? demanda l'avocat en riant.

— Je veux que vous m'aimiez toujours, Vincent. Je veux que vos amis cessent d'être mes ennemis; qu'ils arrivent, non pas à m'aimer, mais à m'oublier, parce que je ne les gênerai plus.

— Enfantillage! murmura Géraud, qui tenait la main de sa femme dans les siennes.

Clémence dit d'un ton de sous-maîtresse qui veut prendre par les sentiments un enfant de six ans :

— Petit père aime mieux aller à la Baraque en cachette que de profiter de notre permission!

Nous demandons grâce pour cette phrase, qui en dit sur la maison Géraud plus que ne le ferait un volume tout entier.

Géraud fut sur le point de se fâcher tout net, parce que l'enfant terrible lui lançait une vérité trop dure; mais il était secrètement charmé de l'accord de *ses deux femmes,* et rien ne le rendait heureux comme de voir Clémence déserter son parti pour prendre celui de Marguerite.

Il les aimait toutes deux d'un amour différent, mais presque égal. Sa joie était de confondre ces deux amours et d'en faire un bouquet pour respirer du même coup leurs parfums.

Il menaça la fillette du doigt et dit :

13

— Tu me donnes donc des permissions, Clémence?

— Petite chère fille! murmura Marguerite.

Géraud se tourna vers elle.

— Je suis une république gouvernée par deux consuls, reprit-il gaîment; de mes deux maîtres, vous n'êtes pas le plus sévère, Marguerite. Clémence ne me passe rien. J'ai envie parfois de la marier pour jouir enfin des tranquillités du régime monarchique.

Il sentit que la main de madame Géraud tremblait dans la sienne.

Et s'étant retourné, il vit Clémence blanche comme un marbre.

— Ah çà! s'écria-t-il en les attirant brusquement contre lui, vous vous aimez donc bien toutes les deux?

Car il attribuait leur émotion commune à l'idée de ce mariage qui devait les séparer.

— Je ne viens que le second dans vos cœurs, ajouta-t-il avec un mélange singulier de plaisir et d'envie.

— C'est vous que j'aime dans cette chère enfant, répondit Marguerite.

Et Clémence :

— Moi, je vous aime tous deux l'un dans l'autre. Je suis dictateur : à bas les consuls! Je serai contre toi si tu fais jamais du chagrin à petite mère, et contre petite mère si..... Mais voilà, c'est impossible!

Ceci fut dit avec une volubilité très-grande et qui cachait mal une très-vive émotion.

Mais, nous le répétons, Géraud, chez lui, n'était pas un observateur.

— Eh bien, seigneuries, dit-il, eh bien, altesses, eh bien, majestés, puisque vous m'infligez la Baraque comme une pénitence, je ne veux plus de la Baraque. Vis-à-vis de toute tyrannie, l'opposition se dresse. Et savez-vous ce que c'est que l'opposition, dans la famille, comme dans l'État? C'est l'attrait du fruit défendu. Depuis que Louis XVIII est roi, nous sommes païens, parce qu'on nous prend au collet pour nous mener à l'église. Si l'on mettait à la porte de la cathédrale une demi-douzaine de gendarmes avec la consigne de barrer le passage, nous entrerions par la fenêtre. Je trahis ici les secrets de l'opinion libérale à laquelle j'ai l'honneur d'appartenir, mais vous serez discrètes. Voilà donc qui est entendu : vous me chassez, je reste... Et si Rennes vous lapidé pour m'avoir converti, vous l'aurez pardieu bien mérité !

— C'est comme ça, monsieur Goujeux, dit Niotte à la porte de la cuisine qu'attend comme ça avec M. Judaille, de l'autre côté, que vous avez fini de manger pour entrer.

Géraud jeta sa serviette et se leva précipitamment.

— Je ne veux pas voir Goujeux aujourd'hui, dit-il.

— Je vas y dire, répliqua Niotte.

— Toi, la paix ! je te charge de te taire.

— Je vas donc y dire, comme ça, que vous n'avez point voulu que j'y dise...

— Niotte ! effrontée ! cria la Mahé du fond de sa cuisine ; le pauvre corps n'est donc pas assez ahuri ? Veux-tu du balai ? notre monsieur va s'en aller s'il veut, et je vas faire entrer M. Amédée avec les dames... pas vrai ?

La porte du salon carré s'ouvrit, et Scholastique enflant sa voix :

— Arrivez, monsieur Amédée. Pourquoi que vous faites des cérémonies ? Notre monsieur a parti pour le palais, sitôt son pauvre déjeuner avalé en double. Les dames vous diront ça : Ça va-t-il chez vous ? Tout doucement ici ; on se vieillit, pas vrai ? Allons, passez, rapport aux courants d'air.

— Je ne voudrais pas déranger... commença Goujeux.

— Alors, fallait pas venir ! l'interrompit la Mahé, entrez ou sortez, rapport aux courants d'air.

Goujeux entra. Géraud s'était déjà esquivé. Sa serviette restait bouchonnée sur la table.

— Vous voyez, dit Scholastique, qu'il n'a pas tant seulement humé son pauvre café.

— Je ne voudrais pas déranger... répéta l'ancien maître de forges en passant le seuil.

Il prêta l'oreille au bruit de la porte du cabinet de Géraud qui se refermait ; il était fixé.

— Toujours pressé, ce bon ami ! reprit-il en saluant les dames ; on nous le mettra sur les dents, vous verrez. Sapreminette ! si j'avais quelque influence sur lui, je lui conseillerais bien d'en prendre et d'en laisser. Vos santés, ma chère dame et ma mignonne demoiselle ? Bien ? tant mieux ! Moi, vous savez, l'âge y est. C'est la plus vilaine de toutes les maladies. Madame Goujeux vous fait bien ses civilités, et ma Lilise... On se verrait si on ne restait pas si loin les uns des autres... Et puis chacun a ses petites affaires. Vous ne vous doutez pas de la boue qu'il y a par les rues! Et M. Louvet, l'adjoint, ne s'est-il pas laissé tomber d'apoplexie! En voilà trois, cette saison : ça fait peur aux gens replets qui ont trop de couleurs...

Il s'assit à la place de Géraud et mit son chapeau entre ses jambes.

Chez un autre, ce flux de paroles eût dénoté un rustique embarras ou l'intention de détourner quelque question redoutée ; mais M. Goujeux n'avait aucun coup à parer dans cette maison amie, entre ces deux femmes qui lui devaient une égale reconnaissance. Nous n'avons pas oublié, en effet, que M. Goujeux était le bienfaiteur de ce logis. C'est lui qui avait fait le mariage, et Clémence lui en gardait un aussi bon souvenir que Marguerite elle-même.

M. Goujeux était là chez lui, parfaitement, et si Géraud avait évité aujourd'hui sa présence, c'est que tout simplement Géraud se trouvait en faute. Géraud, pour la première fois de sa vie, reculait devant le payement d'une dette. Voilà l'influence des femmes! Géraud avait promis solennellement à Goujeux, le soir des fiançailles à la chapelle Saint-Yves, d'être à lui corps et âme et de ne lui rien refuser. Ces promesses, on ne les prend pas à la lettre, mais il faut bien accorder qu'elles ont un sens cependant. Il y a là un débiteur vis-à-vis de son créancier. Que le créancier, porteur de cette vague promesse, vienne demander au débiteur son honneur, sa santé ou même sa fortune, l'autre aura le droit de répondre! Folie! Mais Goujeux n'était point homme à commettre de pareilles énormités. Goujeux avait fait crédit pendant deux ans ; au bout de deux ans, il avait, non point exigé, mais imploré.

Et l'avocat Géraud avait repoussé sa première requête.

Était-elle donc exorbitante, cette requête? Que demande-t-on à un peintre, sinon un tableau? à un tailleur, sinon un habit? à chaque profession, en un mot, sinon un plat de son métier?

Goujeux avait demandé à l'avocat une plaidoirie. N'était-ce pas la chose du monde la plus sensée, la plus raisonnable et la moins inattendue?

Et encore pour qui cette plaidoirie? pour un ami commun. Goujeux, l'égoïste, se payait d'un service rendu en rendant un autre service. Il apurait en quelque sorte la comptabilité de son ingénieuse obligeance. Il créditait son grand-livre de philanthrope d'un bienfait pour le débiter d'une bonne œuvre.

Cherchez, fouillez, disséquez : vous ne trouverez rien autre chose dans son acte. Il voulait tendre une main secourable au pauvre Kerdanio, qui lui devait déjà son manoir campagnard et le vieux fauteuil où était morte sa mère !

Il y a, sachez-le bien, de ces modestes apostolats qui sont tout uniment sublimes.

Goujeux avait le beau rôle. L'esprit le plus perverti ne peut aller contre cela. Géraud se conduisait comme ces débiteurs maussades qui ne vous serrent plus la main parce qu'ils ne peuvent point vous payer. Géraud avait tort dans la forme et au fond.

Et que faisait ce bon Goujeux? Venait-il se plaindre à grand bruit? réclamer hautement la foi donnée, et infliger cette éternelle offense du bienfait reproché?

Point. Il arrivait tout doucement, après avoir passé une demi-heure avec M. Judaille, avec lequel il avait quelques petites affaires. Il arrivait, empressé, inquiet de la santé de son ami ingrat, galant avec ces femmes qui avaient empêché Géraud de payer sa dette ; il arrivait humble, craignant d'être importun, timide, enfin, et obligé de cacher son embarras sous le voile ridicule des inutiles refrains :

Voilà un honnête homme ! voilà un bon homme ! et je vous déclare que vous feriez bien des lieues en long et en large dans notre belle France avant de trouver son pareil.

Maintenant, nous ne voudrions pas nier qu'une part de son émotion pût venir de son explication avec M. Judaille, au sujet de ce fameux mouchoir de batiste trouvé par Michain dans la salle à manger. Judaille avait dit tout ce qu'il savait, c'était peu de chose, mais avec peu, M. Goujeux avait coutume de faire beaucoup. Et tout ce qui touchait à la tranquillité de cette chère maison Géraud lui allait si droit au cœur !

Eh bien ! le croirait-on ? sauf Marguerite elle-même, qui gardait à ce bon M. Goujeux toute son amitié et toute sa confiance, il n'y avait pour lui que froideur dans ce logis où il avait apporté un beau jour le bonheur et la paix. Géraud ne se l'avouait peut-être pas, mais il nourrissait contre Goujeux des répugnances secrètes et irréfléchies ; c'était bien pis chez Clémence, qui l'avait embrassé de si bon cœur le soir de la réconciliation. Ces fillettes sont des folles ! Clémence avait contre Goujeux des préventions détestables. Elle trouvait que l'ancien maître de forges n'avait pas l'air franc, qu'il *tournait autour du pot*, qu'il regardait rarement les gens en face et dans les yeux. Des enfantillages! Et sur cela son petit jugement cassant, tranchant, décidé, entêté, se formait. Goujeux l'impatientait. Elle se moquait du gilet vert de Goujeux et de sa cravate jaune. Elle se moquait de madame Goujeux et de mademoiselle Héloïse Goujeux. Quand Goujeux venait, elle avait toujours besoin dans sa chambre.

Soyez mirliflor pour leur plaire. Elles n'admettraient pas Saint Vincent de Paul s'il n'avait bonne tournure à leur gré.

Têtes de linotes! cœurs étourdis! pourquoi les adore-t-on, ces poupées?

Goujeux ayant mis son chapeau entre ses jambes, atteignit son mouchoir pour s'essuyer le front qu'il avait toujours en sueur.

— Quoi de nouveau, mes chères dames? demanda-t-il en reprenant un peu son aplomb. Savez-vous l'histoire? M. le vicomte de Pont-Riou épouse mademoiselle de Meignac. Il a en mariage le Pont-Riou et la ferme des Carouges, là-bas, de l'autre côté de Noyal, et la grand'mère fait une rente de cent louis. Mademoiselle de Meignac est avantagée par sa vieille tante du Morbihan, qui lui donne mille écus en bien venu et six mille livres de rente à sa mort. Elle n'est pas d'une bonne santé, je parle de la vieille tante, et on peut compter là-dessus raisonnablement dans un délai moral. Meignac appartient au chevalier, mais il y a dans la maison la Buissonnerie et le Haut-Etang; elle choisira. C'est le général qui donne la corbeille, où il mettra les diamants de feu sa nièce. Ils feront le voyage de Paris et recevront dès cet hiver à l'hôtel de Kerminihy, dont ils auront la jouissance par le commandeur. Le vicomte est parfaitement guéri de la maladie de peau qu'il avait : il ne lui reste que les boutons sur la figure, et mademoiselle de Meignac, qui mangeait, dit-on, des araignées, est devenue sage comme une image... Quand sera-ce le tour de notre petite Clémence?

— Cela ne presse pas, monsieur Goujeux, répondit la fillette, trop brave et aussi trop pure pour rougir à cette question banale; si vous le permettez, je vais aller faire ma toilette.

— Faites, mignonne, faites.

Clémence était déjà partie.

— Charmante enfant, dit Goujeux en la regardant s'éloigner, heureux celui qui apprivoisera ce cher petit cœur !

Puis, prenant son chapeau et se levant avec lenteur :

— Ma chère madame, reprit-il, cela me fait plaisir de rester avec vous.

— Vous avez quelque chose à me dire, monsieur Amédée ? demanda Marguerite.

— Ça me fait plaisir, répéta Goujeux, au lieu de répondre, — grand plaisir.

Il lui prit la main et la fit lever à l'aide d'une pression légère, mais persistante.

Quand elle fut debout, il l'entraîna doucement vers sa chambre à coucher, dont la porte était entr'ouverte.

Le regard de Marguerite l'interrogea.

— Chère enfant, murmura-t-il, je suis un égoïste, vous savez, j'ai besoin de causer avec vous. Vous souffrez, vous avez peur ; peut-être avez-vous raison d'avoir peur.

Marguerite était pâle.

Ils venaient de franchir tous deux le seuil de la chambre à coucher. Goujeux referma la porte et mit le verrou en ajoutant :

— J'ai rêvé cette nuit que Géraud se brûlait la cervelle à cause de nous, car j'ai une grande responsabilité dans tout ceci, madame ; je donnerais le meilleur de mon sang pour n'avoir point trempé dans votre mariage.

IX

Le meilleur des hommes.

Marguerite n'avait jamais vu à l'ancien maître de forges ce regard ferme et sombre, car il la regardait en face pendant qu'il prononçait ces étranges paroles.

— Mon bon monsieur Goujeux, balbutia-t-elle d'une voix tremblante, vous avez donc appris quelque chose contre moi ?

— Contre vous, chère madame ! se récria Goujeux, est-ce que c'est possible ? Mais voilà, vous parlez souvent comme une coupable. Que pourrait dire de plus une femme qui a des reproches à se faire : Avez-vous appris quelque chose contre moi?

— C'est que je suis coupable, en effet, repartit Marguerite les larmes aux yeux, j'ai trompé le meilleur et le plus généreux des hommes!

Goujeux la mena jusqu'au canapé où elle s'assit. Il prit lui-même un siége et posa, suivant son habitude, son chapeau entre ses genoux. Ses deux mains se joignirent d'elles-mêmes, mais ses pouces ne tournèrent point : grave symptôme.

Marguerite cherchait ses yeux et ne les pouvait trouver. L'ancien maître de forges regardait autour d'elle et au dessus d'elle, souvent tout près d'elle, mais jamais elle.

Il poussa un gros soupir et fit comme si un sourire eût voulu naître sur ses lèvres.

— C'était ici, reprit-il lentement; je sortais de sa chambre, où j'avais assisté à son agonie; agonie est le mot, ma chère dame : je n'ai jamais rien vu de pareil à l'amour que cet homme a pour vous. Tout à l'heure, je vous parlais d'un rêve : j'ai souvent eu celui-là, j'ai souvent revu cette face hâve, ces yeux ardents, ces cheveux hérissés. Je suis un égoïste, vous savez; dans mon sommeil aussi, je m'occupe des autres. C'est ici, vous souvenez-vous? Vos malles gisaient à terre, vos effets encombraient tout; on ne savait où poser le pied... Marguerite, vous n'ignoriez point l'attachement que j'avais pour vous; votre intelligence fine et votre droite raison avaient deviné dès longtemps les pauvres originalités de mon caractère; vous saviez qu'il y avait un cœur d'or sous cette enveloppe normande qu'on me reproche, et à laquelle je tiens, car elle repousse; et si tous les malheureux venaient à moi, je mourrais aussi trop vite à la peine. Vous aviez confiance en votre vieux Goujeux...

Madame Giraud lui tendit la main. Il la pressa contre sa poitrine.

— Belle et digne créature! prononça-t-il d'un accent pénétré; nous sommes ici trois bonnes âmes, ou plutôt une bonne âme et deux âmes d'élite : moi, Géraud et vous. Eh bien, la fatalité a voulu qu'il n'y eût entre nous que mensonge! Vous avez trompé Géraud, c'est-à-dire : nous l'avons trompé tous les deux par nécessité, par charité, par vertu, peut-être. Géraud, de son côté, enfant comme tous les grands esprits, vous trompe chaque jour.

— Je m'en doutais, dit Marguerite en souriant, et pour le mettre à son aise, je lui ai dit déjà bien souvent qu'il avait tort d'abandonner ses anciens plaisirs.

— Ah! ah! fit Goujeux avec une certaine vivacité qui n'était pas dans le ton de son homélie.

— Aujourd'hui encore, je l'ai engagé à ne point manquer au souper de la Baraque.

La paupière de l'ancien maître de forges ne se baissa pas assez vite pour cacher l'éclair joyeux qui s'allumait dans sa prunelle.

Il se prit à sourire, lui aussi, pour déguiser ce mouvement de sa physionomie.

— Grand enfant! grand enfant! murmura-t-il. Je parie qu'il a repoussé bien loin vos ouvertures!

— En effet.

— Sapreminette! ce que c'est que de nous, chère dame! Que de puériles contradictions dans ceux-là mêmes qu'il nous faut respecter... adorer, dirai-je même! Voici ce bon Géraud, qui s'échappe la nuit comme un écolier pour aller boire un verre de madère et faire une partie de whist. Quel scélérat! Et quand on veut lui donner la clef des champs, il fait la petite bouche! Et c'est le cœur le plus brave, le plus fier, le plus franc que Dieu ait jamais créé, oui! le fruit défendu, voyez-vous, l'escapade!... Hé! hé! hé!

Il s'interrompit tout à coup pour demander :

— Est-ce que vous avez insisté, chère madame?

— On est venu vous annoncer monsieur Goujeux...

La dent du bonhomme s'imprima sur sa lèvre, mais il dit :

— Tant mieux! je vous rends service, même à mon insu, chère enfant. Il ne faut pas insister, il est ombrageux; l'idée qu'on veut l'éloigner pourrait naître en lui.

Les sourcils de Marguerite se froncèrent, mais elle n'eut pas le temps de répliquer.

Goujeux continua en reprenant son air paterne :

— J'en étais à nos tromperies mutuelles : chose bizarre, n'est-ce pas, entre consciences sincères et hautement loyales? Eh bien! la première tromperie de toutes vint de moi. Ici, dans cette chambre, voulant arrêter à tout prix vos préparatifs de départ, je vous trompais, ma bonne et chère enfant.

13.

— Vous, monsieur Amédée! interrompit Marguerite avec étonnement.

— Eus-je raison? murmura Goujeux qui devint tout à coup rêveur; je ne suis pas de ceux qui se tirent de tout mauvais pas en disant : Je fis pour le mieux. Non! sapreminette, non! avoir fait pour le mieux, ce n'est pas être innocent. Quand on se mêle des affaires d'autrui, sans mandat, et pour ainsi dire de force, il faut agir à coup sûr.

— Mais en quoi m'avez-vous trompée? interrogea Marguerite avec plus de curiosité que d'inquiétude.

Au lieu de répondre, Goujeux poursuivit, en se parlant à lui-même :

— C'était grave! c'était, parbleu, très-grave! la suite l'a bien prouvé.

— Écoutez donc, chère enfant, s'interrompit-il d'un ton chagrin, comme si le remords le piquait tout à coup, je ne suis ni un saint ni un sorcier, moi! Je suis un pauvre homme qui prend le mors aux dents à la vue de la souffrance. Si j'avais été médecin, par malheur, je serais devenu fou. Sauver Géraud, coûte que coûte! voilà quelle était mon idée. Pour le sauver, il fallait vous retenir; vous étiez le remède; vous étiez le salut.

Encore une fois, son accent changea, et nous ne saurions dire combien ces nuances étaient admirablement graduées.

— Écoutez-donc! écoutez-donc! reprit-il avec un redoublement de bonhomie, mais en baissant la voix, c'était chanceux, que diable! Je méprise les cancans, moi, et Dieu sait que je n'en fais jamais, c'est à peine si je les écoute. Mais la ville était pleine de propos, pleine! Et il n'y avait pas que des cancans. Je mets de côté, vous sentez bien, les histoires de la rue Nantaise et le coup de poignard. Je n'y croyais pas, en ce temps-là...

— Et maintenant? dit Marguerite pâle comme une morte.

— Permettez, il y avait autre chose : il avait des faits, sapreminette! Il y avait le charivari, il y avait le jeune homme qui venait de provoquer du même coup les étudiants et les officiers.

Les yeux de l'ancien maître de forges allaient et venaient.

— C'était grave! répéta-t-il; Géraud était mon ami avant vous, chère enfant, et si c'était à recommencer, pour lui, pour vous, je n'aurais peut-être plus la même audace.

Il se tut.

Tout était parfait dans son jeu, sauf les défaillances de sa prunelle.

Et, croyez-moi, cela le différenciait du comédien. C'est l'aplomb qui fait l'acteur. Les timidités de ce bon Goujeux donnaient confiance.

Il avait peur, lui, le maître de la situation, peur de blesser sans doute, peur d'accabler.

Le comédien va de l'avant et broie tout ce qu'il rencontre pour le besoin de son effet.

Mais l'honnête homme, l'homme à la fois simple, miséricordieux et délicat, c'est tout autre chose.

Marguerite prononça d'une voix très-lente et très-émue :

Monsieur Amédée, vous ne m'avez pas encore dit en quoi vous m'aviez trompée.

Goujeux s'essuya le front, où quelques gouttes de sueur perlaient toujours. Il rapprocha son siége.

— Excellente et digne créature, reprit-il en portant à ses lèvres la main froide de madame Géraud, j'ai donné à mon meilleur ami un trésor sans prix. Je lui ai donné la femme angélique et fière, l'être le plus rapproché de la perfection que j'aie rencontré en ma vie. Ce n'est pas vous que je crains, c'est la fatalité. Mon mensonge, le voici : quand je vous ai dit : Je vois, j'étais aveugle.

Marguerite lui retira sa main.

— Condamnez-moi si vous voulez, chère enfant, acheva M. Goujeux, dont la paupière s'humecta à propos; vous veniez de m'avouer votre amour, et Géraud avait un pied dans la tombe !

Marguerite passa ses doigts sur son front. Un éclair traversait son esprit délicat et fin.

— Le lendemain des noces, murmura-t-elle, pourquoi ne m'avez-vous pas dit cela ?

— Parce que nous étions tout au bonheur, répondit Goujeux sans hésiter; parce j'avais lu dans votre âme si noble et si pure. Je devinais déjà ce que nos entretiens confidentiels m'ont appris depuis, et rendez-moi cette justice d'avouer que je n'ai jamais interrogé.

— Je vous parlais comme à un homme qui possédait tout mon secret, dit Marguerite sévèrement. Dans ces conditions, interroger est superflu.

— Ne vous égarez pas, chère enfant ! s'écria l'ancien maitre de forges, qui redoubla de mansuétude au lieu de s'irriter; ne cédez pas, je vous en supplie, à un sentiment de puérile rancune. Pourquoi regretteriez-vous de m'avoir montré le fond de votre âme? Qu'y ai-je vu, sinon le pur bonheur, l'amour conjugal et maternel, tout ce qui embellit, tout ce qui sanctifie un cœur de femme?

Madame Géraud baissa la tête. La lueur qui s'était allumée dans son esprit s'éteignait.

Pour alimenter un soupçon, il faut que le but intéressé se montre, ne fût-ce que par un petit coin. Or, quel pouvait être ici l'intérêt de Goujeux?

En cette circonstance comme en toute autre, il avait agi pour le bien d'autrui.

Et son incomparable habileté vint noyer ce qui pouvait rester de doute dans la pensée de Marguerite.

— Non, non, non! dit-il tout à coup en souriant bonnement; je devine le résultat de votre travail mental. Vous avez bien tort de chercher midi à quatorze heures avec moi, ma chère dame. Non, vous dis-je, ce n'est pas cela. De la mauvaise humeur chez moi, fi donc! L'affaire Kerdanio que je protégeais? allons donc! Je voyais fort bien que vous souteniez le jeune homme, mais à deux de jeu, n'est-ce pas? le champ était libre. Qu'y avait-il de mon côté? obligeance. Je juge toujours les autres d'après moi-même, surtout vous que je mets bien au-dessus de moi. Je me disais, en voyant vos efforts: Obligeance! obligeance!

Marguerite attendait chacune de ses paroles désormais avec une véritable anxiété.

— Que voulez-vous, reprit-il en jetant ses gros gants au fond de son chapeau, le malheur de tout cela, c'est le mensonge des situations; nos intentions sont bonnes, mais il y a dans nos rapports un vice originel; si j'avais été vraiment votre confident, j'aurais su dès l'abord que Tréomer avait droit.

— Vous savez donc tout maintenant, monsieur Goujeux?

— Absolument tout; et sachez une chose: je vous en estime mieux, si c'est possible, pour le coup de poignard de la rue Nantaise. Sapreminette! si j'avais été là!

Quand donc avez-vous appris?... commença Marguerite.

— Petit à petit, vous sentez bien, un jour ceci, demain cela; mais le nœud, le vrai nœud, le grand secret, quoi, c'est ce matin seulement...

— Ce matin!

— Quand on m'a dit le bruit qui court.

— Quel bruit?

— Que vous vouliez marier votre chère petite Clémence avec ce joli garçon de Tréomer. Un beau talent, sapreminette! Une position magnifique, qu'il gagne son procès comme ça me paraît sûr... Un nom brillant, un titre, voilà ce que j'appelle, moi, un fameux mariage pour l'enfant!

— Mais, pardonnez-moi cette question, monsieur Amédée...

— Faites, faites, chère madame.

— Comment avez-vous su?...

— Voilà! s'écria Goujeux, cachant son embarras sous un air de triomphe, voilà comment il est fait, ce gros égoïste. Fi! le vilain! Il a vu ou cru voir des nuages à l'horizon, des nuages menaçant le bonheur de son vieux Géraud et de sa belle Marguerite; il s'est remis en campagne, il a battu tant de buissons...

— En vérité, bon ami, interrompit madame Géraud, vous prenez trop de peine; croyez-moi, quand vous voudrez savoir quelque chose qui nous intéresse, venez tout uniment me le demander.

— Aujourd'hui, oui, répondit l'ancien maître de forges, hier ce n'était pas possible. Nos rapports, je vous le dis encore une fois, subissaient la conséquence fâcheuse de leur origine. Il fallait l'aveu que je viens de vous faire. Et vous savez par expérience, madame, ce que peut coûter un aveu.

Un soupir souleva la poitrine de Marguerite.

— Encore voudrais-je savoir, dit-elle pourtant, pourquoi cet aveu est venu aujourd'hui plutôt qu'hier?

C'était pour tout de bon que le foulard de M. Goujeux étanchait maintenant son front. Ses tempes fondaient en eau. Mais la subtilité de sa dialectique grandissait toujours en raison directe des obstacles accumulés sur sa route. Il avait son but. Le problème était de frayer à droite, à gauche, n'importe de quel côté, le chemin tortueux qui devait le conduire à ce but.

L'axiome géométrique qui proclame la supériorité de la ligne droite était pour lui un abject sophisme. Pour lui, tout détour bien entendu abrégeait la distance.

— Il fait chaud! s'écria-t-il avec conviction, mais une

mauvaise chaleur, n'est-ce pas? un fond d'air lourd et écœurant?... Pourquoi aujourd'hui plutôt qu'hier? Ah! ah! je n'ai pas l'habitude de détourner les chiens; je vais au but droit comme un I. Je vous l'ai dit: hier, le mot de l'énigme était à trouver, — le grand mot, j'entends; — car je savais bien qu'il ne pouvait y avoir dans votre conduite rien de louche, rien de... enfin, c'est clair! Mais pourquoi biaiser? Il y a un autre motif! Je me suis tu pendant deux ans pour ne point mettre un nuage dans votre ciel si clair. Je parle aujourd'hui parce que le temps se couvre sans moi et malgré moi.

Il attendit un instant pour souligner l'effet de cette double métaphore, puis il continua en reprenant brusquement ses gros gants au fond de son chapeau:

— Avez-vous remarqué, chère dame, un fait très-grave et, je dois le dire, très-inquiétant: depuis plusieurs semaines, Géraud s'éloigne de moi.

— Je l'ai remarqué, monsieur, répondit Marguerite.

— A quoi attribuez-vous ce fait?

— J'avoue...

— Très-bien! Vous n'y avez pas attaché d'importance; je conçois cela; malheureusement, je ne puis faire de même. Je connais Géraud profondément, j'ose dire que je sais par cœur tous les replis de son âme; Géraud est un de ces hommes qui souffrent seuls.

— Qu'entendez-vous par là? demanda Marguerite un peu distraite.

— Moi, par exemple, répondit Goujeux, quand je suis triste, j'aime à m'épancher. Géraud, non. Ce n'est pas la première fois que nous passons par là tous les deux. Je dis avec une certitude mathématique: s'il s'éloigne de moi, c'est qu'il craint le regard vigilant de mon dévouement; s'il me craint, c'est qu'il souffre.

— Je le vois à toutes les heures du jour...

— De lui-même, Géraud montre seulement ce qu'il veut. Souvenez-vous de ceci: Le soir où je le trouvai mourant parce que vous partiez, je ne l'avais pas vu depuis plus d'une semaine: il se faisait céler, et ce soir-là, je ne suis entré chez lui qu'en forçant sa porte.

Marguerite devenait attentive. Derrière ces apparences de calme et de bonheur, elle aussi avait pressenti je ne sais quelle angoisse secrète. On croit vite au mal, d'ailleurs, quand on sait à l'avance qu'un germe funeste existe.

Aux heures mêmes les plus riantes de sa félicité, Marguerite avait parfois tremblé.

— Il souffre, continua Goujeux; de quoi souffre-t-il? Quand j'étais enfant, j'apprenais à lire dans un petit livre où il y avait des anecdotes. Si les enfants voulaient, leur alphabet leur enseignerait toute la vie. Je me fais vieux, j'ai vu bien des choses, je n'en ai jamais rencontré aucune qu'on ne pût expliquer à l'aide des anecdotes et des exemples de mon petit livre. Les derniers jours de Michel-Ange furent tristes parce que Raphaël grandissait derrière lui.

— Oh!... fit madame Géraud avec reproche.

— Autre exemple tiré du même tonneau: Louis le Grand n'aimait pas plus monseigneur le dauphin que les tours de Saint-Denis.

— Vincent a le cœur trop haut et trop noble... commença Marguerite.

— Sapreminette! interrompit Goujeux; je ne le compare pourtant pas aux premiers venus, Michel-Ange et Louis XIV! Il est le roi du barreau de Rennes; son successeur lui marche dans les jambes; c'est irritant, n'est-ce pas? Mais n'en parlons plus; vous avez, au fond, chère madame; il y a là de quoi impatienter, et voilà tout: cherchons une plus profonde blessure. Il est bien certain, hélas! que nous ne chercherons pas longtemps.

Son siége cria sur le parquet. Il lustra à l'aide de ses manches, les bords de son chapeau.

— Envieux, non, reprit-il avec une certaine hésitation; non, non! je me range à votre avis. Mais jaloux...

— Jaloux, répéta Marguerite incrédule.

— Ma chère enfant, prononça l'ancien maître de forges d'un ton très-doux, mais avec une sorte de solennité, je n'ai qu'un orgueil, c'est de me croire un peu médecin des cœurs. L'âme a ses maladies, plus cruelles que les infirmités du corps, et tout mal dégage son symptôme. L'étude de ce symptôme a été le mystérieux labeur de ma vie: c'était ma vocation, et si j'ai un peu de bien autour de moi, c'est que mon expérience m'a mis à même, non pas toujours, hélas! mais quelquefois, mais souvent, oserai-je dire, de prendre le mal moral à sa naissance et de l'extirper avant que ses racines n'eussent envahi tout le système... N'avez-vous rien fait jamais, Marguerite, ma chère madame Géraud, n'avez-vous rien fait qui pût porter ombrage à l'amour incomparable que votre mari a pour vous ?

— Rien, murmura Marguerite ; de toute autre part que de la vôtre, monsieur Amédée, cette question serait un outrage... Rien... je ne suis plus à moi, je lui appartiens tout entière.

— Merci ! s'écria Goujeux, comme si on l'eût débarrassé d'un poids ; que Dieu vous récompense ! Vous entendez bien, cependant, que ma question n'avait point trait à des choses impossibles. Je vous aime, ma bonne enfant, comme si j'étais votre père, et mon respect est peut-être encore au dessus de ma tendresse. Mais, sans transgresser aucune loi, et même en accomplissant un devoir sacré, il est des circonstances fatales.

La paupière de Marguerite baissa.

Goujeux profita du moment pour l'envelopper d'un regard rapide et inquisiteur.

Cet examen éclaira son visage, et les coins de sa lèvre se relevèrent en un sourire content...

— Je ne sais pas, moi, vous sentez bien, ma chère madame, reprit-il en changeant de ton encore une fois, — je bats les buissons, je patauge, je cherche. Il n'y a pour moi qu'un fait certain, c'est celui-ci : Géraud souffre, et la dernière fois que nous avons causé ensemble, j'entends comme il faut, de pénitent à confesseur, il m'a dit... attendez voir que je retrouve ses paroles textuelles... oui... c'est cela... Il m'a dit : Si jamais je découvrais une tache à mon soleil je serais un homme mort !

Un tressaillement faible et deux fois répété agita les membres de Mme Géraud.

— Voilà, dit Goujeux en donnant de son poing fermé contre son genou, si vous n'avez plus confiance en moi, chère madame, il ne me reste plus qu'à prendre congé de vous !

Marguerite releva sur lui ses beaux yeux humides.

— Il a dit cela ! murmura-t-elle ; il avait donc déjà quelque chose qui le tourmentait ?

— Je vous pose cette question, ma pauvre enfant : puisque Géraud ne peut être envieux à votre sens, pourquoi déteste-t-il M. Ange Malhoët de Tréomer ?

Marguerite se couvrit le visage de ses mains.

Goujeux poursuivit :

— Je ne suis guère romanesque, vous savez, et les choses poétiques sont au-dessus de moi. Mais il y a parmi ces sensibleries et ces balivernes langoureuses des machines qui sont vraies comme une règle d'arithmétique. J'ai vu cela, moi, j'en parle par expérience. Entre deux êtres comme vous, passionnés tous deux, tous deux délicats et doués d'une extrême impressionnabilité, il existe je ne sais quelle communication intime et occulte. Sur ma foi, ces grands mots ne sont point de mon vocabulaire, mais il faut bien parler la langue des fous quand on traite de la folie ; et, je le répète, au fond de ces extravagances il y a la vérité qui nous étreint et qui nous menace. Vous avez un secret, Géraud sent que vous avez un secret ; pardonnez-moi cette comparaison : c'est comme si vous cachiez dans votre sein un sachet imprégné d'odeurs pénétrantes : cela ne se dissimule pas !

— Et que voulais-je ! s'écria Marguerite en découvrant son visage inondé de larmes, quel fut mon premier désir, mon désir constant, avant comme après mon mariage ? Tomber à ses pieds, lui tout avouer, lui dire comment le premier pas fut fait et comment les autres suivirent ! Qui m'en a empêchée ? Qui s'est mis au-devant de ma bouche comme un bâillon ? Qui m'a réduite impérieusement au silence ? Vous, vous seul, qui n'aviez pas mon secret, dites-vous, et qui étiez en train de me l'arracher pièce à pièce ! vous qui vous étiez fait, malgré moi, mon conseiller, presque mon père, mon confesseur, puisque vous avez prononcé ce mot ! Sans vous, j'aurais fui d'abord cette union où j'ai trouvé tant de bonheur, mais tant de misères ! Sans vous, si j'eusse consenti, par impossible, à lier mon sort à celui de Géraud, c'eût été après lui avoir montré mon âme et ma vie ! Sans vous, encore, ce secret, ce fatal secret, ma joie et mon tourment, mon orgueil et ma honte, aurait échappé de lui-même à mes lèvres ! Mais vous êtes resté là, mais votre main, qui pesait sur ma bouche, ne s'est jamais retirée ; mais vous avez opposé aux plaintes de ma conscience, à l'impérieux besoin d'épanchement qui était dans mon cœur, ce mot d'intimidation, sous lequel depuis deux ans je reste courbée : Voulez-vous le tuer?

Goujeux avait croisé ses bras sur sa poitrine. Il écoutait d'un air doux, modeste et patient.

— Et maintenant, reprit Marguerite dont la voix s'entrecoupait de sanglots, vous venez me dire : Votre silence ne suffit plus. Le danger naît malgré votre prudence qui était un martyre et peut-être un crime. Mon mari souffre, mon mari est jaloux! Moi, moi! je suis peut-être soupçonnée! Il se peut qu'il n'y ait entre le châtiment et moi que la générosité de mon mari!... Quelle est votre pensée? Que vous faut-il? Connaissez-vous d'autres angoisses que je puisse m'imposer? Faut-il abandonner la maison de M. Géraud? Dois-je, sous prétexte de ne point lui porter je ne sais quelle mystérieuse atteinte, frapper du même coup lui et moi? Pour ne point m'avouer coupable, dois-je me rendre coupable!

— Chère madame!... chère madame... voulut dire Goujeux.

— Je veux que vous m'écoutiez monsieur Amédée, interrompit Marguerite avec autorité. De deux choses l'une : ou vous m'avez dit la vérité aujourd'hui, ou vous m'avez trompée encore une fois. Je mets de côté l'idée de mensonge; je vous crois honnête homme et je vous crois sincèrement notre ami. Mais, si vous avez dit vrai, vous devez avoir un but, une idée, peut-être un moyen de salut, car vous n'êtes pas un de ces fous qui font des démarches vaines. Cette idée, je veux la savoir. Montrez-moi le chemin par où l'on s'échappe de la situation où je suis, et, je vous le jure sur l'honneur, ce chemin fût-il hérissé de pointes de fer, je le suivrai courageusement jusqu'au bout.

Goujeux leva les yeux au ciel. Un long soupir fut sa seule réponse.

— Alors, dit Marguerite, dont les paupières brûlantes séchaient les larmes, me voici donc réduite à mes propres forces. En refusant de me conduire par la main dans cette circonstance suprême, vous répudiez votre tutelle. Je suis libre. Aujourd'hui même je vais user de ma liberté selon mon honneur et selon ma conscience.

Un comédien ordinaire eût essayé de cacher son trouble, Goujeux exagéra le sien.

— Qu'allez-vous faire, madame! balbutia-t-il en feignant d'être en proie à une violente terreur.

— Mon devoir, répondit Marguerite, dont le charmant visage avait comme une auréole de fière et mélancolique sérénité.

— Aussi bien, reprit-elle avec le calme des grandes résolutions, je puis en faire le serment, jamais je n'ai été retenue par aucun sentiment personnel. C'est toujours par la crainte vague du grand mal qu'une révélation pouvait lui faire que vous m'avez arrêtée. Je lui ai tout donné, tout sacrifié, tout, jusqu'à ces joies de la nature qu'il est défendu d'aliéner jamais. Je n'ai pas souffert seulement en moi, j'ai souffert en celui que Dieu m'ordonna d'aimer et de protéger. J'ai souffert en ma fille d'adoption, à qui ma présence porte malheur. J'ai souffert en Vincent lui-même, puisqu'il souffre par moi de votre propre aveu. Tous mes efforts se sont retournés contre moi et contre ceux qui me sont chers. Mon martyre a été infécond et maudit. Je suis la tristesse et la ruine de cette maison. Mon rôle est tracé; mon devoir parle haut. Il faut que Tréomer ait enfin, de par la loi, le nom et le bien de ses aïeux. Sans moi, il les aurait, puisque moi seule ai empêché la production de ses titres, qui eussent publié ma supercherie.

— Je pensais bien qu'il avait ses titres tout prêts, dit l'ancien maître de forges d'un ton indifférent.

Il aurait mieux valu assurément ne point prononcer ces paroles. Mais il est de ces mots jaillissants qu'on ne peut arrêter au passage.

S'il y eut faute, d'ailleurs, elle fut vénielle, car Marguerite continua sans y prendre garde.

— L'heure est venue! Vous qui connaissez mon mari, monsieur Goujeux, vous qui nous aimez tous deux, vous m'avez toujours dit : Géraud ne pardonnera pas. Je vous crois. Je me dévoue. Géraud n'aura pas à pardonner. L'aveu de ma faute est ici sous enveloppe, tout prêt et depuis longtemps; quand Géraud le recevra, j'aurai quitté la France.

Une larme roula lentement sur la joue de cet excellent Goujeux.

— Voyons! voyons! balbutia Goujeux en se parlant à lui-même, vas-tu pleurer comme un enfant? Égoïste! Pleures-tu jamais sur tes propres peines!

— Ange de douleurs! reprit-il en attirant le front de Marguerite jusqu'à ses lèvres; douce martyre! sainte femme!... Et vous croyez que moi, vivant, vous accomplirez cet acte d'héroïsme insensé! Car vous tranchez d'un seul coup, je le sens à mon angoisse, toutes les fibres de votre pauvre cœur. Vous aimez, vous adorez! Ce sont trois amours que vous faites saigner à la fois en vous : Vincent, Ange, Clémence! Et pourquoi? Dans quel but, Seigneur Dieu! Que laisserez-vous dans cette maison dont vous êtes la joie, sinon le deuil et peut-être la mort?

— Monsieur Amédée, répliqua Marguerite les yeux baissés, mais d'un ton ferme, il y a une voix en moi qui me crie que j'ai eu tort de suivre vos conseils. Vous avez agi dans une bonne intention, j'en reste convaincue, mais vous vous êtes trompé. Les chemins tortueux ne mènent qu'à la ruine. Nous sommes ici toute une famille d'innocents, et un poids lourd comme un crime pèse sur nous. Il n'y a chez nous que loyal et pur amour, et les menaces tragiques de toutes les mauvaises passions nous entourent. Il faut un dénoûment à ce drame où tout ment, sauf l'atroce et constante souffrance. Le dénoûment ne peut être que malheur. Je prends pour moi tout le malheur, et je vais à la miséricorde de Dieu.

Pendant qu'elle parlait, Goujeux réfléchissait profondément. Aucune trace de son travail mental ne paraissait sur son visage.

Il se leva brusquement, mit son chapeau sur sa tête et l'y enfonça d'un coup de poing.

— A nous deux, alors, madame Géraud, s'écria-t-il d'un accent décidé; je suis le principal coupable apparemment, et vous n'êtes que ma complice! J'ai tout fait, sapreminette! vous avez dit le mot : vous étiez en tutelle. Ce que vous voulez oser est aussi fort pour une femme que pour un homme de se brûler la cervelle. Oui bien! morbleu! voilà mon avis! Me connaissez-vous? Je suis capable de m'accrocher à un fou qui veut se jeter par la fenêtre et de tomber avec lui du cinquième étage! Je ne sais pas nager, madame Géraud, et je me suis lancé trois fois à l'eau pour repêcher des inconnus qui se noyaient. Ah! ah! vous menacez! Ah! ah! vous voulez faire à votre tête! Ah! ah! la fringale vous prend, et vous croyez qu'on écarte comme cela de la main le pauvre vieux Amédée! Regardez-moi bien, madame Géraud: ça en vaut la peine! Ai-je l'air d'un polichinelle? J'ai vendu ma forge, entendez-vous, j'ai quitté mes affaires, j'ai perdu de l'argent, j'ai gâté mon ménage, j'ai abîmé mon intérieur pour couver l'œuf que j'avais pondu. L'œuf, c'était votre mariage et le bonheur de mon pauvre Géraud. Sacrebleu! s'il faut jurer une fois en sa vie, la main qui voudra casser mon œuf, je la tordrai, fût-ce celle de ma mère! C'est mon idée, et je suis fait comme ça, madame Géraud! Qui s'y frotte s'y pique! Je vous dis à nous deux, et nous verrons qui gagnera!

Marguerite le regardait, ébahie.

Il avait le sang au visage. Ses lèvres tremblaient. Cette colère de bourru bienfaisant était si prodigieusement naturelle que le diable lui-même y eût été pris. Tout s'y trouvait : les naïvetés mêlées aux emportements, les mots de terroir, les aveux, les reproches, tout, jusqu'au juron lancé comme une bombe, mais suivi d'un remords.

— Prétendriez-vous m'empêcher?... commença Marguerite.

— Oui bien, de par tous les diables! Et d'abord, qu'est-ce que c'est que ce cahier, que ce testament? Comment faut-il appeler cela?

— C'est une lettre, monsieur, une longue lettre, l'histoire entière de ma jeunesse. Elle dit tout.

— Je veux que vous me la donniez, madame.

— Monsieur!

— Ou que vous la brûliez, sapreminette! sur-le-champ et devant moi!

— Je vous prie de ne pas oublier...

— Je n'oublie rien, parbleu! Je pense à tout, au contraire. Bonté du ciel! tous les enfants ont la manie de jouer avec le feu! Il y a un Dieu pour les fous, c'est certain... c'est certain! Et ce Dieu-là doit avoir de l'ouvrage!

Il se promenait à grands pas dans la chambre.

— Ma petite madame Géraud, reprit-il tout à coup en se rapprochant de Marguerite, ma fille chérie; car, c'est absurde, mais c'est vrai, je vous aime autant que ma fille. Tâchez de m'écouter, voyez-vous, et entendez la raison cette fois-ci, car vous nous feriez tous sauter comme une mine. Montrez-moi d'abord cette lettre, et n'ayez pas peur, on vous la rendra. Ou plutôt, laissons la lettre où elle est et parlons sérieusement; je me charge de tout.

— De tout! répéta Marguerite stupéfaite.

Un éclair de joie illumina en même temps son visage.

Elle s'était dit déjà plus d'une fois : Si M. Goujeux voulait...

— Ce n'est pas mon avis, comprenez-moi bien, continua l'ancien maître de forges; je trouve cela violent, dangereux, déraisonnable; mais la situation est une impasse et, si on risque le paquet, j'aime dix millions de fois mieux recevoir moi-même la première bordée de Géraud.

Marguerite, émue jusqu'aux larmes, se jeta à son cou.

— Il n'y a pas de doute! il n'y a pas de doute! grommela le bonhomme en souriant; on va me caresser, à présent! J'étais un maladroit, tout à l'heure... et pis que cela.

— Oh! monsieur Amédée!

— Ah! les enfants gâtés! Oui, oui, ma bonne enfant! Eh bien! oui, vous m'aimez, je le crois; et vous avez une fière épine hors du pied, pas vrai?

— Mais comment allez-vous vous y prendre, monsieur Goujeux? demanda Marguerite.

— Comme je pourrai, ma bonne petite, comme je pourrai. J'ai bien un bout d'idée, mais ce qu'on appelle un plan, non. Je ne sais pas jouer la comédie, moi; il faut que je parle de source, ou bien, bonsoir les voisins! Je connais des gens qui apprennent leur rôle par cœur; chacun sa manière. Je réfléchirai, parce que c'est délicat. Écoutez, c'est plus que délicat, ça brûle! Il faut bien accorder que si nous reculons depuis deux ans, c'est qu'il ne fait pas bon avancer. Je voudrais avoir, vous m'entendez bien, le cahier, la lettre, enfin la chose...

Marguerite se leva et fit un pas vers son secrétaire.

— Tout à l'heure! dit Goujeux en l'arrêtant, car il continuait, par habitude, son système d'attaque, même après la bataille gagnée, et retirait toujours sa main avec dédain au moment de saisir l'objet le plus ardemment convoité; — tout à l'heure! Nous avons le temps. C'est pour les dates et la précision du récit... car il ne faut pas aller en zigzag avec Géraud. Nous disons donc que c'est chaud en diable! J'irai à la bonne franquette, quoi! Je viderai le sac d'un coup. Tout y sera: l'affaire du jeune homme et celle de notre petite Clémence. Je veux voir ces noces-là, sapreminette! et pleurer encore une larme de joie avant de sauter le fossé, comme on dit. Si saint Pierre, là-haut, veut me fermer la porte, je lui montrerai sur la terre quelques bons amis qui me devront bien une petite prière, et il sourira, le vieux portier du paradis, en voyant vos sourires, à vous tous qui avez tant pleuré; et pendant qu'il vous regardera, je me glisserai chez le bon Dieu, sans tambour ni trompette; vous voyez bien, chère petite, que c'est encore de l'égoïsme!

L'attendrissement de Marguerite grandissait.

— Il n'y a point d'homme pareil à vous, monsieur Goujeux ! dit elle avec admiration.

— N'exagérons rien, madame Géraud, répondit l'ancien maître de forges en redoublant de modestie ; peut-être aurais-je dû en venir là plus tôt. Pour sortir d'un préau bien clos, il n'y a que l'escalade ; mais, sapreminette! j'avais peur, je ne le cache pas. Ce salpêtre de Géraud prendra-t-il le mors aux dents ? voilà ! Il ne s'agit pas de moi, vous sentez, mais de lui, mais de vous tous.

— C'est une chose étonnante, s'interrompit-il, quand on a pris une fois son courage à deux mains, les choses changent de figure. J'ai bon espoir, pourvu qu'on me laisse le temps. Je choisirai le moment, je prendrai ma belle, et je pousserai ma pointe comme un lion. C'est égal ! je connais des dames qui seront bien contentes quand elles sauront votre âge, et que vous avez un poulet de cinq pieds cinq pouces. On se marie donc au biberon dans ces colonies ? J'espère que ma gaîté ne vous offense pas?

Un serrement de main fut la réponse de Marguerite.

— Quand on devrait donner un os à ronger à ce pauvre Kerdanio ! reprit M. Goujeux, sur quinze cent mille francs, les jeunes gens n'en mourraient pas. Allons, c'est dit, je vais arranger tout cela ; à vous revoir, chère madame, soyez tranquille, soyez heureuse, et pas un mot, surtout!

Il mit un doigt sur sa bouche en se dirigeant vers la porte.

— Vous m'aviez demandé, dit Marguerite, ce papier qui contient ma confession.

— C'est juste, c'est ma fois juste, je l'avais oublié ; donnez, si vous voulez, chère dame.

Marguerite alla ouvrir son secrétaire, et y prit un petit cahier qu'elle lui remit.

En touchant le cahier, les doigts du maître de forges eurent comme un tressaillement voluptueux. Il le fourra dans sa poche avec d'autres paperasses, en disant négligemment :

— J'y jetterai un coup d'œil.

— Je n'ai plus qu'une crainte, dit Marguerite en le reconduisant, c'est que Géraud, qui vous évite depuis quelque temps...

— Eh bien, chère madame, interrompit Goujeux en lui baisant la main pour prendre congé, souvenez-vous de la veille de vos noces. Ce ne sera pas la première fois que j'aurai forcé sa porte !

X

Trois mots d'anglais.

Ce bon M. Goujeux, en sortant de la chambre de Marguerite, traversa la salle à manger où Niotte faisait semblant de balayer le carreau. Il lui prit le menton. En traversant la cuisine, il dit quelque chose d'agréable à Scholastique qui chantait à son rouet, comme d'habitude, la complainte d'Henriette et Damon. Sur le carré, il donna une tape amicale à la joue de Michain.

Cet homme caressait les boutons de porte et les rampes d'escalier !

Avant de descendre, il passa la tête dans la chambre à coucher de Géraud qui était au palais, et dit à haute et intelligible voix :

— Songez à notre affaire, ce soir, monsieur Judaille ! Il ne faut jamais remettre une bonne action au lendemain.

— Présent ! répondit Judaille.

Il ajouta entre ses dents :

— Vieux crocodile à la poulette ! si j'étais né grand-turc, comme je t'empalerais !

Michain, rentré dans la cuisine, disait en même temps à Scholastique :

— Censé un plat de mort-aux-rats avec du sucre, v'là l'effet qu'il me fait, ce paroissien-là !

Soyez donc vertueux !

M. Goujeux allait par les rues, d'un pas vif et gaillard, la main sur la poche de sa houppelande, comme s'il y eût tenu une proie vivante et capable de s'envoler.

— Quoi de nouveau, Goujeux ? Où courons-nous, Amédée ? Le feu est-il à la maison ?

— Bonjour, mes amis, bonjour. La journée n'a que vingt-quatre heures. C'est le temps qui manque. Le feu est toujours à la maison quand il s'agit de faire le bien.

Les uns souriaient, les autres haussaient les épaules. Tous, cependant, honoraient dans leur conscience la manie de ce fou d'humanité.

En rentrant chez lui, M. Goujeux rudoya sa femme, qui dit :

— C'est bon ! il vient de chez la Géraud ! Quel tour pourrait-on bien jouer à cette coquine-là ?

Héloïse eut aussi son paquet, mais elle était engourdie dans la pensée de son Kerdanio. Cette fleur du premier amour est un talisman. Héloïse s'assit à sa harpe et sanglota la plus absurde de ses romances :

>Ah ! que de charme
>Dans une larme !...
>Mon cœur plus pur
>Qu'un ciel d'azur.
>Dernier sourire !
>Mon âme expire...
>Firmament bleu,
>Regard de Dieu !...

Cela les nourrit, pour peu qu'elles aient d'ailleurs un bon ordinaire.

M. Goujeux s'enferma dans sa chambre. Il rabattit ses rideaux au-devant de ses vitres, ôta son habit de ville par économie, passa la camisole qui lui servait de robe de chambre et ouvrit le cahier de Marguerite avec un frémissement de hâte.

C'étaient dix à douze feuilles de papier à lettre réunies ensemble et couvertes d'une charmante écriture de femme, fine, hardie, harmonieuse.

L'écriture a aussi son accent : il y a des mains délicates, des mains spirituelles et des mains de génie. Accordons que ces dernières appartiennent rarement aux maîtres d'écriture ; mais ne tombons pas dans cet excès idiot, édité par quelque patte de chat, mal peignant des pattes de mouche, et qui consiste à dire : que l'homme intelligent doit peindre sa pensée à l'aide d'hiéroglyphes boiteux, mal rangés, mal bâtis et mal peignés.

Dès les premières lignes, Goujeux se frotta le bout du nez énergiquement et dit avec triomphe :

— C'est cela ! c'est bien cela ! j'avais, pardieu ! deviné.

Il y avait en lui satisfaction d'artiste, la plus haute, la plus imperturbable de toutes.

A mesure qu'il avançait dans sa lecture, certains passages devaient le contrarier vivement, car son front se plissait et le sang venait à ses oreilles. Mais la satisfaction d'artiste surnageait obstinément. Il répétait en hochant la tête avec triomphe :

— C'est cela ! c'est bien cela ! Quel coup d'œil tout de même ! comme j'avais mis le doigt dessus !

A l'heure du goûter, maman Goujeux et la tendre Héloïse vinrent l'appeler. Il avait mis le verrou. Il répondit au travers de la porte :

— Mes bonnes petites biches, laissez-moi en repos. Je suis occupé... égoïste, vous savez !

— C'est ça, repartit sa femme ; des affaires à la duègne ou à je ne sais qui... et les tiens mourront sur la paille, monsieur Goujeux !

— Allons, père, ajouta Héloïse, viens !

— Que le diable vous emporte, couple de bécasses ! cria l'ancien maître de forges, je travaille pour vous la nuit et le jour. Mangez ! paissez ! et que je n'entende plus parler de vous.

— Qu'a donc papa, mère ? demanda Héloïse en gagnant la salle à manger.

Maman Goujeux prit un air d'importance.

— Il est bête, dit-elle, mais rusé au fond. Il m'a lâché des mots ce matin : serais-tu contente, Lilise, si nous avions écurie et remise ?

— Pour mettre quoi, maman ?

— Chevaux et carrosse, Lilise. Il m'a lâché des mots.

Les yeux rouges de Mlle Goujeux eurent un éblouissement.

— Ado n'irait pas dedans, n'est-ce pas, mère ? dit-elle ; il n'y aurait que nous et M. Guy ?

Elle ne put pas goûter. Elle entendait la voiture rouler ; elle voyait les chevaux gambader, et aussi Mlle Bodin et Mlle Guichard, ses deux meilleures amies, qui pleuraient de rage. Azur et ciel pur ! c'était une riche imagination et un bon petit cœur que cette longue Héloïse Goujeux !

L'ancien maître de forges, cependant, avait posé son cahier sur la table.

— Que faire de ces êtres-là, se demandait-il, si on avait soixante et quinze mille livres de rentes ?

C'était une question. Il y rêva pendant dix minutes, puis

il reprit sa lecture, entre-coupée de triomphales exclamations.

Quand il l'eut achevée, il la recommença.

Puis, ayant dit une dernière fois avec une conviction profonde : C'est cela ! j'avais deviné ! j'avais tout deviné ! Il prit sa tête à deux mains et se plongea dans de laborieuses méditations.

Le résultat fut qu'il se leva comme un ressort au bout d'une demi-heure, et qu'il s'écria, pris d'un soudain emportement :

— Non ! ce n'est pas cela ; non, je n'ai pas tout deviné ! Non, non ! mille fois non ! et je ne suis qu'un apprenti, qu'un enfant, qu'une mazette. Que diable ! s'il n'y avait que cela, pourquoi n'aurait-elle pas parlé ? Était-ce donc si difficile à dire ? Que Géraud ait entre les mains ce griffonnage-là pendant un quart d'heure, et il va tomber à ses pieds !

Il saisit le papier entre ses mains crispées, comme s'il eût voulu le défendre contre un ennemi invisible.

— Il faudra me hacher menu comme chair à pâté pour l'avoir désormais ! murmura-t-il.

Ses dents grinçaient et sa face était pourpre.

Deux tisons se consumaient lentement dans la cheminée. Il les écrasa d'un coup de pied, et la flamme jaillit dans une gerbe d'étincelles.

Il se baissa ; le papier toucha la flamme et se rétracta sous l'action de la chaleur.

Mais il demeura intact. Goujeux le retira d'un geste rapide et dit :

— Cela peut servir. On ne sait pas. Il suffit de le cacher si bien qu'on ne le puisse trouver jamais. Et d'ailleurs elle pourrait le refaire.

Un flux de pâleur remplaça la teinte violacée de ses joues ; il se mit à arpenter la chambre à pas précipités.

— C'est toi, s'écria-t-il tout à coup, se répondant à lui-même avec aigreur et violence, comme s'il y avait eu en lui deux opinions et deux esprits; c'est toi qui es une mazette, un apprenti, un enfant. Ah ! mais ! il n'existe que cela, tout est dans cet écrit, tout. Il n'y a pas autre chose, et cela te prouve quel est mon pouvoir ! Elle n'a pas parlé, quoique rien ne fût plus facile, plus simple, plus nécessaire. Pourquoi n'a-t-elle pas parlé, elle qui est intelligente et courageuse ? Parce que je ne l'ai pas voulu.

— Et c'est une chose étrange, poursuivit-il d'un accent rêveur, que la puissance de ces vagues épouvantails qu'on jette en travers de notre chemin, à nous tous tant que nous sommes, enfants, femmes ou hommes. Le danger le plus terrible et le mieux éclairé ne vaut pas le moindre de ces périls imaginaires qui n'ont pas de nom et que la folle du logis agrandit en tous sens, au point de former une montagne avec un grain de millet. Je lui disais : Prenez garde ! Géraud est capable de tout ! Mettez votre secret sous cloche, ou la mine sautera ! Je ne lui disais que cela. Pendant deux ans, cette ruse enfantine a produit son effet. Elle aurait gardé sa vertu pendant un siècle si d'autres circonstances n'étaient venues à la traverse.

— Entends-tu ? se reprit-il encore ; c'est ici la baguette magique : le vague, le mystère. Le vrai s'explique et se délimite. Ce qu'on ne sait pas, c'est le gigantesque et l'infini. C'est le grain de sable qui soutient dans le vide l'équilibre prodigieux de la roche tremblante. Où est-il, le grain de sable ? on l'ignore. Si le vent l'emporte quelque jour, par hasard, essayez de le remplacer par le tronc d'un chêne ou par un pilier de granit, le chêne sera écrasé, la colonne sera broyée....

Il s'arrêta brusquement devant le miroir qui était sur la cheminée.

— Il y a bien des gens de Paris, fit-il en s'adressant à lui-même un sourire poli et matois, qui écrivent sur la politique, sur la philosophie, sur ci et sur d'autres qui n'ont pas mon coup d'œil, non ! Je suis content de moi ! j'ai fait une campagne mémorable. Deux ans, sapreminette ! j'ai passé les yeux fermés le long d'un précipice. Si j'avais vu ma partie au grand jour, je n'aurais pas eu le sang-froid de la soutenir. Un mot, il ne fallait qu'un mot pour nous enfouir à cent pieds sous terre ! ce mot, je l'ai empêché de tomber, à la force du poignet, de la bouche d'une mère et d'une femme qui voyait souffrir son mari et son fils, — pendant deux ans !

Il froissa le cahier d'un geste dédaigneux.

— Elle ne recommencera pas cela, non, tout bonnement, parce que je ne veux pas qu'elle en tire un second exemplaire. Je ne veux pas : voilà ! ça suffit. On est sorcier, sapreminette !

Le miroir lui renvoyait son regard tout brillant de la joie du triomphe.

La brune allait tombant.

— Mais il ne faut pas s'endormir sur le succès, reprit-il ; rien n'est fait, en définitive ; j'ai piqué sur quatre, comme dit cet imbécile de Kerdanio ; mais je n'ai encore que le roi et la vole ; il me reste deux points à marquer. Un mot, il suffit d'un mot, un mot peut échapper par hasard ; un mot qui me volerait le pain de ma vieillesse !

Il prit dans un tiroir de son secrétaire un petit rond de cuir au centre duquel pendait une forte ficelle. Il humecta le rond de cuir et l'appliqua sur un carreau que rien ne distinguait des autres tuiles, servant à paver la chambre. A l'aide de ses pieds, il fit en sorte que le rond, posé à plat, adhérât parfaitement à la surface polie de la brique, puis il tira la ficelle à deux mains dans le sens vertical.

Le carreau, soulevé, vint avec le rond de cuir.

Tout autre moyen laisse des traces, M. Goujeux n'était peut-être pas un physicien de premier ordre, mais il connaissait la vertu de l'adhérence par le vide et il s'en servait pour ses petits besoins.

Sous le carreau, il y avait un trou assez profond contenant des papiers et de l'argent.

M. Goujeux abaissa sur ce trésor une œillade hautement dédaigneuse.

— Quinze cent mille francs ! murmura-t-il comme s'il eût voulu humilier les quelques louis de sa cachette.

Il plia le cahier de Marguerite et le fit entrer dans le trou.

Puis, après avoir pris quatre ou cinq pièces d'or qu'il mit dans sa bourse, il replaça le carreau avec une minutieuse précaution. Une pesée de son pied acheva de lui rendre l'aplomb, et vous eussiez cherché toute une journée sans retrouver cette tuile mystérieuse.

Le cuir, déjà séché, relevait ses bords et n'adhérait plus.

M. Goujeux ferma son secrétaire, refit sa toilette et lustra les poils de son chapeau avec sa manche en achevant de régler le compte de ses réflexions. La nuit venait rapidement ; la nuit qui vient refroidit toujours les exaltations de l'espérance.

Quand il ôta le verrou, il en était à se dire :

— Le naufrage en vue du port ! on voit cela tous les jours. Un mot ! il ne faut qu'un mot !

La voix de maman Goujeux le fit tressaillir.

— C'est une vie, alors! criait la brave dame qui le guettait au passage; tu n'as plus d'heures, monsieur Goujeux! Dieu sait qui tu fréquentes maintenant, et ça ne me regarde pas. Les repas n'y font plus rien : tu manges en ville, tes habits sentent la pipe, on te rapportera bientôt chez toi à bras, la nuit, comme ton ami Géraud.

— Ma bonne... ma bonne...

— Ne t'en avise pas, sais-tu! Si tu te mets dans des états pareils, reste avec ta duègne ; elle a les bénéfices, je lui laisse les charges.

— Voici Héloïse! dit Goujeux avec dignité, au moins ne parle pas ainsi devant ton enfant!

Ce mot adroit lui fit une sortie. Il reprit sa course au travers des rues humides et pavées de poignards où quelques réverbères fumeux brillaient de loin en loin.

Il avait son chapeau sur ses yeux et le nez dans le collet de sa redingote.

On aurait pu l'entendre répéter, en allongeant le pas :

— Un mot... qui me coûterait cinq cent mille écus !

Sur la place du Pré-Botté, la lanterne de la Pomme-de-Pin luisait comme un phare. M. Goujeux s'engagea dans l'allée mouillée et malodorante où nous l'avons suivi déjà, et fit son entrée dans les États de la reine Pouponnel.

Elle était riante et fraîche et brave comme autrefois, cette grosse petite cabaretière. Elle portait coquettement un bonnet de crêpe noir, annonçant qu'elle avait eu enfin raison de son mari. Elle trônait à son comptoir, au milieu d'une atmosphère à couper au couteau, chargée de si atroces émanations de pipe, de bière, d'eau-de-vie et de café, que le plus impur des animaux vivants y fût tombé d'asphyxie foudroyante. Mais ce milieu la tenait en joie, ainsi que les nombreux habitués de son taudis.

— Voilà M. Amédée! s'écria-t-elle d'un accent railleur en voyant la mine effarouchée de l'ancien maître de forges; vous verrez qu'il n'entrera jamais par la grand'porte. Pourquoi donc qu'il vient chez nous, s'il a honte?

— Je n'ai pas honte, ma bonne madame Pouponnel. Ne me donnez pas en spectacle, je vous en prie. Où est M. de Kerdanio?

— Mon Guy! appela la bonne femme, qui se familiarisait avec le hobereau depuis qu'il faisait de la dépense chez elle, arrivez, on vous demande !

Puis, continuant son antienne :

— Ce n'est pas pour la consommation que vous venez, toujours, monsieur Amédée! un verre de bière en deux semaines et une prise que vous me prenez de temps en temps sur le comptoir! Voilà une femme, Mme Goujeux, qui ne doit pas se plaindre des dépenses de son mari! Arrivez, Mon Guy, voilà qu'il vient pour vous emmener dans la rue, à la froid, pendant qu'on est si bien à causer de ses affaires dans le petit cabinet du devant, avec un bon bol de punch et des biscuits.

M. Goujeux prit Kerdanio sous le bras sans répondre à cette dernière galanterie et l'entraîna dehors.

— Ça ne pouvait pas manquer! dit Mme Pouponnel. Défunt mon homme l'appelait le rat tricolore, rapport à son gilet, sa cravate et sa chemise. Je l'ai bien grondé, la politique étant séquestrée d'un établissement banal comme ici présent. Mais il avait raison tout de même. Un bischoff aux trois étudiants là-bas, François, et pas de crédit!... Quoique ça, qu'il n'était pas si bête encore qu'il en avait l'air, mon pauvre homme!

Dans l'allée sombre, Goujeux disait à Kerdanio :

— Un mot! un seul mot qui nous noierait tous deux comme une pierre au cou!

— Allez-vous me parler grec, Amédée?

— Je vous prie de m'écouter, Guy, mon ami. D'abord, je me refuse absolument à venir vous chercher désormais dans ce mauvais lieu.

— Quelle mouche vous pique, saperbleure?

— Un mot... comprenez-vous? un mot... Pendant deux ans... mais pressons le pas, Guy; nous allons trouver derrière le Champ-de-Mars Grand-François, l'ancien domestique du jeune homme.

— Est-ce que vous croyez qu'il sait si Tréomer a les titres? demanda le hobereau.

— Je n'ai pas besoin de lui pour cela, Guy, répondit Goujeux d'un air sombre ; je le sais et je sais encore bien autre chose. Il les a, je vous le certifie ; il a tout. Sans moi, voyez-vous... Mais je vous expliquerai cela tout à l'heure... un mot... un fil... pendant deux ans... tout ça tient à un fil!

Ils arrivaient aux terrains déserts qui s'étendaient alors à droite du Champ-de-Mars et sur lesquels on a construit depuis la caserne d'artillerie. Goujeux s'arrêta au milieu d'une assez vaste prairie, dont la pioche avait déjà déchiré le tapis vert pour commencer les fondations de la maison militaire. La lune était sous les nuages, mais sa lumière diffuse éclairait suffisamment les objets voisins. La ville se dessinait parmi la brume légère, les arbres des Murs dressaient leurs silhouettes noires, au travers desquelles des lumières brillaient çà et là. Nos deux compagnons avaient sur leur droite la plaine du Champ-de-Mars, solitaire et muette ; sur leur gauche, les masures qui rejoignent le faubourg de la Madeleine et la route de Nantes. Placés comme ils l'étaient, au milieu d'un large espace, vide et plat, ils n'avaient point à redouter les auditeurs indiscrets.

C'était ce que voulait Goujeux, car il jeta un regard circulaire dans la prairie et dit :

— Vous souvenez-vous, Guy, mon garçon, de ces histoires où l'on voit un homme courir tout seul, la nuit, dans la campagne, et tracer un cercle, à l'aide d'une baguette, pour évoquer le diable?

Il avait à la main la propre badine de Kerdanio, qu'il venait de lui prendre en causant.

Kerdanio n'était pas un esprit fort. Il haussa bien un peu les épaules ; mais sa voix chevrota quand il répondit :

— Pas de bêtises, Amédée ; je n'aime pas ces plaisanteries-là.

— Nous sommes deux, mon fils, reprit l'ancien maître de forges, d'une voix que le hobereau trouva changée ; vous n'avez pas besoin d'avoir peur, à moins que vous ne me preniez moi-même pour Satan.

Il eut un rire aigu et sec.

Kerdanio tressaillit. Involontairement, il fit un pas en arrière.

— Foi de Dieu ! s'écria-t-il, vous allez finir, n'est-ce pas, ou je vous plante là, moi, d'abord !

— Si j'étais le diable, Guy, mon fils, prononça doucement Goujeux, quand vous auriez cinquante pas d'avance sur moi, je n'aurais qu'à étendre le doigt pour vous accrocher.

Son doigt s'introduisit en même temps dans la boutonnière du hobereau, qui souffla deux ou trois fois à grand bruit. Malgré l'obscurité, on voyait son malaise, et Goujeux semblait en jouir.

— Voyons ! voyons ! poursuivit-il, ne faisons pas l'enfant, et regardez bien du côté de la rivière, Guy. Vous avez encore vos yeux de chasseur, vous. Si Grand-François passait le long de la route, là-bas, moi, je pourrais bien ne point l'apercevoir.

L'idée que Grand-François allait venir soulagea évidemment Kerdanio, qui répondit :

— Soyez tranquille, Amédée ; je verrais passer une taupe sur la route.

Nous savons que ce bon M. Goujeux n'était pas un de ces hommes folâtres qui plaisantent à tort et à travers. Chacune de ses actions, grandes ou petites, avait sa raison d'être sérieuse et calculée. Il connaissait Kerdanio si admirablement qu'il pouvait graduer chez lui les impressions, comme on nuance une tasse de café au lait. Il avait besoin, ce soir, que Kerdanio fût ébranlé moralement et jeté hors de son assiette ordinaire, mais il ne voulait pas le paralyser, tant s'en fallait. De là les deux pressions en sens contraire : la pensée du diable évoqué et l'annonce de l'arrivée prochaine de Grand-François.

On a coutume de dire que les gens de Bretagne sont superstitieux. Le fait est vrai. Mais je connais plus d'un Parisien qui perdrait sa jolie vaillance s'il se trouvait seul avec ce bon M. Goujeux, rien que sur la butte Montmartre, à minuit, ou dans le fossé des fortifications, et que ce bon M. Goujeux lui parlât comme cela tout doucement d'évoquer le diable. Les ténèbres font un drôle d'effet sur certains philosophes. Il n'est pas besoin d'aller jusqu'en Bretagne pour trouver des moustaches qui se hérissent au nom de Satan, prononcé à propos dans la nuit solitaire.

Et puis, ce bon M. Goujeux avait en lui quelque chose de diabolique, très-positivement, quand il voulait.

— Quinze cent mille francs ! murmura Goujeux en attirant à lui Kerdanio qui résistait instinctivement, cela vaut la peine d'en essayer, Guy. Vous en savez plus d'un qui a vendu son âme pour moins que cela !

— Saperbleure !...

— Tout près de chez nous, là-bas, Guy, dans la lande de Grandlieu, il y a la Roche-Grise. J'ai vu, moi qui vous parle... Mais nous sommes à deux pas de la ville, mon garçon. Et ce n'est pas pour cela que je vous demandais ce matin si vous aviez du cœur.

— Homme contre homme, balbutia Kerdanio, je ne dis pas.

Ses dents claquaient un peu.

— Il s'agit des choses de ce monde, continua Goujeux; rassurez-vous. Est-ce que Tréomer vous ferait peur, là, deux à deux, dans une chambre ou sur le pré?

— Foi de Dieu! s'écria le hobereau du meilleur de son cœur, donnez-le moi, je lui tordrai le cou comme à une poule!

— A la bonne heure! ce sont des ennemis de chair et d'os que nous avons à combattre, mon fiston! Ne voyez-vous point un homme là-bas, du côté de la poudrière?

— Non, personne.

— Causons donc; j'aime mieux que Grand-François nous laisse le temps. Je parie ma tête à couper que vous ne forceriez pas un secrétaire pour y prendre de l'argent, Guy?

Le geste du hobereau peignit si énergiquement le dégoût que ce bon M. Goujeux lui serra les deux mains avec effusion.

— J'en étais sûr! dit-il; au bord même du fossé où nous sommes, car, je ne vous le cache pas, Guy, nous jouons ce soir notre va-tout, et nous le jouons sur une carte terriblement chanceuse, vous ne feriez pas cela, — quand même vous pourriez vous dire: Ce sont mes quinze cent mille frans qui sont dans le secrétaire!...

— Non, Amédée, non, répliqua Kerdanio, mais avec beaucoup moins de vivacité; non, foi de Dieu! je ne le ferais pas! J'ai mon nom, et ma bonne femme de mère me voit de là-haut, saperbleure!

— Bien, mon garçon! très-bien! ma fille sera heureuse avec vous, parce que vous êtes un honnête homme. Voilà donc où nous en sommes: les explications n'y feraient rien, n'est-ce pas vrai? Le Tréomer est un hardi coquin!

— Ah! bah! voici la première fois que je vous entends parler la bouche ouverte, Amédée!

— C'est que je suis indigné, Guy, et qu'il ne s'agit pas de moi. Egoïste, vous savez... Pour arriver où j'en suis au sujet de ce M. Palmer, qui prend votre nom et veut prendre vos écus, il m'a fallu bien des recherches. Je ne vais pas à l'étourdie, moi, j'ai travaillé deux ans. Ce Palmer ou ce Tréomer, comme vous voudrez l'appeler, est un audacieux imposteur. Je le sais, je le dis, voilà!

— Le direz-vous devant la justice, Amédée?

— Pauvre Guy, répondit l'ancien maître de forges d'un ton compatissant toujours innocent comme l'enfant qui vient de naître! La justice! Va-t-en voir s'ils viennent! La justice n'y verra que du feu! J'aurais beau dire, puisqu'il a les titres!

— Mais s'il a les titres, Amédée, demanda Kerdanio, qui tâchait de comprendre, comment peut-il être un imposteur?

Goujeux lui mit la main sur l'épaule.

— C'est un mystère d'iniquités, Guy! prononça-t-il à voix basse.

Puis, avec une soudaine volubilité :

— Cette Marguerite, la femme de Géraud, n'est-elle pas des colonies? Et ce Tréomer n'est-il pas l'amant de la femme Géraud?

Le hobereau recula stupéfait.

— Voilà! fit emphatiquement l'ancien maître de forges.

— Mais, objecta Kerdanio, ce matin encore, vous me disiez...

— Ce matin n'est pas ce soir. La mine éclate, quoi! Tout se sait. Et croyez-vous que c'est pour ce misérable argent que je suis en colère? L'argent! néant! Mais le déshonneur qui est dans la maison de mon meilleur ami!... Ecoutez! voilà toute l'histoire : cette Marguerite connaissait le vicomte Jean-Marie. Elle avait été sa maîtresse, son esclave, est-ce que je sais, moi, là-bas, à la Jamaïque. Dans ces pays-là, c'est tous coquins et coquines. Elle sait l'affaire sur le bout du doigt. Elle a ramassé ce garçon-là Dieu sait où, et ils ont fabriqué de faux titres.

— Tonnerre du ciel! gronda le hobereau.

— Et le président du tribunal ne s'embarquera pas pour la Jamaïque afin de vérifier, n'est-ce pas? A Londres, d'où ils viennent tous deux, il y a des manufactures de paperasses authentiques. Pour dix guinées, on en a gros comme une maison; c'est fait aux petits oignons, par des anciens notaires qui ont l'habitude de la chose. Tout est en règle. La Marguerite, qui fait voir à Géraud des étoiles en plein midi, l'a empêché de prendre notre affaire; ceci n'est qu'un détail, Nous sommes roués. Géraud en tient; l'héritage nous passe sous le nez. Retenons nos lits à l'hôpital.

Kerdanio restait atterré.

— Qui vient là-bas? demanda Goujeux? personne encore? Tant mieux; je vais avoir fini... Un autre aurait jeté le manche après la cognée; il y avait de quoi; moi, je me suis dit : Il s'agit de ce pauvre Guy; les titres faux sont dans le secrétaire de cet Américain de malheur... Ma foi, peut-être qu'il y a encore moyen...

— Ah! fit Kerdanio avec défiance; c'était pour en arriver là?

— Si c'était de l'argent, mon garçon...

— Moi! le fils de mon père! foi de Dieu! entrer dans une maison comme un voleur!

— Pour punir un brigand...

— Est-ce que je sais, moi, si ce que vous dites est vrai, Amédée?

Goujeux lui saisit le bras. Un pas se faisait entendre du côté de la rivière.

— Grand-François! murmura Kerdanio.

— Vous allez voir si j'ai dit vrai, Guy! prononça l'ancien maître de forges avec dignité.

Ils se mirent à marcher tous deux vers le pont qui rejoint la ville au Champ-de-Mars. L'ex-valet de chambre de Tréomer venait droit à eux.

— Bonsoir, François, mon garçon, dit Goujeux; voilà le monsieur dont je t'ai parlé. Il te prendra sur ma recommandation, si tu lui plais. Nous ne faisons pas ici de cachotteries; c'est lui qui a ce procès avec ton Tréomer; il voudrait avoir des renseignements...

— Pour quant à ça, répondit François, c'est un bon jeune homme, oui, et je n'avais pas tant seulement passé la porte de sa maison que j'aurais voulu y rentrer.

Grand-François était un long paysan à figure débonnaire.

Goujeux se pencha à l'oreille de Kerdanio :

— Il n'a pas inventé la poudre, murmura-t-il; mais vous allez voir...

— J'entends bien! s'interrompit-il en s'adressant au domestique; il n'y a qu'une voix sur son compte : c'est un gentil sujet. Mais, enfin, ce qui est fait est fait; François, mon gars, tu ne peux pas rester sur le pavé.

— Pour quant à ça, c'est certain.

— Ton Tréomer ne recevait pas beaucoup de monde, n'est-ce pas?

— Autant dire personne.

— Quelquefois ce messager?

— M. Le Quien, oui, quelquefois... un drôle d'homme !

— Goujeux pinça le bras de Kerdanio, et reprit :

— Et une dame?...
— Oui... une dame... pas souvent.
— Le soir?
— Le soir.
— Et tu étais curieux, mon François, curieux de savoir ce qu'ils faisaient ensemble?
— Un brin tout de même.
— Et tu as regardé une fois par le trou de la serrure?
— Rien qu'une fois, et pas longtemps.

Goujeux marcha sur le pied de Kerdanio, qui n'avait plus besoin de cela pour écouter de toutes ses oreilles.

— Assez longtemps pour voir quelque chose, mon François?
— Tout de même.
— Pour voir quoi?
— Qu'il ouvrait une grande lettre à cachet large comme un écu, et que la dame avait aussi une lettre de même, et qu'ils mettaient les deux papiers à côté l'un de l'autre pour les *bigner* comme il faut.
— Pour savoir s'ils étaient bien imités, dit tout bas Goujeux à Kerdanio.
— Et que la dame a frappé dans ses mains, reprit le domestique congédié, comme qui dirait pour dire : C'est pourtant ça! et qu'ils se sont embrassés.
— Est-ce clair? murmura Goujeux à l'oreille de Kerdanio ; ils venaient de recevoir tous deux leur courrier de Londres!
— Et tu n'entendais rien de ce qu'ils disaient comme ça, mon François? reprit-il tout haut.
— Pas grand'chose, voyez-vous, à cause qu'ils se parlaient anglais, à ce que je crois. Pourtant, monsieur fit de même en remettant le papier dans l'enveloppe : Ça m'a coûté assez cher.
— Hein, Guy! hein, mon garçon, fit l'ancien maître de forges.

Kerdanio était plongé dans une sorte d'hébétement. Il entendait bien cet interrogatoire, mais son cerveau restait ébranlé par la scène qui avait précédé celle-ci.

On aurait pu saisir ces paroles qui passaient entre ses dents serrées :

— Foi de Dieu! un secrétaire est toujours un secrétaire... La nuit... dans une maison habitée... La cour d'assises.

15

Ce bon M. Goujeux, tout en écoutant religieusement Grand-François, ne perdait aucun des murmures de Kerdanio. Il se disait :

— Ça fermente. On aura du mal, mais il y viendra !

— Et pourquoi as-tu quitté M. Ange, François, reprit-il en touchant du coude le hobereau, puisque c'est un si bon jeune homme ?

— La bouche ! répondit le garçon avec un soupir d'une aune ; on ne sait pas où ça peut mener. Monsieur avait reçu de là-bas, aux colonies, une caisse de rhum ; il m'en avait fait goûter... C'est tout neuf ce que je vous dis là... Vous aviez déjà tourné autour de moi, monsieur Amédée, pour me parler de l'autre place. Quoi donc, un soir, en sortant d'avec vous, j'avais un petit peu de chaleur à la tête. Monsieur était à courir le guilledou. L'idée du satané rhum me vint... Tout est ouvert, chez nous, en dedans... Il n'y a de fermé que le secrétaire, et on casserait la devanture avec un moyen coup de poing. Je montai au premier étage à tâtons. Thunder, le chien anglais, couché sur le tapis de la salle à manger ; mais j'avais emporté une beurrée, et Thunder, la pauvre bête, laisserait passer une armée de brigands pourvu qu'on lui jette une croûte en disant son nom comme ils le prononcent en anglais, et puis encore *good dog ! good dog !* C'est si bête, les Anglais ! Ils appellent les chiens de chasse des dogues !

— Dis donc le nom du chien en anglais, mon François, interrompit M. Goujeux.

— *Thunder*, parbleu !

— Et les autres mots, répète-les.

— *Good dog ! good dog !*

— Avez-vous entendu, Guy ?

— Qu'est-ce que cela me fait ? gronda le hobereau.

— Cela vous prouve, mon garçon, répliqua doucement l'ancien maître de forges, qui, au préalable, lui mit son talon sur l'orteil, que les gens de la nature prennent très-facilement l'accent et la prononciation des langues étrangères. Ce grand gars, en effet, n'a reçu aucune espèce d'éducation... Continue, mon François : où était le rhum ?

— Dans la chambre où est le secrétaire.

— Et le chien n'aboya pas ?

— Il m'aurait plutôt aidé, le bon animal. Je pris donc par la salle à manger, le salon et le cabinet. Il y avait Thunder qui me suivait. Je me disais en le caressant : Un chien qui se laisse prendre par le cou, un voleur pourrait le saigner comme un poulet. Enfin, n'importe. Le rhum était derrière le secrétaire; je pris la bouteille entamée, rien que pour boire un coup... Mais, vous savez, la bouche, quand on y est... Je vidai la bouteille...

— Et si ton maître était rentré, François?

— Il rentra justement... Mais c'est tout un train pour ouvrir la porte de la rue. J'eus le temps de prendre le petit escalier et de filer par le jardin, après avoir remis tout en ordre, encore...

— Ah! ah! fit Goujeux, tu avais la clef de la seconde porte?

— Je la pris donc! répliqua le valet, et tenez, faudra que je retourne chez monsieur pour la lui rendre, car je l'ai gardée dans ma poche depuis ce jour-là.

Il la prit à la main et la montra, selon la coutume des gens de son espèce, qui éprouvent je ne sais quelle jouissance à prouver la vérité de leurs dires.

Ils montaient en ce moment le talus qui séparait la prairie de la route. M. Goujeux n'avait plus ses jambes de quinze ans. Il glissa et se retint naturellement au bras de François, qui était près de lui; mais le mouvement fut si brusque que la clef tomba dans le fossé.

Goujeux, toujours obligeant, se baissa le premier pour la retrouver. On chercha consciencieusement; il y avait là de longs herbages sur la pente du talus et un peu d'eau fangeuse au fond du fossé.

— C'est tout de même ennuyant, dit le valet; nous nous aurions peut-être bien rarrangés, monsieur et moi; mais autant chercher une aiguille dans une charretée de foin, à cette heure!

— Et c'est moi qui suis cause!... commença Goujeux d'un ton chagrin.

— Bah! interrompit Grand-François. je reviendrai demain au jour; et puis, d'ailleurs, si quelqu'un la trouve, il n'en saura rien faire.

On franchit le talus. Kerdanio n'avait point pris part à la recherche.

Une fois sur la route, François continua :

— Il y a donc que le lendemain matin, monsieur, qui ne m'avait pas trouvé dans mon lit, voulut me dire des raisons.

Moi qui pensais à votre bonne place, monsieur Amédée, je répondis tout de même un petit peu roide. Il me montra la porte, et ça fut fait comme ça.

— Eh bien! Guy, mon excellent ami, s'écria M. Goujeux, une pareille candeur ne fait-elle aucun effet sur vous? ne seriez-vous pas bien aise d'avoir un serviteur aussi incapable de fausser la vérité?

— Hum! fit le hobereau, quand j'en serai à prendre un valet de chambre...

La main de Goujeux, qui se posa sur sa bouche, lui coupa la parole.

Grand-François marchait en avant.

Goujeux mit ses lèvres tout contre l'oreille de Kerdanio, et dit rapidement :

— J'ai la clef, les titres sont à nous!

Le hobereau s'arrêta, littéralement abasourdi.

— Mon grand gars, reprit ce bon Goujeux en s'adressant au valet qui venait de se retourner, tu as affaire à des Bretons francs comme l'or, vois-tu! Tu plais à mon ami, et c'est tant mieux pour toi, car ton ancien monsieur n'aurait pas pu te garder longtemps. Tu sais ce que je t'ai dit pour le procès; voilà celui qui le gagnera, mon grand gars. Géraud, notre célèbre Géraud a consenti aujourd'hui même à se charger de sa cause. Tu comprends bien, François, que nous aurions pu te recevoir chez lui ou chez moi; mais comme tu sors de chez l'adversaire, ça aurait fait mauvais effet. Retourne à ton garni, mon ami, sois sage, ne dis mot. Les renseignements que tu nous as fournis sur la moralité de ce Tréomer...

— Je n'ai rien dit contre monsieur, non! s'écria le pauvre diable.

— Tu es une bonne âme, François; voilà six francs pour ta peine. C'est comme un denier-à-Dieu, entends-tu? Fais le mort maintenant, et tu auras de nos nouvelles!

Il tourna court au bout du pont, passa son bras sous celui de Kerdanio et l'entraîna d'un pas rapide le long de la promenade des Murs, laissant Grand-François tout étourdi, avec son écu de six livres dans la main.

Il était environ neuf heures du soir. Les Murs, étroit boulevard au centre duquel une seule rangée d'arbres s'aligne, étaient plus mal éclairés encore que le reste de la ville. Çà et là, de rares passants allaient leur chemin le long de la murette qui côtoie le petit bras de la Vilaine.

Goujeux et Kerdanio marchaient au contraire le long des maisons. Goujeux avait pris le pas de course. Kerdanio se laissait entraîner comme un enfant.

Au bout d'une minute environ, l'ancien maître de forges dit entre haut et bas :

— *Thunder! good dog! good dog!*

— Foi de Dieu! s'écria Kerdanio, si vous voulez vous fourrer dans de mauvaises affaires, allez tout seul, Amédée.

— Quinze cent mille francs! répondit Goujeux, ou l'hôpital; c'est à choisir.

— Ne peut-on plaider?

— Contre les titres, non; mais, sans les titres, Guy, mon garçon, je n'ai pas menti quand j'ai dit tout à l'heure que Géraud serait maintenant avec nous... Sapreminette! croyez-vous que j'aille au hasard, moi? Vous allez voir! vous allez voir!

Il y avait en lui une exaltation singulière. Kerdanio sentait son bras frémir sous son aisselle.

— Que m'avez-vous dit de la clef? demanda-t-il.

— Nous reparlerons de la clef, Guy; c'est un détail. Tout est pour nous; nous avons tout : le roi, la vole et la veine! Vive l'empereur! sapreminette! ou vive le roi! ça m'est égal! Et si vous caponnez, vous, que le diable vous emporte!

Ils arrivaient devant le pont qui conduit aux levées de la Santé, où était situé le logis d'Ange Tréomer.

— Est-ce que vous y allez maintenant, Amédée? demanda le hobereau avec une insurmontable répugnance.

— Pas encore, Guy, pas encore, répondit l'ancien maître de forges.

Kerdanio respira bruyamment.

— Je vous dis que nous avons tout, reprit Goujeux en s'arrêtant court; nous sommes maîtres devant, derrière, à droite, à gauche, au-dessus, au-dessous... Hé! hé! Guy!... Les affaires bien faites n'amènent jamais de désagrément... celle-là était difficile... c'est tout uniment mon chef-d'œuvre!

Il ôta son chapeau pour essuyer son front, où la sueur coulait à grosses gouttes.

— Vous n'êtes pas fort, mon garçon, continua-t-il avec protection; pas fort... pas fort du tout! Il faut vous mâcher les morceaux comme à une garçaille. Très-bien! on prend les gens comme ils sont. Je veux que vous soyez là comme chez vous... Est-ce compris?

— Non, de par tous les diables, ce n'est pas compris! s'écria Kerdanio; je n'y vois goutte, au contraire; et si vous ne vous expliquez pas à l'instant même, je me butte ici comme un cheval rétif, entendez-vous? J'en ai assez. A tâtons, Amédée, je ne ferai pas un pas de plus.

La lueur du réverbère éclaira le bon sourire de M. Goujeux. Il quitta le bras de son compagnon pour se frotter les mains avec un sincère plaisir.

— Asseyons-nous là, Guy, mon garçon, dit-il en montrant la murette; nous avons le temps. Il y a encore de la lumière chez le camarade Tréomer.

De l'autre côté de l'eau, en effet, les fenêtres du jeune avocat étaient éclairées.

Kerdanio se mit à cheval sur le petit mur.

— Vous pouvez en bourrer une, si vous voulez, reprit Goujeux d'un ton caressant.

— Je n'ai pas le cœur à fumer, répondit rudement Kerdanio.

— Ce sera comme vous voudrez, Guy; l'habitude n'est pas bonne, et si vous pouviez la planter là une fois, vous n'en seriez que mieux vu dans le monde. Je vous dis cela parce que je m'intéresse à vous.

— Ah çà! s'écria le hobereau en fermant les poings, est-ce que vous me prenez pour un imbécile, Amédée? Pensez-vous m'amuser comme les autres avec vos sornettes?

— Nous avons le temps, je vous dis, répéta l'ancien maître de forges; que faut-il pour vous mettre au fait? Dix minutes. Dans dix minutes, vous serez aussi savant que moi-même. Qu'ai-je promis, voyons? Les titres, sans danger, la peine de se baisser pour les prendre? Qu'ai-je avancé? Que nous avions le droit de mettre la main dessus? Conservez-vous des doutes après l'histoire de la dame racontée par François? Et n'avez-vous pas reconnu Mme Géraud, qui sait justement l'anglais et qui vient de ces pays-là? — Ça m'a coûté cher! a dit le Tréomer.

— C'est vrai! c'est pourtant vrai! murmura le gentillâtre.

— S'il vous faut d'autres preuves de la complicité de Marguerite, nous les aurons, Guy, sans nous déranger. Je vais tout à l'heure vous mettre aux premières loges pour assister à un spectacle curieux. Et ne pensez-vous pas que ce serait une crâne position, si nous étions pris la main dans le sac, là-bas, par impossible, de pouvoir dire au Tréomer : Non, nous ne sommes pas des voleurs ; nous sommes les amis de Géraud, et nous venons venger Géraud, dont vous déshonorez à la fois la femme et la fille !

— Ça m'irait, ça! dit Kerdanio qui releva la tête.

— Attendez! Tout vous ira, mon garçon, parce que tout est de cette force-là! Notez bien que je vous parle d'un cas extrême, d'un accident qui n'arrivera pas, qui ne peut pas arriver. Vous allez bien le voir! Nous n'aurons affaire qu'à des portes muettes, à des serrures inertes et à un bon diable d'épagneul dont nous savons d'avance le faible. *Thunder! good dog !* et un gâteau. Est-ce que je prononce bien le mot d'ordre, Guy ?

— Pas mal, Amédée, pas mal.

— Quinze cent mille francs pour trois mots d'Angleterre! Nous avons attendu deux ans, c'est vrai ; mais le proverbe. Ils ont éternellement raison, les proverbes. Tout vient à point, et cætera, et cætera, et cætera.

Ces derniers mots, répétés par trois fois, lui donnèrent le temps de se recorder. Peut-être son enthousiasme n'était-il pas absolument sincère. Avec ce bon M. Goujeux, on ne pouvait jamais savoir. La chose certaine, c'est qu'il fallait chauffer à blanc le Kerdanio.

— Le problème était celui-ci, reprit Goujeux : rentrer dans vos droits sans qu'il vous tombe un seul cheveu de la tête. Nous y sommes, mon garçon. Et qu'importe la peine qu'on s'est donnée?

Il se mit sur ses pieds d'un saut. La lumière venait de s'éteindre et la façade du logis de Tréomer était noire.

— Allons! commanda Goujeux, en avant!

— Où allons-nous? interrogea le hobereau, plus indécis que jamais.

— Au spectacle, répondit l'ancien maître de forges, et la comédie vous prouvera : 1° que nous n'avons rien à craindre dans notre expédition ; 2° que Mme Géraud a ses raisons pour ne plus cabaler contre la Baraque ; 3° que Tréomer a porté le trouble dans la maison de notre ami ; 4° que Géraud plaidera pour nous quand nous voudrons. Est-ce assez ?

Il reprit sa course, entraînant toujours son Kerdanio.

Juste en face du logis de Géraud, il y avait une petite maison en construction. Les travaux étaient entourés d'une palissade en planches, au centre de laquelle s'ouvrait une large brèche.

Goujeux et Kerdanio entrèrent par la brèche. La rue était déserte, personne ne les vit. Ils se cachèrent derrière les planches, choisissant chacun une belle fente par laquelle on pût écouter et voir.

Au bout de trois ou quatre minutes, un homme passa rapidement. Il avait un chapeau sur les yeux.

— Tréomer! murmura Kerdanio.

— La paix! fit Goujeux impérieusement.

Le hobereau se tut. L'homme s'éloigna, puis revint. Il s'arrêta en face de la maison Géraud et regarda aux fenêtres. Les croisées du cabinet de l'avocat étaient éclairées. L'homme se mit à marcher de long en large devant la palissade.

— Ça va-t-il durer jusqu'à demain, ce jeu-là? grommela le hobereau.

— Chut! siffla Goujeux tout doucement, Géraud éteint sa lumière.

C'était vrai.

L'homme vit cela comme nos deux compagnons, car il s'éloigna jusqu'à la place Saint-Pierre, comme pour laisser le champ libre à celui qui allait descendre.

Un instant après, la porte de la maison s'ouvrit, et Géraud, boutonné jusqu'aux oreilles, sortit. On eût dit qu'il éprouvait un plaisir d'enfant à jouer comme il faut sa comédie d'escapade. Il avait, lui aussi, le chapeau sur les yeux. Il regarda à droite et à gauche dans la rue, puis il prit d'un pas rapide le chemin du centre de la ville.

— A l'autre! dit Kerdanio, que la curiosité tenait pour tout de bon.

L'autre ne se fit pas attendre.

L'autre avait une clef de la porte d'entrée. Il s'introduisit dans l'allée avec la prestesse d'un habitué.

Puis, la rue fut de nouveau déserte et silencieuse.

— Eh bien? fit Goujeux triomphant, les scrupules?

— Foi de Dieu, répliqua le hobereau, puisqu'il se sert des clefs d'autrui...

— Tenez, Amédée! s'interrompit-il, battons le fer pendant qu'il est chaud. C'est épouvantable, tout ça! S'il venait pendant que nous serons après son secrétaire, foi de Dieu foi de Dieu! je lui briserais le crâne pour l'amour de ce pauvre Géraud!

XI

La Baraque.

L'histoire rapporte qu'on dînait fort bien à la Baraque. Grivel aîné, autrement dit Tonton Grivel, ancien officier de gendarmerie et maître, après Dieu, de l'établissement connu sous le nom de la Baraque, était un homme de vaste appétit, connaisseur en vins, et garni d'un embonpoint respectable. Il gagnait dix livres chaque printemps, à l'aide de sa propre cuisine. Il était à deux cent soixante à la romaine du roulage. Son ventre était l'enseigne de sa maison.

Il y avait des corsaires qui venaient de Saint-Malo tout exprès pour manger de ses œufs à la tripe. Quoiqu'il fût libéral et qu'il en eût bien l'air, il disait volontiers : « J'ai envoyé une oie en daube au roi, je ne m'en cache pas ; le roi m'a fait faire ses compliments par les autorités constituées de ma cité natale. Ce prince vaut mieux que son entourage. »

La Baraque était la pension à la mode parmi les électeurs de l'opposition. Les célibataires y vivaient ; les hommes mariés y venaient en catimini ; on y trouvait toujours société nombreuse et choisie. Les plus fervents habitués formaient une sorte de cercle ou club qui avait une certaine réputation de verdeur sous le rapport politique.

Les femmes, bien entendu, n'allaient pas à la Baraque. Nous sommes loin de Paris, où ces dames ont pris le parti de fumer la cigarette pour donner, sans doute, bonne odeur à la pipe. Les femmes détestaient la Baraque.

La Baraque le leur rendait bien. On y médisait des femmes encore plus que du gouvernement. Célibataires et maris (les traîtres)! se réunissaient lâchement pour railler ce sexe faible et charmant, pour lequel MM. Legouvé cultivent des fleurs héréditaires. Combien le rôle de MM. Legouvé est plus lucratif et plus beau !

Par sa nature même, le lien politique est exclusif ; au contraire, le lien moral élargit sans cesse l'élasticité de son cercle. Le lien moral renferme naturellement dans sa signification générique le lien immoral. Ce dernier constitue

15.

l'*idée à succès* par excellence. Trouvez un trait-d'union entre les membres d'une même famille de travers, et vous ferez fortune aussi honnêtement que si vous aviez inventé un poison populaire ou une absurdité colossale : l'absinthe ou la crinoline.

La Baraque allait bien. Tonton Grivel ne se plaignait pas. Les bonnes gens que l'odeur du libéralisme eût éloignés de chez lui, dévoraient son bœuf à la mode en haine du despotisme féminin. La majorité de ses fidèles appartenait à la bourgeoisie, mais il avait aussi quelques vieux gentilshommes mangeant leur bien en viager et se servant de leur dernière dent pour mordiller cette angélique moitié du genre humain que leurs aïeux défendaient à beaux coups de lance.

C'était à la Baraque que jadis s'étaient faits les principaux clabaudages contre mademoiselle Marguerite Maynard, présentement madame Géraud. Et cependant, Géraud était alors le président du cercle. Mais il nous suffira d'un mot pour expliquer cette apparente anomalie : la Baraque craignait Géraud. En présence de Géraud, la Baraque rentrait ses vieilles dents et faisait patte de velours.

Géraud aimait la Baraque. Il faut bien avouer que ces intelligences d'élite se déforment et se déjettent quand l'espace manque à la gymnastique de leurs ébats. Le géant deviendra bossu, si le plafond trop bas fait peur à son crâne. Il faut ajouter que ces étalons de notre espèce humaine, ces esprits à tous crins, libres et forts dans leur course, sont rarement attirés par cette qualité de convention que nos sociétés, arrondies aux angles, ont nommée la *distinction*. *distinction* ne plaît qu'aux gens qui se croient de bonne foi *distingués*. La chose est naïve ; le mot est burlesque. La bouche qui le prononce est d'avance jugée : c'est le symptôme d'une ambition puérile et malheureuse ; c'est l'essai d'une classification vague et tentée uniquement pour se placer du bon côté de la corde. *Asinus asinum fricat*, disait le latin des écoliers ; le français des apothicaires traduisait : Passez-moi la rhubarbe, je vous passerai le séné. La concierge de distinction et la petite locataire du cinquième, qui est également distinguée, soit par le noir de fumée qu'elle met à ses sourcils, soit par le plâtre qui l'aide à remaçonner son antique jeunesse, trouvent les gens du premier étage *communs*. Pourquoi ? parce que les gens du premier étage ne leur ressemblent pas; c'est clair. La tête de Socrate manque absolument de *distinction*. Tous les jeunes commis qui prennent mesure de chemises en regorgent au contraire. Plus vous descendez l'échelle, plus vous trouvez endémique l'innocente habitude de regarder l'univers au travers de soi-même. La personnalité des petits est énorme. Distinction veut dire platitude, comme bonne déesse, au temps des poëtes polis, signifiait furie.

Cette infirmité de nos mansardes englobe la province tout entière comme une vaste épidémie. La province fait éternellement le métier des écosseuses de pois. Elle trille; elle a des mots qui sont des cribles : *bon genre, comme il faut*. Ces mots sont le fond de sa langue. Le mauvais ton de madame la marquise est le bon ton de madame la comtesse; jugez ce qu'il doit être pour madame la préfète! Et pour madame la receveuse, grand Dieu! et pour la banquière, hélas! Quel abîme! Et pour celles qui, quoique distinguées, viennent après la banquière!

Eh bien! à aucun de ces degrés divers, à aucun, ce pauvre grand avocat Géraud n'était distingué. Vous en comprenez la raison fatale : il ne ressemblait à personne. Du haut en bas, personne ne pouvait se mirer en lui; donc il était *commun*; sa tête puissante sortait du cadre banal, donc il était commun. Que voulez-vous! cela ne l'empêchait pas d'avoir du talent dans son état, mais il était commun, puisqu'on ne connaissait que lui de son espèce.

Que diable! les mots sont faits pour qu'on s'entende!

Un jour que j'étais chez le juge d'instruction pour soutenir une plainte déposée, la loi, cette grammaire de nos droits et de nos devoirs, m'a bien répondu, parlant à ma personne : Monsieur, votre adversaire est encore un escroc, j'accorde cela, mais il est de bonne foi.....

Le monde aurait voulu de Géraud, mais à titre de curiosité seulement, comme il accepte un ventriloque ou un dompteur de moineaux francs. Géraud, qui était gentilhomme de naissance et qui n'avait point de parti pris, s'était égaré parfois dans un salon, pas souvent; en traversant la foule, il avait toujours écrasé quelque pied plat ou fait rentrer sous terre quelque champignon distingué. Cela ne l'avait point diverti. Bien qu'on l'eût surnommé au palais Bouche-de-Fer, Géraud était comme votre valet de chambre qui, certes, ne bat point vos habits pour son plaisir.

Il aimait la Baraque. Tout homme a besoin d'aimer. Après la mort de sa première femme, il avait mené la vie de garçon parce qu'il était seul. Si Clémence avait eu quinze ans à cette époque, Géraud n'aurait jamais mis le pied à la Baraque. Mais le pli était pris, si bien pris, qu'après avoir donné sa démission de président du cercle, au moment de se marier, Géraud, heureux comme un roi dans son ménage, avait, au bout de six mois, descendu nuitamment son escalier à pas de loup et traversé les rues noires comme un coureur d'aventures, pour mordre encore une fois ce pauvre fruit défendu. Nous ne dirons pas : Ceci est inexplicable, rien de plus facile à expliquer que ces enfantillages des grandes natures, et Géraud, d'ailleurs, était un soleil criblé de taches; mais nous dirons: L'explication serait fastidieuse et nous passons.

Il était neuf heures du soir. Le souper mensuel du cercle était entamé depuis une demi-heure. De la rue de la Poissonnerie, à travers le petit jardinet noir et humide, on pouvait voir le coup de feu dans la cuisine, où le cuivre des casseroles rayonnait de toutes parts. L'odeur des sauces, fortement rehaussées d'épices, arrivait jusqu'aux boutiques environnantes, où les ménagères, enflant leurs narines gourmandes, déblatéraient à pleine bouche contre ces festins de Sardanapale. L'opinion générale dans la Poissonnerie était qu'on aurait dû mettre Tonton Grivel en prison et fermer son cabaret qui dérangeait tant de gens établis ; car on avait vu passer le greffier, ce gros sans-cœur, dont la femme n'aurait pas mis une pièce de quinze sous à un poisson et qui allait dîner à cinq francs par tête !

Et le premier commis de la recette générale, père de six enfants! Et l'avoué Le Retrait, dont la petite avait des robes trop courtes! Et l'ancien adjoint Mohurel, qui avait eu une demi-bourse au collège, pour son dernier, par la fabrique de la paroisse Saint-Sauveur !

Au moins, Daviot, l'entrepreneur, avait dans ses bottes le foin de trois faillites!

On reste stupéfait en songeant au courage surhumain qu'il faut aux provinciaux pour oser quoi que ce soit au monde en face de cette conscience publique à l'œil toujours ouvert, à la bouche bavarde et infatigable.

Ils étaient réunis dans la salle à manger une vingtaine tout au plus, mais des ventres d'élite. Il y avait l'avocat

Louvigné, le docteur Tranquille, qui avouait ingénuement avoir épousé vers l'âge de trente ans une veuve de soixante, pour avoir bon logis, bonne table, chauds vêtements et large fauteuil au coin du feu ; toutes choses que sa clientèle était absolument impuissante à lui procurer. Il avait du reste été bon mari, et sa femme en était morte ; le vieux marquis de la Fresaye, qui avait donné tout son bien à ses neveux, moyennant une pension alimentaire: marché d'or, mais non pour les neveux ; le savant Salicoq, chargé de découvrir des antiquités romaines ou celtiques partout où besoin était ; le chevalier de Cesson, dernier fils de l'Armor, qui refusait l'impôt au roi de France, sous prétexte des droits qu'il avait lui-même au duché de Bretagne, du chef de Réné d'Avaugour, comte de Vertus, héritier direct du roi Grallon ; Daviot, l'entrepreneur déjà nommé, architecte des maisons branlantes et des ponts-piéges qui croulaient quand un barbet passait dessus, et Pompeux, l'inépuisable, Pompeux de Kertréjégu ! Pompeux, l'homme politique, maigre comme une chanterelle, altéré comme un poisson ; Pompeux, imprimé tout vif, *decus omne suis*, l'honneur de sa patrie, l'historien de Gevezé, de la Guerché et de Janzé ; Pompeux, le poëte qui faisait des cantates en l'honneur des hommes, des femmes, des drapeaux, des dieux, des rois, des maires, des saisons, des inondations, des baptêmes et des anniversaires! Alexandre Pompeux ! ancien élève de l'école des Chartes où i n'avait pu germer, membre de l'Académie française de Pontorson, décoré par le prince de Monaco pour un fait honorable.

Pompeux avait une voix ; Pompeux chantait ; Pompeux coupait un bouchon avec son index. Au dessert, Pompeux pouvait mettre trois douzaines de macarons dans sa poche. Quel esprit et quel cœur ! Le lecteur nous pardonnera ces quelques paroles émues.

Tout cela mangeait long et large ; tout cela buvait sincèrement. Il n'y avait point de faux frères. Nobles et roturiers, unis dans une même loyauté, avalaient double et noyaient immédiatement le morceau avalé.

On causait, Pompeux pariait de composer une tragédie dont le sujet serait Denis Le Retrait, avoué de première instance; le chevalier de Cesson plaidait avec feu en faveur de la Bretagne indépendante, ou tout au moins cotant elle-même son impôt et admise à parler familièrement la langue des vieux Gaëls ; Salicoq, non moins bibliothécaire qu'érudit, racontait sa dernière trouvaille : quarante-trois casques de pompiers du temps de Vercingétorix, le propre chausse-pied de Conan Mériadec, en métal anglais, une pantoufle ayant appartenu, selon toute vraisemblance, à l'une des onze mille vierges bretonnes, et les lunettes d'un druide myope; Tranquille s'applaudissait de n'avoir jamais eu que de bons médicaments pour sa femme ; le marquis de la Fresaye racontait les jolis tours qu'il avait joués à ses oncles, avant la Révolution.

Et remarquez, je vous prie, la puissance civilisatrice de l'estomac : ces gens étaient de castes différentes et d'opinions opposées. Les boudins blancs de Tonton Grivel les réunissaient dans une touchante communion d'appétits. Chacun avait sa cocarde dans sa poche.

Je ne sais qui prononça le nom de Géraud. Ce ne fut qu'une voix autour de la table.

— Géraud ! au fait, Géraud ! qui a vu Géraud ? que fait Géraud ?

— Il file, répondit Daviot, personnage trois fois concordataire, qui avait des prétentions aux mots heureux.

— Aux pieds d'Omphale, ajouta Salicoq.

— Je ne sais pas s'il file, dit Louvigné, mais il baisse !

— Allons donc ! protesta la majorité.

Louvigné, huileux praticien, qui avait vécu longtemps des rognures de Géraud, répéta d'un ton doctoral :

— Il baisse, c'est moi qui vous le dis.

— Pas au palais, toujours s'écria l'avoué Le Retrait : cette semaine, il a rivé trois fois le clou de la cour ;

— Ta, ta, ta, ta! fit Louvigné ; Tréomer est le soleil levant, et Géraud n'ose pas plaider contre Tréomer.

— Qu'a-t-il dit à la cour ? qu'a-t-il dit à la cour ? demandèrent dix voix.

— Vous savez, répliqua Le Retrait, ça perd son sel... il faut l'audience... c'est comme nos gaîtés du collège qui deviennent tristes hors de la classe. Vendredi dernier, le conseiller Duchesne qui présidait au criminel, lui a dit : Maître Géraud, la cour ne tolère pas vos familiarités. Vincent la salué, puis il a mis son code sous son bras en répondant Le fait est, monsieur le président, que nous ne sommes pas camarades d'études !

— C'est grossier, grommela Louvigné ; chacun sait bien que ce pauvre Duchesne n'est pas fort en droit.

— Alors que fait-il sur son siége? demanda Salicoq.
— Il fait des sommes, répliqua le gros greffier, riant avec les autres.
— Si la Bretagne était séparée, fit observer M. de Cesson, ces abus seraient extirpés.
— Et qu'a-t-il dit encore?
— L'histoire du président Dornier, parbleu! fit Louvigné en haussant les épaules.

Tout le monde éclata de rire à ce nom.

Il faut dire au préalable ce qui causait cette hilarité générale. Le président Dornier, respectable magistrat, mais bon vivant, avait la réputation, bien ou mal fondée, de s'arrêter parfois, le soir, aux devantures des magasins où il y avait des demoiselles de comptoir. Un soir qu'il était dans l'exercice de ces fonctions extra-judiciaires, en tout bien tout honneur, un mauvais plaisant, un plaideur malheureux peut-être, le poussa brusquement en passant derrière lui, et le président, perdant l'équibre, piqua, dans toute la vigueur de l'expression vulgaire, une tête au travers du carreau.

Entrer n'est rien, en ce cas; la difficulté est de sortir. Les tessons de la vitre cassée se hérissaient autour de son cou et lui faisaient un collier de misère. Impossible de reculer. Il restait là, en face d'un essaim de modistes moqueuses, la figure rouge dans sa cravate blanche et les yeux écarquillés, derrière ses lunettes d'or.

Il fallut payer rançon. La ville entière savait cette anecdote.

Voilà pourquoi tout le monde riait à l'avance, et pourquoi tout le monde demandait en chœur, malgré les gestes dédaigneux de maître Louvigné:

— L'histoire du président Dornier! l'histoire du président Dornier!
— Eh bien! reprit Le Retrait, c'était avant-hier. Tout chaud, comme vous voyez.
— Et il pourra lui en cuire! interrompit Louvigné.
— Silence au parterre!
— Le vieux Dornier est devenu hargneux depuis son aventure. Géraud plaidait; vous savez qu'il n'y va pas de mainmorte. A propos de bottes, le vieux Dornier lui dit d'un ton de mauvaise humeur: Pour Dieu! maître Géraud, moins de bruit, je vous prie!
— Et que répondit Géraud?

— Sac à papier! le diable en a pris les armes! Géraud a salué... et resalué... et de sa petite voix douce, comme le miel qu'on mettrait sur une baïonnette, il a dit : Pardon, monsieur le président, mais ce n'est pas nous qui avons l'habitude de casser les vitres!

— Bravo! bravo! cria-t-on de toutes parts.

— Ah! par exemple, celle-là est bonne!

— Il n'y a que Géraud pour ces coups de boutoir!

— Il vous avait un air innocent, reprit Le Retrait; c'était à en mourir de rire, ma parole!

— Et le président?

— Comme dans son carreau... le collier de misère... pas moyen d'en sortir.

— Et je vous réponds, moi, dit Louvigné aigrement, que Géraud paiera la casse, en définitive.

— Ça, c'est une autre affaire, répliqua l'avoué, la cour et le tribunal lui gardent rancune.

— On guette l'occasion, reprit Louvigné, ça me fait de la peine, parce que Géraud est un bon garçon, au fond; mais si jamais on peut lui mettre le pied sur la gorge...

— On l'étranglera, acheva Le Retrait, c'est mon avis, pourvu qu'il se laisse faire.

— On le piétinera, on l'écrasera, on le broiera! poursuivit Louvigné avec complaisance; et ça me fait de la peine...

— Parce que vous êtes un bon garçon, au fond... tout au fond, interrompit Salicoq.

Au milieu des rires provoqués par cette saillie, la voix de basse-taille de Tonton Grivel éclata comme un tonnerre.

— Géraud... voilà M. Géraud! annonça-t-il.

Tout le monde se leva, excepté maître Louvigné.

A Paris, quand deux avocats se jalousent et se détestent, ils s'appellent entre eux mon illustre ami ou mon glorieux confrère. En province, dans des circonstances semblables, on se fait la mine, tout uniment. C'est plus franc; ce n'est pas plus gai.

— Nous parlions de vous, Géraud, s'écria Salicoq.

— De vos exploits, ajouta Daviot.

— Il n'y a qu'un Géraud! chanta Pompeux.

— Si le cœur vous en dit, maître, insinua le gros farceur de greffier, on peut vous porter en triomphe.

— Et que disait Mᵉ Louvigné? demanda Géraud en distribuant des poignées de main à la ronde.

— Me Louvigné, répondit celui-ci, disait que Me Géraud est, vis-à-vis de la cour royale de Rennes, comme ces gens qui domptent des lions et qui jouent avec eux. Ils font ce métier-là dix ans, vingt ans quelquefois, puis, un beau jour, ils sont croqués.

— Et voilà au moins vingt ans que je travaille, confrère, dit Géraud en riant.

— C'est pour cela, confrère, répondit Louvigné sur le même ton, que je demande chaque matin de vos nouvelles, afin de savoir si vous avez été mangé.

— Espérons donc, confrère, conclut Géraud qui s'assit au coin du feu, que la loterie vous apportera ce quine un de ces jours.

Les convives reprirent place. On était au dessert. Tonton Grivel apporta de sa personne une petite table avec une bouteille de Madère et des biscuits. Le tout fut posé auprès de Géraud, qui se versa une rasade et but à la santé de maître Louvigné.

Me Louvigné fit raison; mais, selon l'expression de Daviot, entrepreneur, il en tenait dans l'aile. Les rieurs étaient tous du côté de Géraud. Pompeux, Salicoq, le vieux marquis de la Fresaye, l'ancien adjoint Mahurel, le chevalier de Cesson et les autres lui faisaient mille agaceries. Peut-être n'y avait-il pas sous ces caresses une affection bien grande ni bien sincère; mais la quantité pouvait remplacer ici la qualité. Géraud était comme un roi entouré de sa cour.

Chacun des assistants avait bien reçu de lui un jour en sa vie quelque coup de boutoir. On s'en souvenait juste assez pour applaudir chaudement chacune de ses saillies. Il était en belle humeur, il fut brillant. Le gros greffier, qui avait le vin tendre, ayant mis sur le tapis les façons généreuses et vraiment chevaleresques de Géraud, qui jamais n'acceptait d'honoraires quand il plaidait pour les petites bourses, — et qui, cinq fois sur dix au moins, prenait la parole pour l'amour de Dieu, Pompeux se recueillit, afin d'improviser une pièce de vers de circonstance.

— Banque! disait cependant Louvigné, banque! banque! Mais il disait cela tout bas.

Le vieux marquis de la Fresaye avait un antique procès; Salicoq se croyait des droits à une fouille bas-bretonne; Cesson avait le trône de ses ancêtres à reconquérir; Daviot ruminait une quatrième *opération*, comme il appelait ses sauts périlleux ; le docteur Tranquille lui-même n'avait pas encore exprimé tout le jus de l'héritage conjugal. Au moment où l'on se levait pour le café, chacun voulut une oreille de Géraud pour lui expliquer un peu son affaire. Le vieux marquis le prit par un bouton, Daviot lui mit la main sur l'épaule. Cesson essaya de passer son bras sous son aisselle, Salicoq, antiquaire et membre de plusieurs sociétés d'archéologie, lui pinça audacieusement le genou, et Tranquille, dandinant lourdement ses jambes maladroites, ouvrit pour lui les profondeurs de sa tabatière d'or. Ils commencèrent ensemble comme au théâtre.

— L'affaire dont je veux vous entretenir...
— J'y suis! s'écria Pompeux d'une voix d'énergumène. Aimez-vous votre ville natale, écoutez!

Il monta sur une chaise et déclama avec accompagnement de gestes et de roulement d'yeux :

> Cité des parlements! ô Rennes, ma patrie!
> Tes héros, dans les chants de mon idolâtrie,
>   Ont trouvé place tour à tour;
> J'ai chanté Duguesclin, La Chalotais, madame
> De Sévigné, Duval, Maupertuis que réclame
>   Saint-Malo, ce rocher-vautour!

Le gros greffier applaudit. Le Retrait avait la larme à l'œil. Après le dîner, la poésie produit cet effet sur certains avoués.

— Il est insupportable, gronda Louvigné.
— Ces choses-là incommodent au moment où se fait le travail de la digestion, ajouta le docteur Tranquille.
— Assez, Pompeux!
— Pompeux, bravo!
— Attendez! fit le poète :

> J'ai chanté nos exploits et j'ai chanté nos hommes...

— Le reste une autre fois.
— Continuez, Pompeux, c'est superbe!
— C'est idiot!
— Attendez.

> Depuis les temps passés jusqu'au siècle où nous sommes.

— Il a la touche de Ducis, soupira le greffier.

— La clôture! cria Salicoq exaspéré.

— Attendez donc, fit Pompeux, qui se démenait comme un diable; vous voyez bien que c'est pour arriver à Géraud.

A ces mots, celui-ci bondit sur ses pieds, et, retirant ses mains à l'aide desquelles il essayait de se boucher les oreilles, il enleva Pompeux comme une plume, pour le porter dans la chambre voisine.

— Ah! coquin! s'écria-t-il, tu veux effaroucher ma modestie! Un whist, messieurs, deux whist! je veux un mort! Il faut que je gagne une douzaine de louis à ce bon Louvigné.

Pompeux se sentit vaincu sans ressources: ce mot de whist était la clef de tous les cœurs.

— Ce sera demain dans le journal de la localité, dit-il pour se consoler; je n'ai jamais rien fait de si fort!

En un clin d'œil, les tables furent dressées. Ce Tonton Grivel n'avait pas le physique d'une fée, mais il en possédait les autres agréments. Il y eut une table pour les gros joueurs: Géraud, Louvigné, Daviot; une table pour les moyens: le marquis, Salicoq, l'héritier de la duchesse Anne et Pompeux; une table enfin pour les Catons qui jouaient un sou la fiche: le docteur Tranquille, Mahurel, le greffier et l'avoué.

— Si vous tenez au mort, confrère, dit Géraud en s'asseyant, je vous le céderai.

— Non, répondit Louvigné, ça porte malheur. Je ne vous souhaite pas cela, confrère; mais la dernière fois que nous avons fait un mort, c'était avec Coignet, le notaire de Bourg-des-Comtes. Il avait le mort. On est venu lui apporter une lettre qui portait très-pressée sur l'adresse. Le coup était serré. Coignet laissa la lettre sur la table et gagna triple. A la lettre! dit-il; voyons ce qu'elle chante. La lettre était du maire de Bourg-des-Comtes; le maire chantait que le premier clerc de Coignet avait pris la clef des champs avec sa femme et sa caisse.

— Je prends le mort, dit Géraud; j'ai la clef de ma caisse et de ma femme.

— Joli! fit Salicoq.

— Il est cousu de mots, ce Géraud, ajouta le Retrait.

— A la bonne heure! grommela Louvigné; des mots! Il n'empêche qu'un malheur peut arriver à tout le monde.

Géraud riait, ma foi, dans sa barbe, comme pourrait faire

Hercule en belle humeur vis-à-vis des jappements d'un nain. Il venait de briser l'enveloppe de son paquet de cartes et de répéter avec un calme parfait : « Je prends le mort, » lorsque Tonton Grivel entra d'un air effaré.

Il avait à la main un petit morceau de papier écolier plié en forme de lettre.

— Pardon, monsieur Géraud, et bien des excuses, dit-il ; mais j'ai eu beau lui dire que vous n'étiez pas là, l'enragé a fait le diable. Il m'a fallu prendre sa lettre.

— Quel enragé? demanda Louvigné.

— Le clerc, parbleu ! répondit Grivel, et M. Géraud n'aime pas qu'on sache, chez lui, quand il est ici.

Géraud avait jeté sur la lettre un regard souriant.

— Quelque sottise du drôle! murmura-t-il.

Il ouvrit la lettre sans empressement et comme on fait la chose du monde la plus indifférente; mais à peine eut-il parcouru les premiers mots, qu'une mortelle pâleur envahit ses traits.

Louvigné, par contre, eut un triomphant sourire. Les convives faisaient cercle.

— Moi, je ne m'en cache pas, dit Louvigné qui parvint à se faire une physionomie compatissante, je ne prendrais pas un mort; je suis superstitieux, si vous voulez... c'est comme ça!

Géraud restait immobile et les yeux fixés comme si la foudre l'eût frappé.

— Ah çà! qu'y a-t-il donc? demanda l'avoué.

Comme si ce mot l'eût éveillé en sursaut. Géraud se mit sur ses pieds. Un moment il chancela. Puis, repoussant avec violence ceux qui s'approchaient pour le soutenir, il s'ouvrit un passage et sortit comme un trait.

Les convives se regardèrent en silence.

— Le Judaille n'a rien dit? demanda enfin Daviot à Tonton Grivel, qui restait là, bouche béante et l'air consterné.

— Rien... rien de rien! répondit-il.

— L'autre était notaire, dit Louvigné ; il avait une caisse, Géraud n'a que sa femme. Bon débarras, si elle est partie.

VII

Le drap de lit.

La lettre reçue par Géraud était ainsi conçue :

« Monsieur Géraud, mon cher patron, il y a du temps que
» je suis au fait de tout, mais j'ai tardé à vous instruire,
» parce que je vous connais. Vous êtes capable de faire un
» malheur sur moi dans votre première colère. Mais je ne peux
» pas voir comme cela la honte dans votre maison ; c'est
» plus fort que moi. Ça ne s'est jamais vu qu'on prenne à un
» homme, du même coup, sa femme et sa fille. Le gredin les
» trompe toutes les deux et passe de l'une chez l'autre. A
» l'instant où je vous écris, au café, ici près, il est chez vous.
» Tout ce que je vous demande, mon bon monsieur Géraud,
» c'est de ne pas m'assommer avant d'avoir vu de vos pro-
» pres yeux. Venez et jugez.

» JUDAILLE. »

Ce n'était pas cinquante francs que cette lettre terrible avait dû coûter à M. Goujeux.

Pendant le dîner de famille, nous savons qu'il avait attendu dans l'étude avec Judaille. Que s'était-il passé entre eux ?

Judaille était à la porte extérieure de la Baraque. Il attendait. Sa joue était livide et tout son corps tremblait. Il gagnait rudement son argent.

Dans l'idée de Judaille, Géraud allait arriver d'un temps sur lui et l'écraser d'un coup de poing.

C'était la vraisemblance.

Quand il entendit le pas de Géraud dans le jardin, tout son être endolori s'affaissa. Vous eussiez dit un de ces condamnés dont la mort, par la peur, précède le coup de hache.

Il avait peur, horriblement peur. Il se repentait. Il eut envie de se jeter à genoux et de crier : J'ai menti ! grâce !

Mais le pas de Géraud, incertain et saccadé, allait se ralentissant. Judaille, qui attendait la foudre, respira.

Géraud dépassa la porte de la rue sans le voir, et demanda :

— Où êtes-vous, Judaille ?

Sa voix était si extraordinairement changée qu'un frisson de glace parcourut les veines du clerc.

C'était un malheureux, ce Judaille, ce n'était pas un scélérat.

— Me voici, patron, balbutia-t-il, défaillant qu'il était.

Géraud se retourna et vint à lui.

Un instant ils restèrent immobiles en face l'un de l'autre.

Puis Géraud dit :

— Marche, je te suis.

Judaille prit les devants. Il entendait derrière lui la respiration de son patron qui sifflait en sortant convulsivement de sa poitrine. Sa frayeur se calmait, sa pitié grandissait.

Au bout de la rue de la Poissonnerie, Géraud lui dit :

— Arrête.

Géraud était à plus de vingt pas en arrière ; ses jambes se dérobaient sous lui.

Judaille s'arrêta.

— Ma femme... ma fille ! murmura Géraud entre ses dents serrées ; c'est bien de Tréomer que tu parles dans ta lettre, n'est-ce pas ?

— Oui, répondit Judaille, c'est de Tréomer.

— Et tu en es sûr ? Écoute, si tu me trompais, je t'arracherais l'âme avec mes dents !

Il s'était redressé, chancelant et branlant. Son visage terrible dominait Judaille.

Celui-ci fit un effort pour balbutier :

— Oui, patron, je suis sûr... trop sûr !

— Et vous sentez bien, reprit-il, qu'on n'écrit pas des lettres semblables, quand on n'a pas la certitude...

— Tais-toi, interrompit Géraud.

Il ajouta après un silence :

— Il est à la maison ?

— Il y était voilà une heure, dit Judaille ; le temps de vous écrire et d'aller vous chercher...

Un grand souffle s'échappa de la gorge de l'avocat.

C'était comme une possibilité de douter. C'était le brin d'herbe auquel la main du noyé se cramponne.

— Donne-moi ton bras, dit-il, et marche !

Ils ne parlèrent plus qu'à la porte de la maison.

A la porte, Géraud dit :

— Il a donc une clef ?

— Son ancienne clef, du temps qu'il demeurait chez vous, répliqua Judaille.

Géraud se prit la tête à deux mains.

— Ouvre, ordonna-t-il, et ne fais pas de bruit.

Ils montèrent.

A la porte du carré, Géraud s'arrêta encore... Ce fut pour tâter les battants qui résistaient à son effort.

— Et la clef de celle-ci ? balbutia-t-il.

— C'est madame... répondit Judaille.

Et comme les poings de Géraud se fermaient, il ajouta :

— Vous savez bien qu'on l'a trouvée ouverte ce matin.

La tête de Géraud tomba sur sa poitrine comme s'il eût reçu un coup de massue.

Il voulut faire jouer la serrure de sa chambre à coucher. La clef ballottait dans sa main paralysée. Il ne put trouver le trou et dit à Judaille une seconde fois :

— Ouvre et pas de bruit !

La maison où l'on fut heureux a un parfum qui pénètre l'âme. En ce moment, l'odeur du chez soi frappa Géraud comme un vertige. Il se reprit à l'épaule de Judaille pour ne point tomber.

— Ma fille et ma femme !.., murmura-t-il encore.

Puis, tressaillant de la tête aux pieds :

— Ecoute ! on a fait du bruit !

— Oui, répondit le clerc, on a fait du bruit.

Géraud passa dans son cabinet de travail. Cette dernière émotion l'avait fouetté ; il marchait droit.

Quand ils furent tous deux dans le cabinet, le bruit devint plus distinct : c'était une croisée qu'on refermait.

— Ils nous ont entendu ouvrir la porte de la rue, dit Judaille qui allumait la lampe.

— Tais-toi ! ordonna Géraud ; écoute.

Le silence était dans la maison ; le bruit ne se renouvela plus.

Le regard de Géraud rencontra les deux pistolets qui étaient sur la cheminée. Il détourna les yeux, mais ses cheveux avaient remué sur son crâne.

Il se dirigea vers le seuil du salon d'un pas lent et ferme, Judaille voulut le suivre. De la main il lui fit impérieusement signe de rester.

Il entra dans le salon et referma la porte derrière lui. La

pendule du salon sonna la demie après minuit. La ville dormait. Le dehors était muet comme le dedans.

De l'autre côté de la porte, Judaille collait son oreille à la serrure et tenait à deux mains son cœur défaillant.

Il pensait :

— J'ai un goût de mort! Cet homme-là n'a pas besoin de pistolet pour tuer.

Il entendit bien que Géraud traversait le salon et entrait dans la salle à manger : ce fut tout.

Dans la salle à manger, nous le savons, il y avait un lit de sangle pour Michain. Michain était à son poste et ronflait à cœur joie.

Une lueur passait sous la porte de Clémence. Ce n'était pas par là que Géraud voulait commencer, mais la lueur l'attira. Il quitta la ligne qui l'aurait conduit droit à la chambre à coucher de sa femme et alla mettre son oreille à la serrure de la jeune fille.

Il avait, à cette heure, l'esprit extraordinairement lucide et présent. Cela arrive par crises dans les plus mortelles tempêtes de l'âme. Il se repliait sur lui-même; il trouvait au fond de sa conscience un jugement sûr et sain. Mais sa tête était pleine de déchirements physiques, et son cœur, serré dans un étau, avait des angoisses comme pour mourir.

Les dames se couchaient vers dix heures, c'était la règle. Elles auraient dû être couchées depuis deux heures et demie.

Géraud vit par le trou de la serrure Clémence, tout habillée, qui était à genoux, la tête sur la courte-pointe de son lit. Le lit n'avait pas été défait.

— Elle prie ! dit-il en lui-même.

Ce mot montait insulter Dieu comme un blasphème.

Géraud ne prononça que ce mot. Sa conviction était faite profondément, irrévocablement.

Il étreignit sa poitrine pour en arracher son souffle prisonnier. Ses tempes battaient et de grands murmures étaient autour de ses oreilles. Il avait peur de mourir avant d'avoir puni.

Comme il allait quitter son poste d'observation, Clémence se releva. Son visage ingénu et charmant parut en pleine lumière. Géraud se recula, tremblant d'horreur et de douleur.

En traversant la salle à manger pour gagner la porte de sa femme, il pensait:

— Le cœur est prophète: je haïssais déjà cet homme.

Il y avait aussi de la lumière dans la chambre de Marguerite; mais Géraud ne mit point son œil à la serrure: il n'avait plus besoin d'épier. Il ouvrit la porte brusquement et se trouva en face de sa femme, qui était tout habillée, debout au chevet de son lit intact et dans l'attitude d'une personne qui écoute.

Une pâleur foncée couvrait son visage; la pâleur des grandes tragédies de famille.

Ses yeux ne se baissèrent point devant le premier regard de Géraud. Il vit bien qu'elle l'examinait; il n'y avait pas de surprise: Marguerite attendait.

Dans la minute qui précède toute situation extrême, on a le rêve de cette même situation. Géraud avait vu sa femme à ses pieds; il ne la comprenait plus qu'agenouillée.

Marguerite debout était pour lui l'effronterie dans le crime. Il eut comme une poignante joie à ressentir en lui-même la première atteinte du dégoût.

Cet espoir traversa son cerveau comme un éclair: Je ne l'aimerai plus.

Et jugez quelles délices l'idée du néant peut présenter aux damnés dans l'enfer!

Ces choses se racontent lentement. La plume ne peut suivre la foudre. Les secondes ici valent des heures.

— Comme vous êtes défait, Vincent! dit Marguerite.

Ce n'était pas pour donner le change, non. Géraud n'eût pas été plus défait pour mourir.

Il ne répondit point.

Un bruit sourd se fit dans le grand silence. La maison eut une commotion légère. Le cercle qui était autour des paupières de Marguerite se creusa.

— On entend bien d'ici la porte de la rue, dit Géraud dont l'œil brûla; je comprends maintenant pourquoi il ne m'a pas attendu.

— Vincent! Vincent! s'écria Marguerite en s'élançant vers lui, j'aurais dû parler plus tôt!

— Afin de m'empêcher d'entendre! répliqua Géraud avec un rire sanglant.

— Vincent, vous vous trompez! Vincent, je t'aime, et tu vas tuer notre bonheur!

16

Il la repoussa si violemment qu'elle alla tomber sur son lit.

En même temps il recula.

Ils furent séparés par toute la largeur de la chambre.

— C'est malgré moi, dit-il. N'ayez pas peur, je ne vous ferai pas de mal.

— Vincent! mon mari! sanglota la pauvre femme; au nom de Dieu...

— J'ai vu ma fille en prière, et je ne crois plus à Dieu! prononça durement l'avocat.

— Ta fille! balbutia Marguerite, car le poignard en se retournant dans la plaie peut arracher des élancements imprévus à la plus cruelle blessure. Votre fille! Vincent! ma pauvre Clémence chérie! soupçonnez-vous aussi Clémence?

— Un ange! dit Géraud dont chaque parole prononcée déchirait la gorge, comme vous!

— Écoutez! écoutez! s'écria Marguerite, belle comme la vérité martyre, dans ses grands cheveux épars; on a mis un bâillon sur ma bouche... Je suis innocente... Ta fille est pure comme sa prière.

Pendant qu'elle parlait, Géraud saisit brusquement l'espagnolette de la croisée dont les deux châssis s'ouvrirent avec fracas.

La fenêtre donnait sur une petite cour intérieure faisant suite à l'allée qui menait à la rue.

A la barre, un drap de lit tordu était attaché et pendait jusque sur le pavé de la cour.

Marguerite joignit ses mains défaillantes. Les paroles lui manquaient. Elle ne pouvait que répéter :

— Écoute-moi! écoute-moi!

Géraud repoussa les battants de la croisée et se dirigea vers la porte.

Elle se traîna pour le retenir. Sa gorge, étranglée par un spasme, ne laissait plus passer que des râles confus.

Géraud l'écarta doucement et froidement.

Il passa le seuil sans mot dire, referma la porte et poussa le verrou en dehors.

Michain ronflait toujours.

Géraud, en traversant la salle à manger, se hâtait pour fuir les gémissements faibles et continus qui passaient au travers de la porte.

Ces gémissements étaient des paroles.

Avant de perdre connaissance sur le tapis que ses ongles mordaient, Marguerite était parvenue à murmurer ces mots qui l'étouffaient et la tuaient.

— C'est mon fils! c'est mon fils! c'est mon fils!

Géraud était déjà dans le salon.

Il s'arrêta un instant pour écouter. On n'entendait plus rien.

Quand il franchit le seuil de son cabinet de travail, il avait la tête haute et l'œil grand ouvert. Il dit à Judaille ébahi :

— Vous avez rêvé, mon garçon. Tout dort ici. Ma femme et ma fille sont dans leurs lits. Je n'ai rien vu, sinon les preuves de leur complète innocence. Pas un mot de tout ceci si vous voulez vivre longtemps. En faveur de votre intention, qui a pu être bonne, je ne vous punis point. Prenez, décampez, et que je ne vous trouve jamais sur mon passage!

Il lui mit de l'argent dans la main.

Judaille descendit l'escalier quatre à quatre.

Géraud resta seul. Il porta son mouchoir à ses lèvres et l'en retira taché de sang.

— Je suis fort, murmura-t-il ; ce sera long!

Il marcha un instant en silence. Son cerveau s'engourdissait. Il y avait en lui absence de pensée. Ce n'est pas du repos, c'est une angoisse de plus, car le cœur continue le supplice ; et l'on cherche, et l'on s'efforce, et l'on ravive sans cesse la plaie en la fouillant.

Il s'assit tout à coup à son bureau et écrivit :

« Je plaiderai le procès Kerdanio. Je le gagnerai. J'ai ce qu'il faut... »

Il s'arrêta comme un somnambule qui s'éveille. Il écrasa sa plume et repoussa son papier avec un sourire de compassion.

— Il y a de la folie là-dedans! murmura-t-il ; suis-je en enfance? Un procès! Ce sont d'autres armes qu'il me faut!

Il se leva et prit ses pistolets sur la cheminée ; il en examina les amorces. L'idée lui vint d'en finir avec la vie, car le sang remonta tout à coup à ses joues. Mais l'autre pensée eut le dessus : il voulait se venger.

Se venger sur qui? Sur Tréomer qui avait été son hôte et qui avait souillé sa maison, sur Tréomer qu'il haïssait dès longtemps, après l'avoir aimé comme un fils. Étrange pressentiment!

Et se venger comment? Il ne savait. Sa lassitude intellectuelle et morale arrivait à l'impuissance. Il n'interrogeait même plus sa pensée. Il allait, mû par une volonté vague, mais tyrannique.

Il mit ses deux pistolets dans les poches de sa redingote et gagna la rue. L'air froid le saisit, comme il arrive à tous les malades. Il grelottait en descendant la montée de l'Intermédiaire. Deux bras de la Vilaine et deux ponts, par conséquent, le séparaient des levées de la Santé. En arrivant au premier pont, il eut un rire énervé et se dit :

— Un mort! Louvigné croit à tout cela...

Par un singulier hasard, après avoir longé la promenade des murs pendant une centaine de pas, il s'arrêta juste à l'endroit où Kerdanio et Goujeux s'étaient assis ce soir même, en attendant que la lumière s'éteignît aux fenêtres de Tréomer. Il s'accouda contre la murette et regarda, lui aussi, le logis du jeune avocat. Sa colère faisait trêve comme sa pensée. Les fenêtres étaient noires. il en vit deux s'éclairer tout à coup et se dit simplement :

— Le voilà qui rentre.

C'était une preuve de plus, au milieu de la surabondance de preuves. Ceci le frappa médiocrement. Il n'en était plus aux preuves; seulement il pensa :

— Au lieu de monter, si j'avais attendu dans la cour...

Il n'acheva pas.

La rivière de Vilaine ne coule point, nous ne pouvons parler du murmure de ses eaux ; mais le vent agitait les feuillages tremblants des peupliers au bas du quai. Cela faisait une rumeur triste et continue comme la voix de la mer brisant au loin sur les grèves par une nuit de calme.

Géraud regardait machinalement les atterrissements qui envahissaient le canal. Sous un saule pleureur, il y avait deux ombres noires qui avaient presque forme humaine. Elles étaient immobiles, et la nuit trompe. Qu'auraient pu faire deux hommes à cette heure et en ce lieu ?

— Allons! se dit Géraud.

En se redressant pour continuer sa route, ses mains rencontrèrent les crosses de ses pistolets qui sortaient de ses poches. Il tressaillit. Il prit les deux pistolets l'un après l'autre et les lança dans la rivière en disant tout haut :

— Cela fait trop de bruit.

C'était un réveil, car il ajouta presque aussitôt :

— Il a des épées.

La lumière se faisait donc en lui. Il voulait un duel, et le choix des armes lui appartenait.

Or, quelques-uns peuvent savoir, mais tous, assurément, ne savent pas l'étrange faisceau de symptômes qui accompagne ces paralysies de l'âme, ces léthargies plutôt, dont nous donnons ici l'esquisse. Le plus effrayant de ces symptômes est la violence avec laquelle l'âme éclate en reprenant possession d'elle-même. C'est le hasard presque toujours qui produit l'explosion. Un brasier n'a rien fait souvent, et la mine saute au contact d'une microscopique étincelle.

Géraud regardait depuis dix minutes la maison de l'assassin de son bonheur. Son pouls n'en battait pas plus vite. Géraud n'avait pas cessé un seul instant de songer à l'homme qui lui avait pris sa vie, sa belle vie, ses deux amours, ses deux honneurs, tout son être en deux moitiés, et l'apathie de son sommeil moral n'avait point été secouée, mais Géraud vint à penser soudain cette phrase :

— Il refusera de se battre!

Ce fut le choc qui fit fulminer la poudre inerte. Il s'arrêta tout frémissant, comme si l'outrage tout entier lui eût de nouveau soufflété le cœur. Le sang brûla sa joue et rugit dans ses oreilles. Sa poitrine siffla un son rauque en élargissant la robuste carrure de ses épaules. Il grandit d'une coudée. Son pas affermi mordit le sol.

— Ils sont tous ainsi! s'écria-t-il, balbutiant déjà de colère, ils s'abritent derrière leur générosité menteuse. Ils vous disent : en conscience, vous savez bien que je ne peux pas me battre avec vous!

— Sang de Dieu! s'interrompit-il ivre de rage et comme si l'adversaire eût été là devant lui, tu ne peux pas te battre avec moi, misérable traître! voleur de nuit! pillard de sanctuaires! Tu ne peux pas te battre avec moi, toi qui as mis la main dans mon cœur! Infâme loup, tu ne peux pas répondre au berger! Tu recules devant le prêtre, toi qui viens de ravager l'autel! Prends ton épée, Malhoët de Tréomer, ou je t'assomme à deux mains comme un bœuf! prends ton épée, car je te crache au visage! prends ton épée, car tu ne peux être que le fils de la honte, et j'insulte ta mère! prends ton épée, lâche coquin! bâtard maudit, prends ton épée!

Il avait franchi en quelques secondes l'espace qui le séparait encore du logis de Tréomer. La porte en était ouverte. Il entra toujours courant.

A ce moment, ces deux ombres noires qu'il avait aperçues au bord de la rivière se mirent en mouvement avec lenteur et sans bruit. C'étaient bien deux hommes.

L'un d'eux dit à l'autre :

— Foi de Dieu! quelle nuit! Dieu sait ce qui va arriver de tout cela!

L'autre répondit :

— Quinze cent mille francs dans notre poche, Guy, mon garçon. Nous avons fini notre besogne, vous voyez bien. Ce sont les autres, maintenant, qui travaillent pour nous.

Aux premiers pas que Géraud fit dans l'allée obscure, son pied heurta contre un objet inerte et mou. On eût dit un cadavre. Il se baissa pour tâter, et sa main rencontra le poil doux d'un chien de chasse, dont le corps était déjà presque froid. Il s'étonna, mais il ne s'arrêta pas.

— Pourquoi aurait-il tué Thunder? se dit-il en cherchant l'escalier.

Un corps mort, fût-ce celui d'un chien, met de la glace dans les veines à ces heures. Mais Géraud allait comme une machine montée.

Il connaissait les êtres de la maison. Il était venu jadis plus d'une fois chez le jeune avocat. Malgré l'obscurité complète, il trouva du premier coup le bouton de la chambre d'entrée. Tout était ouvert. Géraud traversa sans obstacle et à tâtons la salle à manger et le salon. Il poussa la porte de la chambre à coucher, qui était éclairée par une lampe posée sur le guéridon.

Il n'y avait personne dans la chambre à coucher. Géraud détourna les yeux du lit intact, et un redoublement de fièvre furieuse mit de l'écume à ses lèvres. Tout était preuve. Les témoignages s'amoncelaient.

Son regard alla tout d'un temps au panneau de la boiserie où les deux épées de combat se croisaient, au centre du faisceau d'armes curieuses. Chose singulière et qui le frappa, les deux épées avaient été décrochées.

Chose plus singulière, une des deux épées était posée sur le guéridon, auprès de la lampe.

Il la saisit d'une main convulsive et, du bout des doigts jusqu'à l'épaule, son bras eut un voluptueux tressaillement.

Sa bouche s'ouvrit pour appeler, car le contact de l'arme redoublait sa hâte.

A ce moment même, la voix de Tréomer se fit entendre dans la chambre voisine, qui était son cabinet de travail.

— Tous mes papiers saccagés, disait le jeune avocat d'un ton de stupeur, mes titres enlevés, mon secrétaire forcé!...

— Monsieur de Tréomer, cria Géraud, aviez-vous donc cru qu'il n'y avait que vous de voleur dans notre bonne ville de Rennes?

Il y eut un court silence, puis Tréomer parut au seuil de la chambre à coucher, un flambeau dans la main gauche, son épée dans la main droite.

En rentrant, il avait trouvé la porte ouverte et Thunder égorgé en travers de l'allée. Malgré le peu de cas que Le Quien et Grand-François faisaient de lui comme chien de garde, le bon animal avait voulu, paraîtrait-il, défendre la maison. Tréomer, inquiet et pressentant un malheur, avait monté rapidement son escalier et avait décroché les épées pour avoir une arme à la main en visitant sa maison.

Nous savons que toutes ces choses venaient de se passer à l'instant même. Il y avait à peine trois minutes que Géraud avait vu s'illuminer les croisées de Tréomer.

En quelque sorte, Tréomer quittait sa chambre à coucher pour faire sa ronde au moment où Géraud y entrait par la porte opposée.

Pendant que Géraud cherchait des yeux les épées à la muraille, Tréomer se trouvait en présence de son secrétaire forcé. C'étaient les premières paroles arrachées à son étonnement que Géraud avait entendues.

A la vue de Géraud, le jeune avocat resta frappé de stupeur.

D'un seul coup de pied, Géraud fit rouler le guéridon jusqu'à l'autre bout de la chambre.

— Défendez-vous, dit-il; à bas le flambeau !

— Vous!... vous!... prononça Tréomer, vous ici!...

Géraud fouetta brutalement son bras gauche d'un plat d'épée. Le flambeau tomba.

— Géraud! monsieur Géraud! balbutia Tréomer.

— Ne doit-on pas se rendre les visites entre amis et confrères? Tiens, gentilhomme! tiens! tiens!

Deux raies livides parurent sur les joues écarlates de Tréomer. L'épée de Géraud l'avait soufflété deux fois.

L'ivresse de Géraud était à sa paroxysme. Ses yeux sanglants s'élançaient hors de leurs orbites. Sa gorge râlait. Il ne parlait ni de sa femme ni de sa fille, parce qu'il se disait en lui-même : Je veux ne devenir fou qu'après...

Tréomer voulut ouvrir la bouche. Géraud lui cria :

— Je ne t'entends pas ! je ne veux pas t'entendre ! Défends-toi, misérable ! ne vois-tu pas que mon épée n'est plus à moi !

Sans que sa volonté fût complice, le jeune avocat tomba en garde pour parer, car la pointe de Géraud était dans ses yeux et l'irritait.

Celui-ci poussa un rugissement de joie.

Puis il se ramassa comme un lion qui va bondir. Des sons inarticulés rauquaient dans sa gorge. Sa langue pendait sur ses lèvres. Il ne restait de lui que la bête fauve.

Tréomer eut beau parer, le coup droit de Géraud passa comme une balle. L'épée s'engloutit littéralement dans le corps du jeune avocat, qui resta soutenu par l'arme elle-même, les bras pendants, les yeux horriblement ouverts.

Géraud tomba le premier sur ses genoux, dans ses habits, mouillés comme un suaire.

Alors, Tréomer s'affaissa, sans cri ni plainte.

Géraud eut le vertige de Caïn, il s'enfuit.

Les deux ombres du bord de la rivière étaient immobiles au coin du bâtiment des Incurables. Il passa près d'elles sans les voir.

Dix minutes après, le commissaire de police du quartier était éveillé en sursaut par des dénonciateurs inconnus qui criaient sous sa fenêtre : On vient d'assassiner M. Ange de Tréomer.

Au matin, il y avait dix mille curieux depuis le Champ-Dolent jusqu'au canal de l'Arsenal. La foule grouillait sur la levée de la Santé. On disait dans la foule :

— Le chien était mort en travers de l'allée.

— Un beau chien anglais avec de la soie aux oreilles, et doux comme un agneau.

— Le secrétaire était en morceaux.

— Si ça a du bon sens de demeurer tout seul quand on a de quoi payer des domestiques !

— M. Géraud est arrêté.

— On l'a trouvé tête nue qui courait dans les prairies de Saint-Cyr. Il était comme fou.

— M. Goujeux a fait tout ce qu'il a pu pour l'empêcher d'aller en prison.
— Ah! en voilà un bon, M. Goujeux!
— Mais la justice a trouvé des papiers chez M. Géraud.
— Une lettre où il disait : J'ai ce qu'il faut pour gagner l'affaire Kerdanjo.
— M. Géraud! un si brave homme!
— Ta! ta! un boit-sans-soif!
— Et qui avait épousé Dieu sait qui!
— N'empêche que ça fera courir, quand ça va venir aux assises!

TROISIÈME PARTIE

LA CACHETTE

I

Le traité de la foule.

Trois mois et deux semaines après les événements que nous avons racontés, la ville de Rennes s'éveilla un matin avec la fièvre chaude. C'était un premier samedi du mois, jour de foire au Champ de Mars. Avant même que l'aube fût levée, de longues files de paysans cheminaient dans les rues, les uns assis sur la selle plate de leurs bidets, les autres, groupés en famille sur la paille de leurs charrettes branlantes, les autres encore à pied, le bâton à la main. Il y avait des maisonnées entières et qui venaient de loin, car les hommes portaient à leurs guêtres une boue durcie et relevée en écaille comme celle qui enduit les roues des diligences. Les femmes, en général, retroussaient leurs jupes d'*épluche* jusqu'à l'échine, hardiment et sans façon ; quelques-unes avaient leurs sabots à la main ; quelques autres portaient sur le dos des petits enfants endoloris et harassés qui criaient.

Ce n'était pas la Saint-Louis pourtant, ni le jour du Sacre, comme on appelle là-bas la Fête-Dieu. Tous ces gens venaient-ils pour la foire ? Il n'y avait pas apparence. C'est à peine si, de loin en loin, on entendait bêler quelques brebis ou beugler une vache, fatiguée de la route.

C'était plutôt un voyage d'agrément que faisaient là toutes

les campagnes de la grande et de la petite banlieue de Rennes. Quelque événement notable allait s'accomplir sans doute. On voulait voir.

Ailleurs, les journaux peuvent propager une nouvelle, de quelque nature qu'elle soit, avec une rapidité inouïe. Mais, entre la publicité des journaux et celle qui se fait d'elle-même et de proche en proche, par le seul écho de la langue, il y a juste la même différence qu'entre le travail à la vapeur et l'œuvre de la main de l'homme. La mécanique taille à une hauteur voulue, s'il s'agit de moissonner, ou défonce selon une ligne mathématique, s'il s'agit de labourer. C'est l'œuvre de la puissance aveugle. L'humble serpe, au contraire, et la modeste bêche pensent. Rien ne traîne après elles, parce qu'elles ont un sens.

Rien n'est complet, rien n'est minutieusement parfait comme cette publicité, tache d'huile immense ou patiente inondation qui va, de temps en temps, parcourant les campagnes. Il n'y a point pour elle de hameau trop lointain, de chaumière trop isolée. Elle atteint le berger dans sa hutte, sur la lande ; elle atteint le réfractaire dans le creux du chêne où il meurt de faim, martyr de son entêtement ou de sa poltronnerie.

Je parle, bien entendu, des nouvelles qui annoncent un grand désastre, une catastrophe inattendue, un coup de foudre. Il n'y a que celles-là pour être bonnes.

Un bruit s'était répandu dans les campagnes de l'Ille-et-Vilaine, une rumeur inouïe et telle, que la collection d'épithètes de Mme la marquise de Sévigné eût été insuffisante pour la caractériser comme il faut. Le meilleur plaisir des paysans, leur joie la plus haute, le spectacle qui les émeut le plus agréablement et le plus fortement, c'est la cour d'assises. Géraud était le dieu de la cour d'assises depuis vingt ans. La réputation de Géraud s'étendait non-seulement aux communes des environs de Rennes, mais encore à tout le département. Elle allait même au delà, n'ayant pour limites que la ligne où finissait le ressort de la cour royale.

Le paysan ne fait pas très-bien la différence entre le magistrat et l'avocat. Tous deux portent la robe, tous deux sont coiffés de la toque, tous deux ont le droit de parler haut dans l'enceinte redoutable, où le silence est de rigueur. Pour le paysan, l'avocat est aussi une puissance officielle de par son uniforme, et il arrive souvent que l'accusé ignorant implore à genoux la pitié de son défenseur, croyant voir en lui un juge.

Géraud était illustre dans les bourgades bretonnes, je ne dirai pas comme le préfet, qui n'est pas illustre du tout; je ne dirai pas comme le général, qui éveille à peine une vague idée de rancune à cause de la conscription; je ne dirai pas même comme monseigneur l'évêque, dont la gloire est naturellement éclipsée par celle de M. le recteur (curé); Géraud était illustre comme quoi? Comme le roi? c'est trop peu encore. Le roi et Paris sont au delà des brouillards de la fantaisie. Comme quoi donc? Comme la cour d'assises elle-même.

La cour d'assises et Géraud, c'était tout un. Depuis qu'on ne parlait plus de chouanner, on parlait de Géraud — monsié Géraô, — et son image gigantesque était assise toujours dans la pénombre des veillées.

Or ce bruit qui s'était répandu dans les campagnes de l'Ille-et-Vilaine, cette rumeur plus incroyable que le miracle de Lauzun, était celle-ci : Géraud va comparaître devant les assises, non plus comme avocat, mais comme accusé, sans toque, sans robe, entre deux gendarmes. Géraud — monsié Géraô — va être guillotiné. C'est un assassin. Il a tué, la nuit, le jeune M. de Tréomer, qui était un fier avocat aussi, par la jalousie qu'il avait de lui.

Était-ce possible? Non, certes; et pourtant ce péché d'envie! les paysans comprennent cela : on tue dans les campagnes par jalousie. En fin de compte, possible ou non, c'était vrai. On alla au bourg; la nouvelle s'y confirma. Au sortir de la grand'messe, il y avait certitude officielle.

Qu'on ne s'étonne donc plus de voir la capitale bretonne encombrée ce matin de blouses courtes, de vestes en *fil-réparant*, aux poches largement ouvertes, de camails de bure et de coiffes petites et grandes, aussi variées dans leurs formes que les feuilles des arbres dans la forêt.

C'était aujourd'hui l'ouverture des assises, et l'affaire Géraud venait la première.

Il fallait voir cela. Cela ne se retrouve pas deux fois dans la vie.

Les femmes bavardaient, lançant d'une voix aigrement lamentable leur patois coassant; les hommes exposaient gravement l'affaire à leur point de vue; les enfants pleuraient tant qu'ils pouvaient. C'était sur la place du Palais, rendez-vous général de cette cohue avide d'émotions, un tapage d'espèce particulière, où les notes criardes et plaintives dominaient énergiquement tous les autres bruits.

Une chose étrange assurément, c'était l'absence à peu près unanime de sentiments bienveillants dans cette foule. Plus Géraud était grand pour elle, plus elle avait frayeur qu'on ne lui coupât point la tête. En moyenne, on était venu de trois ou quatre lieues pour voir couper la tête de Géraud. Soyons justes, un pareil dérangement méritait sa récompense.

Nous n'exprimerions pas notre pensée avec exactitude, cependant, si l'on pouvait croire qu'il y eût parmi ces bons paysans une animosité personnelle contre le célèbre avocat. C'était bien tout le contraire. Jamais sa popularité n'avait été si grande qu'en ce moment. L'idée fixe qui tenait tout ce monde était purement plastique, si l'on peut ainsi s'exprimer. Nos bonnes gens désiraient tout uniment le spectacle de la guillotine, rendu plus piquant par le mérite de l'acteur principal.

Ceci est profondément triste, je ne dis pas non, mais c'est profondément vrai.

Dès six heures du matin, la place était comble. De la pluie fine qui tombait, pas une goutte n'arrivait directement au pavé. Cependant, des rues avoisinantes, un flot nouveau affluait sans cesse. Les gens de la ville, éveillés à leur tour et voyant le bon endroit occupé, essayaient de se glisser par quelque fissure. Mais il n'est rien ici-bas de si compacte et de si impénétrable qu'une meule de paysans bien tassée. Cela résiste, à la façon des matelas, par sa propre mollesse et sa force d'inertie.

On avait encore quatre bonnes heures à attendre jusqu'à l'ouverture de l'audience. C'était bien, chacun se tenait debout, appuyé de droite et de gauche contre ses voisins. Personne ne murmurait, sinon contre la pluie qui allait pourrir les semailles.

Car la pluie est l'ennemie du paysan, le beau temps aussi, le froid de même, également le chaud. Quoi que puisse faire le ciel, le paysan se plaint. Le ciel, à son sens, protège exclusivement les messieurs.

Vers sept heures, il y eut une poussée. La garde montait pour relever les factionnaires de la Tour-le-Bât. Les fenêtres des maisons qui entourent la place commencèrent à s'ouvrir.

17

Les ménages, bonnets de coton et cornettes, se mirent aux croisées pour regarder la foule. C'était curieux. Des étudiants, demeurant aux mansardes de la maison qui fait le coin de la rue Saint-Georges, lancèrent un chat du quatrième étage. Le matou ne se fit aucun mal en tombant sur le bonnet de laine d'un gars de Pacé. Il prit sa course, courant au grand galop sur ce pavé de têtes, et fit ainsi toute la largeur de la place, au grand amusement des ménages en déshabillé.

La journée commençait gaîment.

A huit heures, les volets du café Militaire s'ouvrirent avec fracas; une odeur de cigare et de punch se répandit aux alentours. Les narines gourmandes de nos paysans humèrent cet air vicié avec délices. Quelques officiers qui s'étaient levés matin vinrent prendre leur déjeuner en capotes et en bonnets de police. Une guerre de jeux de mots, où le sel attique n'était pas en quantité surabondante, s'engagea entre eux et la cohue. Les ménagères surtout soutinrent le feu, fières d'avance de pouvoir radoter désormais jusqu'à la fin de leurs jours, qu'elles avaient *drugé* (jouté) avec les officiers.

On étouffait cependant. Il y eut quelques coups de tête échangés pour passer le temps, mais on ne pouvait pas se battre en conscience. L'espace manquait.

A neuf heures, les ménages fermèrent leurs fenêtres. Cette foule pénétrée par l'averse exhalait des miasmes si véhéments que c'était mesure de prudence.

A neuf heures et demie, un peloton d'infanterie déboucha par la petite rue Saint-François, tandis qu'une escouade de gardes de ville, précédant les chasseurs à cheval, arrivait par la rue Royale. La cohue entra en effervescence, pour le coup. On allait enfin voir quelque chose, après une si mortelle attente. Chacun voulait mettre sa tête au-dessus du niveau. Les métayères, abusant de leur sexe, montèrent sur les métayers. Il y eut des protestations, puis des coups de sabot qui sonnèrent vigoureusement sur les crânes. Personne, cependant, ne voyait rien. On sentait seulement que la presse s'augmentait dans des proportions terribles.

C'étaient les fantassins, les gardes de ville et les chasseurs à cheval qui venaient prier poliment la foule de déguerpir afin que la circulation pût être rétablie sur la place.

— Mon Dieu donc! Ah! là là! ma Françoise! avoir fait cinq lieues dans la boue, par une nuit mouillée! Avoir attendu quatre heures sous la pluie pour garder sa place! et se voir refoulé jusqu'au delà de la rivière. — Ma foi jurée! Francin, Mathelin, Yaume et Petit-Louis avaient bonne envie de taper, — mais méfiance!

Les soldats, qui ne font rien aux messieurs, arrangent durement le pauvre monde!

Il y eut bien des grincements de dents. Plus d'une ménagère pleura de rage. On s'en alla, roulant et grondant jusqu'au Pré-Botté, où le cidre de madame Pouponnel consola quelques exaspérés. Ce fut une aubaine, pour les guinguettes environnantes, tant il est vrai qu'en ce monde tout est bascule.

Il ne faut pas croire, cependant, que la place du Palais fût sincèrement évacuée. Gardes de ville et soldats y avaient été de bon cœur, et le champ de bataille leur était resté tout d'abord. Mais une foule d'historiens sages l'ont dit : Il est plus facile de vaincre que de profiter de la victoire. Garder sa conquête, voilà le vrai problème à résoudre. Nos victorieux, après avoir occupé militairement le terrain, prirent des dispositions stratégiques fort habiles, mais le petit peuple de Rennes, tenu hors de la place par la cohue compacte qui l'encombrait naguère, fit bientôt irruption de tous côtés. C'était une autre foule, d'espèce bien plus redoutable. On n'y pleurait point ; on y riait, on y chantait, on y bavardait surtout avec une effrayante volubilité.

Cette foule nouvelle avait l'expérience de la bagarre, elle savait comme on passe entre les quatre jambes d'un cheval. Elle était effrontée autant que l'autre était timide ; autant que l'autre était pesante, elle était leste. Elle avait provision de prières éloquentes, de prétextes plausibles et de mots pour rire. Toute composée d'anguilles, elle coulait entre les doigts.

— Mon bon soldat, c'est pour aller voir ma tante malade, de l'autre côté de la place ; voyez voir, là-bas, aux mansardes où il y a les rideaux rouges.

— Monsieur Hamelin, comment vous en va, à ce matin? et madame ? et les mignons petits? Je ne suis pas bien grosse, allez ; mettez-moi là, devant vous ; merci bien.

— En usez-vous, papa Bitord ? Sans vous, on s'écraserait ici. Laissez-voir, je veillerai à droite pendant que vous guetterez à gauche.

— Nous sommes cinq de chez Mme Simon, monsieur l'officier, la boutique de modes dans la rue d'Estrées. Nous n'avons jamais vu de condamné à mort, et la fille de l'accusé se fournit chez nous.

— Pachu, toi qui es du vau Saint-Germain! Nous en avons brûlé une hier soir avec ton oncle. On n'est pas toujours militaire, Pachu! quand tu reviendras, tu seras bien aise de retrouver les amis.

— Je suis du palais, mon sergent; c'est moi qui cire le greffe.

— Voilà un joli caporal! pas fier; je le recommanderai au lieutenant Goupil, qui mange chez nous.

— Allons place! Jean-Jean! J'ai les clefs de la grand'chambre, veux-tu que M. le président passe par le trou de la serrure?

Tous les mensonges, toutes les caresses, toutes les effronteries.

La place s'emplissait de nouveau.

Toutes les fenêtres s'étaient rouvertes; les ménages avaient fait un bout de toilette pour paraître en public. Presque tous avaient offert dès longtemps leurs balcons à leurs amis et connaissances; chaque croisée semblait une corbeille de femmes derrière lesquelles maris et papas formaient repoussoir.

Le Café militaire était comble; les tilleuls de la Place-aux-Arbres fléchissaient sous le poids des gamins. Il y avait du monde jusque sur les toits.

En même temps, les véritables rats du palais venaient en foule à leur poste. Les portes de l'antique maison des parlements bretons étaient littéralement assiégées par ceux qui avaient droit et par les intrus. Le vestibule ressemblait au contrôle d'un théâtre un jour de grande première représentation. La seule différence, c'est qu'il n'y avait point là de petite bourse pour l'achat des entrées. A Rennes, la passion va rarement jusqu'à la prodigalité.

Les avocats en robe affluaient, les avoués, les huissiers, les gens du greffe, les employés du parquet. Les magistrats, exempts de toute fausse pudeur, arrivaient à pied avec leurs simarres rouges rehaussées d'hermine; les dignitaires de l'administration locale, en costume, montaient le perron comme de simples mortels. Puis c'étaient les stagiaires avec leurs défroques de louage, et même quelques-uns de messieurs les étudiants qui s'étaient procuré, pour cette solennelle circonstance, des déguisements d'avocats.

Et les dames! Vous n'avez pas pensé, je l'espère, que cette moitié la plus curieuse du genre humain pût être ici en minorité. Géraud appartenait à la fois à toutes les classes sociales. Il était à l'aristocratie par sa naissance, au tiers-état par ses opinions et ses habitudes, au peuple par sa gloire. Les dames du tiers-état et de l'aristocratie devaient donc être là tout aussi bien que les femmes du peuple.

Elles y étaient. Leur avidité avait peut-être d'autres allures, mais, au fond, c'était le même sentiment. Le chapitre de la férocité des dames n'a pas encore été écrit. Les dames font le succès des livres. Les livres poltrons n'osent pas toucher aux dames.

Belles et chères fleurs de cette vallée de larmes, rayons de toutes nos ombres, sourires enchantés brillant parmi nos tristesses, ô vous qui êtes nos saintes mères, nos sœurs bien-aimées, nos compagnes chéries! Idoles charmantes de nos jeunes adorations, consciences de notre âge viril, appuis dévoués de nos vieux jours, ô femmes! Dieu vous donna les hautes délicatesses du cœur et les fines clairvoyances de l'esprit. N'ai-je pas surpris la moquerie dédaigneuse autour de vos lèvres, tandis que vous parcouriez ces almanachs pseudo-poétiques, tout confits en je ne sais quel sirop douceâtre et destinés expressément à célébrer vos *mérites!* Vos mérites ont-ils rien de commun avec l'ennui profond que distillent les guitares de ces derniers troubadours? Ils vous chantent sans vous connaître, comme feu Crébillon chantait les tempêtes excitées par Neptune *au sein des flots.* Vous savez bien, ô délicieuses filles d'Ève! que vous n'êtes pas les saintes en sucre d'orge que ces messieurs voient passer au classique horizon de leurs rêves; vous savez bien que vous ne ressemblez en rien aux rondes poupées que vos poètes ordinaires sculptent dans la cire ou le carton; vous savez bien que vous êtes pétries de défauts, et vous avez trop d'esprit, qui pis est, pour n'en pas remercier le Ciel!

Vous êtes des anges, mais vous tombez; vous êtes grandes et nobles, mais, sous ces fières vertus, que d'étranges petitesses! Vous avez Dieu dans le cœur, mais vous avez le diable au corps.

Défiez-vous de ceux qui font abstraction de vos défaillances. Vos vrais amis aiment tout en vous: le bien pour lui-même, le mal pour ce combat d'expiation dans lequel vous déployez presque toujours une si sublime vaillance.

Moi je vous le dis, la curiosité vous rend folles, le parti-pris vous fait cruelles. Vous êtes la passion incarnée. C'est votre beauté, mais c'est votre laideur.

Et votre laideur dépasse celle de l'autre sexe de toute la supériorité de votre beauté.

Ceux qui font des poèmes fatigants sur vos *mérites* pourraient-ils nous dire pourquoi vous formez toujours l'immense majorité de ce honteux public des exécutions capitales? Pourraient-ils nous le dire, ceux qui écrivent des livres en prose, des manières de chef-d'œuvre parfois, pour nous prouver que vous vivez exclusivement par le cœur?

Est-ce la pitié qui vous traîne sous la guillotine? Sont-ce vos pauvres cœurs blessés qui vous attirent autour des échafauds?

Vous savez pourtant que le moraliste est là qui vous regarde et qui vous compte. Vous savez que la presse, incorrigible dans la naïveté de ses vieux étonnements, s'extasiera demain sur la perverse impudeur de vos goûts. Vous savez que vous faites mal, bien plus, que vous faites scandale.

Et vous êtes toujours là, fidèles à vos lugubres avant-scènes. Vous avez vos jumelles de spectacle. Vous cherchez sur le visage du patient la pâleur de l'agonie et la grimace de la mort.

Je m'adresse à vous, mesdames, mes belles dames. La presse a toujours grand soin de le constater. Ce ne sont pas seulement les femmes et les filles *du commun*, comme vous dites, qui sont gloutonnes de ces hideux mélodrames. C'est vous, nobles, je n'en sais rien, mais riches assurément, car vous ne prenez pas même la peine de jeter, pour cette fois, un haillon sur votre cachemire!

Qui a bu boira, dit le proverbe. L'ivresse de l'âme est comme l'ivresse du vin. Je vous prie de croire que je ne mettrais pas plus de dix minutes, montre à la main, à résoudre de fond en comble ce problème de vos barbares fantaisies. Mais vous ne me pardonneriez pas, cette fois; je me tais.

Vous étiez là... ces dames étaient là, disputant le passage aux gendarmes, aux avocats et aux juges, foulant, cabalant, réclamant ces droits vagues de leur sexe, qui certes n'ont aucun cours légal à la porte d'une salle d'audience, déclinant à grand bruit leurs accointances judiciaires et les connaissances qu'elles avaient.

Mme la marquise se souvenait aujourd'hui qu'elle était cousine d'un président de chambre; Mme la comtesse criait le nom d'un conseiller avec qui l'une de ses petites-nièces s'était, par bonheur, mésalliée; Mmes les vicomtesses, ce titre est aussi pullulant que gracieux, s'accrochait jusqu'à leurs avoués! Vu la circonstance, on saluait les dames de robe avec un entrain inusité. Les pauvres petites *substitutes* du procureur du roi récoltaient des moissons de révérences.

Il y en eut d'impertinentes. A la bonne heure, une blonde et ravissante juge d'instruction appela le concierge du palais pour faire ranger une baronne qui descendait d'Olivier de Clisson, par la quenouille.

Elle avait deux billets, cette blonde insolente. La baronne, fille du connétable, au lieu de se fâcher, lui en demanda un à deux genoux.

De tous côtés, on entendait ceci :

— Laissez-moi passer, je suis la comtesse de M...; M. le conseiller un tel m'a donné rendez-vous au greffe.

— Je suis la générale X..., j'ai perdu mon billet. Pensez-vous qu'on eût pu se dispenser de donner un billet à la générale X...?

— Vous êtes un malhonnête, mon ami!

— Je vous ferai destituer, mon cher!

— Est-ce que le procureur général ne vous a pas dit de laisser passer Mme de...? C'est moi.

— Monsieur Le Retrait! monsieur Le Retrait! pouvez-vous me faire entrer?

— Impossible, madame la vicomtesse.

— C'est bon! je le changerai. Alors, faites-moi venir M. l'avocat général R...; je veux lui parler!

— C'est indécent! toutes ces petites magistrates qui entrent là comme chez elles!

— Mon cher, le président a passé quinze jours à ma maison de campagne, aux vacances. S'il savait que je suis à la porte, il vous mettrait sur le pavé.

— Laissez passer, s'il vous plaît, mesdames, je suis l'épouse du commis greffier; c'est bien le moins que j'aie ma place!

Le concierge ne savait à laquelle entendre. De l'exécution de sa consigne, son pain quotidien dépendait. Il avait rangé en bataille sa femme et ses deux filles au bas de l'escalier et soutenait le siège avec une fermeté magnifique, tempérée par beaucoup d'égards et de douceur. Il connaissait en effet toutes ces dames et tous ces messieurs aussi ; il savait quelle était l'influence de chacune et de chacun. Aucune menace n'était à dédaigner. Un président qui a oublié une marquise ou qui a fait une malhonnêteté à une baronne n'est pas du tout incapable de mettre son péché sur le dos du concierge. Plaignez la fausse position de ces fonctionnaires.

Cependant, tout siège a une fin. Ilion succomba, malgré la valeur du fils de Priam, et Calais ne dut son salut qu'au dévouement d'Eustache de Saint-Pierre. Le concierge et sa famille commençaient à plier sous l'effort enragé des curiosités féminines lorsqu'une large rumeur arriva du dehors.

Ces dames hésitèrent et les défenseurs de l'escalier purent se reformer.

Ce n'étaient pas des cris : c'était la grande voix d'une émotion générale et profonde. Cela serrait le cœur comme une angoisse.

Les gens qui encombraient le vestibule se précipitèrent vers la porte extérieure. Il y eut choc entre eux et ceux qui montaient le perron. La porte fut littéralement obstruée par une barricade humaine d'où s'échappaient des jurons et des plaintes.

Ces dames restaient en dedans de ce mur, beaucoup trop élevé pour que le regard pût le franchir. Pas un interstice pour passer l'œil ! Ces dames eurent un moment de désespoir. Elles maudirent la faiblesse de leur sexe. Si l'une d'elles eût possédé la vigueur de Samson, Rennes eût vu le dernier jour de son palais ducal.

Le tumulte montait, cependant, montait comme un lointain fracas de tempête. Que se passait-il au dehors ? Ce devait être terriblement intéressant.

Tout à coup, un grand silence succéda aux grondements de la cohue, un silence étrange d'où se dégageait comme une mortelle stupeur.

On n'entendait plus qu'un seul bruit, fait du souffle de dix mille poitrines oppressées.

Que se passait-il, au nom de Dieu ? Il y eut de ces dames qui pleurèrent.

Elles avaient raison ; c'était intéressant, au possible. Et, je vous le dis, il fallait quelque chose de poignant pour faire muette ainsi la foule qui encombrait la place. Le spectacle était commencé. Le drame débutait bien. Du premier coup, le théâtre s'emplissait de péripéties imprévues, et le cœur saignait rien qu'à voir les acteurs entrer en scène.

II

La salle des Pas-Perdus.

Sur l'ordre du premier président de la cour royale de Rennes, magistrat d'une haute religion, voici comment les choses avaient été réglées.

L'accusé Géraud devait quitter à dix heures la prison de la Tour-le-Bât, traverser la rue Saint-François et entrer au palais par une porte de derrière. Ce n'était pas l'usage, mais il y avait un grand scandale à éviter, et le premier président avait pris la responsabilité de cette mesure à la fois prudente et miséricordieuse.

La cour de Rennes possédait, sous la Restauration, un noyau de magistrats dignes des plus brillantes époques de la monarchie : intégrité, savoir, dignité, abondaient dans ce corps véritablement illustre.

Mais toute lumière a sa mèche charbonneuse, et nous avons su découvrir des taches au milieu même des éblouissements du soleil.

Géraud, nous le savons, Géraud-Bouche-de-Fer, avait abusé parfois des franchises de sa robe. Sa parole, tranchante comme un glaive, avait fait çà et là de profondes blessures à certains orgueils. Géraud avait des ennemis parmi les membres du parquet et parmi les membres de la cour.

Nous ne sommes point de ceux qui ont défiance systématique de la justice humaine.

Mais la justice, sans cesser d'être juste, peut, à son choix, se montrer clémente ou impitoyable.

Géraud devait être traité sévèrement et jugé à la rigueur.

Soit mauvaise volonté, soit simple négligence, quand le cortége de l'accusé, sortant de la Tour-le-Bât, se présenta devant la poterne, celle-ci, qui ne servait point d'ordinaire, se trouva fermée et barricadée. Dix heures étaient sonnées.

17.

On ne pouvait faire attendre la cour. L'avant-garde du cortége dut descendre vers la place du Palais.

Géraud était à pied. Il faut ici se reporter au temps et au lieu. Il n'y avait dans ce fait nulle dureté. La voiture accordée à l'accusé n'aurait eu qu'une utilité médiocre, puisque la prison est à quelques pas seulement du palais. Et cette dérogation à l'usage eût très-certainement produit un effet fâcheux sur la foule déjà mal disposée.

Géraud avait son costume de tous les jours. Sa barbe était faite, mais ses cheveux, qui étaient maintenant tout gris, se hérissaient, plus longs, sur son crâne. Une pâleur mortelle couvrait son visage, qui avait vieilli de vingt ans. Il était maigre; des rides profondes se creusaient à son front et à ses joues. Sa tête, qui pendait sur sa poitrine, avait par instants des tressaillements nerveux et spasmodiques.

L'idée que le vulgaire se fait d'un criminel endurci se rapproche beaucoup de cela. Ce que le public cherche toujours dans ces héros de cour d'assises, c'est l'étrangeté lugubre de la physionomie. On a beau lui donner souvent, au lieu du monstre qu'il a rêvé, de forts jolis garçons, gras et frais, qui sourient doucement, et qui ont même la fameuse *distinction* des commis pour la vente, il se roidit. Ce sont là des exceptions qui l'étonnent, qui l'intéressent, et qui rentrent, pour lui, dans les cordes poétiques de Zampa, de Fra Diavolo et autres chefs-d'œuvre lyriques. Le vrai bandit doit être noir, et développer, sous une forêt de cheveux, une boîte osseuse demesurée.

Les phrénologues ont beau causer: la distinction demande un crâne étroit, qui permette le chapeau fluet. Toutes ces têtes larges sont laides et *communes*. En somme, ce qu'il faut de qualités intellectuelles et morales pour être *distingué* tient fort bien dans une lame de couteau.

Cette haute ruine, Géraud, cette montagne humaine, foudroyée par le malheur, parlait, aux yeux de la foule, un langage inconnu. C'était effrayant et c'était laid. Cet homme hâve, cachant ses yeux brûlants sous d'épais sourcils et laissant aller au hasard les masses désordonnées de sa chevelure, ne pouvait être qu'un scélérat.

Quand Géraud parut à l'embouchure de la petite rue Saint-François, tout le monde put le voir, parce que ce point est culminant, la place allant en pente du palais à la rue de Bourbon. Tout le monde reçut la même impression. Dix mille murmures exprimèrent la même pensée de dégoût et d'horreur. Ce fut le premier bruit entendu par ces dames, prisonnières dans le vestibule.

Au café Militaire, qui était tout proche, les avis se résumèrent ainsi :

— Un vilain Kalmouck, parole d'honneur !

Aux fenêtres, les ménages et leurs invités :

— Dire qu'on ne s'était pas aperçu de cela ! Il est affreux, il fait peur, il sue le sang !

Les soldats à pied et à cheval :

— Pour être un oiseau de malheur, ça y est !

Et la cohue bigarrée :

— A-t-il l'air méchant, au moins ! il rage en dessous, il voudrait mordre. C'est moi qui n'aurais pas envie de le rencontrer dans un chemin creux, à la brune !

Enfin, sauf l'émotion causée par la gravité du cas, les mêmes choses à peu près qui se radotent, le dimanche, au Jardin des Plantes de Paris, devant la fosse de l'ours Martin.

Bien rarement les foules sont dans le vrai. Il faut la passion pour les amonceler. Or, la passion ne connaît point de milieu : elle exalte ou elle vilipende. Il n'y a rien pour elle entre les couronnes de laurier qu'elle tresse à tâtons ou la boue que sa main aveugle distribue.

L'escorte marchait lentement, parce qu'il fallait fendre le flot. Géraud avait les yeux demi-clos sous ses sourcils froncés.

Il entendait peut-être ; on dit, du moins, que le patient, du haut de sa charrette, ne perd aucune des insultes qui grouillent dans la mêlée populaire.

S'il entendait, son cœur était de marbre à l'endroit de l'outrage. Pas un muscle de sa face ne bougea depuis l'angle du Palais jusqu'au perron.

Ce fut à ce moment que le silence se fit, ce vaste et bizarre silence, plus navrant que le chœur bourdonnant des injures.

De l'autre côté du perron, les rangs s'étaient ouverts pour donner passage à deux femmes, voilées et vêtues de deuil. Elles tendirent toutes deux leurs mains tremblantes vers Géraud.

Du premier coup d'œil, la foule entière les avait reconnues. C'était la femme de Géraud et c'était sa fille.

Vous comprenez maintenant le silence. Tout est mystér

rieux dans cette âme monstrueuse qui anime une cohue. C'est la dureté impitoyable, mais c'est aussi la tendresse fiévreuse. Il y a de l'enfant là-dedans. Cet âge est sans pitié, a dit avec raison Lafontaine, et pourtant, que faut-il pour inonder de larmes ces blonds visages?

La foule allait s'attendrir lorsqu'à son tour le prisonnier aperçut les deux femmes. Il mettait son pied en ce moment sur la première marche du perron. Il tressaillit si violemment que les deux gendarmes chargés de le garder mirent la main à leurs sabres.

Il ôta son pied et s'arrêta, les yeux baissés, la lèvre frémissante; ses mains liées secouèrent leurs attaches, et il y eut comme une vibration dans sa crinière de lion.

Ce fut tout. Il détourna la tête lentement, et comme tout en cet homme avait une prodigieuse éloquence, pour tous les assistants, ce mouvement eut la valeur exacte d'une malédiction.

La plus jeune des deux femmes se couvrit la face de ses deux mains sous son voile, l'autre tomba évanouie après avoir poussé un faible gémissement.

Géraud ne se retourna point.

On vit alors parmi ceux qui l'accompagnaient un homme que personne n'avait remarqué jusque-là. C'était presque un vieillard. Sa physionomie douce, timide et même débonnaire, alla au cœur de chacun. Celui-là n'avait pas l'air d'un brigand.

Il prit Géraud entre ses bras au haut du perron et le serra contre son cœur à la vue de tous.

Ce fut un cri d'enthousiasme.

— Goujeux! le bon M. Goujeux!

— Oh! le brave chrétien! l'excellent homme

— Depuis trois mois, il ne l'a pas quitté d'un jour!

— Dites donc une heure, m'ame Macé! Il mange à la Tour-le-Bât, il couche à la Tour-le-Bât!

— Il est là, soi-disant comme gardien, parce qu'on avait peur que le prisonnier ne se périsse, quand il a fait semblant d'être fou!

Au café Militaire:

— Bravo! monsieur Goujeux! Bravo! le dévouement et la générosité!

Aux fenêtres de la place du Palais, les ménages et leurs invités:

— Sous une enveloppe un peu rustique, ce Goujeux est tout simplement sublime !

Une dame :

— Les qualités de son âme font oublier sa mise un peu ridicule et la couleur de sa cravate.

La dame essuya ses yeux humides.

— Et dire, reprit un notaire, que cet homme-là a passé pour égoïste pendant des années ! Pourquoi ? Parce qu'il faisait des affaires avec intelligence et fermeté. Les hommes qui font bien leurs affaires fournissent souvent de beaux exemples d'abnégation.

— Nous avons la pièce du *Bourru bienfaisant*, répliqua une vieille demoiselle, abonnée au *Causeur du jour*, nous aurons celle de l'*Égoïste généreux*.

Ce mot fut trouvé joli par le ménage au sein duquel il fut émis.

— Et des nouvelles de Tréomer ? demandait-on à une autre croisée.

— Toujours entre la vie et la mort, belle dame, répondit le propre docteur Tranquillé, qu'on avait l'honneur de posséder dans cette maison. C'est un cas fort étrange et du plus haut intérêt scientifique.

— Votre avis, docteur ?

— Mon avis est connu : j'ai condamné dès les premiers jours non peut-être parce que le mal était mortel, mais parce que le blessé a été confié à des mains ignorantes et aveugles. Vous savez si je suis réservé en parlant de mes confrères. Dieu merci, j'ai mon existence assurée, et je ne cours pas après la pratique ; mais mon indépendance même me fait un devoir de parler franchement aux gens du monde. Les docteurs Simonneau et Gandin ne sont pas capables d'arriver ici à un bon résultat.

— C'est une chose étonnante, dit la dame, j'ai des détails par le pharmacien du bas des Lices ; les deux femmes ne le quittent pas.

— Comment ! Mlle Géraud aussi !

— Tout comme la duègne ; et des mystères en veux-tu en voilà !

— Et ni l'une ni l'autre n'a mis le pied à la Tour-le-Bât depuis que Bouche-de-Fer est en prison !

— Et vous avez vu comme il les a reçues tout à l'heure ?

— J'ai eu l'honneur de vous faire savoir dans le temps, dit

ici Tranquille de sa voix la plus lente et la plus dogmatique, que je me trouvais à la Baraque, — pour un fait professionnel, — le soir qui précéda l'événement. Géraud reçut un billet de M. Judaille, son clerc, et il partit comme un fou, je répète le mot, comme un fou. La justice aura bien de la peine à voir clair dans tout cela.

— Je voulais donc vous dire, reprit la dame, pour M. de Tréomer : pendant six semaines il est resté sans mouvement ; chaque fois qu'il respirait, ça sifflait. Le Quien, le messager de Saint-Malo, a passé dix-sept nuits de suite sans dormir. On lui coulait dans la bouche, goutte à goutte, avec une petite cuiller, du bouillon de poulet. Au bout de ce temps-là, le docteur Gaudin voulut appliquer des sangsues au creux de l'estomac ; le docteur Simonneau était pour la saignée. Le pauvre cher jeune homme n'avait pourtant déjà pas trop de sang dans les veines ; il ne pouvait ni bouger ni parler. Ils se disputèrent dans la chambre du malade, et Le Quien les mit à la porte, car il est brutal, et il paraît que c'est le vrai maître dans cette maison-là. On fit venir alors des ordonnances de Paris. C'est la duègne qui écrit.

— Les médecins de Paris... commença Tranquille avec un fin sourire.

— Il n'empêche, interrompit la dame, que ça allait mieux ; moi je ne sais pas, vous comprenez bien, si les médecins de Paris sont plus sorciers que les autres, je vois les résultats : il allait mieux, quand un beau matin le juge d'instruction fit sa descente... va te promener ! on le fit parler, et il eut une crise à mourir. Ce qu'il a dit au juge, je n'en sais rien, mais on n'est pas retourné chez lui. Et Le Quien fit appeler alors le docteur Rousseau...

Tranquille sourit avec dédain à ce nom.

— Le médecin étranger, poursuivit la dame ; écoutez donc ! il a déjà guéri pas mal de monde et le pharmacien dit que, grâce à lui, si toutefois on ne commet pas d'imprudences...

— Ma bonne dame ! ma bonne dame ! s'écria le docteur Tranquille, sortant cette fois de son calme accoutumé, votre pharmacien est un apothicaire ! On ne parle pas comme cela à tort et à travers ; un traitement de quinze semaines et encore dans un cas traumatique ! je veux bien qu'il y eût une lésion du diaphragme ; mais voyez-vous, ces médecins qu'on ne connaît pas sont des faiseurs d'embarras, et puis voilà tout.

On avait emporté Marguerite évanouie et Clémence l'avait suivie en pleurant.

La conduite de Géraud à leur égard, diversement interprétée constituait cependant une solennelle condamnation.

Parmi l'étrange multiplicité des bruits qui avaient couru à l'époque du meurtre et qui, depuis ce temps, défrayaient surabondamment les bavardages de la ville, la version romanesque avait ses partisans. Pour beaucoup, Géraud n'avait fait que venger son honneur. Mais il y avait le fait du brouillon de lettre trouvé sur son bureau et dans lequel il acceptait la défense de Kerdanio. Les titres de créance avaient été volés. Chacun connaissait la violence du caractère de Géraud et la prodigieuse passion qu'il apportait dans l'accomplissement de son œuvre d'avocat. Tréomer n'était pas seulement son adversaire dans cette cause, c'était le successeur désigné de sa réputation, l'héritier présomptif de sa renommée. La province s'en tient aux mythes connus. On citait les combats à mort d'Eschine et de Démosthènes. On allait répétant que, de la part d'un taureau comme Géraud, tout était possible.

Et s'il faut le dire, c'était la portion intelligente de la ville, le barreau, les magistrats, les fonctionnaires qui cherchaient la vraisemblance dans cette voie. La plupart étaient de bonne foi. Ils arrivaient à cette conviction que Géraud avait agi sous le coup d'un mouvement de folie.

S'il se fût agi d'un autre homme que Géraud, ils auraient eu certainement pitié.

Mais Géraud avait été trop grand. Chaque fois que la pitié voulait surgir, on se souvenait de sa force.

Même observation pour Marguerite. Son mariage avait été un trop gros lot gagné à la loterie. On ne lui pardonnait point cette mémorable victoire. Tout ce qu'elle faisait était pris en mauvaise part. La ville entière savourait à son égard je ne sais quelle vengeance absurde et puérile. Ces sortes de vengeances sont les plus entêtées ; elles résistent à l'assouvissement même.

L'escorte fut du temps à percer la presse qui fermait la grand'porte du vestibule. Géraud, après avoir serré la main de Goujeux, était rentré dans sa morne immobilité. Le flot s'ouvrit enfin, à la délirante joie de ces dames qui, sortant du purgatoire, allaient recevoir la récompense de leur longue attente. Elles étaient ici aux premières places. Géraud allait passer à trois pas d'elles, ainsi que Goujeux, ce héros de l'amitié. Ces dames se préparaient à jouir de cette aubaine. Elles étaient consolées et réconciliées ; leurs narines avides s'enflaient, leurs yeux s'écarquillaient.

Hélas! hélas! quand le malheur s'en mêle, tout va mal tournant. La presse, en s'ouvrant, s'allongea violemment comme un lingot qui passe à la filière. Ce fil était creux ; il servit de passage à l'escorte, et ces dames infortunées ne virent que le sommet des tricornes de la gendarmerie.

Ces dames s'élancèrent alors vers l'escalier, espérant profiter du mouvement pour monter derrière l'accusé; mais toute la pacifique armée du palais était là maintenant. Le bataillon des balayeurs, au complet, soutenu par les valets du greffe, les gardiens du vestiaire et les appariteurs de l'École de droit opposèrent à l'envahissement une barrière imposante. Ces dames, accablées mais non vaincues, plutôt que de regagner leurs domiciles, se réfugièrent dans la cour intérieure du palais, où Michain et quelques-uns de ses jeunes camarades, supérieurs à toutes les catastrophes, faisaient paisiblement leur partie de bouchon.

Quelques minutes après, force restait au bon ordre. Les employés du palais, aidés de quelques gardes de ville et des gendarmes de service avaient chassé loin du sanctuaire la cohue des intrus. Le vestibule était désert. On se promenait à l'aise dans la salle des Pas-Perdus, où quelques citoyens notables, sérieux et privilégiés avaient obtenu le droit de rester.

La foule continuait de stationner sur la place, mais elle s'éclaircissait peu à peu. Quelques gens de bon appétit désertaient pour aller déjeuner. Ces besoins du corps sont tyranniques.

Dans la salle des Pas-Perdus, des magistrats, de hauts fonctionnaires et des avocats en robe discutaient l'affaire et la retournaient sous toutes ses faces. C'était ici peut-être qu'on pouvait mesurer le mieux la profondeur de la chute de Géraud et les implacables rancunes de l'opinion publique contre sa splendeur passée. Sauf de rares exceptions, ces promeneurs d'élite étaient très-sérieusement au-dessus des préoccupations du vulgaire. L'intelligence abondait dans ces rangs choisis ; la justice commande d'ajouter que l'honneur, l'intégrité, les lumières acquises abondaient également. Il n'y avait point d'animadversion proprement dite contre l'accusé, on peut même dire qu'à la surface, l'unanimité du sentiment apparent était une sorte de compassion sévère, excitée par le récent passage de Géraud entre ses deux gendarmes. Mais sous cette pitié même perçait une conviction hautement défavorable. Et s'il fallait caractériser la nature de cette conviction, nous risquerions l'épithète *fabriquée*, en demandant la permission de l'expliquer en deux mots.

Par cela même que ceux-ci avaient la science et la conscience, ils n'avaient pu accepter sans contrôle le fait brutal qui avait entraîné l'opinion de la multitude. C'était le raisonnement pur qui parlait en eux. Que Dieu vous garde de ceux qui raisonnent, si jamais la main lourde de l'infortune vient à se poser sur votre front ! Le raisonnement, chez l'homme, est presque toujours au service d'une passion d'ordre privé ou d'ordre public. On ne raisonne guère pour s'éclairer ; on raisonne pour défendre son opinion préconçue, vis-à-vis d'autrui parfois, mais surtout vis-à-vis de soi-même.

Ce travail s'accomplit de bonne foi. Tout homme plaide, dans son for intérieur, la cause d'une idée fixe qu'il a.

Ici, à entendre les conversations de nos graves promeneurs, à ne considérer surtout que les formules employées dans leur entretien, l'élément dégagé était la bienveillance. Mais la conclusion modifiait étrangement les prémices. Cette bienveillance découragée arrivait à une déduction fatale. Préférez hardiment la haine à cette pitié meurtrière. La haine frappe par devant; ces commisérations assassinent, comme la vapeur du charbon, par l'asphyxie invisible.

Redoutez encore et redoutez surtout l'élément artiste et l'élément critique introduits dans la réalité des misères humaines. Craignez l'anatomie des subtils et l'implacable étude de ces vieux écoliers, chasseurs d'expériences à faire *in animâ vili*. Le monde pour eux est la table de marbre d'un amphithéâtre de clinique morale. Vous souffrez, ils feuillettent vos tortures; vous râlez, ils tâtent le pouls de votre angoisse, non pour guérir, mais pour savoir. Il y en a partout de ces *poseurs de cas* qui herborisent sans remords ni pudeur dans la moisson de nos misères.

Cas de droit, cas de morale, cas de médecine, ces sondeurs de plaies ne s'amusent qu'à la théorie ; ces virtuoses manipulent l'agonie d'un cœur comme le musicien acharné à vaincre sa difficulté, fatigue les touches inertes d'un piano.

Ce sont les forts, prenez garde. Quel scrupule pourrait

veiller dans leur conscience un travail tout spéculatif et permis même le dimanche?

Je les caractériserai par un fait. Le côté subtil de toutes choses les attire invinciblement. Pour eux, Géraud était coupable, *parce que M. Ange de Tréomer, la victime, avait refusé toute explication à la justice.*

Ou plutôt Ange de Tréomer était resté muet, parce que Géraud était coupable.

Ceci impliquait, il est vrai, tout un roman terrible. Tant mieux! Il n'y a pas de plus déterminés romanciers que les hommes graves. Je ne sais point d'effrayante hypothèse devant laquelle ils puissent reculer.

— Triste, triste! disait-on de toutes parts; cet homme avait tout pour lui, sauf le fil conducteur, le sens moral, les principes. L'orgueil l'enivrait, il se croyait au-dessus de tout... Et voyez où peut conduire un fâcheux mariage! Personne n'aurait osé lui parler la bouche ouverte; il faisait peur à tout le monde.

— Quel talent! c'était prodigieux l'empire qu'il avait sur le jury et sur la cour!

— Et quelle bonté! pourquoi ne pas le reconnaître? il a fait énormément de bien!

— La jalousie... l'habitude de n'avoir ni frein ni règles... l'absence de bons conseils.

— Sait-on qui va plaider pour lui?

— Plusieurs ont refusé, la victime étant du barreau.

— Il y avait pourtant à faire de l'effet.

— Pour un jeune homme, quelle aubaine!

— Ah! le jury aura une tâche bien pénible, à moins qu'on ne plaide l'aliénation mentale.

Cela se pourrait bien, car il les sait toutes.

Cela fut lancé par un étourdi de soixante ans et mit du froid dans l'assemblée de nos peripatéticiens. C'était trop dur. Aussi, arrivé à la porte du corridor qui mène à la grand'chambre, le chef de file du premier groupe donna-t-il le signal de rompre les rangs, en disant :

— Dieu veuille qu'il s'en tire et que tout se passe pour le mieux!

Les deux battants de la grand'chambre étaient ouverts. L'intérieur regorgeait et la foule débordait au dehors. L'air qui sortait brûlait le visage. On entendait la voix monotone du greffier lisant l'acte d'accusation.

A vingt-cinq ou trente pas de là, au bout de la galerie, une porte basse donnait accès dans les dégagements de la grand'chambre. Elle s'ouvrait et se refermait à chaque instant pour livrer passage aux bas officiers de la justice, aux gardiens, aux huissiers et aussi aux témoins. C'était cette porte particulière dont toute mise en scène a besoin : la porte des acteurs grands et petits qui doivent figurer dans le drame. La chambre du conseil, servant aussi de salle de délibérations pour le jury, à cause des réparations intérieures qui s'exécutaient au palais, la salle des témoins, le cabinet du parquet et le greffe formaient à la suite de cette porte une enfilade de pièces richement ornées, comme presque toutes celles qui composaient la maison du Parlement, mais mal entretenues et dans un état de dégradation fort avancé. Depuis lors, on n'a que trop restauré ce pauvre bel édifice. Selon M. de Talleyran, le zèle chez un employé est un vice rédhibitoire. Que dirait-il de la bonne volonté chez les architectes?

La salle des témoins, vaste galerie donnant par trois fenêtres grillées sur la rue Saint-François, était la dernière de ces pièces et communiquait directement avec la grand'-chambre, où la cour siégeait. Les peintures du plafond, d'un très-beau style, et qu'on attribua longtemps à Jean Jouvenet, dont le palais possède, du reste, quelques pages remarquables, disparaissaient presque sous une couche de poussière enfumée. Les panneaux, mieux conservés, montraient leurs figures énergiquement touchées, protégés qu'ils étaient par un fort grillage à hauteur d'homme qui gardait des traces de dorures.

Il y avait une vingtaine de témoins dans la salle. La plupart de ces témoins sont pour nous gens de connaissance. C'étaient d'abord les habitués de la Baraque au grand complet, sauf le docteur Tranquille, lequel avait déclaré dans l'instruction qu'il ne dirait rien, qu'il ne savait rien et que l'importance de ses occupations lui défendait de remplir ses autres charges civiques.

— Pendant que vous prodiguerez là-bas mon temps si précieux, avait-il dit, mes malades se soigneront-ils seuls ?

Plût à Dieu! Nous devons faire observer cependant que les malades du docteur Tranquille étaient des êtres de pure imagination. A ce titre il était réellement moins nuisible que beaucoup d'autres savants praticiens. Le décès de sa femme était à peu près sa seule cure.

MM. Daviot, entrepreneur, Salicoq, de Cesson, de La Fresaye et Pompeux de Kertréjégu, formaient un groupe à part. Kerdanio, habillé comme un prince, causait avec l'avocat Louvigné qui avait plaidé et gagné en première instance son fameux procès contre Tréomer. Sauf appel, notre ami Kerdanio était à la tête de soixante mille livres de rentes en bonnes terres. On ne peut dire qu'il n'en était pas plus fier. Sa voix de tonnerre avait haussé d'un cran, il mettait de la cire noire à sa barbe rousse, et sentait la pommade à trois cents pas à la ronde. Ces dames n'étaient pas éloignées de le trouver maintenant beau garçon et il avait eu des succès comme homme d'esprit au café d'Armorique.

On n'entendait que lui dans la salle des témoins. Il protégeait Géraud. Son argument était simple et concluant : Géraud n'avait pas pu voler les titres de Tréomer, attendu que Tréomer n'avait jamais eu de titres.

Kerdanio était cité, ainsi que tous les autres, à la requête du ministère public.

Géraud, pendant toute l'instruction, était resté muet comme une pierre, et par conséquent n'avait point appelé de témoins.

Dans un coin, à l'extrémité la plus éloignée, Scholastique Mahé était assise avec sa nièce Niotte. Michain, regrettant sa partie interrompue, se tenait debout derrière elle et mangeait un bon morceau de pain, graissé d'un petit rond de cervelas. Scholastique était droite et roide sur son banc; Niotte jetait à la ronde des yeux effarouchés et hagards.

Non loin de là, M. Judaille était assis tout seul. M. Judaille relevait de maladie. Il était très-pâle. Un bruit avait couru dans le public à son égard. On disait que le magistrat chargé de l'instruction l'avait menacé plusieurs fois de poursuites en faux témoignage, à cause de l'ambiguïté de ses dépositions. M. Judaille, selon la même rumeur, en savait bien plus long qu'il n'en avait voulu dire.

Auprès de M. Judaille, Grand-François, les mains dans ses poches, appuyait son dos contre le grillage.

Venait ensuite M. Goujeux, avec l'air inquiet et chagrin du pasteur qui a perdu sa brebis préférée. Son œil restait incessamment fixé sur la porte de la grand'chambre, qu'il venait de quitter avec les autres témoins, après la lecture de l'acte d'accusation.

Enfin, tout près de la porte de la grand'chambre, un homme était assis sur une escabelle, les deux coudes sur ses genoux et le menton entre ses deux mains, dans une attitude de complète immobilité. Il était tête nue, et la façon dont ses cheveux se tassaient sur son crâne prouvait que c'était là chose rare. Son chapeau de cuir gisait à terre à ses pieds, avec un fouet dont la corde se tortillait étroitement autour du manche.

III

Éloge de la gendarmerie.

Cet homme était l'ancien chouan Le Quien, messager de Saint-Malo, connu pour l'extrême attachement qu'il portait au jeune M. de Tréomer. Il partageait avec M. Goujeux le privilége d'attirer ici l'attention générale. Goujeux était le bon génie de Géraud : il représentait l'idée de dévoûment et de miséricorde. M. Le Quien était l'esprit des vengeances, planant sur le dénoûment de ce drame. Les autres témoins pouvaient passer pour des indifférents, à l'exception de Scholastique, qu'on devait entendre seulement à titre de renseignement, et mis à part M. Judaille, qui pouvait bien être un complice.

M. Goujeux avait fait tout ce qu'il avait pu pour s'asseoir au banc des accusés auprès de Géraud. On n'avait pu lui permettre cela, malgré toute l'admiration que la cour avait pour sa belle conduite. Il attendait impatiemment l'heure où il pourrait river de nouveau à son cou la chaîne de sa captivité volontaire.

Outre les témoins que nous avons nommés, il y avait quelques paysans qui avaient concouru à l'arrestation de Géraud dans les prairies de Saint-Cyr, et les gardes de ville qui avaient mis la main sur lui.

— Ça va marcher rondement, dit Daviot en consultant une superbe montre qui devait quatre-vingt-quinze pour cent aux créanciers de ses diverses faillites ; l'interrogatoire ne sera rien et nous venons tout de suite après.

— Le président Duchesne est sombre comme une tempête ! fit observer Pompeux.

— Et M. Morquiex, l'assesseur de droite, a sa goutte ; on voit ça !

Salicoq ajouta :

— Ce pauvre Géraud en a fait voir de rudes, autrefois, au papa Chéron, l'assesseur de gauche !

— A tous, parbleu ! s'écria Daviot ; c'est là le mauvais de son affaire : tout le monde, au Palais, porte les marques de ses canines.

Pompeux montra du doigt M. Le Quien.

— En voici un qu'il a fait condamner, dit-il tout bas, quand on monta la concurrence sur Saint-Malo. Je suis physionomiste : quelle tête à garder rancune !

— Avez-vous lu mon entrefilet d'hier dans le *Spectateur armoricain?* demanda Salicoq. Nous avons fait nos fouilles à Pont-Réan : deux urnes et un gobelet saxon.

C'était un moyen sûr de rompre les rangs. Daviot prit le bras du marquis de la Fresaye. Pompeux s'empara du bouton de M. de Cesson.

— Ce n'est pas impossible, lui dit-il tout bas, vous avez les documents, moi j'ai le style et la connaissance générale de l'époque. Donnez-moi toujours vos titres, et je verrai. Mme Claude de Bretagne, pas plus que la duchesse Anne, n'a eu le droit d'aliéner notre nationalité. Au fond, c'est clair comme le jour, vous avez des droits. Puisque le temps n'est pas à les faire valoir politiquement ou juridiquement, on peut toujours les utiliser dans un travail sérieux et qui se vendrait très-bien, parce que le sentiment breton existe, on ne le tuera pas. Nous partagerions les bénéfices, soit que la machine vienne en chronique, en roman ou en drame. Tenez, un opéra ! Nous ferions faire la musique pour pas cher par Bodinier, le premier violon de la Société philharmonique. Il a une mémoire d'enfer ; il nous fourrerait là dedans tous les airs qu'il connaît. J'ai le titre tout trouvé : *Bretagne.*

— C'est joli, dit M. de Cesson, ça me va assez l'idée d'opéra... Je donnerai à Bodinier des refrains de pays...

Il se mit à chantonner :

> Nous nous marierons, ma commère,
> Nous nous marierons tous les deux.
> Vous êtes jeune, moi amoureux...

— Foi de Dieu! s'écria Kerdanio, va-t'on danser ici? Excusez!

— Messieurs! messieurs! dit Goujeux d'un ton pénétré, l'épaisseur d'une porte nous sépare seule de l'enceinte où s'agite une question de vie et de mort!

Pompeux, un peu déconcerté, répondit :

— Nous parlons affaires, vous voyez bien!

— Un chant national, murmura M. de Cesson, au point de vue de l'art, de l'histoire, et de nos droits imprescriptibles.

— Quel superbe toqué! fit observer Daviot, voltairien comme une soustraction.

Salicoq haussa les épaules, et le marquis de la Fresaye renifla l'eau de cologne éventée de son mouchoir. A Rennes comme à Paris, la salle des témoins sent rarement le patchouli.

M. de Cesson poursuivait cependant :

— Vous comprenez, j'aimerais voir mon nom dans le titre. C'est ce qui frappe.

— *Bretagne et Cesson!* répondit Pompeux sans hésiter, cela rappelle Montjoye-Saint-Denis. C'est superbe! nous aurons un succès fou!

M. de Cesson lui serra la main énergiquement en disant :

— Nous reparlerons de cela, Pompeux! Vous êtes un honnête homme et un garçon très-fort!

Pendant cette scène, M. Le Quien n'avait pas bougé, non plus que Scholastique, si ce n'est, cette dernière pour étaler son chollet rouge et bleu à l'aide duquel, toutes les deux ou trois minutes, elle se mouchait avec un bruit terrible.

Le silence se fit tout à coup dans la salle des témoins, parce qu'une rumeur arrivait de la grand'chambre.

Les yeux de M. Le Quien et ceux du bon Goujeux se rencontrèrent; mais celui-ci croisa aussitôt ses bras sur sa poitrine en laissant retomber sa paupière humble et timide.

— Est-ce qu'on est en train de condamner monsieur? demanda Niotte curieuse.

— Bête! répondit Michain, faut que nous y mettions la main avant, et que j'aie mes quarante sous d'assignation.

— Donnez-moi la paix! ordonna Scholastique.

Dans la grand'chambre, une voix claire et jeune parlait. La monotonie du début semblait annoncer une lecture. Louvigné s'approcha vivement de la porte.

— On avait pourtant dit qu'on n'accepterait pas la défense? grommela-t-il entre ses dents.

— C'est la voix de Tremmelec! s'écria Kerdanio; foi de Dieu! je le crois plus fort au billard qu'à l'audience!

— Tremmelec! répéta Louvigné; un avocat pour rire! il ne plaide jamais!

Les traits de M. Le Quien exprimèrent une profonde émotion.

— Bon sang! murmura-t-il.

M. Goujeux était très-pâle.

— Mais que font-ils donc? disait-on à la ronde.

A ce moment, une rumeur plus profonde et plus soutenue s'éleva dans la grand'chambre.

Maître Le Retrait, en robe, entra vivement par la porte entr'ouverte et tôt refermée de la salle d'audience.

— Il y a ici des personnes qui s'intéressent à ce malheureux homme! dit-il en essuyant son front baigné de sueur, je veux le croire pour l'honneur de notre ville. Sur la question de savoir s'il est coupable ou non, je ne dis rien, parce que je ne sais rien; mais je vois dans cette chambre bien des gens qui lui doivent de la reconnaissance.

Le brave avoué était très-ému, le souffle lui manquait.

— Remettez-vous, confrère, lui dit l'avocat Louvigné d'un air narquois; ce pauvre Géraud vous glissait une partie de ses affaires, nous savons cela.

Goujeux passa son mouchoir sur ses yeux.

— Maître Louvigné, murmura-t-il, je suis père de famille, d'un caractère et d'un âge à ne point m'embarquer dans des querelles. Mais, je vous le dis, un peu plus de pudeur. La noble profession que vous exercez l'exige.

— Attrape, mon avocat! s'écria Kerdanio; saperbleure! s'il ne fallait que trois ou quatre cents louis pour sauver l'ami Géraud, je n'ai pas honte d'avoir mangé sa soupe, et je les donnerais!

— Oui, oui, vous l'avez mangée, notre soupe, monsieur Guy, appuya la Mahé gravement, et de bon appétit, j'en réponds! et plus souvent qu'à votre tour!

— Qu'y a-t-il de nouveau ici près, maître Le Retrait? ajouta-t-elle avec toute son autorité reconquise.

Elle avait retrouvé ce ton superbe qu'elle prenait autrefois dans sa cuisine, quand elle renvoyait les visiteurs importuns à l'aide de cette magistrale formule : A huitaine.

Le Retrait lui adressa un signe de tête amical et prit la main de M. Goujeux.

— Vous, vous êtes un saint! dit-il; je vis de la justice, et Dieu me garde de parler légèrement. Mais pourquoi n'ai-je pas été assigné comme tous ceux qui étaient chez Tonton Grivel cette nuit-là? Et pourquoi Tonton Grivel n'a-t-il pas été assigné? Il y a une cabale, c'est clair. On savait que nous dirions: C'est le roi des braves gens. Eh bien! voilà! Si maître Louvigné n'est pas content, il viendra me le dire. Les avocats se sont mal comportés... Moi, président, je les aurais fait marcher à la baguette! Les avocats ont refusé la défense d'office parce que la victime est un avocat. C'est un prétexte, et je ne cache pas mon opinion: le jeune vicomte de Tremmelec, en prenant la robe aujourd'hui, peut-être pour la première fois de sa vie, a agi comme un chrétien et comme un gentilhomme!

— Ah! ah! fit Louvigné, c'est donc M. le vicomte qui a parlé?

— C'est heureux pour l'honneur du barreau, maître Louvigné, prononça sévèrement le vieux marquis de la Fresaye.

— Foi de Dieu, oui! appuya Kerdanio.

— Et ça fait-il, demandèrent les paysans d'un air moitié content, moitié désappointé, ça fait-il que monsié Géraô en est quitte, à tout coup?

— Hélas! hélas! mes pauvres amis! murmura Goujeux qui darda ses regards au ciel.

— Le barreau de Rennes ne compte qu'avec sa conscience! prononça Louvigné avec la rouge vaillance des parleurs. Et, quant à ce qui me touche, je suis témoin, je ne pouvais être défenseur.

— Si Tremmelec avait besoin de gagner sa vie, dit Daviot, expert en fait de publicité, avec une conduite comme la sienne, il aurait planté son nom au palais du premier coup. Mais voyons, l'avoué, qu'a-t-il dit et qu'a-t-il fait?

— Il a fait ce que personne ne voulait faire, répondit Le Retrait; il a loué une robe, lui qu'on n'avait pas revu au palais depuis sa thèse, et il s'est assis au banc de la défense. Géraud ne l'avait pas seulement regardé. Quand M. le président a voulu commencer l'interrogatoire, Tremmelec s'est levé, — je pense qu'il s'était fait nommer d'office, car la famille a le bras long, — il a demandé tout uniment la remise à la fin de la session, dernière affaire, disant qu'il n'avait pas eu le temps voulu pour l'examen des pièces. On ne pouvait pas lui refuser cela, puisque hier, à cette heure-ci, je puis vous affirmer qu'il n'était pas encore désigné. Alors, il s'est tourné vers le banc des avocats, et il a dit, entre haut et bas: Vous avez quinze jours pour réfléchir, messieurs !

Il y avait du rouge aux joues de M. Le Quien.

— Bon sang ! répéta-t-il pour la seconde fois entre ses dents.

— Et ce bruit qu'on entendait ? demanda Louvigné.

— Les applaudissements du public, répliqua Le Retrait.

Un tic nerveux agita les lèvres de Goujeux.

Nous noterons ici un fait étrange. Depuis qu'ils étaient ensemble dans la chambre des témoins, Goujeux et Kerdanio n'avaient échangé ni une parole ni un regard.

— Alors, fit Daviot, la cause est remise ?

— Et Géraud n'a pas protesté, le fier Géraud ? ajouta Louvigné.

Un paysan demanda :

— Si c'est qu'on ne juge pas aujourd'hui, les témoins auront-ils leurs pauvres quarante sous tout de même ?

Parmi la rumeur qui continuait dans la salle d'audience, des pas lourds se firent entendre derrière la porte, dont les deux battants s'ouvrirent brusquement. Un huissier se montra, puis vint un gendarme, puis Géraud, puis un autre gendarme.

Par un mouvement instinctif, tous ceux qui occupaient le centre de la salle des témoins firent une large reculade, afin de laisser le passage libre. Au contraire, les paysans se levèrent et avancèrent de quelques pas, afin de mieux voir.

— Arrivez ! dit à haute voix Scholastique en s'adressant à ses deux subordonnés immédiats, Niotte et Michain.

Elle avait son costume des grandes fêtes. Tandis qu'elle traversait la salle, son pas était solennel et fier. Elle vint se camper au devant des paysans. Nous n'irons pas jusqu'à dire qu'il y avait de l'ostentation dans le fait de cette bonne et fidèle créature, mais il est certain qu'au milieu de son émotion réelle et profonde on eût trouvé un grain d'orgueil.

Judaille se cachait derrière ses voisins. Il était livide, et ses paupières enflammées avaient peine à retenir ses larmes. Pour ma part, je crains ces pauvres diables comme le feu. Judaille n'était pas un homme méchant, je l'affirme;

seulement, il avait des besoins. Ce sont ces gens qui ne sont pas méchants et qui ont des besoins qu'on doit accuser presque toujours quand un incendie éclate en cet univers.

Kerdanio était fort agité. Pour la première fois, son œil oblique glissa vers Goujeux un rapide regard. Goujeux, héros de l'amitié, était déjà en plein dans son rôle. Il courait à Géraud, les paupières humides et les bras ouverts.

— Saqueurbleure! gronda le hobereau, cet Amédée ira au fond de l'enfer, comme un plomb, ou bien il n'y a pas de bon Dieu!

— Malgré tout, dit Salicoq à Daviot, ce Goujeux est étonnant.

— Il me réconcilie avec l'humanité, répliqua sans rire l'entrepreneur.

— Je ferai des vers sur cet homme-là, se promit Pompeux.

— Eh bien! foi de Dieu! reprit tout haut Kerdanio, bonjour, vieux Vincent, bonjour! Ce n'est pas parce qu'un ami est dans le malheur qu'on doit lui tourner le dos! Saperbleure! je suis un franc Breton, et je me moque des cancans, moi!... Je suis riche à présent, et je n'ai besoin de personne.

— Silence! ordonna l'huissier.

Kerdanio fit un geste de révolte, mais son regard plus sincère remerciait l'huissier. Il ne savait positivement pas comment achever son discours.

Scholastique, au premier rang, exécuta une grave révérence, imitée en cela par Michain et Niotte.

— Bien des compliments, notre monsieur, dit-elle d'une voix qui chevrottait un peu. On va doucement à la maison. Des fois, la fin vaut mieux que le commencement.

Elle déplia son large mouchoir, tandis que Niotte disait de sa voix claire et calme :

— Bien des bonjours, notre monsieur.

Michain, pris par une émotion dont il ne se serait pas cru capable, balbutia :

— Quoique ça, notre monsieur est-il changé, mon Dieu donc!

Nous n'avons pas besoin de dire au lecteur intelligent que nous racontons ici l'histoire de quelques secondes, et que ces divers détails, successivement énoncés par nous, se superposaient, dans la réalité, rapides et contemporains. Le passage de Géraud dans la salle des témoins ne dura pas, en tout, plus de deux minutes.

Géraud était resté à deux pas de la porte refermée de la grand'chambre. Il y avait comme un éblouissement au devant de ses yeux caves et ternes. Sa tête était un peu inclinée en avant, et son cou allongé, dans l'attitude de la frayeur. Ses traits pâles gardaient une immobilité complète. On voyait seulement que toutes ces voix frappaient vaguement son esprit au travers de ses oreilles, et qu'il cherchait à saisir au passage quelque pensée rebelle et fugitive.

— On plaidera la folie, dit tout bas Louvigné.

M. Le Quien venait de se lever, après avoir ramassé son chapeau et son fouet.

Il se tourna lentement vers le prisonnier, qui était tout près de lui et un peu en avant.

Goujeux entoura de ses bras les épaules de Géraud, qui se laissa faire.

— Ne l'insultez pas! s'écria-t-il en s'adressant au messager de Saint-Malo; ayez pitié de l'état misérable où vous le voyez!

Ce cri, qui était parfaitement en situation, eut de l'écho.

Géraud tressaillit légèrement. Il y eut un murmure approbateur dans les groupes, et Kerdanio dit :

— Foi de Dieu! le chouan de malheur aurait à faire à moi, pour le coup!

— Avançons, s'il vous plaît! ordonna le gendarme de derrière.

Le Quien se planta au milieu du passage. Scholastique s'écria :

— Prenez garde, voir! Il va lui faire du mal.

Au moment où Goujeux se retournait pour que l'accusé pût continuer sa route, Le Quien l'écarta d'un mouvement calme, mais si puissant que l'ancien maître de forges, robuste comme nous le connaissons, fut sur le point de perdre l'équilibre.

— A nous, Chauvel! dit le gendarme de derrière en s'adressant à son camarade qui déjà faisait volte-face pour voir la cause de la rumeur croissante.

Chauvel revint sur ses pas, la main à son sabre. Tout le monde disait son mot, Scholastique criait comme un aigle et Kerdanio jurait, foi de Dieu, qu'il allait casser la tête du chouan d'un coup de talon.

Le cercle s'était en même temps rétréci. Tous n'avaient pas également envie de se mêler à la bagarre, parce que M. Le Quien passait pour un homme très-redoutable, mais tous voulaient voir. L'opinion générale était que l'ancien chouan, furieux de la remise et voulant venger Tréomer, allait se porter à quelque acte de violence.

Il paraît que M. Goujeux avait grand intérêt à exploiter cette idée, car ce fut avec des larmes dans la voix qu'il supplia les gendarmes de protéger le prisonnier.

Peine inutile, assurément. Malgré le feu croisé d'agréables moqueries qui aurait dû incendier dès longtemps cette institution, si le ridicule avait toujours chez nous le souverain pouvoir qu'on lui prête, la gendarmerie, solide et carrément posée sur ses bottes de sept lieues, continue de répondre aux sarcasmes des gens d'esprit facile par le silence de son héroïsme modeste et pacifique. Il ne faut point, dit-on, disputer des goûts. J'aime les gendarmes comme j'aime les pompiers. On a prétendu que c'était l'*école du bon sens* de l'armée. Je m'inscris en faux contre ce lâche outrage.

Peine inutile : le gendarme protége tout naturellement, comme le bras travaille et comme la jambe marche ; c'est sa fonction. Elle est rude parfois, mais plus rude pour lui que pour tous autres. Enfants méchants de nos civilisations, n'avez-vous pas songé parfois avec attendrissement que ce preux prolétaire a mission de parer vos coups, sans riposter, et que trop souvent il tombe pour avoir accompli à la lettre cette clause miséricordieuse et magnifique de son mandat?

Je vois dans le gendarme l'expression la plus humble, mais la plus respectable de la loi. Je dis plus : la loi n'a pas toujours d'aussi chevaleresques interprètes. C'est dans le gendarme que la loi me touche, parce que c'est le gendarme qui me montre les forces et les mansuétudes de la loi. J'ai vu en ma vie des magistrats... Admettons que ce soit l'exception.

J'aime les gendarmes ; ils sont bons, ils sont braves. J'ai défiance instinctive de ceux qui les détestent. Mon esprit se fait malgré lui ce raisonnement : Ces messieurs doivent avoir leurs raisons pour cela. Si chacun, du haut en bas de la mécanique sociale, remplissait son devoir comme font les gendarmes, avec conviction, avec modération, avec intelligence, — eh ! certes, le mot est lâché, — notre société, réglée comme un chronomètre, n'aurait pas si souvent besoin de l'horloger.

Le gendarme est poli avec tout le monde, et souvent respectueux vis-à-vis du malheur. A quoi bon, je vous prie, ce ton rogue et superbe de quelques fonctionnaires en face de gens manifestement supérieurs à eux? Est-ce une rancune jalouse? Elle est petite comme tout ce qui procède de l'envie. Est-ce un maladif besoin de prestige?

Ce n'est rien de tout cela, sans doute; c'est une erreur isolée, une exception, une sottise, un malheur; — mais, cependant, ramenez-moi aux gendarmes.

Chauvel, notre gendarme de devant, et Moreau, notre gendarme de derrière, adressèrent à M. Goujeux un regard souriant qui n'était pas exempt de suffisance et qui signifiait clairement, dans le langage de l'état :

— Bourgeois, soyez calme! on y veille.

D'un coup d'œil, ils avaient vu ce qui aurait dû être évident pour tous, à savoir, que le messager de Saint-Malo n'avait point d'intention hostile.

M. Le Quien, nous devons l'avouer, ne partageait pas notre passion pour la gendarmerie, car il fronça le sourcil à l'approche de Chauvel et de Moreau, mais il ne bougea pas; son fouet resta sous son aisselle, et ses deux bras croisés sur sa poitrine.

C'était, en vérité, un rude gaillard que ce Le Quien. La pose qu'il avait faisait ressortir l'athlétique carrure de ses épaules, d'où son cou musculeux saillait à angle droit. On voyait les muscles de ses bras faire bosse sous le gros drap de sa veste, et ses jambes courtes, noueuses, solidement écartées, semblaient l'asseoir sur une base inébranlable.

Il eût été malaisé de définir d'une façon précise l'expression de ses traits. Les lignes heurtées de son visage étaient au repos, mais, sous les houppes hérissées de ses sourcils, le regard de ses yeux gris, petits et aigus, avait une activité extraordinaire.

Tel qu'il était, il offrait un contraste complet avec Géraud, posé en face de lui, dans une attitude de morne étonnement.

Géraud n'était plus lui-même. Naguère encore, la vaillance aventureuse de sa pensée avait à son service une organisation physique vigoureuse, sanguine, d'où la vie surabondante débordait de toutes parts. Il n'y avait rien en lui qui ne fût robuste et en quelque sorte violent. Son esprit et son corps se ressemblaient, toujours prêts à la bataille. On eût dit alors qu'il avait besoin, pour vivre, de lutter et de vaincre.

Maintenant, Géraud s'affaissait sur lui-même, allangui et amoindri. Ses vêtements trop larges ballottaient sur ses côtes et tombaient droit comme une robe cléricale. Là-dessous le soutien manquait. Son cou sortait de sa chemise, hâve et maigre. Entre toutes les parties de notre être physique, le cou est celle qui modifie le plus l'aspect général. Aussi, les peintres en abusent; c'est avec le cou qu'ils caractérisent surtout leurs figures ascétiques ou l'agonie de leurs martyrs. Les tortures de l'école espagnole sont dans le cou.

Et certes il y a une éloquence muette et terrible dans ce faisceau de vertèbres, blanc sous la barbe sombre, et qui est la place où frappe le glaive, dans cette base mobile du crâne, colonne de la pensée et de la vie.

Chaque fois que la hache menace, le cou parle.

Mais ce qui frappait surtout chez Géraud, ce qui frappait ceux qui l'avaient connu autrefois dans sa gloire, c'était la transformation de son visage lui-même. Les lignes soutenues et relevées de ses traits, pleines de chocs, il est vrai, mais de chocs fanfarons, jeunes, gais, batailleurs, allaient s'abaissant, comme si l'armature osseuse qui tendait la peau du front et des joues se fût amollie elle-même. La force peut avoir sa pâleur; ici, c'était la décoloration de la faiblesse, ou mieux du découragement mortel qui vient de l'excès prolongé de la douleur.

Il faut bien le dire : ces beaux lions ne savent pas toujours souffrir.

Ils sauraient mieux mourir; mais qu'est-ce que cela?

Ces sanguins, ces bruyants, ces hommes-canons qui éclatent pour enfoncer des bataillons ou mettre en poudre des murailles; ces béliers humains dont le heurt est irrésistible dans l'attaque; ces foudres d'éloquence ou de bravoure, ces grands, ces exubérants, ces prodigues de l'audace et de la vie ne valent pas, sous la griffe d'une torture morale, la pauvre femme qui était pâle d'avance et déjà faible, ou le penseur maladif dont chaque heure, depuis qu'il s'est senti respirer, fut une lente introduction à la souffrance finale.

Le proverbe vulgaire dit : On ne peut pas tout avoir. Cela leur vient parfois, quand le martyre a changé leur nature et les a faits semblables aux femmes et aux faibles; mais cela n'est pas en eux. Ils se ruent d'abord contre l'instrument de leur supplice. Ils mordent le fer inflexible et la pierre inerte. A ce combat extravagant, ils usent tout en eux : corps et cœur. Il leur manque à eux, les enfants prodigues de la création, il leur manque l'humble vertu des déshérités : la résignation, plus forte que l'héroïsme lui-même.

Vous les voyez tomber, ces géants; ces flambeaux, vous les voyez s'éteindre. Ils subissent la loi de la puissance que Dieu a mise en eux. Ce foyer qui n'a plus d'aliments extérieurs se consume lui-même. Il n'y reste rien qu'une froide cendre...

Ce qui frappait, c'était la paralysie amère de cette bouche fermée qui rabattait ses lèvres, pendantes comme un cuir mort; cette bouche de fer et d'or d'où naguère jaillissait comme un torrent la parole féconde ou terrible. Ce qui frappait, c'était l'anéantissement du regard, où rien ne restait de cette gerbe d'éclairs qui précédait jadis l'explosion de l'âme.

Les lèvres et l'œil avaient vécu. Dans les ruines que fait la guerre ou le temps, fenêtres et portes restent ainsi béantes, marquant vaguement, parmi la solitude et la destruction, la fière figure que devait avoir autrefois le monument décédé.

Mais le château-fort désemparé par la sape, la vieille cathédrale dont le crâne effondré laisse passer désormais la neige de l'hiver et les pluies de l'été, dressent encore leurs hautes murailles, plus fières peut-être dans la destruction. Si loin que le regard peut percer l'ombre des soirées, le monastère assassiné prolonge la mystérieuse perspective de ses cloîtres. Ils sont beaux encore, ces débris touchés par le tonnerre, et du sein même de leur chute, l'idée de respect surgit.

Parfois, il en est ainsi pour la ruine humaine : Marius et Carthage pouvaient se mirer l'un en l'autre.

Mais ici non; rien ne restait. Le mot a été prononcé : il y avait paralysie morale; l'arme empoisonnée avait touché le cerveau et le cœur.

Devant la vulgaire énergie de l'ancien chouan, Géraud semblait un vieillard tremblottant et privé de ses facultés. Son hésitation était celle de l'homme qui retourne à l'enfance en descendant la pente de l'âge; il faisait peine et pitié.

Ses paupières battirent un instant comme s'il eût essayé

en vain de soutenir le regard de M. Le Quien. Il paraissait le reconnaître, et sa figure prit une vague expression de défiance. Le Quien demeurait immobile et triste en face de lui.

— Vous avez été le serviteur et l'ami de feu le vicomte Jean-Marie, dit enfin Géraud comme s'il eût parlé pour lui seul; vous êtes ici pour déposer contre moi; mais ils ne me jugeront pas aujourd'hui.

— Je suis l'ancien postillon de St-Pierre-de-Plesguen, murmura Le Quien.

Un peu de sang revint aux joues de Géraud.

— C'est vrai, c'est vrai, prononça-t-il si bas qu'on eut peine à l'entendre; vous m'empêchâtes de tuer ou d'être tué cette nuit-là. Pourquoi ne m'avez-vous pas réclamé votre récompense au temps où j'étais heureux?

— Ah çà! gronda Kerdanio par derrière, il paraît qu'on cause ici!

— Qu'ils s'embrassent et que ça finisse! ajouta Daviot, homme spirituel et entrepreneur.

— Avançons, s'il vous plaît, dit le gendarme Moreau, dont M. Goujeux venait de serrer le bras avec un regard suppliant.

Géraud s'ébranla. M. Le Quien glissa une de ses mains dans son sein.

Géraud le regardait avec une sorte de curiosité inquiète.

Il était facile de voir qu'un peu de vie essayait de renaître en lui. Sa tête se redressait; une vague lueur s'allumait dans ses yeux.

Ce n'était certes pas le souvenir réveillé de cette lointaine aventure. Non. Chaque circonstance de notre vie a son dessus et son dessous.

Géraud savait que Marguerite allait parfois chez ce Le Quien, au temps où elle n'était encore que mademoiselle Maynard. C'était à Marguerite que Géraud pensait.

Il repoussa doucement Goujeux, qui essayait de lui reprendre le bras.

— Vous avez quelque chose à me dire, l'ami? demanda-t-il d'une voix où l'émotion perçait malgré lui.

Goujeux tendit l'oreille avidement.

— Non, répondit Le Quien; je veux seulement vous donner la main. C'est une idée que j'ai.

Le regard de Géraud se fit plus perçant. Il exprimait un vague étonnement et aussi un regret. Que pouvait-il espérer, cependant, ou désirer, cet homme qui venait d'écraser publiquement Marguerite sous son implacable dédain?

Je ne crains pas de le répéter, parce que c'est la vérité vraie : chez la plupart de ceux qui dépassent hautement le niveau des têtes vulgaires, il y a de l'enfant. La victoire les a gâtés comme une mère. J'ajoute que, dans la plupart des grandes péripéties, l'élément enfantillage existe. Cela ne gêne point le drame dans la réalité, au contraire; l'art théâtral a soin de supprimer ces nuances; il a raison, sans doute. Le souverain public est là pour digérer, non pour s'instruire.

Géraud tendit sa main à M. Le Quien avec fatigue; ses traits avaient repris leur voile de morne indifférence.

Mais aussitôt que les doigts rudes de l'ancien chouan se furent refermés sur les siens, Géraud tressaillit brusquement. On eût dit qu'un vent passait dans ses cheveux qui vibrèrent. L'éclair vif et profond qui, jadis, s'allumait si souvent dans sa prunelle, éclata. Sa bouche s'entr'ouvrit et ses lèvres tremblèrent.

Il avait senti un papier dans la main de M. Le Quien.

Personne dans la salle des témoins n'avait le mot de cette énigme bizarre. Pour tout le monde, l'ancien chouan était l'ennemi naturel de Géraud. On le connaissait pour être dévoué à Tréomer jusqu'au bout des ongles. Depuis deux ans et plus, il faisait, chaque semaine, une tournée parmi les fermiers de feu M. Malhouet, qui, grâce à lui, regardaient déjà le jeune avocat comme leur maître. Après l'assassinat de Tréomer, il avait parlé; il avait dit : *Celui qui a volé les papiers de M. Ange ne les portera pas loin.*

Pour ceux qui connaissent M. Le Quien, ceci était une terrible menace.

Il était de ces gens à qui personne ne saurait reprocher en face une mauvaise action, mais qui passent — on ne sait pourquoi — pour être capables de tout.

Quel accord ténébreux s'établissait entre M. Le Quien et celui qui précisément avait volé les papiers de Tréomer? ou plutôt quel piége tendait-on devant les pas aveugles de Géraud?

Le plus inquiet, bien entendu, était ce bon Goujeux. Une anxiété pour ainsi dire maternelle était dans ses regards timides et doux. Oh! certes, il avait conquis le droit, celui-là, de s'interposer en toute occasion et de veiller sur son malheureux ami avec l'autorité d'un tuteur! Ses preuves étaient faites. Il avait fatigué la cour de ses sollicitations; il avait obtenu, chose qui paraît d'abord impossible, de partager la prison de Géraud. C'était lui qui avait inventé le prétexte, et le prétexte était ingénieux autant que le dévoûment était sublime. Il avait abandonné sa famille, lui, l'excellent père et l'époux modèle! Il avait dépassé, on peut bien le dire, dans son héroïsme modeste et bourgeois, tous les exemples fameux légués par l'histoire à la *morale en actions!*

La province admire peu. Elle est défiante et froide. L'adage : Nul n'est prophète en son pays, le plus sincère et le plus lamentable de tous les adages, est provincial exclusivement. Paris est trop grand pour avoir ce vice repoussant; en outre, il produit, dit-on, si peu de prophètes! La province, plus féconde, c'est à dire plus montueuse, a des niveaux plus bas et des sommets plus hauts. On dirait que les cimes ne s'élèvent qu'aux dépens des vallées. Tout géant semble grandi d'emprunts qu'il a faits aux nains qui l'entourent. Quand on est géant, le plus sage est de gagner au large.

Il est curieux, cet adage, quand on en fait la dissection logique. Il a pour base l'orgueil petit et jaloux, je le veux bien, mais il est fondé surtout sur l'inflexible affirmation de la conscience. Il contient un étonnement qui est un aveu. Comment voulez-vous croire? s'écrie la conscience des chardons. Nous connaissons notre terrain, que diable! Nous sommes ici dix mille chardons, tous chardons, de père en fils : d'où serait venu chez nous le gland d'un chêne?

Rennes admirait ce bon M. Goujeux, mais modérément. Rennes aurait dû s'agenouiller; Rennes le sentait peut-être; c'était pour s'excuser vis-à-vis de soi-même que Rennes s'efforçait de jeter quelque ombre sur cette lumière, ou tout au moins d'émettre quelque doute.

Si Rennes n'eût point douté, cependant, soyons juste, quel avantage aurait-il retiré de la chute du grand Géraud? Pour un Mirabeau déraciné, voici que le hasard lui rendait je ne sais quel Malesherbes, doublé de Vincent de Paul. La vertu est fatigante comme la gloire. Puisqu'on a le doute, ce souverain remède contre la gloire et contre la vertu, pourquoi ne pas s'en servir?

Grâce au doute, ce bon M. Goujeux restait supportable. Ce

vague espoir qu'on avait de le lapider quelque jour donnait du cœur à chanter ses louanges.

— Qu'avez-vous, Vincent, mon ami? demanda-t-il en s'élançant pour saisir le bras de M. Le Quien.

Celui-ci ne le regarda même pas, et Géraud, étendant sa main gauche, le tint une seconde fois à distance.

— Lâchez-le! s'écria Kerdanio en s'adressant au messager.

L'émotion de Géraud était à son comble. Il s'était redressé, ses narines enflées respiraient avec bruit. On peut dire que la vie avait ranimé tout à coup ce cadavre. C'était, pour un instant, le Géraud d'autrefois.

— Allons! allons! répétèrent les deux gendarmes.

Géraud rejeta brusquement la main du messager, mais ses doigts à lui restèrent fermés comme s'il eût tenu quelque chose. Obéissant alors au commandement de ses gardiens, il poursuivit sa route vers la porte opposée. Le Quien restait immobile et le suivait des yeux.

Tous ceux devant qui Géraud passait le saluaient tour à tour.

— On va bien doucement à la maison, notre monsieur, lui dit la Mahé en assourdissant l'éclat de sa voix mâle.

Elle avait des larmes plein les yeux.

Les paupières de Géraud battirent.

— La porte du salon... murmura-t-il.

Sa pensée resta suspendue à ses lèvres, rétractées par un rire convulsif.

Scholastique baissa les yeux et grommela entre ses dents :

— Pauvre corps! pauvre corps! on lui avait pourtant crié casse-cou!

On atteignait la porte. La main de Géraud restait toujours fermée. Pendant que le gendarme Chauvel tournait le bouton, les doigts de Géraud se desserrèrent par un mouvement qui semblait indépendant de sa volonté. Chacun put voir dans sa main un petit papier plié en forme de lettre. Si l'étincelle qui s'échappe de la prunelle d'un homme avait le pouvoir de produire la flamme, le papier aurait flambé sous e regard de M. Goujeux.

— On envoie comme cela du poison dans les lettres ! balbutia-t-il ; gendarmes, à votre devoir !

Chauvel et Moreau se rapprochèrent d'un commun mouvement. Ce fut en vain. Ce qui nous reste à raconter passa, rapide comme la pensée.

Géraud regarda le papier. Tous les muscles de sa face se détendirent en une sorte de béatitude immense. Son front rasséréné brilla, tandis que deux grosses larmes roulaient lentement sur sa joue. Le papier s'élança de lui-même vers ses lèvres, arrondies d'avance pour le recevoir dans un baiser plein de passion.

Mais M. Goujeux, dont les tempes ruisselaient de sueur, faisait sur lui-même un effort désespéré. Son sang-froid revenait. Il put dire tout bas et d'un ton de calme compassion :

— Pauvre femme! c'est son écriture. Elle se repent sans doute.

Le papier s'arrêta avant de toucher la lèvre. Géraud le froissa entre ses doigts d'un geste violent et le lança aux pieds de l'ancien chouan.

Puis il franchit le seuil de la salle en pressant son front à deux mains.

IV

La salle des témoins.

Kerdanio et plusieurs autres témoins s'élancèrent pour s'emparer du papier. M. Le Quien mit son large pied dessus. Vous eussiez plutôt ébranlé un roc. L'ancien chouan promena son regard dur et hardi sur ceux qui l'entouraient.

— Vous en verrez de plus drôles, dit-il avec un sourire amer.

Puis, s'adressant à Kerdanio :

— Guy Malhoët, reprit-il, vous portez le nom de mon maître. J'ai vu le temps où ce n'était pas un péché de casser la tête d'un gentilhomme, quand on le rencontrait sur le chemin du pilori.

— Qu'est-ce que c'est, maraud, qu'est-ce que c'est? s'écria le hobereau, dont la tête sans cervelle se releva effrontément.

Le Quien dérangea son pied, sous lequel était la lettre. Il se baissa paisiblement et la ramassa. Puis, tirant de sa poche un gros portefeuille, tout luisant d'âge et d'usage, il l'y inséra parmi d'autres papiers.

— Vous en verrez de plus drôles! répéta-t-il en baissant la voix; si M. Géraud est fou, d'autres ont bonne tête. Avancez ici, monsieur Judaille, sans vous commander, si c'est un effet..

Judaille tressaillit sur son banc.

Tous les regards étaient tournés vers lui.

— Avancez voir, répéta Le Quien, on ne veut pas vous faire de mal.

— Ceux qui veulent me perdre peuvent venir, gronda l'ancien clerc.

— On vous dit d'avancer! fit Le Quien pour la troisième fois.

Il frappa du pied un petit peu. Judaille quitta sa place à contre-cœur.

— Messieurs, dit l'huissier, videz la salle ; les témoins vont venir pour la seconde affaire.

— Ohé! Grand-François! appela M. Le Quien.

Grand-François ne se fit pas prier.

— Voilà deux bons garçons qui ont la puce à l'oreille, tenez! reprit l'ancien chouan ; as-tu retrouvé la clef du logis de Tréomer, Grand-François?

L'ancien valet de chambre resta bouche béante. Kerdanio se mit à boutonner sa lévite d'un air fanfaron. Judaille, qui avait la face terreuse et l'œil rouge, vint jusqu'à M. Le Quien et se planta devant lui les mains dans ses poches.

— Est-ce que vous croyez que vous allez me faire peur, l'homme? prononça-t-il d'un accent assez résolu.

Michain demanda :

— Où va-t-on pour les quarante sous?

Les paysans s'éloignaient déjà, Scholastique dit à Niotte :

— Le pauvre corps est bien changé, mon Dieu donc! C'est pas faute de l'avoir averti. Quarante sous sont bons à gagner tout de même, et les tiens, ça ferait quatre francs d'un coup. Mais il n'y a que de l'argent bien acquis dans mon boursicot, bien sûr et bien vrai. Viens-nous-en, effrontée! si je passais à la taxe, ça me semblerait que j'ai fait comme Judas!

M. Le Quien avait mis sa large main sur l'épaule de l'ancien clerc.

Entendez-vous, lui dit-il à voix basse, on parle de Judas : Judas, Judaille, ça se ressemble.

Comme l'ancien clerc défaillant, mais révolté, ouvrait la bouche pour répliquer. M. Le Quien ajouta :

— C'est vite bu, les trente deniers! Il n'y a plus rien dans le gousset et crédit est mort à la Pomme-de-Pin! Ne vous gênez pas pour écouter, si vous voulez, monsieur Kerdanio; vous voyez qu'on ne se gêne pas pour parler.

Kerdanio haussa les épaules et tourna le dos, suivant les autres témoins qui se dirigeaient vers la porte. Il n'avait pas ce qu'il faut pour dissimuler une impression, et si quelqu'un l'eût observé en ce moment, son visage écarlate et congestionné aurait trahi bien vite la violence de son trouble; mais ces messieurs de la Baraque examinaient curieusement Le Quien aux prises avec Judaille et Grand-François.

La conduite du messager était pour eux inexplicable. Elle le devint bien davantage lorsque Le Quien, remettant son fouet sous son bras et son petit chapeau de Jugon sur sa tête, acheva, en s'adressant tour à tour à ses deux interlocuteurs:

— Voilà qui est bon. Grand-François, Tréomer a idée de te reprendre. Monsieur Judaille, vous gagnerez votre pain, si vous voulez, chez Tréomer. Vous savez où je reste. Dans une heure, vous serez tous deux chez moi, sans vous commander, et si je ne suis pas rentré, vous m'attendrez.

Malgré la formule de politesse populaire « sans vous commander, » tout ceci fut prononcé d'un ton sec, impérieux et péremptoire. Grand-François balbutia deux ou trois paroles confuses, Judaille baissa la tête sans répondre.

M. Le Quien joua des coudes et se fraya un passage au travers de ceux qui encombraient la porte. Il rattrapa Kerdanio dans la salle des Pas-Perdus et lui dit tout bas:

— J'aime tous ceux de la famille, monsieur Guy, et j'ai un bon conseil à votre service.

— Tu joues avec moi un jeu à te faire casser la tête, chouan! répondit rudement Kerdanio; si tu me pousses à bout...

— S'agit tout juste de têtes cassées, monsieur Guy, interrompit Le Quien avec une moquerie froide; — l'eau va toujours sous le pont, et c'est à la Saint-Michel qu'on paie les fermages... Va-t'en voir! comme on dit... Quand vous serez au bout du fossé, la corde ne vaut rien, c'est trop long; la main tremble pour se couper la gorge avec un rasoir; j'ai été au fond de l'eau, moi qui vous parle, ne vous noyez pas... mais un bon coup de pistolet entre les deux yeux, n-i ni, c'est fini. Monsieur Guy, à vous revoir!

Il toucha son chapeau d'un geste brusque et descendit l'escalier.

Le hobereau resta comme foudroyé. Le sang lui brûlait les yeux, et ses jambes amollies tremblaient sous le poids de son corps.

— Qu'a donc ce pauvre Kerdanio? s'écrièrent les bons vivants de la Baraque, qui arrivaient en troupe.

— Il chancelle!

— Il va se trouver mal!

— Foi de Dieu! balbutia le hobereau, je n'aurais pas cru que ça me ferait un effet pareil... mais Géraud est un ami de vingt ans!

— Il a bon cœur, ce pauvre Guy, dit Salicoq.

— Allons, Kerdanio, ajouta Daviot paternellement, au Café Militaire et un coup de sec! il n'y paraîtra plus!

La place du Palais avait complétement changé d'aspect : il ne restait plus trace de force armée; les paysans étaient à la foire, et si quelques bourgeois s'obstinaient à croiser sur le pavé montueux, c'était pour assister au *meeting* bruyant que MM. les étudiants tenaient devant le perron. MM. les étudiants sont un peu les mêmes dans tous les pays; bons et généreux enfants qui sont l'avenir, en définitive, mais qui gênent parfois un peu le présent. En 1820, l'opposition naissait; dès que l'opposition naît, les étudiants la gagnent. Les étudiants de Rennes étaient alors de rudes gaillards, plus forts aux jeux de l'escrime qu'à ceux du Code et cherchant ardemment, dans leur naïf besoin de remuer, tout ce qui pouvait amener plaies ou bosses. Voilà deux ans à peine, ils avaient offert un charivari à Géraud; ils ne lui en gardaient point de rancune; la preuve, c'est qu'ils étaient aujourd'hui de son parti contre la portion sage et *bien posée* de la ville.

Le corps de MM. les officiers penchait bien aussi un peu vers Géraud, mais toute manifestation avait, d'avance, été rigoureusement défendue. Ce n'est pas à dire que les étudiants fussent seuls de leur avis. L'élément artiste, si mince et si obscur qu'il soit à Rennes, était avec eux; l'élément romanesque aussi; et j'entends par là ces belles petites étoiles qui vont et viennent dans tout firmament, qui pétillent et qui filent, ces jolis anges, je ne dirai pas déchus, ni même révoltés tout à fait, mais abaissant déjà vers ce monde des œillades dédaigneuses, parce que *leurs poètes* ont maudit le terre-à-terre de la vie réelle. Il y en a là-bas un peu comme partout, et il faut bien que les poètes vivent. Ces anges ne reprochaient à Géraud qu'une seule chose : c'était son amour pour la duègne. La duègne était trop belle. Ces anges n'aiment les autres anges que dans les vers de leurs poètes, où elles se mirent ingénument.

Il est certain, d'ailleurs, qu'un élément nouveau naissait dans la bonne ville de Rennes. La conduite du barreau révoltait tous les esprits généreux, soit qu'il y eût vraiment refus de la part des avocats, soit seulement répugnance favorisée par l'entêtement de Géraud lui-même. C'était là une position anormale qui, interprétée de mille façons, et sans doute exagérée, produisait une impression pénible. Il n'y a que la main, vous le savez, entre la roche Tarpéienne et le Capitole. Géraud, la bête noire de toute la capitale bretonne, pouvait, d'un instant à l'autre, mériter les palmes du martyre.

Cela dépend d'un rien. Le vent tourne. Les huées se changent en applaudissements et l'invective commencée se termine en ode triomphale.

Pompeux avait en portefeuille ses vers, improvisés à la Baraque, en l'honneur de Géraud.

Je crois que le portefeuille de Pompeux contenait aussi une satire contre Géraud, également improvisée. Il improvisait tout, ce Pompeux, et ce qu'il faisait n'en valait pas mieux pour cela.

En attendant, messieurs les étudiants, réunis en groupes tapageurs, attendaient Tremmelec pour lui décerner une petite ovation. Tremmelec l'avait bien gagnée. Cela aide d'ailleurs à passer une heure ou deux.

En quittant l'école, la plupart du temps, on perd ces heureux goûts. Tremmelec, parfait gentilhomme, cavalier élégant, et occupant une très-jolie place dans la hiérargie fashionable de Rennes, craignait le triomphe comme le feu. Il s'était échappé par la petite porte de la rue Saint-François, ouverte enfin pour le retour de Géraud, et avait déjà regagné son logis.

Nos étudiants devaient en être pour leur peine. L'attente leur semblait déjà longue et ils cherchaient un moyen honnête de se distraire.

Au moment où M. Le Quien descendait du perron du Palais, son fouet sous le bras et gardant cette attitude paisible que nous connaissons, un étudiant de première année, rouge comme une pêche, mais orné déjà de l'indispensable paire de lunettes d'écaille, s'écria :

— Justement le voilà !

Chacun crut que c'était Tremmelec, et les groupes s'agitèrent tout frémissants d'allégresse. On vit onduler cette mer de casquettes où flottaient, comme des bouées, quelques audacieux chapeaux.

L'étudiant de première année répondait au nom de Le Guillou. Il était en train de raconter une histoire à laquelle les circonstances donnaient, il faut le dire, quelque à-propos. Depuis son arrivée à Rennes, il habitait une mansarde appartenant à l'une des maisons de la rue Saint François. Cette mansarde, située sur le derrière, donnait sur le grand et beau jardin de l'hôtel de ***, au delà duquel s'élevait la prison de la Tour-le-Bât. On avait loué cela dix francs par mois à Le Guillou, à cause de la vue.

Or, l'un des jours de la précédente semaine, le propriétaire l'avait mis à la porte. Pourquoi ? Il avait toujours payé son terme.

Parce que M. Le Quien, une manière de rustre, messager de Saint-Malo, avait offert quinze francs au propriétaire.

Et pourquoi M. Le Quien, établi rue Nantaise, avait-il eu cette fantaisie-là ? C'était parce que la fenêtre de la mansarde dominait la petite croisée de la chambre où cet excellent M. Goujeux veillait M. Géraud prisonnier.

Voilà. Le messager avait fait monter dans la mansarde la lunette qui était autrefois chez Tréomer, et il espionnait le malheur de Géraud !

Il était sans doute possible de faire cette question : A quoi bon ? dans quel intérêt ? MM. les étudiants n'y songèrent point. L'histoire avait pour eux une légère et agréable saveur de drame. L'idée de cet homme posté pour épier un cachot révoltait la jeune loyauté de leurs cœurs. Avec eux il ne s'agit pas toujours de vraisemblance. L'histoire de Le Guillou eut du succès, et l'apparition de M. Le Quien fut saluée par une formidable huée.

Celui-ci ne parut point s'en apercevoir. Il arriva tranquillement au bas du perron et tourna à gauche, précisément dans la direction de la rue Saint-François.

— Il y va ! s'écria Le Guillou.
— Il y va ! répétèrent cent voix.
— Le chouan maudit ! le faux témoin !
— Une danse à ce coquin-là !
— Une danse ! une danse ! une danse !

C'est presque aussi divertissant que de porter quelqu'un en triomphe !

Les plus crânes s'élancèrent vers l'angle du palais pour barrer le passage à M. Le Quien, pendant que le gros de la troupe marchait droit à lui. M. Le Quien continuait sa marche indolente et pensive. Un grand beau garçon de Basse-Bretagne, qui faisait sa troisième année, lui saisit le bras et lui cria dans l'oreille :

— Es-tu sourd, Malouin de malheur ?

Le ton fait l'injure, et d'ailleurs, en Bretagne, ceux qui ne sont point de Saint-Malo n'aiment pas qu'on leur prête ce lieu de naissance. M. Le Quien s'arrêta et promena sur la foule qui déjà l'entourait ses petits yeux gris étonnés.

— Oh ! oh ! fit-il sans témoigner encore d'autre sentiment que la surprise, à qui en avons-nous, mes jolis ?

— Pourquoi as-tu pris la chambre de Le Guillou, chouan ? demanda l'étudiant de troisième année.

— Chouan ! répéta le messager de Saint-Malo tout doucement ; tiens, tiens, est-ce que le roi n'est plus à Paris ?

— Le roi y est, la Charte aussi, brigand ! répliqua le petit Le Guillou de loin.

Et les autres :

— A ton taudis de la rue Nantaise, bandit !

— Espion ! mouchard ! cosaque !

— A moins que tu n'aimes mieux recevoir une danse !

M. Le Quien ne bougeait pas. On vit seulement le petit bout de sa langue glisser le long de ses lèvres pour les humecter.

— Une danse ! répéta-t-il encore.

En vérité, il souriait bonnement.

Par malheur, l'étudiant de troisième année eut l'idée de lui serrer le poignet. En même temps, Le Guillou, passant son bras entre deux épaules, lui mit le poing sous le nez. Le sourire de M. Le Quien s'en alla ; ses gros sourcils se froncèrent, et une lueur s'alluma dans ses yeux.

— C'est donc pour de bon, mes jolis, grommela-t-il, que vous voulez me faire du chagrin ? Il y a longtemps que je n'ai dansé. Qui commence le menuet ?

Il était droit comme 1. Ses gros sourcils relevés montraient maintenant son regard clair, qui n'était pas sans exprimer une nuance de satisfaction.

— Moi ! moi ! moi ! crièrent une demi-douzaine de voix,

en même temps qu'un nombre égal de champions s'élançait à l'assaut.

M. Le Quien secoua son bras un petit peu. L'étudiant de troisième année fut obligé de lâcher prise. Deux gamins du Finistère, qui s'étaient approchés de trop près, roulèrent sur le pavé. M. Le Quien ne s'était pourtant servi que de sa main gauche. Son fouet restait sous l'aisselle de son bras droit.

— Laissez-moi passer, dit-il, mes amis chéris; j'ai affaire.

C'étaient des enfants. Ils se ruèrent criant et frappant. La plupart d'entre eux se seraient mis tout aussi bien un contre dix que cent contre un. Dans leur idée, d'ailleurs, il s'agissait d'un châtiment et non d'une bataille. Tout étudiant est un franc-juge au petit pied.

M. Le Quien, au premier coup qu'il reçut, tourna sur lui-même lestement. Il y eut une poussée dans la cohue; M. Le Quien était dégagé. Personne n'aurait su dire comment. Il fit un saut en arrière. Il prit à la main son fouet et son chapeau de Jugon, qui volèrent tous les deux par dessus les têtes, pour aller tomber à vingt pas de là, au coin de la rue Saint-François. Puis, retroussant gaîment ses deux manches et baissant la tête comme un bélier, il prit son élan.

L'instant d'après, il ramassait son chapeau et son fouet, de l'autre côté de la foule percée d'outre en outre. Il y avait bien huit à dix étudiants sur le pavé, mais cela s'était fait sans rudesse, paternellement, pourrait-on dire. Le grand étudiant bas-breton qui avait subi le premier choc gardait seul une marque à la joue.

M. Le Quien essuya son chapeau avec soin, examina le manche de son fouet, fit un petit signe de tête amical à *ses jolis*, et disparut derrière l'angle du palais.

En ce temps-là, la rue qui s'est appelée tour à tour Charles X et Louis-Philippe n'était point encore percée. Le seul chemin pour aller du palais aux quartiers modernes de la Motte et du Thabor était la rue Saint-François, bordée par un profond carré de maisons, au centre duquel s'élevait l'ancien château ducal de la Tour-le-Bât, qui servait de prison.

M. Le Quien franchit la seconde porte à droite en remontant la rue. Les gens qui étaient dans la cour répondirent à son salut courtois par un bonjour timide et sec, accompagné d'un regard de défiance. Il grimpa l'escalier large et bordé par une rampe de chêne sur laquelle on aurait pu marcher.

La mansarde qu'il avait louée était au quatrième étage. Bon logis pour un étudiant! Le Guillou avait raison de regretter cette Capoue. La mansarde était grande; son carreau poudreux présentait des montagnes et des vallées. Les solives du plafond, vermoulues uniformément et offrant dans leurs interstices un abri commode à toute une population d'araignées, suivaient l'inclinaison du toit et touchaient presque le sol du côté de la lucarne. Il y avait une armoire de noyer à serrure de fer qui devait dater de la Ligue, trois chaises boitant d'un pied au moins chacune, et un lit tout neuf en bois blanc peint en jaune, qui avait la gaîté du savetier de La Fontaine, sous ses petits rideaux de cotonnade à glands raccornis par le blanchissage.

La lucarne avait une vue magnifique. Elle dominait, au premier plan, un fouillis de masures dont les toits descendaient en escalier jusqu'au jardin de l'hôtel de ***, dont le sévère pignon s'apercevait entre les arbres. De l'autre côté du jardin, l'antique rempart de la ville se dressait, tout chargé de mousses, de giroflées et de gueules-de-loup. La Tour-le-Bât, noir donjon, entouré de constructions bizarres, montrait sa tête au-dessus du mur, dont le sommet, large et planté d'une demi-douzaine de tilleuls malades, servait de promenoir aux prisonniers. A droite et à gauche de la Tour-le-Bât, un troupeau de toits bleus moutonnait, laissant voir l'horizon vert et plat de la campagne de Rennes.

Le jardin était grand et beau ; ses larges pelouses s'entouraient de vieux arbres, qui s'élançaient droits et sveltes pour trouver l'air et le soleil. Entre les pelouses et la maison, un parterre à compartiments mosaïques, style Lenôtre, étalait ses riches plates-bandes de fleurs. On avait planté, sans doute pour masquer la revêche physionomie du rempart, un rideau de peupliers qui avaient admirablement réussi. Cela formait, au devant des pierres moussues, un opulent rideau de verdure. Quelques-uns de ces peupliers élevaient leurs cimes beaucoup au-dessus du niveau du rempart, dont ils étaient séparés par une marge de huit ou dix pieds.

Tel était le paradis que M. Le Quien avait conquis sur l'étudiant Le Guillou, à l'aide d'une surenchère de cinq francs.

Pour le surplus, ce qu'avait dit Le Guillou était littéralement exact. C'était pour avoir vue sur la prison que M. Le Quien avait loué cette chambre et la lunette d'approche qui, jadis, était à demeure dans la chambre à coucher de Tréomer, tenait, dressée sur son piédestal à pivot, le centre de la mansarde.

Elle était braquée sur la croisée du premier étage du petit corps de bâtiment, donnant sur la terrasse ou préau. Cette croisée, en œil-de-bœuf et percée dans un mur fort épais, était défendue par deux barreaux de fer rivés en croix. Le sol de la cellule qu'elle éclairait se trouvait en contre-bas. Ceci, joint à l'épaisseur du mur, faisait que M. Le Quien pouvait apercevoir à peine un tout petit coin du réduit de Géraud.

Car c'était bien Géraud qui occupait cette cellule, en compagnie de son incomparable ami, M. Amédée Goujeux.

Le jour, la demi-obscurité qui régnait constamment dans le cachot était une sauvegarde suffisante contre les regards indiscrets. La nuit, un rideau fermait la meurtrière. Depuis une semaine qu'il avait loué la chambre, M. Le Quien n'avait aperçu qu'une seule fois, le soir, le profil de Géraud.

Et cependant, il passait des heures entières à ce poste, guettant et songeant.

Il y avait, dans la mansarde de M. Le Quien, un objet dont le Guillou n'avait point parlé et qui, certes, ne méritait guère d'être mentionné. Du côté de l'est, au milieu du mur qui, en apparence, était plein et sans ouverture, un carré de grosse toile pendait. Dans certaines demeures, et je ne parle même pas ici des retraites élégantes où toute tache blesse l'œil comme une injure, ce lambeau eût attiré le regard; mais ici, ce n'était qu'un peu de blanc sur du gris sale. La seule chose qui pût faire remarquer ce lambeau, c'étaient les oscillations qu'il subissait de temps à autre. Il remuait comme font les rideaux tombant au devant d'une fenêtre mal fermée.

Et cependant aucune lueur ne se voyait au travers.

M. Le Quien, en entrant, retira la clef, qu'il mit en dedans, et donna un tour à la serrure.

Il déposa son fouet sur le pied du lit et regarda dans la longue-vue.

Son examen dura environ deux minutes. Quand il fut terminé, M. Le Quien posa ses deux mains en visière autour de ses tempes et regarda à l'aide de ses yeux seuls.

— C'est bon pour l'autre, dit-il avec un sourire satisfait; ici on voit mieux sans cet instrument-là.

Le cachot de Géraud était, en effet, trop près pour la lunette, qui avait une portée assez longue.

Mais qu'entendait M. Le Quien par ces mots : *C'est bon pour l'autre?*

Ce n'était donc pas seulement pour Géraud qu'il avait loué la mansarde et monté la longue-vue?

Il n'était pas facile de deviner quel autre but pouvait choisir son observation. La lunette ne pouvait servir ni pour le jardin ni pour l'hôtel, plus rapprochées que la prison, et au-delà de la prison il n'y avait que des faîtes pointus, des cheminées... et la campagne.

M. Le Quien souleva l'appui de sa longue-vue et le fit virer de façon à ce que le tube visât ce lambeau de toile pendu au mur. Puis il décrocha le lambeau de toile. Ce dernier cachait un trou grossièrement pratiqué, à coups de marteau, sans doute, dans le pignon de la maison. Le trou était fermé à la diable par une planche arrondie au couteau. La planche avait un clou planté à son centre. M. Le Quien tira le clou, et la planche vint.

Par le trou, tout un horizon nouveau se montrait. Le bas de la Motte, l'enfilade de la rue Hue, ou faubourg de Paris, et le joli petit paysage de la Vilaine.

M. Le Quien revint à sa lunette et la braqua, avec un soin minutieux, sur une des maisons de la rue Hue. Il mit l'œil au verre et regarda.

— Pas encore rentré! murmura-t-il; c'est pourtant son heure.

Pour peu que vous ayez la mémoire des lieux, si M. Le Quien vous eût en ce moment cédé sa place, vous auriez vu, au bout de la lorgnette, cette chambre modeste et humble où M. Goujeux fit un jour en notre présence sa toilette et sa barbe.

Il paraît que l'ancien chouan guettait cet excellent M. Goujeux.

V

La maison du blessé.

Aucun écho des bruits de la ville ne venait jusqu'à cette maison isolée et mélancolique. Paysans, bourgeois, étudiants, pouvaient mêler là-bas leurs groupes bruyants et curieux, sans que la brise lourde apportât jusqu'aux levées de la Santé une seule des mille rumeurs qui couraient par la ville.

Le logis de Tréomer se dressait, élégant mais triste, entre le petit bras de la Vilaine et les prairies basses qui faisaient alors l'entourage de la maison des Incurables. Au delà de la rivière, cette rue étrange, le Champ-Dolent, cité des bouchers de Rennes, montrait la sombre embouchure de son boyau tortueux, souillé d'immondices séculaires. Il faudrait le langage épique pour donner au lecteur une idée des miasmes mortels et des prodigieuses haleines qui s'échappent de ce cimetière à bétail. Il y a un dieu spécial pour la capitale bretonne, puisque ses bouchers ne lui donnent pas très-souvent la peste noire.

J'ignore si cela est encore ainsi, mais il y a peu d'années, chaque boucher de Rennes tuait dans sa propre maison. Le sang coulait tout uniment dans le ruisseau de la rue et la boue du Champ-Dolent était faite avec des débris organiques. Champ-Dolent! c'était un nom bien trouvé! Quand on passait le soir aux environs de ce charnier maudit, on était sûr d'ouïr le cri du bœuf assommé, si semblable au dernier râle d'un homme qu'on assassine.

De l'autre côté de la maison de Tréomer, de grandes et riches prairies, trop mouillées, et bordées par des fossés remplis d'eau dormante, s'étendaient jusqu'à l'arsenal. Là paissait le bétail de l'hospice. Parmi les vaches et les moutons, des enfants estropiés jouaient, hélas! et riaient, tandis que des vieillards, portant le lugubre uniforme de la maison de misère, promenaient sur l'herbe fleurie leurs lamentables infirmités.

Il y a des mots qui donnent le frisson. La charité devrait avoir son euphémisme. Incurables! Est-ce là un langage chrétien? N'y a-t-il pas au-dessus des condamnations de la science la miséricorde de Dieu? Et la Providence permet-elle le froid étalage de ce désespoir officiel? Incurables! Je sais bien que c'est un titre, une constatation, un motif à bien faire, mais je suis néanmoins blessé par le libellé brutal de cette sentence sans appel. Le bonheur est du ciel, l'espoir est de la terre et le *lasciate ogni speranza* n'a sa place marquée qu'au frontispice de l'enfer.

Incurables! Le médecin prudent va-t-il confier ses secrets cruels à son malade? Pourquoi laisses-tu cette tache à ta céleste robe, ô charité?

La vue de ces vieillards condamnés serre le cœur, mais l'aspect des enfants fait à l'âme une blessure bien autrement profonde. A l'âge des sourires, ce deuil qui ne doit finir qu'au tombeau ! le désespoir accroupi, inflexible et morne, au seuil même de la vie !

Ils jouaient, mais ce n'étaient point ces cris bruyants de l'enfance valide. L'œil se détournait de ces pauvres joies.

Comme dernier trait du paysage, il y avait enfin, au delà des Incurables, la prairie du *Vinétier* ou écorcheur, petit triangle de verdure où boitaient, maigres et mornes, en attendant l'heure suprême, ces autres invalides, les chevaux destinés à l'abatage.

Eh bien ! parmi toutes ces hontes, toutes ces douleurs, toutes ces laideurs, la maison isolée avait été longtemps un paradis. Nous savons pourquoi Tréomer l'avait choisie, lui, jeune homme brillant et heureux. Là-bas, sur le versant du Calvaire, derrière ces hôtels si pittoresquement perchés sur les débris des fortifications du vieux Rennes, une autre maison montrait sa fenêtre souriante. Il y avait là deux croisées ornées de rideaux blancs. Quand les croisées s'ouvraient, on voyait un lit virginal avec l'image de Marie, posée au-dessus d'un bénitier dans la ruelle.

Dès le matin, il y avait une brodeuse qui venait s'asseoir avec son ouvrage auprès de la fenêtre. Savait-elle qu'on la regardait ? Bien souvent elle était pensive, et parfois, sans qu'elle y songeât, ses grands cheveux bouclés inondaient son visage.

Comme elle était jolie, à rejeter leurs masses balancées derrière ses épaules, d'un mouvement brusque et mutin !

Je vous le dis, celui qui la guettait, l'heureux jeune homme, savait lire la pensée sur ce front rêveur et charmant. Je vous le dis : les heures passaient trop courtes, et la maison de Tréomer était un paradis !

Vers le milieu de la matinée, un autre visage apparaissait dans le champ de la lunette, toujours braquée sur le même but. Un front se penchait, un front divin, sur la tête de la brodeuse, renversée doucement. Des boucles brunes tombaient et se mêlaient aux blonds anneaux. C'était Marguerite qui venait embrasser sa Clémence chérie.

Point de doute pour celle-là : elle savait. Elle savait, car elle se cachait de sa belle petite Clémence pour envoyer au loin un baiser au télescope.

Le baiser partait, voltigeant comme un oiseau du ciel, et arrivait fidèle à son adresse.

Que pouvaient les tristesses de l'entourage contre ces jeux adorés?

Le logis pouvait montrer au passant ses muettes mélancolies, il pouvait se dresser, silencieux et solitaire, au milieu de la scène désolée : la maison avait son cœur invisible qui battait les fiévreuses pulsations de l'ivresse.

Après le dîner, autre chose. Deux femmes à la mise simple et harmonieuse descendaient ensemble, — toujours seules, — la pente du Calvaire. Elles gagnaient cette admirable allée de tilleuls qui, resserrée entre deux canaux, rejoint, au milieu des prairies, le confluent de l'Ille et de la Vilaine. De sa chambre, Tréomer dominait toujours l'étendue de cette promenade qui a nom le Mail. Au bout du Mail, sous les collines de Saint-Cyr, il y avait un bac. Les deux femmes passaient et s'engageaient dans les sentiers charmants qui mènent à ce diminutif de château dont le nom est historique, la Mabilaye. C'était le moment. Tréomer, qui les perdait de vue parmi les arbres descendait son escalier vitement, et, suivi de Thunder, l'épagneul magnifique bondissant et balayant le sol avec les soies de ses longues oreilles, il gagnait l'arsenal pour entrer, lui aussi, dans les prairies.

Thunder était fou quand il voyait de loin les deux dames. Thunder se ruait dans les hautes herbes, tantôt noyé, tantôt montrant son dos au-dessus des sainfoins. Il allait, il allait, jusqu'à ce qu'il eût conquis la double caresse.

Il revenait alors, et son maître le baisait à la place chérie.

Puis, c'étaient un salut échangé de loin, parfois quelques paroles hâtives : Géraud et Tréomer ne se *voyaient plus*.

Tréomer rentrait le cœur plein. Le soir, les rideaux blancs de Clémence, fermés soigneusement, opposaient à la longue-vue une barrière infranchissable, mais il voyait du moins la lumière; et quand la lumière s'éteignait, il fermait les yeux pour aller dans le doux pays des rêves.

Un paradis, vous voyez bien!

C'était cette même chambre où la lunette était dressée autrefois. Thunder était sur le tapis. Vous eussiez dit qu'il dormait comme autrefois, près du du lit de son maître. Il dormait, en effet, mais pour toujours.

Une sœur de charité veillait, assise au pied du lit. Elle tenait à la main un livre de prières.

Sur le lit, Tréomer était couché, pâle, immobile, semblable à un mort.

Il était à peu près quatre heures du soir. Le soleil se jouait dans les rideaux fermés des croisées. Rien ne troublait le silence profond, sinon le bruit du livre de prières dont les pages tournaient périodiquement.

Sur la table de nuit, il y avait une fiole et un verre. La chambre n'avait point cette funeste odeur de drogues qui saisit le cœur quand on entre chez un malade.

Vers quatre heures et demie, la religieuse qui était une femme de cinquante ans, au visage austère et doux, mais profondément altérée par la fatigue, posa son livre auprès d'elle et se prit à écouter. Des pas étouffés avec précaution se faisaient entendre dans la pièce voisine.

La paupière du blessé trembla légèrement, et sa respiration devint plus active. Ce fut tout. Son corps garda son entière immobilité.

La porte s'ouvrit sans bruit aucun. Un homme, jeune encore, à la physionomie intelligente et froide, entra sur la pointe des pieds. La religieuse se leva et salua.

Le docteur, car cet homme était un médecin, s'arrêta auprès d'elle et lui demanda à voix basse :

— Y a-t-il quelque chose de nouveau, ma sœur?

— Rien, monsieur, répondit la religieuse; en avalant la potion, il n'a pas eu de spasme, et voilà comme il est depuis votre visite de ce matin.

Le docteur s'approcha du lit et prit avec précaution la main de Tréomer. Il lui tâta le pouls, montre en main pendant trente secondes, puis il reposa doucement son bras sur la couverture.

— Je suis content de vous, prononça-t-il très-bas. Du calme, un calme profond et complet; voilà mon ordonnance. Si votre vie appartient à quelqu'un ici-bas, dites-vous bien que vous en êtes le seul maître. Ce n'est pas moi qui vous guéris, si Dieu permet que cette cure ait lieu par mes soins, c'est le repos absolu aidant le travail de la nature.

Les lèvres de Tréomer s'entr'ouvrirent comme s'il allait parler. Un geste péremptoire du docteur lui ferma la bouche.

Pas encore, dit-il; — demain, peut-être... et notez que je ne promets rien... aujourd'hui la moindre imprudence pourrait vous tuer.

Avant de partir, il dit à la religieuse :
— Priez, ma sœur; je crois que Dieu nous aide.
— Docteur, répondit la religieuse, on doit me relever dans quelques instants. Je ferai mes recommandations à ma remplaçante.

Le docteur l'attira dans une embrasure. Il hésita comme s'il n'eût point su comment formuler la question qu'il avait sur les lèvres.

— Est-ce la première fois que vous veillez ici, ma sœur? demanda-t-il enfin.
— Oui, monsieur le docteur.
— Depuis combien de temps le malade se fait-il veiller par des dames de votre couvent?
— Depuis cinq jours seulement.
— Et..., reprit le médecin, cet homme qui passait ici les nuits et les jours... qu'est-il devenu?
— Je ne l'ai pas vu.
— Et... les deux autres personnes?
— Je n'ai vu que la domestique et le pharmacien.
— C'est bien, ma sœur : consigne sévère à votre remplaçante, la porte défendue à tout le monde et vigilance minutieuse!

En prononçant ces dernières paroles, il ouvrit la porte et disparut. La domestique, bonne fille de la campagne, qui semblait toute neuve dans la maison, l'accompagna jusqu'au bas de l'escalier pour lui demander de ses nouvelles.

Au moment où le docteur mettait le pied sur la levée de la Santé, un homme d'apparence affairé, marchant très-vite et s'essuyant le front avec son mouchoir, traversait le petit pont du Champ-Dolent.

— Monsieur Rousseau! mon bon monsieur Rousseau! cria cet homme en voyant que le docteur prenait son chemin par les Incurables.

Le docteur lui fit de la main signe de se taire et attendit.

— Eh bien! mon digne monsieur, eh bien! dit le nouveau venu en le rejoignant et d'une voix qui tremblait d'émotion; — au nom du ciel, comment va cet excellent et cher jeune homme? Tel que vous me voyez, je reste fidèle à l'amitié; je suis, d'ailleurs, profondément convaincu de l'innocence de mon pauvre Géraud... mais cela ne m'empêche pas de porter un bien tendre intérêt à M. Ange de Tréomer... une bonne famille du pays, monsieur Rousseau, s'il est vrai, comme beaucoup de gens le croient, qu'il ait droit à ce nom. Je vous parle ainsi, cher monsieur, pour excuser ma démarche, n'ayant pas l'honneur d'être connu de vous.

— M. Goujeux, je crois? demanda le médecin.

— Oui, mon bon monsieur Rousseau, oui, Amédée Goujeux des Étanches, ancien maître de forges à Saint-Emon et ancien maire de cette même localité.

— Monsieur, dit le docteur en se découvrant et avec une nuance de respect dans la voix, je ne suis pas un enfant de Rennes; il y a même fort peu de temps que j'habite le pays; mais, dans ce peu de temps, j'ai entendu parler de vous dans de tels termes, et ce que je sais de votre conduite est si honorable; je dirai plus, si...

— Pas un mot de plus, l'interrompit Goujeux avec son sourire d'apôtre, doux et modeste; égoïste à ma manière, quoi donc! C'est pour moi que je fais tout cela... Est-ce que vous allez loin d'ici, docteur, s'il n'y a pas d'indiscrétion?

— A l'Arsenal.

Goujeux passa aussitôt son bras sous le sien.

— Je vous accompagne, si vous voulez bien le permettre, afin de ne pas vous prendre votre temps. Nous disons donc que ce bon M. Ange de Tréomer...

— Sa situation est toujours extrêmement grave, monsieur.

Goujeux rendit un large souffle. Cela ressemblait à un douloureux soupir, et certes, il n'y avait point de raison pour croire que ce pût être un soupir de soulagement.

— Quelle affaire, docteur, reprit-il, quelle triste et pénible affaire! Deux hommes qui s'étaient si bien rencontrés! Ah! les cancans des villes de province! cela tue comme des coups d'épée ou de poignard, cher monsieur!

Ils marchaient. Le docteur s'arrêta.

— M'est-il permis de vous faire une question, monsieur Goujeux? demanda-t-il.

— Comment donc! s'écria celui-ci. Dix, si vous voulez!

— Ma question, reprit le docteur, est toute dans l'intérêt du malade, je vous prie de le croire. J'ai peur qu'il n'y ait dans la maison des éléments contraires à cette tranquillité absolue qu'il faudrait maintenir.

— Parbleu! l'interrompit Goujeux avec une grande affectation de rondeur, il y a les deux dames.

— Quelles dames?

— Vous ne savez pas? Mme Géraud et Mlle Géraud..., c'est un peu moi qui suis cause si elles se cachent de vous. Je fais ce que je peux... Des monceaux d'imprudences, voyez-vous! Je ne suis pas riche, monsieur, tant s'en faut, mais je donnerais tout de suite six mois de mon revenu pour sauver tout ce malheureux monde!

— Comment se fait-il que la femme et la fille de M. Géraud?... commença le docteur.

— Voilà! l'interrompit encore Goujeux en levant les yeux au ciel; c'est simple, au fond, mais ça paraît plus embrouillé qu'une comédie faite à plaisir! Mme Géraud, vous pouvez bien m'en croire, a le droit d'entrer en tout bien tout honneur, chez M. Ange de Tréomer... Je ne puis pas vous dire les secrets de la famille...

— Je ne vous les demande pas, monsieur, l'interrompit à son tour le médecin.

— Cela se saura plus tard, continua l'ancien maître de forges, et il y en aura plus d'un qui ne voudra pas y croire! Ah! cher monsieur! cher monsieur! ce que peut amener une cachotterie! C'est à faire dresser les cheveux sur la tête! Mon pauvre ami Géraud est fou à lier; une condamnation serait un assassinat... Mais allez voir s'il souffrira qu'on plaide la folie!... C'est une tête de fer! un cœur d'or aussi, monsieur, mais imprudent, et qui ne laissait pas assez souvent au fourreau sa langue, tranchante comme un sabre..! Ah! ah! celui-là peut se vanter d'avoir des ennemis! Dans le jury, j'en connais huit. Après cela, vous comprenez, il y a la conscience. Quant aux deux dames, elles sont la cause innocente du malheur.... innocente, entendez-vous, j'en mettrais ma main au feu. Il n'y avait pas de quoi fouetter un chat, si l'on avait pu s'expliquer, mais les cachotteries!...

Il s'essuya le front à tour de bras.

— Vous devez trouver tout cela fort incohérent, cher monsieur, reprit-il avant que le docteur pût placer une parole; la suite expliquera bien des choses, et j'avoue que j'ai une certaine exaltation dans l'esprit; mes jours et mes nuits sont terribles là-bas, dans la prison; j'ai bien de la peine à l'empêcher de se tuer.

M. Rousseau lui saisit la main et la serra silencieusement. Il était ému jusqu'au fond de l'âme. C'était un honnête homme.

Goujeux poursuivit en souriant doucement :

— Après ça, il y a bien des compensations. Vous n'êtes pas sans avoir entendu dire que je suis un égoïste à ma manière. Quand je peux épargner une peine à ce malheureux ami ou empêcher ces dames de commettre une imprudence, je me dis : je n'ai pas perdu mon temps, et je dors tranquille.

Ils arrivaient au bout des levées de la Santé. Goujeux s'arrêta court encore une fois.

— Docteur, dit-il en changeant de ton, je crois que vous avez confiance en moi.

— De tout mon cœur, répondit M. Rousseau, et je m'estime honoré d'avoir touché la main d'un homme tel que vous.

— Merci, cher monsieur, merci... Je ne mérite pas tant... C'était pour vous adresser une requête... A l'occasion, souvenez-vous de mes paroles, et si vous vous trouviez face à face avec les deux pauvres femmes...

Un geste du docteur l'arrêta.

— Merci encore! dit Goujeux d'un ton pénétré.

Puis, sur le point de prendre congé :

— Il me semblait pourtant, murmura-t-il, que j'avais quelque chose à vous demander. — Ah! s'écria-t-il tout à coup, c'est pour le jeune homme. Je ne peux pas vous dire comme il m'intéresse! J'ai cru comprendre, d'après vos paroles, que la moindre émotion, le moindre mouvement physique aussi pouvait lui être fatal.

— Mortel, prononça M. Rousseau d'un ton qui n'était pas exempt d'emphase.

— Mortel! prononça Goujeux en joignant les mains.

Le rouge lui monta au visage. Le docteur ne pouvait s'empêcher de peser avec admiration le trésor de sensibilité qui était dans le cœur de cet excellent homme.

Goujeux poursuivit :

— Cet état doit-il durer encore longtemps?

— La science ne peut préciser, cher monsieur.

— J'entends bien; et nous autres ignorants, nous faisons souvent de sottes questions; c'est l'envie qu'on a de se rassurer, docteur; mais enfin, à vue de nez... huit jours?...

— Si je pouvais rabattre un peu sur la sévérité de ma consigne d'ici à un mois, dit M. Rousseau, je me regarderais comme très-heureux.

— Bonté du ciel fit Goujeux dont la voix trembla, tant

son émotion était grande; s'il allait dans quelque excès de fièvre descendre de son lit.

— Descendre de son lit! répéta le docteur; qu'il parle seulement ou qu'il essaie de se soulever, il retombera foudroyé.

A son tour, Goujeux répéta :
— Foudroyé!

Puis, tendant la main au médecin, d'un air triste, il s'éloigna sans ajouter une parole.

M. Rousseau le suivit des yeux se disant :
— Quelle belle âme!

Goujeux s'en allait lentement et la tête baissée.

Mais, sous ses sourcils grisonnants, son œil brillait comme une flamme.

On dit communément qu'il faut chercher la pensée secrète d'une lettre dans le post-scriptum. La dernière question de Goujeux était un post-scriptum.

En redescendant les levées de la Santé, il murmurait :
— Foudroyé!... sapreminette!... Il a l'air sûr de son fait, ce gaillard-là!

Ses deux mains se joignirent dans le besoin qu'il avait de les frotter l'une contre l'autre, mais il s'abstint, parce qu'il sentait sur sa nuque le regard du docteur.

Il pressa le pas. Quand il s'arrêta devant la porte de Tréomer, il en était à penser ceci :

— C'est dur... mais j'ai la tête solide et je ne brouillerai pas plus mes ficelles cette fois-ci que les autres... Je joue seul contre tous, maintenant que cet imbécile coquin de Guy m'a filé dans la manche. Tant mieux : j'aurai tout... oui, sapreminette! et je l'aurai bien gagné!

L'instant d'après, composant son visage et son maintien, il passait le seuil de la maison du blessé et pénétrait dans cette chambre retirée où se trouvait jadis le secrétaire de Tréomer. Le secrétaire n'était plus là, on l'avait mis sous les scellés comme pièce de conviction ; mais le bureau restait au milieu de la chambre, chargé de tous les papiers du jeune avocat. Entre la cheminée et la fenêtre, Marguerite était couchée sur une chaise longue. Clémence s'agenouillait à ses pieds.

Elles portaient toutes deux le deuil.

M. Goujeux les embrassa l'une après l'autre, d'un air soucieux et froid, puis il se jeta dans un fauteuil en s'essuyant le front avec son mouchoir, qui était littéralement trempé de sueur.

— Allons! allons! dit-il d'un ton qui démentait tristement ses paroles; les nouvelles ne sont pas mauvaises, mes pauvres petites chéries... Du courage! il faut du courage... Je viens de voir le docteur : il n'est pas mécontent du tout... du tout, du tout!

Il n'eut point de réponse. Les deux femmes pleuraient silencieusement.

— Oui, oui, oui, fit-il par trois fois, je sais où le bât vous blesse... Vous avez fait une folie et vous vous en repentez... Deux folies, car ce Le Quien a remis un billet à Géraud, après l'audience.

— Il l'a remis! s'écria Marguerite qui se leva toute droite; il a pu le remettre?

— Et qui donc l'en aurait empêché? demanda tranquillement Goujeux. Figurez-vous donc bien, une fois pour toutes, que tout le monde est d'accord dans le même sentiment de bienveillance.

— Vous êtes aveugle, mon bon monsieur Amédée, dit Clémence, ou vous voulez nous aveugler!

— Bien, ma fille! repartit l'ancien maître de forges avec mélancolie, bien, ma bonne enfant, la confiance n'y est plus : je m'en aperçois tous les jours; cela ne se commande pas.

— Pouvez-vous penser?... commença Marguerite.

— Hélas! chère dame, je ne pense rien, je vois... mais brisons là... nous sommes à deux de jeu! Vous ne lasserez pas mon dévoûment, je vous en préviens. Suivez les conseils de M. Le Quien, si bon vous semble, je suis là pour applaudir au bien, si j'ai fait erreur, et pour empêcher le mal si j'ai deviné juste.

Il consulta sa montre.

— Comme le temps passe! reprit-il; j'ai promis à mon pauvre Vincent d'être de retour à la brune, et il ne faut pas manquer la fermeture des portes. Il est bien, il est aussi bien que possible.

— Que Dieu vous récompense, mon cher monsieur Goujeux! murmura Marguerite d'une voix brisée, et pardonnez-moi si j'ai pu vous offenser. Il y a deux amours dans mon cœur, et je sens bien que j'en mourrai : Géraud! mon mari bien aimé! l'homme pour qui je donnerais mille fois ma vie, — et mon fils! mon pauvre enfant adoré! J'ai brisé l'existence de Vincent et Ange se meurt!

Un sanglot convulsif lui coupa la parole. Clémence vint cacher dans son sein sa figure inondée de larmes.

— Voilà! fit Goujeux qui passa son mouchoir sur ses paupières; vous me brisez le cœur, et puis c'est tout. Je viens ici dans l'intention de vous parler sérieusement, sévèrement même; je vous vois pleurer, je pleure. Sapreminette! cela ne mène à rien!

— Parlez, monsieur Amédée, nous vous écoutons, dit Marguerite avec effort.

Elle écarta Clémence et montra l'admirable beauté de son visage qui avait comme un voile de mortelle pâleur.

— Eh bien! oui, je parlerai, s'écria Goujeux, prenant, comme on dit, son courage à deux mains. Depuis trois mois, vous agissez en dépit du bon sens. Est-ce ici votre place? Je ne dis pas seulement pour Géraud, mais pour le monde? N'avez-vous pas l'air de l'abandonner, lui qui est votre mari, madame; lui, mademoiselle, qui est votre père? Et pour qui? pour l'homme que chacun regarde comme son ennemi? Y a-t-il besoin de sentinelle ici? Qui donc en veut à ce pauvre cher garçon de Tréomer? Avez-vous défiance des sœurs de charité comme de moi? Si M. Le Quien a le diable au corps, pourquoi ne se couche-t-il pas en travers de la porte? C'est son poste, à lui! Il ne tient à rien, il ne compromet rien: il est libre; mais il aime mieux cabaler, que sais-je, moi? Cet homme-là vous perdra!

— Cet homme-là est le seul ami qui nous reste, dit Clémence avec fermeté.

Le doigt de Marguerite s'appuya sur sa bouche.

— Très-bien! fit encore M. Goujeux, mais avec amertume cette fois; alors, suivez ses conseils. Essayez de voir Géraud, écrivez à Géraud, exaspérez Géraud de plus en plus! Détruisez l'œuvre de conciliation que j'ai si péniblement commencée. — Mais cependant il y a des choses plus claires que le jour! s'interrompit-il avec une douloureuse impatience. A quoi bon voir Géraud? Que pouvez-vous apprendre à Géraud, puisque Géraud a entre ses mains les papiers contenus dans le secrétaire de Tréomer? Et puisque j'ai remis à Géraud, moi qui parle, entendez-vous, le cahier contenant votre histoire?... Géraud a dit, après avoir examiné les titres: Ce sont des faux! Après avoir lu le cahier, il a dit: Tissu de mensonges!... Ah vous ne le connaissez pas comme je le connais! Ah! j'avais raison, madame, et je tiens à le proclamer bien haut, j'avais raison de vous dire autrefois : Silence ! Je vous ai donné deux années de bonheur à tous... j'avais raison. Géraud, c'est l'excès en tout, dans le doute comme dans la confiance. On dit qu'il y a des assassins qui, une fois le premier coup porté, voient tout couleur de sang; une fois la première supercherie admise, Géraud ne voit plus que mensonges. Ceci était annoncé d'avance, annoncé par moi qui suis prophète, quand il s'agit de ceux que j'aime; et ceux qui savent la tristesse où languit ma famille, m'accusent de vous avoir trop aimés!

M. Goujeux se leva en achevant ces mots. Le reproche qu'ils contenaient glissa, en apparence du moins, sur le morne découragement de Marguerite et de Clémence. L'ancien maître de forges était un de ces comédiens imperturbables qui n'abandonnent point leur rôle pour un effet manqué. Il fit comme si le coup eût porté, et feignant de regretter soudain les paroles prononcées, il vint prendre, d'un geste tout paternel, les mains de Marguerite.

— Les médecins sont durs parfois, murmura-t-il ; parfois, il faut parler sévèrement aux malades. Avant de vous quitter, mes chères dames, je veux vous laisser de meilleures impressions. Je vous ai dit en entrant : les nouvelles ne sont pas mauvaises ; c'est la pure vérité. L'opinion publique revient. L'abstention du barreau a fait naître une réaction favorable. La remise, du reste, me donne quinze grands jours pour agir, tant sur notre Vincent que sur ses juges. J'ai juré que je le sauverai, je n'en aurai pas le démenti... Dans sa cage, souvenez-vous de cela, le lion est intraitable : laissez venir la liberté, et alors...

— Mes enfants, mes pauvres enfants! s'interrompit-il en un spasme d'attendrissement, que ne puis-je racheter votre bonheur perdu au prix de tout mon sang!

Il pressa les mains de Marguerite et de Clémence réunies sur son cœur, puis il s'enfuit en disant :

— Géraud m'attend.

Au moment même où il disparaissait derrière les battants refermés de la porte principale; l'autre porte, celle qui donnait sur l'escalier de service dont Grand-François avait parlé le soir du meurtre, s'ouvrit doucement.

Le messager de Saint-Malo, coiffé de son petit chapeau de cuir et le fouet sous l'aisselle, se montra sur le seuil.

— J'en sais aujourd'hui un petit peu plus long qu'hier, dit-il avec son flegme habituel ; ça vient goutte à goutte, comme l'eau qui finit par emplir le grand étang de chez nous... M. Amédée vous a-t-il parlé de moi ?

— Oui, répondit Marguerite, qui ajouta, dans l'angoisse de ses incertitudes : Si cet homme était véritablement notre ami !

— A-t-il demandé à voir Tréomer ? interrogea M. Le Quien.

— Non, répliqua Clémence.

— Ah !... fit le messager ; il a pourtant parlé au docteur... ça ne doit pas être pour le roi de Prusse !...

— Mes bonnes dames, s'interrompit-il, vous pouvez vous en aller : je vous relève de faction. Je veillerai ce soir et cette nuit. A demain !

VI

Le fond du sac de M. Goujeux.

Le jour allait baissant. M. Goujeux traversa d'un pas rapide le pont du Champ-Dolent et tourna sur la droite dans la promenade des Murs. Ce n'était pas sa route pour gagner la Tour-le-Bât ; il faisait une de ces bonnes pluies douces et patientes qui peuvent durer, à Rennes, quinze jours de suite sans éclaircies. Le ciel de la haute Bretagne a de ces rhumes une ou deux fois tous les mois. Tant mieux si le mois a trente et un jours : on a vingt-quatre heures de giboulées pour égayer la situation.

Mauvaise soirée pour la promenade. M. Goujeux, bien certain de ne point rencontrer de flâneurs le long des murs, ouvrit un vaste parapluie vert-clair qui le quittait rarement, et enfila le boulevard.

Certains physionomistes de fantaisie jugent l'homme à sa démarche. Goujeux marchait décemment, proprement, sagement. Ses jambes allongeaient comme il faut, pour employer un terme d'hippiatrique, mais son corps restait à peu de chose près immobile. Son torse était droit, son col légèrement allongé et penché ; ses bras roides exécutaient un sobre mouvement de rames. Voilà la marche discrète que nous recommandons aux pères de famille.

Goujeux n'avait pas fait dix pas sous son parapluie qu'il était déjà plongé dans de laborieuses méditations. Nous vous le donnons pour un penseur infatigable, et certes il fallait cela pour le métier qu'il faisait.

Quel que fût son point de départ, soit qu'il se fût trompé du tout au tout dès l'abord, soit que les événements eussent soutenu contre lui la gageure, il se trouvait engagé dans une affaire que bien des raffinés eussent déclarée absurde, impossible et radicalement inextricable. Le mal qu'il avait fait ne lui servait à rien. Il restait avec un passif énorme d'hypocrisies, de coquineries, de machinations impures, de crimes même, et néant à l'actif. Loin de s'éclaircir, l'horizon des probabilités se rembrunissait à chaque instant davantage. Le mal se faisait, mais le mal improductif et stérile. Il y avait fatalité. Les victimes qui se tordaient autour de lui et qui tombaient ne rendaient rien.

Goujeux arrivait aux frontières du besoin. De ce monceau de méfaits qu'il avait accumulés à bas bruit sur sa route, il ne pouvait retirer un centime.

D'autres se seraient arrêtés. Goujeux marchait du même pas modéré, mais infatigable.

Il était patient, ce Goujeux, comme les ondées de sa patrie !

Il était plus que cela : il était confiant en son étoile et surtout en sa suprême habileté.

Nous ne devons point cacher que les difficultés accumulées au-devant de ses pas lui donnaient un encouragement étrange. Il y avait là joie d'artiste, orgueil de conquérant. A la fin de cette partie sanglante et à moitié perdue, cet homme doux, timide et tempéré combinait ses coups avec le même sang-froid, mais avec la même audace que le premier jour. Les points que le hasard lui faisait perdre multipliaient seulement pour lui les besoins de carnage. Pour vaincre, il lui fallait désormais faire disparaître Géraud, Tréomer, et peut-être Kerdanio lui-même. C'était bien. Goujeux regarda en face cette nécessité avec mansuétude.

Ses mœurs ne changeaient point pour cela. Son sommeil restait tranquille. Sur son visage frais et rose s'épanouissait le calme de la conscience. Avait-il une conscience ? L'homme peut naître aveugle, sourd-muet ; l'homme peut naître encore avec d'autres défaillances et d'autres infirmités; Goujeux était-il né sans conscience?

Ou plutôt n'était-ce point l'œuvre de ces chirurgies héroïques dont la fable et l'histoire nous offrent des exemples? Les amazones tranchaient leur sein pour mieux tirer de l'arc. Selon la tradition, certains coureurs célèbres se firent tailler la rate pour mieux dévorer l'espace. Goujeux avait peut-être arraché sa conscience...

A voir cette face débonnaire et fleurie dans l'ombre du grand parapluie de famille, comment songer au crime ou à la passion? Vous eussiez vécu des semaines côte à côte avec Goujeux sans voir autre chose en lui qu'un bon bourgeois trop doux, un peu radoteur et un peu ridicule. Rien n'était en excès chez ce brave homme; son comique lui-même était tempéré : il faisait sourire et non point rire.

Quand je me souviens de Goujeux, — car je l'ai vu cet homme-là, moi qui parle, et l'on m'excitait à le vénérer quand j'étais enfant, — j'ai froid dans tout mon sang! Je ne crois pas que la nature ait produit jamais un être aussi complètement armé pour mal faire. On fuit le jaguar; on entend de loin le rauque bruissement des écailles du crotale; mais un serpent à sonnettes qui serait dans la peau d'une anguille à matelotte! mais une hyène qui aurait pu entrer sous la toison d'une brebis!

Ce n'était point Tartufe : Tartufe, la plus haute et la plus hardie de toutes les impiétés. Tartufe est grand, puisqu'il a pris Dieu pour joujou, puisqu'il s'est fait de l'autel un tréteau, puisqu'il touche effrontément à l'arche qui foudroie. Tartufe est épique; je n'ai jamais rencontré Tartufe. Je ne crois pas à Tartufe, en nos temps amoindris, et j'ai peur d'un homme qui appelle un autre homme Tartufe, comme je redoute le Gascon qui commence une histoire en disant : *Je vais vous parler franchement.*

Goujeux n'était pas Tartufe.

Goujeux était... allons, si fait! Goujeux était Tartufe! Goujeux était *Tartufe du dieu des bonnes gens.*

Et j'ai tout dit par ce seul mot, et chacun me comprend. Chanson, merci!

Tout en allant le long des Murs, Goujeux causait avec lui-même tranquillement et froidement. Avant d'arriver au pont du Champ de Mars, il avait déjà consulté sa montre plusieurs fois, et sa marche s'était graduellement ralentie.

— J'ai le temps, j'ai le temps, se disait-il ; depuis qu'il a de quoi, il ne dîne plus si vite.

Au pont, il tourna court et revint sur ses pas.

— Mortel! murmura-t-il tout à coup; M. Rousseau a dit mortel! Les médecins se trompent quand ils pronostiquent le bien; jamais quand ils annoncent le mal. Tréomer appartient à quiconque le fera sauter hors de son lit; moins que cela, à quiconque accélérera les battements de son cœur!

Ses enjambées s'allongèrent à son insu, et le grand parapluie vira entre ses mains comme une toupie.

— Dire du bien de tout le monde, reprit-il avec un bon sourire, voilà le secret. Chacun fait un retour sur soi-même et pense : il dira du bien de moi... Ce docteur Rousseau n'est pas du pays.. Je serai son ami quand je voudrai.

Il s'interrompit et chantonna un petit air : c'était chez lui le symptôme d'un travail mental plus rude.

— Ce raisonnement est pourtant bien simple, continua-t-il : si Géraud a enlevé les papiers du secrétaire, il sait tout. Que veut-elle lui apprendre avec ses lettres?... Ma bonne petite chérie, quand on a eu l'idée de se faire prisonnier avec son ami Géraud, ce n'était pas pour des prunes! Nous sommes à la riposte : à droite, à gauche, devant, derrière : bataillon carré, quoi! Et rien que Goujeux pour tout ça! Goujeux devant, Goujeux derrière, Goujeux à gauche, Goujeux à droite; Goujeux partout!... Sapreminette! on prend de la peine, mais on arrivera!

Il s'arrêta pour mettre un instant ses deux coudes sur le parapet mouillé. La bruine était tout à fait tombée.

— Quoi donc! s'écria-t-il en lui-même, c'est mal inventé ce roman de maternité; Tréomer est trop âgé, madame Géraud est trop jeune. Selon les apparences, entre eux deux, il n'y a pas dix ans. Pour aller contre les apparences, il faudrait les titres, et les titres sont envolés. Que reste-t-il de tout cela? Une femme et une fille qui se conduisent très-légèrement pour ne rien dire de pis; une association mal faite entre aventuriers. Ça n'empêche pas Géraud d'avoir tenté de tuer... On n'a pas le droit de tuer les faussaires ou les escrocs. Les circonstances cependant...

— Ta ta ta ta! s'interrompit-il, les circonstances! Parlons-nous de logique? Moi, j'acquitterais Géraud tout net, c'est évident... Mais la sottise, mais les rancunes, mais tout ce qui fait la splendeur de cette institution : le jury! Je ne donnerais pas mon jury pour cinq cents louis, non, moi qui n'ai ni sou ni maille! N'acquitte-t-on pas assez de scélérats pour condamner à l'occasion un brave homme?

Il sourit et conclut dans la paix de son cœur :

— D'ailleurs, s'ils s'acquittent, je suis là, moi, je n'ai pas besoin de leur guillotine : c'est brutal et c'est immoral. Mes opinions bien connues repoussent la peine de mort.

Son sourire devint narquois légèrement. Il consulta une dernière fois sa montre.

— Voyons! dit-il en se redressant, il s'agit de dompter cette bête féroce de Kerdanio : c'est l'heure. Je sais mon affaire sur le bout du doigt... marchons!

Il entra dans la ville par la rue du Champ-de-Mars, et gagna la rue Vasselot sans se presser.

Nous n'avons point oublié que l'établissement de Mme Pouponnel, le *Grand café de la Pomme-de-Pin*, avait son entrée principale sur la rue Vasselot. Kerdanio, fidèle à ses vieilles amours, venait chaque soir prendre sa demi-tasse chez la grosse petite bonne femme. Il n'était pas homme, lui, à entrer par une porte de derrière. Goujeux avait donc raison de n'aller point l'attendre sur le Pré-Botté.

Goujeux croisa pendant dix minutes environ. Au bout de ce temps, un pas lourd, réglé par une chanson à boire, lui annonça l'approche du hobereau. Celui-ci n'avait point de parapluie; fi donc! sa peau de loup connaissait l'ondée.

Goujeux marcha droit à lui.

— Guy, lui dit-il, j'ai à vous parler.

— Pas moi, Amédée, répliqua gaillardement Kerdanio, qui avait bien dîné; mais si vous voulez que je vous en paye une avec la *pousse et repousse*, ça se peut tout de même; entrons!

— Ce que j'ai à vous communiquer, Guy, prononça l'ancien maître de forges d'un ton triste et lent, ne peut pas se dire en public.

— Alors nous attendrons, Amédée, c'est l'heure de la demitasse... pas de bêtises!

— Si j'avais le temps, Guy, je vous proposerais avec plaisir de vous attendre; mais vous savez que je remplis à la Tour-le-Bat un devoir sacré.

Kerdanio, qui était devant lui, recula d'un pas.

— Vieux coquin! s'écria-t-il, saisi d'une indignation sincère, est-ce à moi que tu dis ces choses-là?... Un devoir!

— Monsieur de Kerdanio, l'interrompit froidement l'ancien maître de forges, les gens comme moi ont l'habitude d'être mal jugés par vos pareils; nous n'avons ni les mêmes mœurs, ni les mêmes principes. Je n'aime point vos familiarités. Je me rends chez vous de ce pas, je vous y attendrai dix minutes; si j'en sors sans vous avoir entretenu, je vous laisse responsable de tout ce qui en arrivera.

Il passa devant Kerdanio, et se dirigea vers l'extrémité de la rue.

— Va donc, vieux misérable! dit le hobereau, et attends-moi sous l'orme! Je ne te crains pas, saqueurbleure, peut-être!

Il entra au café de la Pomme-de-Pin et referma violemment la porte derrière lui.

M. Goujeux, opposant à l'averse son parapluie monumental, poursuivit sa route sans presser le pas ni le ralentir.

Vous auriez pu voir, quand il passait aux environs des réverbères, un sourire placide errer sur ses lèvres.

Kerdanio occupait un appartement garni dans un petit hôtel borgne de la rue Saint-Hélier. Goujeux s'y rendit en directe ligne.

Comme il traversait encore une fois les murs pour entrer dans le faubourg, il entendit un pas précipité derrière lui.

— A la bonne heure!... murmura-t-il entre ses dents.

L'instant d'après, le hobereau était à ses côtés.

— Vous ne savez pas ce que j'ai pensé, Amédée? dit ce dernier, en se mettant amicalement sous le grand parapluie. — Foi de Dieu! je vous sais entêté comme une vieille mule; j'ai pensé que je pouvais bien faire monter le café de l'hôtel. Nous causerons tranquillement en prenant notre demi-tasse... Est-ce gentil, cela?

Il y avait, en vérité, je ne sais quoi de caressant dans l'accent du gentillâtre.

Goujeux se dit en lui-même:

— Il faudra veiller au grain, mon bonhomme!

Il ajouta tout haut:

— Bien, Guy, très-bien! c'est le premier moment qui est dur, chez vous. Vous êtes un honnête garçon, au fond, et je suis sûr que nous allons nous entendre.

20.

Ils arrivaient à la porte du garni. Guy commanda son café, pendant que M. Goujeux montait à tâtons.

L'appartement de Kerdanio était composé de trois pièces en enfilade sur la rue. M. Goujeux s'arrêta dans la seconde, qui était meublée en salon, et Dieu sait comme! Une odeur de pipe, froide, renfermée, concentrée, prenait la gorge énergiquement. Goujeux connaissait les êtres, à ce qu'il paraît, car il trouva le briquet sur la cheminée du premier coup. L'acier rendit une gerbe d'étincelles, l'amadou fuma en pétillant sourdement; une chandelle de suif fut allumée.

— Déjà de la lumière! s'écria le hobereau en entrant; il est bon à tout, cet Amédée, ma parole; allons dans la chambre du bout, on est mieux.

— Non, répondit M. Goujeux.

— Alors, dans la salle à manger.

— Non, Guy. Vous parlerez haut tout à l'heure. Ici, nous n'avons pas de cloisons au travers desquelles on puisse entendre.

Ceci fut dit très-froidement. Kerdanio s'écria :

— On va donc se chamailler?

— Peut-être... cela ne dépend pas de moi.

La servante de l'hôtel entrait avec le plateau supportant le café et l'eau-de-vie. Pendant qu'elle arrangeait le tout sur le guéridon boiteux qui tenait le milieu du salon, Kerdanio passa dans sa chambre à coucher. Il sifflait des fanfares à grand bruit; il avait l'air gai comme un pinson.

— Je parie qu'il va prendre ses pistolets, pensa Goujeux, qui s'était assis dans un fauteuil et qui s'y tenait droit comme s'il eût été à la messe, — l'imbécile !

— Et avec ça? demanda la servante.

— Deux messieurs vont venir me chercher à huit heures, répondit Goujeux à haute et intelligible voix; vous les ferez monter.

— Ça suffit, répliqua la servante, qui sortit.

Kerdanio rentrait en ce moment. Il avait échangé sa peau de loup contre une jaquette de chambre, boutonnée, qui présentait deux bosses à la hauteur des aisselles.

— Qui donc viendra vous chercher, Amédée? demanda-t-il en jouant l'indifférence.

— On fait des connaissances en prison, répondit Goujeux qui sourit, l'œil fixé sur les deux bosses: le gardien de la pistole et le brigadier de gendarmerie.

— Je n'aime pas beaucoup ces oiseaux-là, gronda Kerdanio; défilez votre chapelet, vous les attendrez dans la rue.

Il versa le café dans les deux tasses et sucra la sienne. Goujeux dit :

— Mon pauvre Guy, savez-vous l'histoire du pot de terre qui voulait lutter contre le pot de fer ?

— Oui, repartit le hobereau sans hésiter; le pot de terre cassa. Avez-vous peur que je vous casse, Amédée?

Goujeux lui fit un petit signe de tête amical.

— Bien répondu, dit-il; vous auriez fini par vous former, Guy. Voilà l'histoire : je viens vous demander si vous voulez épouser ma fille.

Kerdanio éclata de rire.

— En sommes-nous encore là? s'écria-t-il; faites donc attention que j'ai soixante mille livres de rentes. Vous avez acheté mes droits, c'est vrai, Amédée, mais vous savez, les affaires bien faites n'amènent jamais de désagréments... et celle-là était mal faite, mon bonhomme, si mal faite que j'ai pu vous envoyer paître sans réclamation aucune de votre part. Saqueurdienne! si vous aviez soufflé mot, je vous attendais là! Je ne suis pas si bête que j'en ai l'air, voyez-vous! Quinze cent mille francs achetés pour sept à huit mille écus... car vous ne m'avez jamais payé que cela, et encore en tirant le diable par la queue, ça me paraît un peu trop fort!... et à vous aussi, puisque vous n'avez pas mis votre contrat chez l'avoué. Je n'aime pas beaucoup parler affaires, moi, mais puisque ça devait venir, autant aujourd'hui que demain. Je n'épouserai pas votre fille, Amédée. Je lui plais, je le sais bien, ça la regarde; moi, je peux faire mieux, maintenant; et quant à vous, je vous paierai ce que je vous dois, plus un boni pour vos peines et soins, cent louis peut-être, ou bien deux cents; je ne regarderai pas à cela, et si vous voulez, nous resterons bons amis; si vous ne voulez pas, j'y tiens comme à ceci, voyez!

Ceci, c'était l'allumette à l'aide de laquelle il venait de mettre le feu à sa pipe. Il jeta l'allumette et l'écrasa sous son pied.

Kerdanio n'était pas habitué à faire de si longs discours. Il s'assit d'un air fier et retourna son café magistralement pour faire fondre le sucre.

M. Goujeux ôta son chapeau et joua du mouchoir. Son front était en eau.

— Il fait chaud, murmura-t-il.

Puis il se mit à tourner ses pouces. Son regard clair et doux restait fixé sur Kerdanio.

— Et c'est pour me dire cela que vous avez mis des pistolets sous votre lévite, Guy? demanda-t-il.

Le hobereau ne fut point déconcerté de la question.

— Vous prenez bien un parapluie quand il fait beau temps, vous, Amédée, répliqua-t-il. Je finirai peut-être par devenir un homme prudent sur mes vieux jours.

Il déboutonna sa jaquette et posa les deux pistolets sur la table, devant lui. Goujeux attachait sur lui un regard paisible, mais qui n'était pas exempt de dédain.

— Pauvre Guy! dit-il tout à coup en croisant ses jambes d'un air indolent, des pistolets avec moi! Il y a des poils gris dans votre barbe et vous restez toujours le même enfant. Avez-vous réfléchi à ce que j'ai osé dans cette affaire? Avez-vous pesé mon enjeu qui est mon aisance, mon honneur, ma vie! Avez-vous mesuré le mal que j'ai fait déjà et le mal que je vais faire peut-être? Pauvre Guy! pauvre Guy! et vous vous êtes dit véritablement que je tirais les marrons du feu, moi, Goujeux, pour un camarade de votre espèce, à vous, Kerdanio!

A mesure que M. Goujeux parlait, son accent changeait graduellement, ainsi que sa physionomie, sa parole arrivait à être sèche et tranchante. Son regard froid sortait de dessous ses paupières abaissées comme une langue de serpent.

Kerdanio, qui portait son café à ses lèvres, éprouva comme un vague sentiment de malaise.

— Vous avez raison par un bout, reprit l'ancien maître de forges en baissant les yeux, on a toujours raison par un bout...; vous avez eu raison de penser que je ne voulais pas me servir de notre contrat de vente; cela ferait mauvais effet en ce moment; cela gâterait mon rôle... et j'ai besoin de jouer mon rôle jusqu'au bout. C'est seulement quand j'aurai fait place nette autour de mes propriétés, — vous m'entendez bien, Guy, — mes propriétés, qu'il me conviendra de vous actionner en justice. Vous avez donc eu raison seulement à la surface et pour quelques semaines; mais ce n'est pas tout...

— Non, non! ce n'est pas tout, interrompit le hobereau qui avait déjà le sang aux yeux; montrez-le, votre acte... Louvigné vous dira ce qu'il vaut!

— Ce n'est pas tout, poursuivit lentement Goujeux; en dehors de mon acte qui est bon, qui est excellent... Ah! ah! mon pauvre Guy, nous savons les affaires!... En dehors de mon acte, j'ai trois fois plus de moyens qu'il n'en faut pour vous rendre souple comme un gant. Sapreminette! mais vous me prenez donc pour un autre? Est-ce que vous allez être assez fou pour me donner la tentation de sauver mon ami Géraud en vous mettant à sa place?

Kerdanio tressaillit; mais, aussitôt après, il se prit à rire.

— Connu! gronda-t-il; ça ne prend pas!

— Est-ce que vous allez être assez fou, continua Goujeux, impassible, pour me donner la tentation de proposer à Tréomer ce marché si simple, si net : part à deux? Vous n'avez gagné qu'en première instance, mon garçon, et comment avez-vous gagné? Louvigné, votre avocat, me disait encore ce matin : Si l'adversaire avait produit seulement un petit bout de titre, n'importe quoi! nous étions sur le dos!

— Nous savons cela, Amédée, dit le hobereau; mais un papier brûlé est comme un homme mort : il ne parle plus.

— Guy, mon ami, prononça sentencieusement l'ancien maître de forges, je ne suis pas un bigot, mais je crois à l'existence d'un Être suprême. Vous avez trahi la confiance d'un ami : la punition commence. Un homme mort, dites-vous? Tréomer était mort et le voilà ressuscité. Papiers brûlés... Hé! hé! hé! hé!

Il eut un petit rire sec et court.

Kerdanio reposa bruyamment sa tasse vide sur la table.

— Ça ne prend pas, vieux, ça ne prend pas! répéta-t-il. Si Tréomer remonte sur sa bête, tant mieux! C'est un joli garçon, et j'en dormirai plus tranquille... Mais j'ai vu flamber les titres dans votre cheminée; je l'ai vu!

Le rire placide de Goujeux continuait.

— Vous avez vu flamber les enveloppes, Guy, c'est la vérité, poursuivit-il en abaissant sur le hobereau un plus caressant regard; mais qu'y avait-il dedans, mon ami? Voilà la question!

— Ce qu'il y avait dedans?... balbutia Kerdanio.

— Oui, Guy, mon pauvre Guy, ce qu'il y avait dedans? je vais vous le dire, moi, si vous voulez, car je suis l'obligeance même. Ah! ah! mon fils, les affaires bien faites n'amènent jamais de désagréments, et vous finirez un jour ou l'autre par me connaître. Il y avait dedans les mémoires de notre blanchisseuse, Guy, et Méto, la bonne femme, les a bien cherchés le lendemain.

Le poing fermé du hobereau heurta la table.

Goujeux riait sans éclats ni excès, comme un père de famille décent qui prend une soirée de plaisir chez un camarade.

— Si je croyais... commença Kerdanio d'un air sombre.

— Vous croyez, mon garçon, interrompit l'ancien maître de forges en reprenant son sérieux ; vous savez que ma méthode est de rester toujours gardé à carreau. La confiance ne m'étouffe pas ; j'ai besoin de tenir mes amis en bride, et vous voyez bien que vos deux pistolets sont bêtes comme des oies, puisque vous n'avez pas même l'idée de me casser la tête.

Les deux mains de Kerdanio touchèrent à la fois les deux crosses.

Une invincible contraction pinça les narines de Goujeux, qui poursuivit sans se presser :

— Vous n'avez pas ce qui s'appelle une grande intelligence, Guy, mais vous vous doutez bien cependant que toutes mes précautions sont prises. Je ne suis pas venu ici pour vous dire des douceurs, et j'ai agi en conséquence. Les titres de Tréomer sont en lieu sûr avec d'autres papiers et un petit bout de testament que j'ai fait ce matin. J'explique là-dedans comme quoi vous avez intérêt à me faire disparaître, parce que, remuant ciel et terre pour arriver à constater l'innocence de mon bien-aimé Géraud, — hein, est-ce bien touché? — je suis parvenu à vous subtiliser les pièces Tréomer que vous aviez volées après avoir assassiné le pauvre jeune homme.

— Mais, foi de Dieu! foi de Dieu! grinça le hobereau, vous êtes le diable, Amédée !

— Cet animal est fort méchant, récita l'ancien maître de forges dans la plénitude de sa bonhomie, quand on l'attaque, il se défend. Si tout cela vous contrarie un peu, Guy, mon ami, j'en suis bien fâché, mais avouez que vous avez voulu me jouer un vilain tour! Soyez juste, on ne peut pas m'en vouloir si je serre un peu mon jeu : je tiens les cartes contre cinq ou six adversaires, et vous, mon partner, vous me tournez casaque! Sapreminette! sans vous, la partie allait toute seule. Si je vous racontais ce que j'ai fait depuis deux mois, rien que pour tenir sous l'eau la tête de mon bon Géraud, vous tomberiez à mes genoux; vous me devez la position que vous avez une fois, deux fois, dix fois!...

— Eh bien! saqueurbleure, interrompit le hobereau qui avait réfléchi pendant qu'il parlait; faites ce que vous voudrez, Amédée, j'aime mieux la danser que d'être le gendre d'un Goujeux!

Chose singulière! le mot porta roide comme une balle. Cet homme, qui, depuis une demi-heure, était là, étalant impudemment et même complaisamment ses méfaits, fut piqué au vif, comme s'il eût subi le plus inattendu de tous les outrages.

— Un Goujeux! répéta-t-il blême d'indignation, je vous prie de ménager vos expressions, monsieur de Kerdanio! Il ne vous a pas répugné pendant deux ans de manger le pain de ce Goujeux-là! Un Goujeux! Sapreminette et c'est un Kerdanio!...

— Là! là! fit le hobereau, qui éclata de rire.

Mais M. Goujeux s'était levé. Son œil fuyant se fixait pour le coup. Son regard piquait comme la pointe d'un couteau.

— La guerre donc, prononça-t-il avec une dureté froide, puisque vous l'avez voulue, voisin! Mettez-vous ceci dans la tête: on vous connaît comme si on vous avait fait; vous n'avez du loup que la peau. Vous saviez crier autour d'un billard, et c'est tout. Quand on vous affronte, l'œil dans l'œil, vous baissez le nez comme un fanfaron que vous êtes!

— Saquerdienne!... grommela le gentillâtre.

— Taisez-vous quand je parle! interrompit Goujeux qui marchait sur lui en faisant le tour de la table; ce n'est pas vous qui refusez mademoiselle Héloïse Goujeux des Étanches, ma fille, c'est moi qui ne veux pas vous la donner.

— Cependant, Amédée...

— Taisez-vous! Je vous appelle monsieur, faites de même. Tout m'appartient; si vous avez quelque chose désormais, ce sera l'os que je vous jetterai à ronger, parce qu'il y a un homme qui me gêne et qu'il faudra peut-être tirer un coup de fusil.

— Par exemple, foi de Dieu!

— Taisez-vous! ce sera un coup de fusil de braconnier; vous serez à l'affût. S'il fallait du cœur, je ne vous choisirais pas.

La main du hobereau se leva d'elle-même.

Goujeux croisa ses bras sur sa poitrine et dit d'un ton glacé :

— J'ai mon arme : c'est la guillotine.

La main de Kerdanio retomba paralysée.

Goujeux reprit après un silence :

— Guy, je ne vous pardonnerai jamais votre noire ingratitude. Mais me voici plus calme. Je vais vous dicter mes conditions selon l'équité, sans aucun esprit de vengeance. L'acte de vente que je vous fis signer autrefois ne me suffit plus. Si je m'en servais, il me compromettrait. Vous avez compté là-dessus : je veux autre chose. Il me faut des lettres de change,

Pour combien ? demanda Kerdanio.

Pour la somme entière, répondit M. Goujeux, pour la valeur intégrale de la succession. Pas de réplique, je le veux ! vous serez ensuite rémunéré selon vos œuvres, quand j'aurai mené à bien l'affaire. Vous avez voulu me spolier, je n'imiterai pas votre exemple ; je serai généreux, mais je serai seul maître. Ne me répondez point, monsieur de Kerdanio, je ne veux pas de surprise. Vous avez jusqu'à demain pour réfléchir...

— Foi de Dieu ! s'écria le hobereau, c'est Géraud qui a donné le coup d'épée ! et Tréomer le sait bien, peut-être !

Un sourire de mépris vint à la lèvre de Goujeux.

— Tant que Tréomer et Géraud vivront, murmura-t-il, j'ai les titres ; je puis couronner par une belle action ma vie d'honnête homme.

Kerdanio étouffa un blasphème. Goujeux poursuivit, la tête haute et le regard serein :

— Ne raisonnons que dans l'hypothèse où Géraud et Tréomer auraient cessé de vivre : il faut que cela soit. Alors seulement les quinze cent mille francs de la succession seront à nous, bien à nous.

— Est-ce que vous pourriez m'accuser sans vous perdre vous-même ? s'écria Kerdanio.

— J'ai un alibi, répondit M. Goujeux, et ce n'est pas mon couteau de chasse qu'on a trouvé dans le sang du chien Thunder.

Les dents de Kerdanio grincèrent, tandis qu'il ajoutait pourtant :

— Quel alibi ?

Goujeux se redressa dans cette belle dignité bourgeoise qu'il savait si bien revêtir à l'occasion.

— Cet alibi, répondit-il du ton qu'il prenait à Saint-Emon pour prononcer ses harangues municipales, cet alibi, monsieur de Kerdanio, j'ai passé trente ans d'une existence pure et sans tache à le fonder. Vous êtes un libertin, vous; moi, je suis un homme de conduite exemplaire. Où pouvez-vous être à minuit, quand vous ne vous asseyez pas à une table de jeu dans les cafés où vous avez vos habitudes? A minuit, moi, je suis dans mon lit; je n'ai pas découché une seule fois depuis trente ans!... Mon alibi c'est ma vertu;... votre condamnation, ce sont vos vices... J'ai dit, et j'attends de vos nouvelles, vous laissant garrotté des pieds et des mains, mais la tête libre. Adieu!

Il salua cérémonieusement et passa la porte.

Kerdanio mit son front entre ses mains. Il étouffait, il voyait trouble. Tout son être se révoltait contre cette pression tyrannique et brutale, mais la main de fer de Goujeux restait sur lui. Depuis longtemps, il subissait le pouvoir occulte de cet homme, qu'il croyait jouer sous jambes dans son grossier orgueil. Mais aujourd'hui cet homme venait se dresser devant lui, grand comme la fatalité.

Peut-être Kerdanio ne comprenait-il pas toutes les finesses de la logique de Goujeux. Il en sentait néanmoins l'ensemble. Le réseau l'enveloppait de la tête aux pieds, et il avait conscience de ce fait principal que l'ancien maître de forges ne reculerait pas devant la hache.

Une chose ajoutait à sa honte sinon à sa détresse: il est certain qu'il avait voulu tromper Goujeux, il est certain qu'il avait renié sa dette. Entre complices, ceci est grave, ceci est rare même, dit-on. Goujeux ne faisait que se défendre.

Mais il se défendait à coups de massue. Kerdanio frémissait au contact de la chaîne qui se rivait autour de son cou. Il était esclave déjà, il allait devenir instrument.

On est effrayé surtout par l'inconnu. Rien d'immense comme la nuit. La rage de Kerdanio était moindre que ses terreurs. Ce qu'il avait compris des paroles de Goujeux l'épouvantait, ce qu'il n'avait pas compris l'atterrait.

L'image de Goujeux était restée dans cette chambre déserte. Le cerveau du gentillâtre gardait cette empreinte terrible d'un être aussi grand, aussi puissant, aussi redoutable que Satan lui-même.

Et, bon Dieu, qu'il ressemblait peu à ces fantastiques profils de l'archange déchu, le bourgeois prudent qui, là-bas, cheminait le long des rues, sous l'abri de son vaste parapluie ! Il allait discrètement et doucement. Son pantalon relevé laissait voir ses bas blancs. Jamais tournure plus débonnaire n'attira le respect souriant des passants.

C'était Goujeux pourtant, et, croyez-moi, Satan lui-même ne se reconnaîtrait pas dans la glace s'il mettait sur les fatalités de son front un bonnet de coton orné d'une faveur bleue. L'allure moitié burlesque, moitié vénérable du bonhomme est le déguisement suprême.

Goujeux arriva vers neuf heures à la porte de la Tour-le-Bât. On lui ouvrit, parce que c'était Goujeux.

Géraud était couché tout habillé sur son lit. Il eut un pâle sourire en voyant revenir son ange gardien.

— Ami, lui dit Goujeux en l'embrassant, j'ai été bien longtemps, n'est-ce pas ? mais j'ai ma famille.

VII

Le rond de cuir.

Il avait sa famille, ce bon M. Goujeux ! Et notez qu'il aurait pu donner à Géraud quelque autre excuse bien plus odieuse encore. Il aurait pu lui dire par exemple : Ami, *je viens de travailler pour vous.* Mais non, ceci appartiendrait à Tartufe. Goujeux n'allait jamais au mal gratuitement. C'était un esprit plein de mesure, il commettait juste le péché qu'il fallait. Point de prodigalités. Il eût tenu, en partie double, registre de ses méfaits sans avoir besoin de créditer profits et pertes.

Il avait sa famille. Il avait Méto que la gêne tournait en Xantippe ; il avait la tendre Héloïse qui maigrissait à vue d'œil ; il avait Ado, le benêt qui faisait mal ses affaires et qu'on ramassait maintenant, ivre, par les chemins ; Ado, le séducteur, qui se vautrait dans cette fange infecte des débauches campagnardes, afin de ne pas passer pour un nigaud.

Tout cela était à Goujeux, ainsi que les longues fillettes à jambes maigres qui allaient à l'école avec du pain sec dans leur panier.

Avait-il vraiment fait le rêve de mettre tout ce monde en carrosse, selon l'emphase de son expression? Peut-être bien. Il était habitué à Méto; il aimait assez la grande Héloïse, qu'il trouvait belle; Ado lui-même lui inspirait de certaines faiblesses.

Mais il avait songé parfois à tenter l'expérience d'une vie entièrement nouvelle. Le papillon ne sait plus où il a laissé sa peau de chenille. On quitte le pays. On se choisit une retraite riante et tranquille. Une santé de fer, veuillez remarquer ceci, un honnête regain de jeunesse, fruit d'une existence sobre et soigneusement abritée contre les orages des passions. On prend une compagne fidèle, Thérèse, si l'on est Jean-Jacques; elle vous soigne, elle vous dorlotte, et l'on arrive tout doucement à la vieillesse du sage, qui est le soir d'un beau jour.

Ils ne manquent même pas, ceux-là, ils ne manquent jamais et nulle part d'un solennel idiot pour prononcer sur leur tombe les quelques paroles « émues et bien senties. »

Que diriez-vous cependant de cette idée? Marguerite allait être veuve. Ceci, dans la pensée de Goujeux, était en quelque sorte un fait accompli, non pas qu'il comptât sur le jury, mais il avait ses moyens à lui; Marguerite veuve... Écoutez! Goujeux la trouvait charmante. C'était absolument ce qu'il lui fallait.

Les deuils ne sont pas éternels, et cette femme si aimante lui saurait gré, certainement, du dévoûment admirable qu'il avait prodigué au malheureux Géraud.

Ne nous égarons pas. Il n'y avait là ni entraînement, ni passion. C'était un de ces plans souriants qui bercent les âmes tranquilles. Marguerite faisait bien dans son rêve, voilà tout.

Ce rêve, il l'avait tout près du grabat où Géraud suait son agonie morale. Cela peut sembler horrible et repoussant. M. Goujeux n'en était point gêné, voilà la vérité.

Le lendemain, il resta toute la journée à son poste. Il y avait une parole qui venait à chaque instant jusqu'aux lèvres de Géraud. Géraud la renfonçait en lui-même toujours, et c'était à ce travail de Sisyphe qu'il dépensait sa force d'âme.

Il aurait donné la moitié des quelques jours auxquels il bornait désormais sa vie pour parler de Marguerite. Marguerite était en lui comme un incendie. Il l'aimait de tout son ancien amour et de toute la profondeur de la blessure reçue. Il n'avait pas prononcé son nom une seule fois depuis trois mois. Avec la délicatesse que nous lui connaissons et pour ne point rouvrir une plaie si cruelle, le bon Goujeux avait accepté cet accord tacite. On ne parlait de rien de ce qui pouvait avoir trait à la maison Géraud. Une fois seulement Goujeux avait glissé le nom de Clémence, mais il avait choisi pour cela une heure de crise, et comme Géraud avait répondu par un geste de colère, tout était dit.

Goujeux n'était pas là pour irriter son ami. C'était un baume que ce Goujeux, un liniment, un matelas posé contre les murs pour empêcher qu'on ne s'y broyât le crâne.

Géraud tenait à lui. La croyance de Géraud était que, sans lui, il serait devenu fou.

Mais il se mourait positivement, faute de pouvoir épancher le trop-plein de ses angoisses. La pensée de Marguerite le tuait.

Mais il était fou par intervalles, réellement fou. Cette tête ardente se consumait elle-même, ou plutôt le cœur la brûlait.

Durant ces trois mois, Géraud avait reçu une seule visite. Mis à part tout sentiment humain, et, Dieu merci ! les âmes honnêtes ne manquent pas plus à Rennes qu'ailleurs, c'était là un fait étrange : la curiosité seule aurait dû amener un autre résultat. Voici l'explication de ce fait :

La visite reçue était celle du bon chapelain de Saint-Yves. Dans le faubourg Saint-Germain de Rennes, Géraud était accusé de partialité contre la soutane, mais il avait l'esprit trop large et le cœur trop haut pour garder aux hommes et aux choses de la religion une antipathie sérieuse. Il priait Dieu souvent, au temps de son bonheur, et, sauf quelques mauvaises plaisanteries arrachées à sa verve par l'atmosphère de la Baraque, on peut dire qu'il respectait tout ce qui est respectable.

Le chapelain de Saint-Yves était son ami. La première idée de Géraud, quand il le vit, fut de se confesser, car le malheur ouvre l'âme. Mais Goujeux était en tiers. Le prêtre ne put donner que des consolations vagues, et le hasard voulut que parmi ces consolations se trouvât une parole funeste.

Le chapelain dit :

— Je vous connais, Vincent, vous serez heureux d'apprendre que M. Ange de Tréomer peut encore être sauvé. Je le tiens de Mme Géraud, pauvre créature angélique qui l'a veillé la nuit dernière.

Goujeux fit ostensiblement singe au chapelain de garder le silence. Géraud vit le signe.

Il demanda :

— Et Clémence?

— Elle alterne avec Mme Géraud, dit le prêtre; vous recevrez demain une lettre d'elle.

Géraud ne parla plus.

Quand le chapelain fut parti, Géraud dit:

— Je ne veux plus voir personne.

Puis, après un silence :

— Que je ne voie aucune lettre... Amédée, vous les brûlerez.

Goujeux courba la tête. Les ordres de Géraud furent exécutés rigoureusement. Bien des fois Marguerite et Clémence se présentèrent en larmes à la porte de la prison; bien des fois elles écrivirent des lettres suppliantes.

Géraud, cependant, les accusait en son cœur, et ajoutait à ses griefs cette preuve inouïe d'ingratitude.

L'obéissant Goujeux était autour de lui un mur plus épais et plus infranchissable que les murs de sa prison.

Les jours de ces deux semaines se passèrent semblables à ceux qui avaient précédé. Les assises avaient leur cours. La ville en fièvre attendait l'affaire Géraud avec un redoublement d'impatience. Le marasme du malheureux avocat augmentait, cependant, dans des proportions effrayantes. Goujeux et lui, du matin au soir, n'échangeaient plus que de rares paroles. Goujeux restait là, fidèle à son poste, malgré tout. Les gens de la prison l'entouraient d'une véritable vénération, car il fallait en vérité un dévoûment surhumain pour résister au contact de cette longue agonie.

Chaque fois que Goujeux sortait, un surveillant était placé au guichet, sur sa demande. Il ne sortait, du reste, que pour aller mêler ses larmes à celles de Marguerite et de Clémence. Quelle vie! quel rôle! Il faut bien pourtant se rendre à l'évidence. Le soleil aveugle ceux qui blasphèment sa lumière : la ville, convertie, admettait l'héroïsme de Goujeux. On parlait de lui avec enthousiasme dans les salons de ces dames, et ces messieurs, transformés en gazettes, mettaient chaque matin sur le compte de « ce prodige d'humanité » quelque anecdote sublime.

Il y avait maintenant près de trois semaines que M. Le Quien avait loué la mansarde de l'étudiant Le Guillou, dans la maison de la petite rue Saint-François. Il y venait tous les jours et toujours seul. Une fois seulement, le soir, après la nuit tombée, deux dames en deuil, le visage couvert d'un voile, l'y accompagnèrent. Les gens du bas qui guettaient leur retour sur le pas de la porte extérieure entendirent, quand les dames repassèrent, des sanglots sous les voiles.

Judaille et Grand-François mangeaient à présent au cabaret de M. Le Quien, et ce dernier, qui, pendant trois mois, avait passé ses nuits et ses jours au chevet de Tréomer, ne faisait plus que de rares apparitions à la maison des Levées de la Santé.

Il travaillait. Quelle était sa besogne? C'était un homme de sauvage énergie et de volonté implacable; mais, à supposer que fût née dans son cerveau entêté l'idée de prendre M. Goujeux corps à corps, était-il de taille et de force à soutenir la lutte?

Oui et non. Il ne faut pas croire que M. Goujeux négligeât cet ennemi déclaré. M. Goujeux ne négligeait rien. La paix s'était faite comme de raison entre l'ancien maître de forges et Kerdanio. C'était Kerdanio qui était chargé de M. Le Quien.

Nous devons entrer ici dans quelques petits détails qui sembleront mesquins auprès du drame terrible dont le dénoûment approche. Mais personne n'ignore la ténuité des moyens qui déterminent parfois et qui parfois préviennent les plus tragiques catastrophes. Nous nous occuperons des affaires commerciales de M. Le Quien, messager de Saint-Malo.

Elles allaient mal. En Bretagne, ces entreprises particulières de transport abondent et vivent avec une extrême difficulté, à cause de la concurrence. Il faut, pour faire prospérer un service de pataches, un homme comme M. Le Quien, rude au travail, rompu aux finesses du métier, et payant vaillamment de sa personne. Or, depuis du temps déjà, M. Le Quien ne se ressemblait plus à lui-même et n'était plus, par conséquent, l'homme qu'il fallait pour résister aux efforts de ses rivaux. Au lieu de s'occuper de ses affaires, il suivait celles des autres; sa maison, où nul ne le remplaçait, marchait à la grâce de Dieu; son auberge se désachalandait, sa messagerie ne battait plus que d'une aile.

Et cependant, ni la messagerie ni l'auberge ne tombaient tout à fait, parce que M. Le Quien trouvait des ressources ailleurs que dans son commerce. Il allait parfois du côté de Vitré. Rarement on le voyait revenir sans un petit sac d'écus. Les fermiers du vieux Tréomer étaient tous ses amis.

Mais les fermiers bretons ne sont pas riches en argent et ne prêtent qu'à bon escient. Le plan de bataille adopté par M. Goujeux devait donc réussir tôt ou tard. Ce plan de bataille consistait à faire racheter par des tiers, avec l'argent de Kerdanio, toutes les obligations, marchés et signatures de Le Quien qui pouvaient être sur la place. Il y avait eu déjà des poursuites commencées, et les voyages de l'ancien chouan étaient devenus plus fréquents.

Au milieu de ces embarras, nous devons dire qu'il gardait une insouciance parfaite, et semblait sûr d'éviter le naufrage.

La veille du jour fixé pour la remise à l'audience de l'affaire Géraud, vers huit heures du soir, M. Le Quien revenait seul de Vitré, sur un petit cheval de pays, car il avait manqué la voiture. Il avait une cinquantaine d'écus dans son sac de cuir. Il pressait le pas, et son cheval avait pris le galop entre Châteaubourg et Noyal. On cite peu d'exemples d'attaques à main armée sur les routes des environs de Rennes. Cependant, M. Le Quien, ayant mis son bidet au pas pour franchir une montée, crut entendre bruire les feuilles sèches dans un taillis qui bordait le chemin. Ceux qui ont fait la guerre d'embuscades, que ce soit dans les prairies du Nouveau-Monde ou dans les landes de nos provinces de l'Ouest, gardent toute leur vie une étonnante finesse de sens. M. Le Quien, immobile sur son bidet, tendit l'oreille. C'était un pas qui essayait de s'étouffer sous le couvert.

On voyait parfaitement à se conduire sur la route, mais le taillis était noir. M. Le Quien ne tourna même pas la tête de ce côté, tant il savait que ce serait inutile.

Il attendit. Le pas s'était arrêté juste à la lisière du bois. Un bruit sec et sans vibration, — tic-tac, — sonna faiblement. M. Le Quien donna un maître coup du manche de son fouet sur les oreilles de son bidet et cria :

— Hie ! Bijou ! carcan !

En même temps, il se coucha jusqu'à mettre son visage derrière le garot.

Un éclair se fit. Une explosion retentit au loin dans la campagne solitaire. Le Quien tressaillit sur sa selle, parce qu'une balle venait de lui labourer les reins.

— Il tire très bien, le méchant drôle! grommela-t-il.

Puis, jouant du fouet et des talons:

— Hic! carcan! hic! tu auras du bon temps de l'autre côté de Noyal!

Le bidet s'enleva, ma foi, au grand galop.

Une seconde explosion, plus éloignée, eut lieu et alla roulant d'échos en échos. M. Le Quien tressaillit de nouveau et plus violemment. Son fouet, qu'il tenait dans la main droite lui échappa. La balle avait touché son poignet.

Il arrêta son bidet court, sauta sur la route, ramassa son fouet et se remit en selle.

Le bidet, reprenant son galop, disparut derrière le dos de la montée.

M. Le Quien enveloppa son poignet dans son mouchoir, et dit:

— S'il avait touché Bijou, j'aurais été en retard!

Le reste de son voyage se fit sans encombre. Il but un coup en passant à Noyal, et un coup en passant à Cesson, mais il ne sonna mot de son aventure. Arrivé à Rennes, il prit la rue Vasselot, et attacha son cheval à la porte de la reine Pouponnel.

— Quel bon vent, mon Le Quien? demanda celle-ci en le voyant entrer.

Le regard de l'ancien chouan, perçant l'atmosphère enfumée, faisait déjà le tour des tables et du billard.

— J'en étais sûr! grommela-t-il, il n'est pas là!

Il s'approcha du comptoir. La grosse femme lui tendit libéralement sa tabatière. Le Quien montra sa main droite enveloppée dans le mouchoir taché de sang.

— J'ai été mordu par un loup, dit-il avec un singulier sourire, là-bas, de l'autre côté du bourg de Noyal.

— Un loup!... répéta la Pouponnel.

Le Quien reprit:

J'étais venu voir si M. Kerdanio était par chez vous, la mère; j'ai quelque chose à lui payer.

Il déposa son sac sur le comptoir et ajouta:

— S'il vient ce soir, donnez-lui cet argent contre mon billet et dites-lui comme ça: Monsieur Guy, Le Quien a eu de vos nouvelles sur la route. Grand merci de sa part; il vous paiera son reste.

— On lui dira, monsieur Le Quien.

— Bonsoir, à revoir, la mère. Envoyez le garçon avec mon cheval au bureau.

Il sortit et prit à grands pas le chemin de la place du Palais.

Neuf heures sonnaient au *Gros* comme il montait l'escalier de sa mansarde. Il entra et donna un tour de clef à la porte derrière lui. Son premier soin fut d'aller à la lucarne qui donnait sur les jardins et la prison. Une lumière brillait comme d'habitude dans la cellule de Géraud, mais le rideau fermé défendait la meurtrière. M. Le Quien traversa la chambre à tâtons et gagna la muraille où était ce trou, rebouché à l'aide d'une planche arrondie que recouvrait un carreau de toile. Il enleva la toile et la planche.

Le vent frais de la nuit lui vint au visage. Des lueurs brillaient çà et là devant lui tout le long du faubourg et aussi dans la campagne.

La lunette était au milieu de la mansarde, dressée sur son pied et visant au trou.

M. Le Quien vint y mettre son œil.

— Tonnerre de Brest! gronda-t-il avec une colère concentrée, est-ce que la male chance ira jusqu'au bout?

Il n'essaya point d'orienter la longue-vue qui était, paraîtrait-il, braquée précisément sur le point qu'il voulait observer. On n'y voyait rien. Le champ était noir comme de l'encre.

M. Le Quien s'assit sur le pied du lit. Il regarda sa main droite avec humeur et porta la gauche à son front qui brûlait.

— Ça vous donne pourtant la fièvre, murmura-t-il, des égratignures comme ça... Je me fais vieux!

— Trois semaines, reprit-il avec découragement, et rien!

Depuis trois semaines, en effet, le trou était ouvert et la lunette braquée; depuis trois semaines, M. Le Quien tenait son affût, et le gibier ne paraissait pas!

Une fois seulement, une seule fois, l'ancien chouan avait cru le poisson au bout de sa ligne. C'était un matin; M. Goujeux avait paru tout à coup dans le champ de la lunette. Un rayon de soleil éclairait sa chambre à point. Le Quien le voyait comme s'il eût été à dix pas de lui.

M. Goujeux était seul. Il ouvrit un tiroir de sa commode et y prit un objet que Le Quien ne distingua pas parfaitement. Cela ressemblait à un rond taillé dans une feuille de carton ou dans du cuir. Une ficelle pendait au centre du rond.

M. Goujeux versa de l'eau dans une cuvette et humecta cet objet avec soin. Puis il l'étendit entre ses doigts et l'aplanit.

Ce n'était certes pas pour surprendre un enfantillage de ce genre que M. Le Quien, abandonnant le chevet de Tréomer, s'acharnait à sa longue et inutile faction. Il regardait cependant, il regardait de toute la puissance de ses facultés, et quelque chose lui disait : Ce jouet est la clef du mystère.

Mais un bruit se fit sans doute à la porte de M. Goujeux, car il remit vivement l'objet dans sa cachette.

Madame Goujeux entra. Il y eut dispute et bataille. Puis ce fut Kerdanio, qui apportait des papiers. La conférence entre l'ancien maître de forges et le hobereau dura longtemps. Ils sortirent ensemble. L'occasion était perdue.

Depuis lors, néant.

M. Le Quien déroula lentement le mouchoir qui entourait son poignet. Il fit jouer l'articulation et pensa tout haut :

— Je voudrais pourtant bien examiner ça un petit peu. Le bras me pique jusqu'au coude ; aux reins, ce n'est qu'une éraflure.

Il se toucha les reins rudement.

Ça tient bon! reprit-il ; mais ce coquin de poignet ! Quant à allumer une chandelle ici, c'est impossible ; puisque je guette les autres, on peut bien me guetter.

Il tâta derrière le lit et trouva une cruche de grès où il fourra son bras tout entier, le laissant baigner ainsi pendant plusieurs minutes. Au bout de ce temps, sans prendre la peine de l'essuyer, il revint à sa lunette.

— Pendant que je m'amuse, moi... commença-t-il.

Il n'acheva pas, ou plutôt sa phrase se termina par un véritable cri de triomphe.

Le champ de la longue-vue était en pleine lumière. Ce n'était pas le soleil, en vérité ; ce n'était qu'une simple chandelle de suif qui brûlait sur la cheminée de l'ancien maître de forges, mais l'effet moral fut si violent que Le Quien resta littéralement ébloui.

Il ne parla plus ; son souffle siffla dans sa poitrine, son

œil resta collé au verre et il demeura immobile comme s'il eût été changé en statue.

M. Goujeux était chez lui. M. Goujeux n'avait point de défiance. Celle de ses croisées qui donnait sur sa cour, en face de la fenêtre d'Héloïse, était soigneusement fermée. L'autre pouvait rester grande ouverte. Elle regardait des terrains vagues.

Il faisait chaud. M. Goujeux était en train d'essuyer cette sueur chronique qui, sans cesse, inondait son front demi-chauve. Il avait l'air soucieux et surtout affairé. Il s'assit à son bureau et prit la plume. Par trois fois, il l'approcha du papier, trempée d'encre qu'elle était, et par trois fois il la déposa sur la table.

Ce n'était pas une missive ordinaire sans doute; la rédaction en était délicate et malaisée.

Enfin, M. Goujeux fit ce geste qui veut dire : A la grâce de Dieu! et sa plume courut la poste sur le papier. Il plia, il cacheta, il mit l'adresse.

A ce moment, un personnage que M. Le Quien n'avait pas encore aperçu entra dans le cercle de lumière. C'était assurément la plus inattendue de toutes les apparitions. C'était la sœur Marie-Josèphe, une des bonnes religieuses qui avaient veillé au chevet de Tréomer; un simple et digne cœur, une de ces saintetés modestes qui se font pardonner leurs vertus par le vice lui-même !

Que pouvait-il y avoir de commun entre M. Goujeux et une pareille femme?

M. Goujeux lui parla pendant une demi-minute environ. Sa figure avait sa meilleure expression de bonté. Quand il leva les yeux au ciel en donnant la lettre à la religieuse, M. Le Quien devina qu'il disait : « Je suis égoïste, vous savez, à ma manière. »

La sœur Marie-Josèphe prit la lettre et s'éloigna. M. Goujeux, resté seul, poussa le verrou en dedans de la porte. Il se frotta les mains. Il ôta sa redingote et resta en bras de chemise.

Le Quien le vit s'avancer vers la commode qu'il connaissait déjà. Le même tiroir fut ouvert. Le même objet en fut retiré : un rond de carton ou de cuir que M. Goujeux humecta dans sa cuvette.

Le cœur de l'ancien chouan battait sous sa blouse. C'était à ce moment que la porte s'était ouverte l'autre fois...

Et comme si le diable se fût mêlé de cette affaire, Goujeux tressaillit encore en regardant tout à coup du côté de la porte.

On avait frappé, c'était évident, ou bien on avait appelé.

Mais Goujeux, au lieu d'ouvrir, cette fois, prit un air rude et impérieux pour crier quelques mots au travers des battants. Puis il écouta. Quand il reprit sa position première, c'est que, sans doute, on s'était éloigné.

Un large soupir souleva la poitrine de Le Quien.

Allait-il enfin savoir?

Avant de se remettre à sa besogne mystérieuse, l'ancien maître de forges marcha sur la pointe des pieds jusqu'à la porte, et suspendit son mouchoir au devant du trou de la serrure.

Tous ces préparatifs échauffaient la fièvre de Le Quien qui ne sentait plus la douleur de ses blessures.

Enfin Goujeux prit son petit disque imbibé d'eau et sembla chercher quelque chose à terre. Par sa position au quatrième étage d'une maison située à mi-côte, Le Quien plongeait et voyait le carreau de la chambre de Goujeux. La lunette était excellente, la lumière favorable, le point ménagé comme il faut. Aucun détail ne lui échappait, aucun absolument.

Il ne lui manquait que d'entendre les paroles qui devaient tomber des lèvres murmurantes de Goujeux.

Et cela lui manquait-il en réalité? Il y a des pantomimes si claires qu'elles n'ont pas besoin de la parole.

Goujeux choisit du regard une tuile parmi toutes celles qui carrelaient sa chambre. Il y appliqua son disque, et l'y fixa en piétinant dessus; puis, il tira la ficelle à deux mains; le carreau se souleva.

Tout le corps de l'ancien chouan frémissait.

— Oh! le malin singe! pensa-t-il, tandis qu'un sourire silencieux détendait ses lèvres, je n'aurais jamais trouvé celle-là!

La brique enlevée laissait un trou. Goujeux apporta une chaise et s'assit auprès du trou. Il chercha son mouchoir qui masquait la serrure, et, ne le trouvant point, il s'étancha le front à pleines mains. Puis il prit dans le trou une poignée de papiers, qu'il examina l'un après l'autre comme s'il en eût fait le compte.

Tous les muscles de sa face souriaient.

Quand il eut achevé, il sortit de sa poche les papiers que Kerdanio lui avait remis l'autre matin. Le Quien les reconnut à leur forme oblongue. Ce devaient être des effets de commerce. M. Goujeux les réunit à son paquet qu'il remit dans le trou. Le carreau fut replacé d'aplomb et assujetti d'une pesée, faite avec le plat du pied.

Puis le disque rentra dans la commode dont M. Goujeux serra la clef. Ce fut tout. L'instant d'après, la lumière s'éteignit.

Le Quien resta deux ou trois minutes immobile. Sa tête était inclinée sur sa poitrine. Il respirait bruyamment comme un homme qui dort.

— Pas plus de scrupule, dit-il tout haut après un silence, que si j'avais à écraser la tête d'une vipère !

Puis, se redressant d'un temps :

— Allons, poursuivit-il, le poignet et les reins aimeraient se reposer cette nuit, mais on n'a pas le choix... Voyons voir la machinette !

Il alla de nouveau s'asseoir sur le pied du lit. Au lieu de continuer son pansement, il déchaussa un de ses souliers ferrés et prit son couteau dans la pochette de sa veste. Toujours à tâtons, il coupa sur l'empeigne de sa chaussure un rond un peu plus large qu'une pièce de six livres. A l'aide des lueurs vagues qui entraient par la lucarne, il chercha le centre exact du disque et y perça un petit trou dans lequel il passa un bout de la ficelle câblée qui lui servait à renouveler la mèche de son fouet.

En travaillant, il songeait ; — il songeait à la lettre et à la religieuse.

Le rond fut trempé dans la cruche de grès, où il s'amollit. Ce fut long, parce que c'étaient de rudes souliers que ceux de M. Le Quien.

Quand le disque fut à ce point, cependant, M. Le Quien choisit un carreau au hasard et fixa le cuir à son centre, en le foulant du pied, comme il avait vu faire à Goujeux. Il tira perpendiculairement au plan du sol, et le carreau sauta hors de son avéole comme une dent sous la main d'un opérateur habile.

M. Le Quien remit son soulier éventré, glissa la *machinette* dans sa poche et sortit en disant :

— A la serrure, maintenant, puisque j'ai la clef !

VIII

Un fantôme.

C'était la chambre de Marguerite, dans la maison Géraud. Nous n'y sommes pas rentrés depuis cette heure fatale où le malheureux avocat, ivre de jalousie et de vengeance, vint briser le cœur de sa femme avant d'accomplir son œuvre de sang. Dans cette retraite, rien n'était changé depuis lors, et cependant tout y semblait en deuil. On avait retiré seulement du salon le portrait de Géraud pour le placer vis-à-vis du lit de Marguerite.

Les portraits sont comme les prophéties, qui jamais ne sont bien comprises qu'après l'événement accompli. Pour donner à un portrait toute sa signification, toute sa solennité, dirions-nous, il faut la mort ou quelque grand revirement de la destinée. Si le simple citoyen est devenu monarque, je suppose, le portrait s'illumine, et tout vulgaire Calchas y peut déchiffrer, après coup, les hautes promesses de l'avenir. Si l'heureux, si le glorieux est tombé, au contraire, sous la massue du sort, le portrait se voile. Aveugle qui n'avait pas su déchiffrer le *Mané Thécel Pharès* écrit en toutes lettres dans les plis de cette physionomie!

Eh bien! ce profane troupeau des bavards pourrait bien avoir raison ici. Pourquoi pas une fois? Ce n'est pas coutume. Cette langue muette et fugitive, fixant le rapport de la matière avec l'esprit doit exister. Lavater la savait-il parler? Gall, plus profond, en donna-t-il la mystérieuse grammaire? Physionomistes et phrénologistes, fils de l'art ou fils de la science, peuvent-ils, en effet, palper l'âme au travers du corps, équilibrant les forces avec les défaillances, et scrutant d'un œil sûr ces propensions invisibles qui sont toutes promesses ou menaces?

Promesses obligées, menaces nécessaires et valant seulement, les unes et les autres, par la comparaison de leurs sommes combinées.

L'antique faculté penche pour la négative, ce qui donne bien beau jeu à l'opinion contraire. Mais il y a, comme cela, en ce moment, beaucoup de belles idées qui languissent parce que, repoussées par l'ignorance académique, elles ont accepté l'hospitalité bruyante des charlatans.

Oui, certes, le visage de Géraud menaçait, comme menace toute force manquant d'espace pour se dilater et s'épandre. Oui, certes, ce crâne tout-puissant criait : Gare! Malgré la forêt de cheveux qui cachait ses profils, l'œil devinait, sous l'épaisse toison, ses courbes violentes. Tout abondait là : le bien et le mal. Les pouvoirs intellectuels illuminaient ce front aux méplats limités brusquement, aux fuites superbes et court-arrêtées; mais à un pouce au-dessus de l'arcade sourcilière, la lumière jouait en deux places parallèles. *Causticité*, dit Gall; *Gaîté*, répond Spurzheim; *Esprit critique*, ajoute Vimont.

C'est-à-dire, Vimont n'écrit pas cela. Il préfère le mot *discrimination*. Le moindre défaut de MM. les phrénologues est d'inventer une foule de mots burlesques pour exprimer des idées absolument communes et connues.

Mais que ce fût gaîté, causticité, penchant au sarcasme, l'organe était là, saillant sous le pinceau, et dix mille rancunes saluaient par la ville le malheur de Géraud.

Toutes les mémoires et toutes les facultés d'appréciation resplendissaient sous la courbe fière du sourcil, et le globe de l'œil même, où Gall comme Spurzheim, Broussais comme Fossati, ont parqué l'organe du *langage*, modelait énergiquement sa mâle saillie. Je l'ai dit : c'était l'œil de Mirabeau, avec plus de douceur et d'harmonie.

En dehors du contour temporal, déprimé légèrement, un profil se montrait, un autre se devinait sous les cheveux, derrière l'oreille délicate et fine : *Destructivité, combativité*:
— Pardon dix mille fois pour ces haïssables barbarismes! Toute science se croit condamnée en raison de sa glorieuse profondeur, à parler auvergnat. C'est la cruelle maladie des savants qui savent peu. Le bon français, je voudrais leur rendre ce signalé service de les convaincre de cette vérité, exprime tout ce qu'on veut, et très-bien, quand on daigne apprendre la manière de s'en servir.

Destructivité, combativité! C'est le courage, disent d'une seule voix les disciples de Gall, ou du moins ce sont deux éléments principaux de cet ensemble de facultés dont la combinaison donne l'état de l'âme appelé courage. — Géraud avait tué.

Mais il n'aurait pas dû tuer, car au sommet du crâne se développaient avec une splendide ampleur tous les organes où gisent le sentiment religieux, la bienveillance, la constance. Il y avait là de robustes et déterminés athlètes pour combattre les instincts féroces ou la brutalité d'un soudain emportement.

Hélas! Géraud avait frappé avec le fer, lui qui avait en lui les armes bien autrement puissantes de l'esprit et du cœur.

La toile n'est qu'une surface. La toile ne peut montrer qu'un des hémisphères de cette mappemonde : le crâne humain. Derrière la toile, il y avait ces organes redoutables qui sont chez l'homme et chez le taureau : les facultés animales, si l'on peut ainsi dire, les germes de toutes grandeurs et de toutes chutes, — le creuset des passions, — la fontaine d'amour, double, et qui exagère la nuque de l'étalon jaloux, le culte de la couvée qui ramène l'oiseau voyageur à son nid, la colère qui fait bondir le lion, l'orgueil qui forme ces deux cornes occipitales que les peintres du moyen âge ajoutaient au crâne dévasté de Satan.

Là, sont les vrais moteurs, les leviers puissants et terribles. Le front modère ou guide; le cervelet aveugle bondit...

Marguerite était assise en face du portrait de Géraud et le contemplait en rêvant. Il était tard. Elle venait de rentrer avec Clémence. Elle tenait encore à la main son chapeau, dont le voile noir balayait le parquet. Clémence était en train de se déshabiller dans sa chambre.

Les traits de ceux qui sont par trop las de souffrir arrivent à exprimer une sorte d'insensibilité morne. Il en était ainsi pour Marguerite. Elle avait la beauté d'un marbre représentant la douleur découragée.

Scholastique faisait la couverture de son lit; Niotte allait et venait, apportant ce qu'il fallait pour la toilette de nuit. Niotte, jetait en passant, sur Marguerite des regards sournois; Scholastique avait la tête haute et la mine rébarbative.

— Allons! dit-elle tout à coup avec une rudesse qui semblait calculée, plus vite que cela, fainéante! J'ai bien assez d'attendre ceux qui me paient. C'est l'heure de dormir, quand on a bonne conscience et bonne conduite.

En parlant ainsi, elle regarda Marguerite du coin de l'œil. Marguerite était tout entière à sa méditation triste. Elle n'avait pas entendu...

— On fait ce qu'on peut, ma tante, répondit Niotte avec mauvaise humeur.

— La paix! mauvais sujet! s'écria la Mahé qui éleva tout

d'un coup le diapason de sa voix jusqu'à sortir très-évidemment du respect dû à sa maîtresse; si tu ne marches pas droit, je daube, parce que tu vois de mauvais exemples, crois-tu qu'on te mettra la bride sur le cou?

— Je vous prie de ne point maltraiter cette enfant, ma bonne Scholastique, dit Marguerite avec fatigue.

— Maltraiter! riposta la Mahé avec aigreur et comme si elle eût eu plaisir à entamer la bataille, je ne maltraite personne, Dieu merci! Je crois qu'on n'a jamais rien dit de moi dans la ville! Je ne suis qu'une domestique, mais il y en a plus d'un... et plus d'une qui voudraient avoir ma réputation. Je n'ai jamais été à droite ni à gauche; j'ai mon rouet quand je n'ai pas ma poêle... Je reste à ma cuisine, madame Géraud... j'en connais d'autres qui ne pourraient pas dire...

— Qu'est-ce ceci? demanda Marguerite, qui se souleva à demi.

Scholastique lâcha la couverture qu'elle tenait pour relever son tablier en diagonale. C'était signe de révolution.

— Ceci, fit-elle en se redressant de toute sa hauteur, c'est ça:.. et puis l'autre... j'en ai assez. J'ai toujours été dans des maisons honnêtes.

— Croyez-moi, ma bonne Scholastique, interrompit madame Géraud, retirez-vous et allez vous mettre au lit.

La Mahé devint blême de colère. Il est bien difficile, souvent, de savoir pourquoi la rage monte au cerveau de ces gens-là.

— Assez commandé, la belle! gronda-t-elle en jetant décidément son bonnet par dessus les moulins; qui êtes-vous ici de plus que moi? Je connaissais notre monsieur avant vous. Est-ce moi qui l'ai fait mettre en prison? Est-ce moi qui vais veiller Tréomer? Est-ce moi qu'on montre au doigt dans les rues?

— Scholastique! voulut dire madame Géraud, qui sentait son cœur défaillir sous cet outrage inattendu.

— Il n'y a pas de Scholastique! repartit durement la Mahé; — je l'avais dit avant: de sac à charbon, jamais on n'a tiré de blanche farine. La caque sent toujours le hareng. Notre monsieur n'a pas voulu m'écouter... c'est bien... il sait où il est à présent... et si vous étiez toute seule, voyez-vous, je ne dirais trop rien. On a vu des histoires comme ça dans les maisons, quand le mariage a été fait par folie... Mais notre demoiselle, mais la fille de notre monsieur, pauvre corps!... J'irai chez les juges, j'irai à Paris voir le roi. Je ne veux pas que ma petite Clémence devienne une Marguerite Maynard!

Niotte écoutait, stupéfaite, mais contente.

Madame Géraud avait incliné sa tête sur sa poitrine. Le coup suprême frappait une morte.

Scholastique marchait sur elle les poings sur les hanches et le visage en feu. Les vieilles rancunes de la bonne femme, combinées avec l'indignation toute neuve, portaient sa fureur au paroxysme. Elle n'avait plus conscience des excès de sa parole. Elle allait porter la main peut-être sur Marguerite.

Une voix sèche et péremptoire se fit entendre sur le seuil. Cette voix ne dit qu'un mot :

— Sortez!

Scholastique se retourna comme si on l'eût frappée violemment par derrière.

— Notre demoiselle! balbutia-t-elle.

Clémence était en effet debout sur le seuil, en corset et les cheveux dénoués. Elle était très-pâle, mais elle se tenait droit et son sein battait par pulsations saccadées, ses yeux brûlaient. Ni Scholastique ni Marguerite ne l'avaient jamais vue ainsi. Elle était belle étrangement.

Les regards de la maîtresse et de la domestique se portèrent en même temps sur le portrait de Géraud. Clémence ressemblait à Géraud.

Scholastique voulut répliquer. Clémence passa devant elle et vint se mettre à genoux devant Marguerite, dont elle baisa les deux mains. Marguerite, riant et pleurant, l'attira contre son cœur.

— Voilà! fit Scholastique qui était à son tour sur le seuil, elle l'a ensorcelée comme elle avait ensorcelé le pauvre corps!

Clémence se redressa comme un ressort.

— Sortez! répéta-t-elle.

Son regard abattit les paupières de Scholastique. Niotte souriait dans un coin. C'était pour elle bombance de plaies et bosses.

Comme Scholastique ne bougeait point, Clémence se mit sur ses pieds, et d'un ton très-bas, la tête haute, les yeux demi-fermés, les sourcils froncés, elle prononça pour la troisième fois ce mot :

— Sortez !

Elle avait l'air d'une reine.

Un bras vigoureux saisit par la nuque la Mahé qui poussa un cri de détresse.

— Qu'a-t-elle fait ? demanda en même temps une voix froide et calme dans la salle à manger.

— M. Le Quien ! balbutia Scholastique épouvantée.

Niotte se cacha derrière les rideaux du lit.

— Elle a insulté ma mère, répondit Clémence, et je la chasse !

Le messager de Saint-Malo portait son bras droit en écharpe. Il leva sa main gauche sur la tête de Scholastique, et ses lèvres tremblèrent tandis qu'il disait :

— Elle a insulté madame !

— Le Quien !... murmura Marguerite.

Le bras de l'ancien chouan retomba.

— Sorcière, dit-il en reprenant son sang-froid, si tu étais un homme, je te casserais la tête ! Décampe, et vite !

— A l'heure de nuit qu'il est ? commença la Mahé.

— Décampe !

Son doigt tendu indiquait la porte. Scholastique prit Niotte par la main et sortit. On l'entendit sangloter dans l'escalier. Il était minuit. M. Le Quien rouvrit la porte, et dit :

— La vieille, on vous donnera à coucher chez moi, et demain il fera jour.

En revenant, il ajouta :

— Nous avons à parler, cette nuit, de choses qui ne doivent point être entendues. Elle est bien où elle est.

Il y avait déjà du temps que Michain ne couchait plus à la maison.

— Avez-vous du nouveau ? demanda Marguerite.

— Beaucoup de nouveau, répondit le messager qui ôta son bras sanglant de son mouchoir.

Les deux femmes poussèrent un cri de terreur.

— Ce n'est pas cela qui est le nouveau, reprit Le Quien avec son froid sourire ; ce n'était qu'une égratignure, mais il a fallu travailler, ça c'est enflammé un petit peu. S'il y en avait une de vous qui pourrait me panser seulement à moitié, ça m'irait, parce que la besogne n'est peut-être pas finie.

Marguerite et Clémence s'offrirent toutes les deux, et

l'instant d'après, Le Quien, son chapeau de Jugan entre les jambes avec son fouet par dessus, était installé dans le fauteuil de madame Géraud. Marguerite lavait son bras et Clémence déchirait des bandes.

— Qui veille aujourd'hui près de Tréomer? demanda-t-il; je n'ai pas eu le temps d'aller jusqu'à la maison.

— La sœur Rosalie, répondit Marguerite.

— Tant mieux!

— Pourquoi cela?

— Parce que j'ai vu sœur Marie-Josèphe chez le Goujeux.

— Eh bien!

— Et parce que le Goujeux est un scélérat.

— Ne parlez pas ainsi, Le Quien!

— Vous avez raison, bonne dame, c'est dit trop bas; mais je le répéterai plus haut. Avez-vous quelques nouvelles de l'affaire?

Jusqu'à ce moment les deux dames avaient mis à le panser un empressement presque joyeux. Elles attendaient qu'il s'expliquât et je ne sais quel vague espoir était entré dans leurs cœurs.

Il sentit la main de Marguerite qui devenait froide tandis qu'elle murmurait :

— Ignorez-vous donc ce qui se passe?

— Absolument, répliqua M. Le Quien; j'ai été absent tout le jour.

— Mais vous disiez...

— Que j'avais du nouveau?

— Beaucoup de nouveau! appuya Clémence.

— Énormément de nouveau! prononça l'ancien chouan avec emphase, mais je ne sais rien du palais.

— Eh bien! mon pauvre ami, dit Marguerite, nous avons vu ce soir M. Goujeux.

— Moi aussi, grommela Le Quien.

— Alors, il a dû vous dire...

— Nous ne causons guère, M. Goujeux et moi. Allez toujours.

— Tout nous manque au dernier moment. M. de Tremmelec est parti pour Lamballe, où sa mère est à l'article de la mort.

— Ah! fit Le Quien froidement, une brave dame. Et MM. les avocats?

— Nous n'avons pas confiance, dit la jeune fille qui fixait la bande sur le bras malade.

— Ce n'est pas ça que je vous demande, ma mignonne demoiselle. On disait hier que MM. les avocats voulaient tous plaider maintenant.

— Tous, répondit Marguerite; et ils ont fait mettre dans le journal une note. La note dit que le barreau de Rennes a été calomnié, qu'aucun de ses membres n'a jamais refusé la tâche sacrée de la défense.

— Tant mieux! interrompit M. Le Quien, qui regardait son poignet bandé avec satisfaction; ça fait honneur au barreau de Rennes.

Il remercia du regard Marguerite et Clémence, puis il ajouta:

— Alors, nous ne manquerons pas d'avocats.

— M. Goujeux..., commença madame Géraud.

Le front du messager se rembrunit.

— Vous allez bien voir, s'empressa de dire Clémence, qu'il a raison, cette fois-ci, mon bon Le Quien. Vous n'êtes pas le seul à ne pas aimer M. Goujeux, et j'avoue que j'ai eu bien des préjugés contre lui. Mais les faits sont des faits. M. Goujeux a eu connaissance des délibérations du barreau, qui s'est réuni chez maître Louvigné. On a décidé à l'unanimité que celui qui se chargerait de la défense devrait plaider l'aliénation mentale, et M. Goujeux ajoute que, par le fait, en présence des apparences accablantes.

— Bien! bien! interrompit l'ancien chouan; M. Goujeux ira tout droit en paradis... Après?

Le petit pied de Clémence frappa le parquet. Marguerite reprit:

— M. Goujeux a sondé mon pauvre Vincent adroitement...

— Très-adroitement! gronda le messager; et puis?

— Mon mari a répondu: Je ne veux pas;... je leur prouverai bien, s'il le faut, que je ne suis pas fou!

La prunelle de Le Quien s'éclaira.

— Tonnerre de Brest! c'est encore un homme! murmura-t-il.

— Et vos nouvelles, à vous, mon bon Le Quien, demanda Clémence, valent-elles mieux que les nôtres?

— Savoir, répondit le messager dont le front s'était plissé tout à coup; nous n'en sommes pas encore à nos nouvelles. J'ai idée que vous ne me dites pas tout.

Clémence et Marguerite se regardèrent. Le Quien fronça ses gros sourcils.

— Je ne vous dis pas mes nouvelles, reprit-il en baissant la voix, parce qu'il y a ici un démon. Le diable le plus noir, entendez-vous, qui soit jamais sorti de l'enfer... Ce démon-là, madame Géraud, vous a tous tués sans couteau ni poison... et si quelqu'un racontait par quel tour de force il a élevé, pendant deux longues années, entre un mari et une femme qui s'adoraient un mur, un véritable mur...

Marguerite pâlit. Clémence se rapprocha plus attentive.

— Je ne vous dis pas mes nouvelles, répéta l'ancien chouan, parce que je ne sais pas, moi, s'il n'y a point ici quelque oreille pour nous entendre... s'il savait le coup qui lui sera porté, il serait capable encore de lui trouver une parade. Il a fait plus malaisé que cela : tenir dans le mensonge une sainte femme, un noble cœur, pendant deux ans... deux ans!... la faire souffrir dans tout ce qu'elle aimait... quand il eût suffi d'un mot...

— Vous savez donc?... balbutia Marguerite.

La main gauche de Le Quien, serrée convulsivement, frappa son genou.

— Je sais que c'est le diable! prononça-t-il entre ses dents serrées.

— Si vous ne vous expliquez pas... commença Clémence.

— Ah! ah! ma mignonne demoiselle, s'écria Le Quien, on ne m'ensorcelle pas, moi! Le démon le sait bien! aussi c'est avec d'autres armes qu'on m'attaque!

Il leva son poignet blessé et toucha en même temps ses reins de la main gauche.

— Coup double, ajouta-t-il en souriant amèrement, un devant, un derrière... C'était bien miré, pas vrai? Si le bon Dieu m'a fait passer au travers, c'est qu'il a encore pitié de nous.

Les deux dames atterrées gardaient le silence.

— Un assassinat! murmura Clémence la première.

— Cette nuit? ajouta Marguerite; où donc?

— Entre Noval et Châteaubourg.

— Mais nous pouvons vous affirmer que M. Goujeux n'a pas quitté la ville.

— Oh! oh! s'écria Le Quien en riant franchement cette fois, M. Goujeux ne tire pas si bien que cela.

— Mais en voilà assez, interrompit-il, c'est à refaire et je veille au grain. Je vous ai dit la chose seulement pour vous fixer tout d'un coup sur le compte de votre excellent ami et conseil.

Il s'arrêta le regard fixé sur les deux dames. Toutes deux avaient les yeux baissés.

Sa lèvre fut prise d'un tremblement, et il devint tout blême.

— Tonnerre du ciel! gronda-t-il, je suis sûr que vous ne m'avez pas tout dit.

Clémence appuya ses deux mains contre son cœur.

— Il disait, balbutia Marguerite dont le regard et la voix peignaient une mortelle angoisse, il disait que c'était le seul moyen de sauver mon pauvre Vincent!

Le Quien se leva droit comme un I, sans qu'il y eût effort de sa volonté.

— Avez-vous parlé à Tréomer? prononça-t-il d'une voix si basse qu'on eut peine à l'entendre.

— Non, non! répondirent à la fois les deux femmes.

— Son père était mon frère et mon maître, ajouta l'ancien chouan qui respira longuement; — je vous aime, vous, madame, parce que vous êtes sa mère, vous, mademoiselle, parce que vous êtes son cœur... Quelque chose me pousse à sauver M. Géraud; c'est un homme; il me doit déjà la vie... et puis je crois qu'ils s'aimeront, Tréomer et lui. Mais vous deux, avec M. Géraud et tout le reste de la terre dans la balance, vous n'enlèveriez pas le plateau où serait le fils du vicomte Jean-Marie! Celui-là, c'est mon tout! quand je travaille pour vous, c'est que je travaille pour lui. J'ai dit en moi-même qu'il dormirait dans le lit de ses pères, et j'ai donné à cette tâche-là mon temps, mon pain, mon sang. Ce n'est pas trop. Je sens bien dans mon cœur que M. le vicomte est content de moi, là-bas sous la terre de l'exil. Vous êtes, vous, madame Géraud, pauvre âme déchirée, entre votre mari et votre fils. Vous, jeune fille, entre votre père et votre fiancé; je vous plains, je vous comprends, mais je vous surveille. Moi seul, je dois être le gardien de ce lit de souffrance, où votre Géraud a couché Tréomer. Je lui appartiens tout entier; donc, il est à moi seul. Vous avez des comptes à me rendre. Répondez-moi: Que s'est-il passé, ce soir, entre M. Goujeux et vous? Je veux savoir, tout savoir!

Il attachait tour à tour son regard anxieux sur la mère et

sur la fille. L'expression de sa rude physionomie s'élevait comme son langage.

Marguerite s'affaissa sur un siége en gémissant par trois fois :

— Mon fils ! mon fils ! mon fils !

Tous les muscles du visage de Le Quien jouèrent convulsivement.

— Répondez ! prononça-t-il avec effort ; rien qu'un mot... car je devine...

— Vous ne devinez pas, monsieur Le Quien, répliqua Clémence plus fort que sa mère, nous avons résisté, quoiqu'il n'y eût en nous aucune défiance contre M. Goujeux, plaidant près de nous la cause de mon bien-aimé père...

— Oui... oui... sanglota Marguerite, nous avons résisté. Nous avons répété à M. Goujeux les paroles du docteur Rousseau : un mouvement... le moindre effort tuerait mon fils comme un coup de poignard au cœur...

— Il les savait avant vous, ces paroles, dit Le Quien ; voilà deux semaines qu'il a interrogé le médecin... et pensez-vous que cet homme fasse jamais rien sans avoir son projet arrêté ? Soyez bénies toutes deux, si vous avez été sentinelles vigilantes !

— Mon Dieu ! mon Dieu ! s'écria Marguerite en se tordant les deux mains, ayez pitié de nous !...

Les deux bras de Le Quien tombèrent.

— Écoutez, dit Clémence, tant que la crainte n'est pas éveillée, on ne comprend pas. M. Goujeux a parlé d'un miracle qui pouvait se faire.

Elle pressait son front à deux mains, sa gorge étranglée refusait passage au son. Marguerite se traîna jusqu'au messager et dit :

— Mon Dieu ! mon Dieu !... nous ne voulions pas !... On fait une neuvaine depuis huit jours !

— Pour le miracle ! prononça l'ancien chouan amèrement.

Il ajouta, pendant qu'un tremblement lui passait par tout le corps :

— Sœur Marie-Josèphe est venue !...

Le silence des deux femmes fut une réponse.

— Elle a apporté la lettre !... poursuivit Le Quien.

L'épouvante les prit, car elles le voyaient chanceler. Marguerite demanda pourtant :

— Vous saviez donc qu'il y avait une lettre ?

— Où est-elle? râla Le Quien, qui semblait près de défaillir.
— La sœur l'a mise sur son lit pendant qu'il dormait...

Marguerite n'acheva pas ce dernier mot. Le Quien tomba de son haut en murmurant :

— L'assassin! oh! l'assassin!

Après quelques secondes, il se releva, et toute sa force lui revenant d'un coup, il fit un bond de tigre vers la porte qu'il ouvrit violemment, disant :

— J'arriverai à temps!...

Mais il recula, tandis que les deux dames, les bras tendus en avant et les yeux agrandis par la terreur, semblaient changées en statues. La foudre venait de les frapper tous les trois.

Un fantôme était là, debout, sur le seuil : Ange de Tréomer, haletant, épuisé, livide comme la mort, se retenait des deux mains aux montants de la porte.

IX

Le manuscrit de Marguerite.

C'était le grand jour.

Dès l'aube, M. Goujeux se fit ouvrir la porte de la prison. Géraud dormait encore.

Goujeux annonça aux gardiens attendris qu'il allait faire sa dernière visite aux juges et prendre au saut du lit chaque juré l'un après l'autre. Tel était, en effet, son intention. Et remarquez ceci : un menteur habile s'arrange toujours de manière à donner la vérité pour enveloppe à son subterfuge.

Tromper du tout au tout, c'est le fait d'un commerçant.

Il suffit d'un petit coin de faux, imperceptible, pour vicier tout un ensemble vrai et le faire tourner en mensonge comme une jatte de lait pur se caille en entier si l'on y laisse tomber une goutte de vinaigre.

Goujeux, avant d'entamer son œuvre miséricordieuse, avait seulement deux petites informations à prendre pour son propre compte. Il passa d'abord rue Nantaise et demanda M. Le Quien. On n'avait pas entendu parler de M. Le Quien à son domicile, depuis la veille au matin.

— J'aurais désiré causer avec lui, dit Goujeux lestement, pour un voyage que veut faire ma fille. Il m'aurait indiqué un conducteur de confiance. N'importe : c'est partie remise.

Mais comme il s'essuya le front en remontant la pente qui monte au Calvaire !

Le Quien n'était pas de retour. Que s'était-il passé la nuit dernière, entre Noyal et Châteaubourg ?

Il n'osa pas aller chez Kerdanio pour s'informer. Il fallait jouer serré. La terre tremblait. Toutes ses mines, lentement creusées, allaient éclater aujourd'hui.

Il prit la route des Levées de la Santé, par les murs. Là encore, chez Tréomer, il allait avoir des nouvelles. Il était à peu près à moitié route, quand il vit une religieuse tourner le pont et courir comme une folle dans la direction du Champ de Mars.

Le docteur Rousseau demeurait de ce côté.

Goujeux s'arrêta et fut obligé de s'appuyer au parapet des Murs. Son cœur sautait dans sa poitrine. Il devinait. La mine avait joué. La religieuse courait chercher le docteur parce que Tréomer avait reçu la lettre, parce qu'il l'avait lue, parce qu'il avait voulu se lever, parce qu'il était tombé foudroyé. Le docteur avait promis qu'il tomberait foudroyé.

Et de deux. Le Quien et Tréomer ne devaient plus le gêner. Il sentait son cerveau vaciller sous le coup d'une sorte d'ivresse. Il ne doutait point. Pour lui, aussi sûrement que s'il les avait vus de ses yeux, il y avait un cadavre sur la route de Paris et un corps mort couché sur le tapis de la chambre de Tréomer.

On pouvait entamer la série des visites. Goujeux savait d'avance le résultat : bienveillance et respect pour lui, froideur et réserve extrêmes en tout ce qui regardait Géraud. Ces visites, dans son opinion, étaient hautement inutiles, ou du moins elles ne pouvaient servir que lui, Goujeux.

S'il arrivait malheur, si les choses tournaient mal par rapport aux deux catastrophes, on se souviendrait ce qu'il avait fait, ce matin-là même, pour son malheureux ami.

Pendant que M. Goujeux se dirige vers le logis du président Duchesne, nous dirons en peu de mots ce qui s'était passé dans la maison des Levées de la Santé et pourquoi la bonne sœur Rosalie courait à toutes jambes, le matin, dans les rues de Rennes.

La veille, dans l'après-dînée, M. Goujeux s'était présenté au couvent des sœurs de la Charité. Il avait demandé la sœur Marie-Josèphe, l'une des gardiennes de Tréomer. Elle était absente. M. Goujeux s'était fait introduire auprès de la supérieure et lui avait dit : Ma mère, je ne suis pas un dévot, j'ai même le regret d'avouer que je néglige trop mes devoirs de religion ; mais, sapreminette ! j'ai le respect des choses saintes, et je veux sauver deux âmes, peut-être le salut du corps s'ensuivra-t-il, et j'espère que moi-même, rentrant par cette porte dans l'Eglise que je n'aurais jamais dû quitter... Vous m'entendez, je serai chez moi ce soir à neuf heures, et je désire causer de notre malade Tréomer avec la bonne sœur Marie-Josèphe.

Nous savons que la sœur Marie-Josèphe n'avait point manqué au rendez-vous : il s'agissait d'une bonne œuvre. Goujeux était populaire à Rennes en ce moment ; on ne parlait que de lui. La sainte fille était partie de son couvent avec des idées de conquêtes. Quelle gloire de ramener à Dieu un pareil cœur !

— Ma sœur, lui dit Goujeux, il faudrait peu de chose pour faire entendre raison à mon ami Géraud, dont vous connaissez la terrible situation ; nous y viendrons, je l'espère, mais ce n'est pas de lui qu'il s'agit. Tréomer, le cher jeune homme, n'a point parlé. Il ne le peut, me direz-vous ? Sapreminette ! c'est demain qu'on juge le malheureux Géraud ; il n'y a pas à tortiller, voyez-vous, c'est demain ! Et Tréomer sait bien, pourtant, lui, la vérité, toute la vérité, sur cette sanglante et ténébreuse affaire. Si Tréomer meurt dans ce silence homicide, n'a-t-on pas à craindre pour lui les châtiments du Dieu souverainement juste ?

— Permettez, ma sœur, s'interrompit-il, voyant que la religieuse allait lui répondre, ce n'est point une question de casuiste que je vous soumets. Votre temps est précieux, mes minutes sont comptées. Je connais Tréomer : il suffira d'un appel à son cœur. Mais faut-il vous dire qu'il est gardé à vue par deux femmes dont la conduite en tout ceci est bien étrange et soulève de fâcheuses répulsions par la ville ? Vous ne pouvez pas ignorer que madame et mademoiselle Géraud sont les ennemies, — il faut bien le dire, si odieux que soit le mot, — sont les ennemies de mon malheureux camarade. Je garde certains dehors vis-à-vis d'elles, espérant toujours adoucir, pacifier, rapprocher : tel est mon rôle ; mais, par le fait, il m'est impossible de pénétrer jusqu'à Tréomer. Voulez-vous vous charger d'une lettre dont je vais vous faire connaître le contenu ?

La sœur Marie-Josèphe ne vit rien là-dedans que de chrétien et d'acceptable.

Goujeux écrivit :

« C'est demain qu'on juge M. Géraud. Les avocats du barreau de Rennes ont refusé d'accepter sa défense. C'est demain que le mari de Marguerite et le père de Clémence sera condamné, faute d'un mot prononcé par M. Ange de Tréomer ! »

— Ne signez-vous point cet écrit, monsieur? demanda la bonne sœur après lecture.

Goujeux signa en toutes lettres. Il signa sans hésiter. Sa conduite à l'égard de Géraud lui donnait le droit de tout faire.

La sœur Marie-Josèphe sortit après avoir témoigné son admiration pour tant de belle charité et glissé un mot d'exhortation, à quoi Goujeux répondit, les yeux au ciel :

— Nous y viendrons, ma sœur, j'ai un fond de religion, et qui sait si vous n'êtes pas la voie choisie par la miséricorde de Dieu ?

Sœur Rosalie veillait Tréomer. Les deux bonnes religieuses eurent ensemble une courte conférence à la suite de laquelle Rosalie, profitant du sommeil du malade, posa la lettre sur sa poitrine, se promettant de guetter l'impression produite par la lecture.

Mais le malade dormit sans intervalle de dix heures du soir, qui venaient de sonner, jusqu'à une heure du matin.

Or, vers minuit, les yeux de la sœur Rosalie s'étaient fermés malgré elle. Elle rêvait qu'elle veillait.

Tréomer vit la lettre. Il l'ouvrit; il la lut. Il se mit sur son séant : c'était la première fois. Un flux de sang ardent lui monta aux joues. La fièvre était dans son cerveau. Il se leva. Il chercha ses habits, il se vêtit sans éveiller sa garde et sortit, tout chancelant qu'il était, enveloppé dans un grand manteau d'hiver.

Il suivit, comme un somnambule, le bord de l'eau. Plus d'un vertige l'arrêta en chemin, mais il arriva.

Quant à sœur Rosalie, elle s'éveilla au jour. Son malade avait disparu; le lit était vide. Elle s'enfuit comme une pauvre folle.

Vers neuf heures du matin, M. Goujeux, ayant achevé ses visites, rentrait à la prison de la Tour-le-Bât. Il avait pris par les petites rues pour se soustraire à l'ovation que n'eût point manqué de lui décerner la foule, entassée sur la place du Palais. Il pensait, en montant l'escalier de la prison : Le Kerdanio est bon à quelque chose... mais quel homme que ce docteur Rousseau !

Il se jeta sur un siége, dans la cellule de Géraud, il prit les deux mains de son malheureux ami et murmura en essuyant son front baigné :

— Espérons ! J'ai fait tout ce que j'ai pu !

Il était environ quatre heures de l'après-midi. L'audience était commencée depuis plus de six heures.

Nous laisserons cette fois la cohue du dehors et la foule du dedans. Nous n'irons ni sur la place du Palais, ni dans la salle des Pas-Perdus. Notre espérance est que ces dames, ayant eu quinze jours devant elles, avaient pu, par leurs relations, se procurer de bonnes places dans l'enceinte. La chose en valait la peine. C'était curieux, c'était intéressant, c'était saisissant. Je crois même que madame la marquise avait été jusqu'au mot *palpitant*, tout neuf alors et appliqué surtout aux œuvres dramatiques de M. Ducis, protecteur de Shakspeare.

L'acte d'accusation avait soulevé des frémissements. La vue de Géraud donnait la chair de poule. Enfin, c'était une superbe affaire et ces dames n'eussent pas vendu leur journée pour un louis.

A Rennes, on compte serré. A Paris, nous eussions dit vingt-cinq.

Nous ne sommes pas dans la salle de l'audience. Nous ne voyons point la masse compacte des spectateurs ; nous perdons la mise en scène du prétoire. Je ne sais pourquoi nous avons hésité deux fois au moment de franchir ce terrible seuil.

Non, nous ne le franchirons pas. C'est une grande chose et c'est presque un lieu saint. Dieu crucifié est là sur la tête blanchie des juges. Il ne faut point porter, dans cette enceinte auguste, le sans-gêne de nos appréciations. Nous entrerons dans la maison de la justice un jour que nous n'aurons qu'à découvrir notre front et à incliner nos respects silencieux.

Je t'ai vu siéger sur cette estrade, mon père bien aimé, haute vertu, savoir profond, probité intelligente et douce. Ton image est là, devant moi. Non, je n'entrerai pas ; tu gardes la porte du temple.

Aussi bien, nos personnages ne sont pas là ; nous les suivons. Géraud et son ange gardien Goujeux sont tous les deux dans la salle des témoins, que déjà nous connaissons. Géraud, à demi suffoqué, prend l'air devant une fenêtre ouverte. Sa cravate est dénouée, ses vêtements sont lâchés; Goujeux lui fait boire un verre d'eau à petites gorgées.

Géraud s'est trouvé mal. Le président a permis qu'il quittât l'audience.

Pourquoi cet accident? Aucun fait ne s'est produit qui pût exciter sa colère. Ses confrères l'ont entouré au début de l'audience. C'est lui qui, silencieux et hautain, a repoussé les marques tardives de leur sympathie. Marguerite n'a point paru, Clémence ne s'est pas montrée. Les dépositions des témoins, quelle que soit leur gravité, ont eu lieu dans des termes convenables, et n'ont suscité aucune réclamation de sa part.

Il s'est tenu jusqu'au dernier moment dans un mutisme absolu. L'écho des voûtes éveillé si souvent par sa grande voix n'a pu aujourd'hui la reconnaître. Le banc de la défense est vide. La justice a dû procéder, à peu de chose près, malgré la présence de l'accusé, comme en cas de défaut.

Il y a eu cependant des témoins à décharge, sur l'assignation précédemment lancée par suite des diligences du jeune vicomte de Tremmelec, absent maintenant. Nous n'aurons à parler que d'un seul de ces témoins, Scholastique Mahé, entendue en vertu du pouvoir discrétionnaire de M. le président.

Scholastique n'était pas une méchante femme. Elle avait derrière elle une longue vie de dévouement honnête et modeste; mais c'était une nature violente; il y avait en elle une vieille haine et la rancune d'une ancienne défaite. Peut-être ces réserves ne suffisent-elles point; peut-être la jugeons-nous mal. Peut-être n'eut-elle d'autre but dans sa déposition que d'excuser et de *blanchir* son maître, selon sa propre expression.

Toujours est-il que sa déposition fut l'incident dramatique de l'audience. Pendant tout le temps qu'elle parla, les tribunes furent muettes, et au-dessus des fronts de l'auditoire, on eût entendu une mouche voler.

Scholastique, examinant les choses à son point de vue, fit un tableau de la maison Géraud avant l'arrivée de l'institutrice. Comme c'était pour elle un paradis, elle peignit un paradis; comme elle était alors reine et maîtresse, elle montra partout la gloire et le bonheur. — Puis, un nuage à l'horizon : c'était l'étrangère, dont les grandes malles encombaient le vestibule. — Il y a comme une ombre au devant du soleil. Un poids pèse sur la maison. Le malheur a franchi le seuil.

Géraud prend de la tristesse. Mon Dieu, Scholastique n'y va pas par quatre chemins ; elle définit cette tristesse : Notre monsieur, dit-elle, le pauvre corps, ne rentre plus jamais *chaud de boire !*

Un sourire aux galeries, quelques évolutions d'éventail aux tribunes, le mot a du succès près de ces dames.

Géraud est amoureux de l'institutrice de sa fille. C'est un sort. Scholastique fait ce qu'elle peut pour empêcher son maître de se casser le cou ; mais que peut-elle? M. Goujeux est du parti de l'institutrice et Mlle Clémence elle-même, le pauvre chou ! est ensorcelée tout comme M. Géraud, le pauvre corps !

Les avertissements ne manquent pas, cependant. La ville s'émeut. Un charivari grince et hurle sous les fenêtres du grand avocat.

— Pour quant à ça, fait observer Scholastique, la chose m'avait presque retournée de voir notre monsieur pâmé qu'il était, car la demoiselle faisait des mines et des façons, as-tu fini ! Ça a été mené à la papa, faut pas mentir ! Le charivari nous avait échauffé les oreilles... une maison comme *la maison !* Si bien que quand la demoiselle dit oui pour le mariage ça fut réjouissance !

— Mais voilà, continua-t-elle, enflant tout à coup sa voix mâle, si j'étais homme, je ne m'épouserais pas avec une personne pour qui des freluquets se battent au pistolet et à l'épée. Il y eut donc le duel et la blessure du jeune M. de Tréomer. Je n'ai rien contre lui. Après, il y eut qu'il fut soigné chez notre monsieur. Quoi donc ! elle commence à rancir, depuis le temps, cette femme-là ; mais tout le monde sait bien qu'elle était jolie comme un cœur, et Mlle Clémence, donc ! un amour ! Notre monsieur travaillait. Ai-je vu quelque chose ? Non ! J'ai levé la main de dire la vérité ; mais, enfin, on ne voit pas tout, et la suite a bien prouvé que la Duègne....

Ici Scholastique s'interrompit. M. Géraud, qui, jusqu'alors était resté immobile, se tourna lentement sur son banc. Les deux mains de Goujeux se joignirent sur sa poitrine en un geste de martyr. Il semblait en vérité souffrir plus cruellement que son malheureux ami.

Notez qu'il était dans d'excellentes conditions pour mettre aujourd'hui dans son rôle son talent tout entier. Cette suprême journée avait commencé pour lui sous des aspects tout particulièrement heureux. Kerdanio, qu'il n'avait pu joindre depuis le matin, cloué qu'il était à son miséricordieux devoir, lui avait bien paru, au moment de sa déposition, défait, malade, nous dirions presque atterré, mais M. Goujeux attribuait cela aux évènements de la soirée précédente. Kerdanio n'était pas un homme de sa trempe. Le coup de fusil devait sans doute lui coûter le repos de toute sa vie.

Chose bien autrement importante, M. Le Quien, ce terrible adversaire, n'avait point paru à l'appel de son nom.

Chose capitale, enfin, M. Goujeux, dont l'oreille était sans cesse aux aguets, entendait depuis le commencement de l'audience le nom de Tréomer courir en de vagues rumeurs. Il ne saisissait pas, placé qu'il était près de Géraud, le sens de ces bourdonnements, mais il devinait. Aucun doute ne restait dans son esprit. Tréomer, pour lui, était mort, selon la *promesse* du docteur Rousseau, et ce qui faisait rumeur, c'était la nouvelle de la mort de Tréomer.

Scholastique vit le mouvement de son maître et le geste de Goujeux. Elle se redressa dans toute sa majesté.

— Je sais le respect que je vous dois, notre monsieur, dit-elle, et pour quant à vous, monsieur Amédée, restez voir tranquille. Vous avez fait la bêtise dans de bonnes intentions. Vous vous conduisez bien pour le moment. On ne vous en veut pas, voilà.

Elle arriva tout d'un temps à l'histoire de la porte du salon, restée ouverte toute une nuit. Comme elle était pénétrée, elle fut éloquente, et jamais récit intercalé au cinquième acte d'un drame n'intéressa plus puissamment un auditoire.

Géraud souffrait. Le sang lui montait au visage. Des tics convulsifs contractaient les muscles de sa face.

— Il y a donc, reprit la Mahé, fière et heureuse, il ne faut point le cacher, de l'effet produit par sa déposition, il y a donc que le Judaille savait tout, et même qu'un mouchoir du jeune homme avait été trouvé à la porte de madame. Madame, qui avait prohibé la Baraque, changea d'avis et tourmenta monsieur pour y aller. Il y fut. Quand il revint... Écoutez! Judaille a vu le jeune homme chez mademoiselle, et moi, je peux dire devant Dieu et devant les hommes que j'ai vu le drap du lit pendu à la croisée de madame. Condamnez notre monsieur, après ça, ça vous regarde !

Scholastique avait dit. Le président se tourna vers Géraud qui, se levant à demi, murmura :

— Cette femme a menti !

Puis il retomba, brisé, sur son banc.

Ce fut alors qu'on l'emporta hors de l'audience.

Il y avait une heure environ que Géraud était dans la salle des témoins. Goujeux et lui se trouvaient seuls, parce que tous les témoins restaient à leur banc dans l'enceinte, curieux de suivre les débats. Géraud, anéanti, paraissait insensible aux choses extérieures. Il respirait avec peine et ses yeux fixes se plongeaient dans le vide.

Il tournait le dos à la porte de la grand'salle.

Goujeux, au contraire, en lui prodiguant des soins tout maternels, avait l'oreille au guet. A mesure que le temps s'écoulait, son visage placide se couvrait d'un nuage. Son teint fleuri pâlissait graduellement, et la sueur accoutumée coulait plus abondamment de son crâne.

Quiconque s'est trouvé placé, ne fût-ce qu'une fois, à la porte fermée d'un tribunal ou d'une assemblée délibérante, aura conscience de ce que nous allons dire. Il n'y a point de porte assez épaisse pour empêcher les bruits qui emplissent un tel lieu de s'échapper au dehors ; mais ces bruits sont, la plupart du temps, confus, et par cela même insaisissables. Les murmures ont une valeur dont on ne se rend point compte en dedans. Ils peuvent couvrir la voix la plus forte. Au contraire, en de certains moments où le silence se fait d'autant plus profond que les bourdonnements montaient naguère plus tempétueux, la parole la plus modérée surgit tout à coup, distincte et nette.

Il y a ici un effet d'acoustique qui ne vient pas seulement des contrastes, mais ressort bien manifestement des conditions mêmes d'une salle encombrée de matières vivantes et vibrantes.

Après le départ de Géraud, la séance avait été suspendue. Goujeux savait cela par la nature même des bruits entendus. C'avait été un brouhaha général, gardant la même intensité pendant dix minutes.

Puis Goujeux avait entendu la sonnette du président. Il y avait eu un silence. Un huissier était venu requérir la rentrée de l'accusé. — Refus de Géraud. — Délibéré de la cour.

Tout cela était net et certain.

Il était pareillement certain et net que l'audience avait été reprise et que le ministère public avait prononcé son réquisitoire très-net, très-précis, et suivi d'un nouveau silence.

Mais, ce qui avait suivi cessait de prendre cette signification claire et tranchée.

Quelle chose devait suivre? La défense. Or, il n'y avait point de défenseur.

Que signifiait donc cette discussion confuse qui avait lieu depuis plusieurs minutes? C'était grave : Goujeux le sentait au malaise qui rendait pour lui chacune de ces minutes longue comme une heure d'attente. La marche de la justice est réglée rigoureusement et selon certaines formes, dont on ne s'écarte jamais, jamais en théorie, du moins, car dans la pratique, il est positif que notre cour de cassation ne manque pas de besogne, et qu'elle met à néant chaque année bon nombre d'arrêts, précisément pour *vices de forme*.

Mais ces erreurs roulent sans cesse dans un certain cercle connu. En matière de procédure criminelle, il n'y a guère de porte ouverte à l'imprévu.

Quel incident pouvait se produire? M. Goujeux, malgré la subtilité de son esprit, ne pouvait point répondre à cette question-là.

M. Goujeux eût donné beaucoup pour entr'ouvrir la porte, afin d'écouter de plus près. Il n'osait quitter Géraud. Il était sur le gril. Ce n'était pas un événement de mince importance qui pouvait occasionner ces profondes rumeurs qui se continuaient malgré l'ordre plusieurs fois répété de faire silence, et qui semblaient passer de l'auditoire jusque dans l'enceinte réservée aux magistrats. Ces rumeurs étaient coupées par des pauses muettes. On entendait alors une voix très-faible qui parlait lentement et péniblement.

Cette voix faisait vibrer toutes les fibres du corps de Goujeux. L'idée de l'impossible entrait en lui. Il avait peur horriblement, peur comme aux heures nocturnes où le fantôme se dresse dans les ténèbres. Ses cheveux tremblaient sur son crâne.

Géraud n'entendait rien et ne sentait rien.

M. Goujeux le guettait, lui aussi, et cette insensibilité était une sorte de soulagement dans sa peine. Cela le rendait sûr au moins de n'être pas surveillé de trop près.

Mais le soulagement était faible et la peine grandissait. Des terreurs mortelles passaient dans son cerveau. Il y avait des instants où il eût voulu se boucher les oreilles pour ne point entendre.

Il était brave pourtant, nous le savons bien, brave jusqu'à la témérité dans ces guerres d'embuscades où l'arme ne meurtrit ni ne perce le corps. Il avait fait ses preuves. Pour que fût née en lui cette pensée de fuir, il fallait un danger à la fois bien imprévu et bien redoutable.

Chacune des paroles coupées et sans liaison entre elles qui passaient au travers de la porte le remuaient de la tête aux pieds. Son travail fut d'abord de leur donner un sens qui pût combattre son épouvante, mais ceci n'était point dans sa nature. Son caractère le portait à regimber contre la chance mauvaise. Il était habitué à trouver des ressources au fond des situations les plus désespérées.

Aussi l'engourdissement de son énergie fut court. Sans avoir quitté un instant son poste auprès de Géraud, sans avoir cessé de lui prodiguer les soins les plus tendres et les plus attentifs, il commença au-dedans de lui-même son œuvre de résistance.

C'était l'homme d'Horace, pour un peu, que ce Goujeux : non pas juste, mais inflexible en son dessein arrêté. Il fit volte-face à la tempête qui menaçait. Il écouta, la respiration calme, le regard tranquille.

Des noms surtout passaient par dessus la rumeur. Celui de Tremmelec avait été vingt fois prononcé.

Puis, celui de Tréomer.

Tréomer !...

Goujeux se dit encore : C'est impossible !

— Illégalité, prononça la voix de l'avocat général.

— Confrère absent... suppléer... mandat... pouvoir discrétionnaire... témoignage...

Tous ces mots étaient dits par la voix faible, et Goujeux s'étonnait de les saisir.

Enfin le silence se rétablit.

Ce fut la voix faible qui parla ou qui lut, car le débit monotone annonçait parfois une lecture.

Goujeux n'entendait plus. Les bruits du dehors lui venaient par la fenêtre ouverte.

— Voici le soleil qui va se coucher, dit-il; l'air devient froid; Vincent, voulez-vous que je ferme?

Géraud fit un signe de tête faiblement négatif. Goujeux, feignant de se méprendre à ce signe, ferma aussitôt la fenêtre. Géraud ne protesta point.

Aussitôt que la croisée fut close, les paroles prononcées dans la grand'chambre entrèrent dans la salle des témoins, si nettes et si distinctes, que l'ancien maître de forges se demandait comment le seul fait d'avoir poussé le châssis pouvait amener un pareil résultat. Instinctivement, il se tourna vers la porte.

Il y avait autre chose que la fermeture de la croisée.

Il y avait l'ouverture de la porte.

L'une avait eu lieu en même temps que l'autre, et pour Goujeux, le bruit plus voisin de la première avait dominé et masqué le bruit de la seconde.

Un cri s'étouffa dans sa gorge et le lecteur peut juger de l'empire qu'il avait reconquis sur lui-même, quand il saura que M. Le Quien était debout, appuyé contre le montant de la porte, et que M. Goujeux dompta jusqu'à son premier tressaillement.

Le regard de Le Quien, terne et froid choqua le sien. M. Goujeux baissa les yeux doucement, comme c'était son habitude.

C'était encore là pourtant un spectre.

Et la voix venait, — la voix faible, — la voix de Tréomer!

Deux mains de fer étreignaient la poitrine et le cerveau de Goujeux. Il n'y paraissait point. L'œil de Le Quien exprima de la surprise en admirant son calme. Il avait compté sur l'effet de son apparition.

— Un rude coquin, tout de même! pensa-t-il.

De son côté, Goujeux pensait :

— Et c'est moi... moi!... qui suis cause de cela! Misérable idiot de docteur!

Il se pencha vers Géraud et lui demanda bonnement :

— Vous sentez-vous mieux, ami?

— Non, répondit Géraud.

Goujeux ajouta :

— J'ai fait ouvrir la porte pour que vous puissiez entendre.

Géraud le remercia du regard.

Ce dernier mensonge était adroit peut-être, mais il était dangereux. Géraud se prit en effet à écouter vaguement.

L'ancien maître de forges avait trop compté sur la paralysie de son intelligence et de son moral. Il se hâta d'ajouter :

— Vous pouvez rentrer si vous voulez et couper court à toutes ces momeries.

Géraud fit un geste de fatigue. Goujeux se redressa.

Jusqu'alors, il n'avait écouté lui-même que très-imparfaitement. A l'instant où il se relevait, il rencontra le regard de Le Quien, qui, le fouet sous le bras et le chapeau à la main, semblait être tout oreilles.

Le sens de la phrase qu'on lisait lui sauta au cerveau comme une lumière soudaine choque la vue. Il la connaissait ; il savait où il l'avait lue.

La phrase était ainsi :

« J'avais quinze ans lorsque je devins la femme du vicomte Jean-Marie de Tréomer qui s'était fixé à la Jamaïque en quittant la France. J'eus un fils dès la première année de notre mariage. Le hasard avait fait qu'en quittant la France, le vicomte avait pris le propre nom de ma famille : Palmer. Notre enfant fut élevé sous le nom d'Ange Palmer, mais mon acte de mariage ainsi que l'acte de naissance de mon fils furent régulièrement dressés avec les noms et qualités du vicomte Jean-Marie Malhoët de Tréomer... »

Les prunelles de Goujeux eurent un éblouissement. Il se disait :

— Le manuscrit de Marguerite ! Je reconnais tout cela !

La chair de poule était partout sur son corps.

L'idée ne lui vint point cependant qu'on eût violé sa cachette. C'était une de ces cachettes simples, naïves, enfantines, qui, selon la croyance des gens très-retors, ne peuvent jamais être découvertes.

— Elle aura de nouveau écrit sa vie, pensa-t-il ; je ne pouvais empêcher cela ; mais lui... lui !... C'est moi qui l'ai arraché de son lit ! c'est moi !

M. Le Quien eut aux lèvres un sourire cruel, parce que Goujeux, coup sur coup, venait de changer plusieurs fois de couleur. Goujeux souffrait le martyre sous le regard aigu et obstiné de cet homme. Il sentait ce regard bien plus qu'il ne le voyait, car lui-même tenait ses paupières baissées. Ce regard perçait ses paupières.

La lutte qu'il soutenait contre lui-même pour composer

son maintien et garder au moins une apparence de calme sur sa physionomie l'épuisait. Il n'était plus à Géraud, mais Géraud allait bientôt rappeler de force toute son attention. Géraud écoutait.

Géraud écoutait, à vrai dire, comme en un rêve. Il subissait une crise d'affaissement profond. Son intelligence partageait l'état de prostration qui engourdissait tout son corps. Depuis plus d'une heure, il était plongé dans cette insensibilité que la clémence de Dieu prête à toutes les agonies.

Mais le nom d'Ange Palmer venait de le frapper comme la première secousse électrique qui va galvaniser, ne fût-ce que pour un moment, l'inertie d'un perclus. Il s'éveillait. Un voile épais enveloppait encore ses idées, un vêtement de plomb emprisonnait encore ses muscles, mais il s'éveillait en dedans.

Il écoutait. — Ange Palmer! c'était le nom de ce jeune homme qui avait été son hôte avant de se nommer Ange Malhoët de Tréomer.

Pourquoi parlait-on d'Ange Palmer, puisque le coup d'épée avait percé Malhoët de Tréomer?

La voix du président s'était cependant élevée pour dire :
— Maître Tréomer, ceci est étranger à la cause.
— Ceci est toute la cause, monsieur le président, fut-il répondu. Je vous fais observer que nous sommes ici dans des circonstances inouïes. Le défenseur est témoin, le témoin est victime. De quelque façon que vous dirigiez ces débats, ils sont destinés à subir la sanction d'un autre tribunal. Avant de m'accorder la parole, vous avez prononcé le mot impossible. Ce mot caractérise la situation ; impossible de vous soustraire aux conditions bizarres de ce procès qui va attirer sur vous les yeux de la France entière; impossible de rester dans la coutume, sinon dans le droit, et impossible aussi de ne point entendre celui qui prend la parole, appuyé sur trois titres, contradictoires peut-être, mais également sacrés dans cette enceinte : victime, témoin, défenseur ! Je ne cache pas ma volonté qui est de sauvegarder l'innocent à quelque prix que ce soit. Si, contre mon espérance, je ne parviens pas à éclairer la religion du jury, je fonde d'avance mes moyens de cassation.

La tête de Géraud retomba sur sa poitrine. Il avait fait un effort désespéré pour comprendre; mais son cerveau malade qui gardait le pouvoir de saisir un fait frappant et isolé, de reconnaître un nom au passage, ne pouvait suivre encore une discussion. Son effort fut vaincu et le laissa plus brisé que jamais. Il ferma les yeux. Une seule chose était acquise : le désir confus, mais passionné, du réveil.

Il y avait un silence dans la grand'chambre, ou plutôt la parole était aux sourdes rumeurs de l'auditoire. Nous ne dirons point les émotions qui serraient tous les cœurs. Qu'était la déposition dramatique de la Mahé en comparaison de cette nouvelle péripétie ?

Dans toute la salle, vous n'eussiez trouvé le calme que sur un seul visage, celui de M. Le Quien, toujours appuyé contre le montant de la porte. Goujeux, ayant glissé un regard de son côté, put voir, à un demi-pied au dessus de sa tête, les figures débonnaires et émerveillées des deux gendarmes, Chauvel et Moreau.

Je ne sais pourquoi cela le fit tressaillir.

La voix faible, cependant, — et de plus en plus elle était faible, — poursuivit sa lecture :

« ... Lors de la seconde révolte des noirs à la Jamaïque, en 1799, le vicomte Jean-Marie fut assassiné, ainsi que Georges-Henri Palmer, mon père et mes deux frères. Nos établissements ruinés de fond en comble me laissèrent seule, dénuée de tout et sans famille dans un pays bouleversé. J'avais dix-huit ans ; j'étais mère. Je pris mon fils dans mes bras et je m'embarquai pour l'Angleterre, où la maison Palmer, riche et puissante, avait de puissants et riches correspondants. J'arrivai à Londres. Je me présentai avec mon enfant chez le principal correspondant de la maison Palmer. Je fus reçue poliment et froidement : la balance des derniers comptes, non soldés, était en faveur de la maison de Londres. Même position chez les autres correspondants. J'étais sans ressources.

» A Londres, il y a une chose détestée, il faut dire plus, méprisée : c'est la misère. J'eus pourtant un conseil, de la part d'un vieil homme, commis de l'une des maisons où j'étais venue implorer un secours. Il m'interrogea. J'avais reçu une éducation complète et brillante. Il me dit : Séparez-vous de votre enfant, prenez votre nom de demoiselle, je vous procurerai une place d'institutrice. — Pourquoi quitter mon rang de femme mariée, moi qui suis mère ? — Parce qu'il le faut. Les familles anglaises n'aiment pas les femmes mariées. Une institutrice doit s'appeler miss Deborah ou miss Betty.

C'est la mode. Voulez-vous, oui ou non, faire ce qu'on vous dit?

» Je fus miss Margaret Maynard, du nom de ma bonne mère, créole française de la Martinique, pour ne pas même garder le nom de mon fils. Je n'eus point d'autre raison que cela pour commettre un acte sans danger apparent, mais qui devait jeter un voile de deuil sur toute ma vie. J'entrai dans une opulente et noble famille du West-End, pendant que mon fils était confié à des mains étrangères. Je souffris et je crus mourir à cette première séparation, mais c'était la vie et l'avenir de mon petit Ange.

» Les années s'écoulèrent. Il grandissait. J'avais fait déjà plusieurs éducations. Le besoin me prit de rendre à mon fils sa véritable patrie. Il avait des parents en France, je le savais bien, quoique je n'eusse jamais été en rapport avec eux, à cause des dissentiments qui existaient entre mon mari et son père. Qui sait? Enfin, je fis le rêve de toutes les mères.

» Mes recommandations me donnèrent accès chez madame la marquise de M..., auprès de Saint-Malo. J'y passai trois années, au bout desquelles Ange, ayant terminé ses humanités, commença son cours de droit à Poitiers. Ce fut madame la marquise de M... qui me plaça chez M. Géraud. Je fis l'éducation de sa fille Clémence, qui est, après mon propre fils, ma plus chère affection en ce monde. M. Géraud se prit d'estime pour moi et demanda ma main.

» Je l'aimais du meilleur de mon cœur. »

Depuis quelques minutes, les regards de M. Le Quien et de M. Goujeux se croisaient au sommet du crâne de Géraud. Tous deux, avec des sentiments bien différents, guettaient un mouvement, un tressaillement.

Le mouvement eut lieu à ce mot : « Je l'aimais du meilleur de mon cœur, » le tressaillement se fit.

Géraud tendit sa tête en avant, puis il passa ses deux mains sur son front.

— Amédée, murmura-t-il, je suis éveillé, n'est-ce pas?

— Oui, mon ami, oui, mon bien cher ami, répondit Goujeux du ton dont on parle aux enfants.

Le Quien fit un pas hors de la porte.

Goujeux, qui tourna vers lui son regard rapide et inquiet, put voir alors le bandage qui entourait son poignet. Ses yeux se baissèrent.

M. Le Quien dit tout bas, sans perdre son implacable sourire :

— Pas si mal tiré que vous croyez, là-bas. Coup double... au bras et aux reins. J'ai passé entre deux. Ce n'est pas de sa faute.

Goujeux sentit ses jambes flageoler sous lui.

Géraud continuait :

— Ami, qu'est-ce donc que cela? J'ai peur d'être fou!

Goujeux eut la force de se pencher pour mettre sa bouche tout près de son oreille.

Par un violent effort de calcul mental, il s'était convaincu que dans ces circonstances extrêmes il fallait dire la vérité, sauf à l'empoisonner plus tard.

— C'est Tréomer qui parle prononça-t-il de son accent le plus doux; j'ai cru bien faire... je suis seul cause....

— Dieu soit loué, si le jeune homme n'est pas mort!

— Ne vous avais-je pas dit?... commença vivement l'ancien maître de forges.

— Peut-être, ami, peut-être, prononça Géraud avec fatigue; je n'ai plus ni mémoire ni cœur.

Il renversa sa tête endolorie sur le dossier de son siége. Ses yeux se refermèrent.

Goujeux reprit sa posture modeste et digne. Son esprit était en plein travail. Le danger le grandissait. Il allait jouer son vatout avec tout son sang-froid reconquis.

Cependant, aux galeries, ces dames chuchottaient activement, tandis que Tréomer épuisé reprenait haleine. La vicomtesse disait résolument, appuyée qu'elle était sur l'arithmétique de ses doigts :

— Dix-huit ans en 1799... Nous sommes en 1820... cela fait juste quarante ans.

La *duègne* avait donc quarante ans haut-sonnés et légalement constatés désormais.

Quelle journée! quelle conquête!

— Et encore, ajouta la marquise, c'est elle qui le dit... Mettons qu'elle n'a dissimulé que cinq ans de mois de nourrice!

Mon Dieu! ce n'était pas tout à fait mauvais cœur, ces dames étaient émues à leur manière, mais cet ignoble petit démon qui préside aux bavardages de province... et de Paris!

« ... Cette union, reprit Tréomer après une pause, eût fait le bonheur de ma vie; mais, malgré mon inexpérience complète des affaires et mon ignorance de la loi, je compris que mon changement de nom et l'abandon que j'avais fait de mon état civil étaient des obstacles insurmontables; je refusai la main de M. Géraud. Ici commence le rôle d'un homme bienfaisant et bon qui, malgré lui, fut la cause de ma longue souffrance; M. Goujeux m'empêcha de partir; M. Goujeux combattit mes scrupules; M. Goujeux fut cause que je passai outre au mariage sous mon nom de Marguerite Maynard...

» Avant mon mariage, j'avais préféré la fuite à un aveu. Il me semblait impossible de dire à celui que j'aimais : J'ai menti; je me suis présentée à vous sous un faux nom; je ne suis pas fille, je suis veuve... et je dois avouer que ces répugnances furent fortifiées par les conseils de M. Goujeux, qui me disait toujours : Géraud, si franc et si loyal, pardonnera tout excepté le mensonge.

» Mais le jour même de mon mariage ou plutôt le jour même où j'avais promis solennellement au pied de l'autel d'être la femme de celui à qui ces pages sont adressées, un élément nouveau entra dans ma vie : mon fils était de retour. Je n'ai point à rappeler les circonstances funestes, mais chères, qui firent de mon fils l'hôte de mon mari. Ce furent des jours de bonheur. J'eus un instant l'espoir de réunir en un faisceau étroitement serré, tous ceux qui m'étaient chers... Clémence et Ange s'aimaient.

» Je ne sais quelle influence fatale se fit sentir chez nous. Mon mari s'éloigna de mon fils, qu'il regardait comme un étranger, puisqu'il n'avait rien de nos secrets. La voix de ma conscience me criait : tu as le remède à ce mal : un aveu franc et complet...

» Et qu'avais-je donc à cacher, Vincent, mon ami, mon bienfaiteur?

» M. Goujeux a tenu pendant deux ans la parole suspendue à mes lèvres. Ce n'était plus pour moi qu'il plaidait, Vincent, c'était pour vous. Il me disait : Ne tuez pas son bonheur. Il me disait : L'amour qu'il a pour vous, c'est sa vie. Géraud est fait de telle sorte qu'un mensonge, si excusable qu'il ait pu être, mettrait sa conscience en deuil.

» Et ne voyez-vous pas, ajoutait-il, que votre mariage, contracté sous un faux nom, est nul? Vous n'êtes pas la femme de Géraud...

» Que suis-je alors, Seigneur, mon Dieu !

» Je me taisais. Mon fils venait me voir la nuit, comme un voleur... »

Sans que rien pût faire prévoir ce mouvement, Géraud, jusqu'alors affaissé sur lui même, se leva comme un spectre à ces mots.

— Son fils! prononça-t-il avec effort; le fils de Marguerite! Je n'ai pas tout compris, mais il me semble que je comprends cela.

Goujeux le prit dans ses bras.

— Vincent! mon pauvre Vincent! balbutia-t-il avec des larmes dans la voix; il faut que je vous sauve ou que j'y reste : c'est moi qui ai tout inventé... tout... Si j'ai mal fait, que Dieu me punisse!

X

Le triomphe de Tréomer.

Les lèvres de Géraud remuèrent sans produire aucun son. Ses deux mains, qui tremblaient, pressèrent ses tempes. La vérité, qui était là tout près de lui, l'attirait; mais il était trop faible pour se soustraire aux lacs du mensonge qui le garrotaient. L'audacieuse affirmation du maître de forges le frappa comme d'un coup de massue. C'était lui, Goujeux, qui était l'auteur de cette comédie, manière souverainement adroite, soit dit en passant, d'affirmer et à la fois d'établir que tout ceci n'était qu'une comédie. Ce Goujeux défendait sa position minée de toutes parts avec une constance qui allait jusqu'à l'héroïsme. Il était debout sur les ruines de sa forteresse, il s'accrochait aux décombres. L'espérance tenace restait en lui.

Certes, il n'était pas aveugle; certes, il voyait bien les progrès terribles de l'ennemi. Ses prétendues victoires de la nuit précédente se changeaient en défaites. Le Quien, assassiné, était là, sain et sauf; Tréomer, foudroyé, plaidait la cause de Géraud.

La vérité débordait comme une inondation par dessus les digues de ses mensonges.

Un autre, — et je prends cet autre parmi les plus audacieux, — aurait lâché pied. Il était temps. L'heure de la déroute avait sonné.

Goujeux tenait bon, non pas comme ces marins qui, en fin

de compte, aiment mieux faire sauter leur navire que de le rendre à l'ennemi ; Goujeux n'était point de cette trempe-là. Goujeux tenait bon, parce qu'il espérait vaincre, parce qu'il avait le génie des efforts suprêmes, parce que sa faculté de résistance grandissait avec le péril, parce que c'était l'homme reptile qui s'était déjà vu maintes fois aux trois quart écrasé entre deux roches.

Piquer sur quatre, gagner les batailles perdues, tel était son lot.

Malgré sa fameuse maxime : *les affaires bien faites n'amènent jamais de désagréments*, il avait passé sa vie à soutenir sourdement des luttes désespérées. Il était pauvre, donc il n'avait pas toujours réussi. Mais la vocation est l'homme. Goujeux, malgré son expérience, malgré sa prudence, malgré sa félonie, allait irrésistiblement à la difficulté. Il n'est pas douteux que Goujeux, intelligent et hardi n'eût pu arriver à la fortune en faisant des affaires *bien faites* et loyales en même temps.

Il possédait vingt fois plus d'intelligence et d'audace qu'il n'en faut pour cela.

Mais il avait en lui un poids qui l'entraînait fatalement à gauchir. C'était la loi même de son existence. Il dépensait à l'accomplir les redoutables facultés qui étaient en lui. C'était l'instinct du renard qui gênait la force du lion.

A deux pas de M. Le Quien, il manœuvrait avec le même sangfroid que s'il eût été seul avec Géraud dans la cellule de la Tour-le-Bât, et il manœuvrait si bien que l'ancien chouan, sûr de la victoire, ne songeait qu'à jouir de sa défaite. Pour Le Quien, Goujeux était le blessé enragé qui se débat violemment dans l'agonie. Et Le Quien, cruel dans son triomphe, n'était pas éloigné de trouver quelque jouissance à contempler ces convulsions du vaincu.

Les paroles échangées entre Goujeux et Géraud qui lui tournait le dos n'étaient point arrivées jusqu'à lui. Peu lui importait. Le monstre était harponné : il laissait filer la corde.

Mais la baleine touchée fait parfois son dernier repas des pêcheurs imprudents qui ont lancé le harpon. Mais l'assiégeant trop sûr de lui-même voit parfois se dresser, derrière le rempart, écroulé, une nouvelle et plus robuste enceinte.

Géraud avait repris son immobilité morne. Goujeux tenait encore une de ses mains qu'il serrait entre les siennes.

Le Quien était venu là pour voir, à un moment donné, Géraud sauter à la gorge de Goujeux.

Pour lui, le moment tardait, mais il devait venir.

Tréomer avait achevé sa lecture. Il commença sa plaidoirie au milieu d'un profond silence.

« Le 25 février 1820, dit-il, à onze heures du soir, j'ai pénétré, à l'aide d'une clef que j'avais, dans la maison de M. Géraud pour rendre visite à ma mère. Ma défense ne sera pas un plaidoyer : la force me manque pour le faire ; ce sera une déposition. Mon serment ne peut appuyer ici mon témoignage ; mon serment de témoin, puisque la cour refuse de l'accepter, je le remplace par mon serment d'honnête homme, et le jury appréciera. Je dirai seulement ce que j'ai vu ; ce que j'ai vu suffira, grâce au document qu'on vient de lire. Personne ne gardera un doute. Le fait deviendra pour tous ce qu'il est pour moi : plus clair que la lumière du jour.

» Avant d'entrer dans la maison de M. Géraud, j'avais fait sentinelle à sa porte. Je savais qu'il devait sortir. Je le vis sortir. Je répète que les précautions prises par moi ressemblaient à celles d'un homme qui va commettre une mauvaise action. Si quelqu'un m'épiait, et quelqu'un m'épiait, puisque M. Géraud fut averti peu de temps après, on n'a pu penser autre chose, sinon que j'étais animé d'intentions perverses.

» Je suis resté dans la maison de M. Géraud un peu plus d'une heure, et je puis dire que l'objet principal de cette entrevue avec ma mère était de la prier, de la supplier de mettre fin à cette situation pénible et dangereuse qui nous séparait l'un de l'autre. Des bruits couraient dans la ville, je ne l'ignorais point. Mademoiselle Clémence Géraud avait joint ses instances aux miennes. Ma mère venait de consentir à faire enfin cet aveu si redoutable et à la fois si facile, lorsque le bruit de la porte extérieure nous annonça le retour du maître de la maison.

» J'ouvris l'avis d'affronter l'occasion. Ma mère craignit pour M. Géraud la violence de ce coup. Un drap de lit fut fixé à l'appui de la croisée donnant sur la cour. J'étais entré comme un coureur de bonnes fortunes, je sortis comme un malfaiteur.

» Notre idée en nous séparant était que M. Géraud rentrait pour se mettre au lit. Je m'éloignais sans grandes inquiétudes. Cependant je restai un instant dans la rue et tandis que je regardais les fenêtres de cette maison qui renfermait tout ce que j'aimais au monde, je ne sais quelle vague angoisse me serra le cœur.

» Que se passa-t-il? Chacun peut le deviner. M. Géraud ne rentrait pas pour se mettre au lit. Une dénonciation avait eu lieu. M. Géraud revenait parce qu'on lui avait dit : Votre demeure est souillée par une honte inouïe. Un homme est là : un misérable qui vous prend à la fois les deux moitié de votre âme : votre femme et votre fille.

» M. Géraud revenait pour tuer le misérable.

» Et s'il l'avait tué là, dans sa maison d'un coup de pistolet au front ou d'un coup de couteau au cœur, vous diriez maintenant : il a bien fait.

» Car c'est un droit étrange, une tolérance excessive : vous admettez des cas où l'homme, juge et bourreau, peut assassiner impunément!

» M. Géraud ne trouva pas le misérable, mais il trouva partout des traces de son passage. J'en cite une seule : le drap de lit pendait encore à la croisée de madame Géraud.

» Moi, je m'en allai, la tête en feu, la poitrine oppressée par un triste pressentiment. Écoutez ici, c'est le témoin qui parle : Je jure que la porte de ma maison ouverte, céda sous la pression de ma main. Je jure que mon chien épagneul Thunder était étendu en travers du vestibule. M. Géraud n'était pourtant pas encore sorti de chez lui à cette heure.

» Je jure qu'un vol avait été commis chez moi. Je jure que l'auteur de ce vol ne fut point et ne peut être M. Géraud.

» J'allumai une lumière, je me saisis au hasard d'une épée, pendue à la muraille de mon salon, et je me hâtai vers la chambre où était mon secrétaire. J'avais dans mon secrétaire des objets, pour moi bien plus précieux que tout l'or du monde : j'avais le nom de mon père et l'honneur de ma mère.

» Le meuble était forcé. Mes titres avaient disparu, et dans une autre enceinte, un tribunal, que je respecte et qui sera détrompé, a pu, en l'absence de ces titres, juger provisoirement que j'étais un aventurier et un usurpateur.

» Mais qu'importe ceci? Pour tuer mon droit, il eût fallu tuer mon corps, et me voici vivant, par la miséricorde de Dieu. Il ne s'agit ni de moi ni de mes griefs.

» Pendant que je contemplais, atterré, mon secrétaire vide, j'entendis une voix qui m'appelait dans le salon : c'était Géraud, c'était le vengeur.

» Je m'élançai. Au premier moment de trouble, je ne pus dire que cette parole : Vous ici, M. Géraud !

» Il avait l'épée à la main. Il était ivre de sa douleur et de sa colère. Il me cria de me défendre.

» Écoutez enfin la victime :

» J'étais l'hôte de cet homme, qui voyait en moi le larron de tout son bonheur et de tout son honneur. Qu'eussiez-vous fait à sa place? Je jure qu'il me laissa tout le temps de me mettre en garde, je jure que j'avais une épée dans la main, je jure qu'il me cria, non pas une fois, mais dix fois : Défendez-vous ! défendez-vous !

» Je jure que j'ai opposé mon épée à la sienne, mu par cet instinct de conservation qui est en nous tous. Je jure que les deux fers ont sonné dans ce grand silence nocturne. Je jure qu'il y a eu duel et que je reste le débiteur de cet homme qui avait droit de meurtre sur moi.

» Et maintenant que Dieu, exauçant ma prière, m'a donné la force d'aller jusqu'au bout, M. Géraud n'a plus rien à craindre de la justice humaine. Vous êtes équitables : vous allez l'absoudre. Mais fussiez-vous des ennemis au lieu d'être des juges, je vous dirais encore : Laissez passer cet homme qui est au-dessus de vous. Il ne vous implore pas, il vous somme, et moi qui ai témoigné, ne daignant pas plaider, je vous défie ! »

Connaissez-vous la foule? Ne vous étonnez pas. Dans le silence profond qui suivit ces paroles, il y eut comme un grand souffle de respirations oppressées. Puis une femme applaudit quelque part, en haut ou en bas, timidement et malgré elle. Alors la grand'chambre faillit être ensevelie sous son plafond ébranlé. Ce fut un brouhaha de claquements de mains, de trépignements frénétiques, d'acclamations passionnées, de vivats et de bravos.

Vous connaissez la foule. Elle est faite à Rennes comme ailleurs. Dans une tourmente de la mer, il n'y a pas une goutte d'eau qui ne tressaille. Il n'y eut pas ici une seule cervelle qui ne sautât. La salle entière, entraînée et affolée, se leva. L'auditoire criait, le jury s'agitait, la cour tempêtait, réclamant l'ordre et la décence. Les gendarmes, submergés, perdaient pied. On voyait au-dessus du niveau tumultueux leurs têtes fières et placides qui se balançaient comme ces bouées de nos rades, dont les flots mutins ne peuvent lasser l'inerte patience. Les avocats, oui, les avocais, et Mᵉ Louvigné en tête, entouraient Tréomer pour le féliciter.

Mais ces dames! Pensez donc, si elles avaient manqué cela! Nulle plume ne saurait dire à quel point ces dames se divertissaient. Certes, il leur manquait de pouvoir embrasser Tréomer : mais on ne peut tout avoir. Ces dames étaient folles. Ces dames buvaient l'émotion à longs traits; leurs têtes tournaient; elles faisaient orgie de généreux sentiments.

Je vous l'ai dit, on ne va pas au spectacle, à Rennes. Ces aubaines de cour d'assises ne tombent que tous les deux ou trois ans. Aussi comme on se décarême!

Pendant que le président, incapable de faire entendre sa sonnette ou sa voix, menace en vain de faire évacuer la grand'chambre, nous avons une tâche à remplir. Voici longtemps que nous avons quitté notre groupe de la salle des témoins. Que s'est-il passé entre M. Le Quien, Goujeux et Géraud, tandis que Tréomer avait la parole?

Beaucoup de choses, mais bien peu qui puissent être racontées. La lutte s'est continuée implacable et sourde entre l'esprit du mal et l'idée de salut. Peu de paroles ont été échangées, et cependant la situation a marché.

A mesure que Tréomer avançait dans sa tâche, un fait singulier se produisait. Sa voix, qui avait faibli en arrivant à la fin de sa lecture, se releva dès qu'il parla d'abondance; au bout de quelques minutes, elle sonnait, vibrante, et agissait, comme l'archet qui attaque et mord la corde, sur les nerfs de l'auditoire captif.

M. Le Quien, pris avant les autres, écoutait par tous ses pores. Son œil était à demi clos, le rouge lui montait au front, et ses narines violemment dilatées aspiraient l'air avec effort. Il se relâchait naturellement un peu de sa surveillance, d'autant que toutes les fois qu'il reportait son regard sur M. Goujeux, il voyait celui-ci, immobile et muet, écoutant le sourire aux lèvres, et hochant la tête par intervalle, d'un air de reconnaissante approbation.

Pour voir le travail mental qui s'opérait chez M. Goujeux, il eût fallu peut-être un physionomiste plus pénétrant que l'ancien chouan.

M. Goujeux concentrait en lui-même toutes ses puissances de réflexion. Il devinait à l'avance l'effet final du discours de Tréomer. Il n'en était plus à se reprocher à lui-même d'avoir amené ce résultat. Les plaintes inutiles, les vains dépits prennent du temps. M. Goujeux n'était pas homme à s'attarder; il cherchait et trouvait déjà la riposte à cette terrible botte qui le piquait en flanc. Il écoutait, lui aussi, fort attentivement, mais en écoutant, il examinait Géraud. Géraud, pour lui, était comme l'instrument dont joue un virtuose. Il lui fallait connaître toutes les touches de ce clavier et se les mettre en main.

Or, l'instrument, inerte naguère, subissait à cette heure une étrange et redoutable transformation.

Géraud, pour employer une comparaison moins défectueuse, était pour M. Goujeux le cheval fier et fort qui gît, affaissé et vaincu, sous la volonté du dompteur. — Or, le cheval réveillait sa farouche énergie. On voyait cela dans son immobilité même. Le sang refroidi s'échauffait peu à peu dans ses veines. La race remontait : ce superbe esprit qui donne le bouquet au sang, la sève aux muscles, la fougue à tout le système.

Goujeux voyait cela. Son regard suivait la fermentation occulte qui s'opérait en Géraud. Il en ressortait pour lui une angoisse, mais aussi un espoir.

Un espoir vague. Personne au monde n'était capable de répondre à Tréomer, sinon Géraud lui-même.

Croyez bien qu'ici nous n'avons pas joué avec votre attention. Ce n'est pas, ce Goujeux, un de ces mannequins d'étoupe au dos duquel l'auteur écrit avec de la craie : Personnage très-fort. Goujeux, esprit, chair et os, a posé devant nous. Il a bien fallu lâcher le mot et nous avons dû le dire : Goujeux avait un bout de génie. Avec un peu plus de bonheur aux cartes, convenez que Goujeux eût gagné déjà plus d'une fois cette partie. La chance lui résistait obstinément. Il prenait la chance corps à corps, et quiconque eût connu les étonnantes ressources de cette nature, — je parle du moment même où nous sommes, — n'aurait osé parier contre lui.

Goujeux pouvait encore *piquer sur quatre!*

Géraud s'était peu à peu redressé. Ses yeux ne s'ouvraient pas, mais, à travers ses paupières demi-closes, un rayon passait. Les contours affaissés de sa bouche allaient se relevant. On eût dit que la parole de Tréomer entrait en lui comme un cordial.

L'entendement revenait, la passion aussi. Le coursier, brisé de fatigue, va bondir aux notes guerrières du clairon. Pour

Géraud, le palais, c'était le champ de bataille. Son cœur tressaillait dans sa poitrine; l'enthousiasme éclairait son grand front et ses lèvres tremblantes semblaient chargées de paroles.

Il restait muet, cependant, mais tout son être suppléait à sa bouche pour dire la fièvre ardente de sa pensée. Il était heureux; il renaissait. Le bâillon qui serrait ses lèvres, c'était l'entêtement peut-être, peut-être la mauvaise honte.

Il n'osait point tourner son regard vers Goujeux dont la prunelle vitrée l'enveloppait comme un réseau. Peut-être n'était-ce point défiance. Il voulait garder pour lui seul l'émotion qui le faisait revivre.

Goujeux attendait le moment de frapper, résolu et ferme comme le soldat à son poste.

A un moment, Géraud murmura :

— Ce sera un grand avocat!

Goujeux se hâta de dire :

— Ami, vous vous sentez donc mieux?

Géraud fronça le sourcil et se tut.

Goujeux, alors, ajouta avec un soupir prolongé :

— Oui, oui, ce sera un très-grand avocat. Il sait mêler le faux et le vrai. Je m'applaudis de ma démarche, car je vous connais, ami; je suis sûr qu'il entre dans vos vues de couvrir, autant que possible, la réputation de celles qui vous étaient si chères.

Géraud tourna enfin vers lui un regard; ce regard était un reproche et semblait dire :

— Ne pouviez-vous me laisser à mon rêve?

Ce fut à cet instant que la foudre des applaudissements éclata. Goujeux battit des mains.

— Quel triomphe! s'écria-t-il, comme si cette exclamation se fût échappée malgré lui de sa poitrine; cela rappelle vos ovations du temps jadis!

La réaction se faisait chez Géraud. Il avait froid.

Goujeux se frotta les mains et prononça, en appuyant sur chaque mot :

— Il est évident qu'il a enlevé la chose!

Pour la seconde fois, Géraud le regarda. Il y avait dans sa prunelle un feu sombre.

— Moi, d'abord, continua Goujeux bonnement, il y a des instants où je me surprends à croire tout cela dur comme fer! Et pourquoi ne serait-elle pas sa mère, en définitive?...

Elle porte trente ans tout au plus... mais il y a des apparences qui trompent.

La main de Géraud pressa ses tempes avec un geste désespéré.

— Elle est trop belle! dit-il d'une voix navrée.

Le tumulte continuait, cependant, mais plus faible. On put entendre le président donner la parole au ministère public. Le ministère public refusa de répliquer.

— Voyez! s'écria l'ancien maître de forges qui gardait son apparence tranquille, bien que chaque parcelle de son être fût tenaillée par l'angoisse, voyez! tout est dit!

Puis, se penchant vers Géraud davantage, il ajouta :

— Elles sont là... dans l'enceinte... elles sont heureuses de...

Il n'acheva pas et se releva.

— De son triomphe! balbutia Géraud, dont la lèvre devint livide.

Ce fut le plus grand effort de Goujeux : il put cacher sa joie comme il avait caché sa torture.

Le coup avait porté. Les mains de Géraud se crispaient, sa respiration sifflait dans sa gorge.

— Elles sont heureuses de vous voir sauvé, acheva l'ancien maître de forges de son accent le plus candide.

Au milieu du silence enfin rétabli, le président demandait, selon la formule ordinaire, si l'accusé n'avait rien à ajouter pour sa défense.

— Allons donc! fit Goujeux, choisissant à dessein de ces expressions vulgaires qui choquent la fierté du cœur, l'affaire est dans le sac! Vous n'avez plus qu'à faire le mort mon bon!

Il était sûr désormais de son fait. Géraud avait de l'écume aux lèvres et du rouge dans les yeux. Il ne fallait pas tant de coups d'aiguillon pour mettre le taureau en fureur. S'il avait tardé si longtemps à bondir, c'est qu'il restait, hélas! bien peu de sang dans ses veines.

Il se leva sans aide. Goujeux, toujours prêt à la mise en scène, le saisit aussitôt à-bras-le-corps.

— Vous n'irez pas! vous n'irez pas! s'écria-t-il comme s'il eût deviné tout à coup son dessein.

Il y eut lutte. Le bruit ramena l'attention de M. Le Quien, qui s'élança et repoussa violemment Goujeux. Géraud tomba dans ses bras.

L'ancien maître de forges ne put que joindre ses mains frémissantes, et balbutia ces mots :

— Il va tout perdre !

M. Le Quien le contint du regard.

— Avec vous, on joue toujours à qui perd gagne, l'homme ! prononça-t-il rudement ; n'approchez plus ! M. Géraud est son maître.

Son bras robuste ouvrit en même temps un passage au-devant de lui. Son raisonnement était bien simple. Il fallait que Géraud parlât, puisque Goujeux voulait le bâillonner.

La vue de l'accusé fit une nouvelle sensation dans la salle.

— Il va parler ! il va parler ! murmura-t-on de toutes parts. Un grand silence s'établit, pendant que M. Le Quien, aidé des deux gendarmes, perçait la cohue compacte des gens de chicane qui bouchait de ce côté l'entrée de l'enceinte.

M. Goujeux s'était laissé tomber sur un banc avec toutes les marques d'un violent désespoir. Ceci était la partie aisée de son rôle. Le plus fort était fait. Désormais, M. Goujeux n'avait plus qu'à cacher sa victoire sous l'apparence du découragement.

Ce qui est difficile, ce qui exige le comédien consommé, c'est le coup d'aiguillon à donner sans montrer ni la pointe, ni le manche, ni la main. Le coup était donné. Le coup avait porté.

Géraud marchait avec peine. En arrivant au centre du prétoire, il eut un grand éblouissement. Ses yeux voilés ne voyaient plus rien de ce qui était autour de lui. Dans son cerveau enfiévré, il n'y avait qu'une idée, et cette idée elle-même vacillait. Il ne pouvait la saisir.

Il aurait pu lire dans les regards de tous ceux qui l'entouraient, spectateurs, avocats, magistrats et jurés une bienveillance attendrie. L'élan était pris. L'opinion avait tourné court. Il faut bien faire la différence entre la passion et la méchanceté. La méchanceté pure est chose bien rare, tandis que la passion est partout : ce qui revient à dire que la méchanceté est plus haïssable peut-être, mais que la passion est bien autrement dangereuse. Il n'y avait jamais eu contre Géraud que de la passion, passions de toutes sortes, grandes et petites. Il succombait, on peut le dire, noyé sous les rancunes des bonnes gens. Ces rancunes étaient passées à l'état de contagion : tout le monde en avait. Quelques-uns savaient pourquoi; la plupart, non. Un coup de vent a beau jeu contre ces amas de nuées; le vent avait soufflé. Le ciel était bleu...

Mais Géraud ne savait pas. Géraud venait avec une immense et sourde colère. Le revirement complet de la situation n'existait point pour lui. Il était toujours seul, comme le lion hérissé au milieu d'un cercle d'ennemis.

Dans le silence, on entendit un instant son souffle rauque.

Quand ses yeux se dessillèrent, en quelque sorte, sous l'effort véhément de sa volonté, son regard bondit du premier coup vers le banc de la défense.

Tréomer était là. Géraud vit comme un rayon autour de son front pâle, un rayon dont les pointes aiguës passèrent au travers de son cœur.

Car il y avait deux femmes en deuil derrière Tréomer, deux femmes dont les visages inondés de larmes souriaient; deux femmes, Marguerite et Clémence. Elles tendaient vers lui, Géraud, leurs mains tremblantes.

Il repoussa Le Quien qui le soutenait. Il redressa, d'un effort nerveux et soudain, toute la hauteur de sa taille; sa tête se rejeta en arrière, comme si une invisible main l'eût pris aux cheveux. Un éclair jaillit de sa prunelle.

Et d'une voix étrange, qui éveilla des vibrations déchirantes dans toutes les poitrines, il dit :

— Vous en avez menti, monsieur de Tréomer; je ne veux être sauvé ni par vous, ni par le mensonge. Je vous hais. Je vous ai frappé, parce que je vous hais. Je suis un assassin comme vous êtes un faux témoin. J'appuie mon dire sur mon serment, comme vous vous êtes parjuré pour soutenir le vôtre; et je regrette la goutte de sang que j'ai laissée dans vos veines, puisque vous avez vécu assez pour m'accabler sous l'outrage de votre protection !

Il tomba avant d'avoir chancelé, roide comme un mort.

Le Quien n'eut pas le temps de le recevoir dans ses bras.

Parmi le tumulte sourd, profond, indescriptible qui emplit la salle, on entendit la voix désolée de Goujeux qui sanglotait et criait :

— Je vous l'avais bien dit ! Je savais qu'il allait tout perdre !

XI

Le flacon

Il était onze heures de nuit. Il y avait cinq longues heures que Géraud gisait sans mouvement sur son lit de prisonnier. Ce n'était pas un évanouissement; son cœur avait des pulsations très-lentes, mais régulières. C'était un affaissement profond et sans nom, peut-être les premiers symptômes d'une agonie.

On avait emporté Géraud hors du palais. Un médecin était resté près de lui pendant plus d'une heure. En se retirant, il avait dit à M. Goujeux, seul témoin admis dans la cellule du prisonnier, qui allait être bientôt sans doute une chambre mortuaire, il avait dit : S'il y a du nouveau, faites-moi prévenir.

Il n'y avait pas eu de nouveau depuis lors.

Goujeux veillait depuis plus de dix nuits, c'est à peine s'il avait eu quelques instants de sommeil, car Géraud ne dormait plus, et Géraud l'appelait sans cesse. Il était là toujours et toujours prêt : soit que Géraud voulût parler, ce qui était rare, soit que Géraud eût besoin de quelqu'un pour écouter son silence.

Il était là, modèle de patiente douceur et de vigilance infatigable. Ces saintes femmes, anges de miséricorde qui dévouent leur vie entière au soulagement des souffrants, peuvent seules nous offrir un terme de comparaison. Il avait, ce Goujeux, le courage et la mansuétude d'une sœur de charité.

Cette nuit, la fatigue l'accablait, mais il tenait bon. Parfois ses yeux, chargés de sommeil, se fermaient à demi, sa paupière alourdie s'affaissait; mais il résistait. Une sentinelle ne dort pas à son poste. Il était sentinelle. Il ne gardait pas seulement un malade contre les accidents de sa maladie. Il gardait un désespéré contre les mauvais conseils du désespoir.

C'était là sa mission. C'était aussi la raison officielle de sa présence en ce lieu. Il n'aurait pu rester là sous aucun autre prétexte.

Alerte donc! et point de faiblesse! C'était cette nuit surtout qu'il fallait craindre le désespoir.

Mais parlons franc. Pensez-vous qu'il fût temps de dormir? Sa tâche était-elle achevée? Pouvait-on désormais se reposer sur les lauriers cueillis? Ne restait-il rien à faire?

Tout restait à faire. M. Goujeux venait de remporter une victoire admirable, assurément, car il s'était relevé du fond même de sa défaite par sa seule force et sans secours. Mais cette victoire n'était point décisive. Elle était moins décisive à ses yeux mêmes qu'aux nôtres, puisqu'il savait ce qui s'était passé au palais, après le départ de Géraud, et que nous l'ignorons encore.

Cependant, pourvu qu'on ne perdît point trop de temps, la situation était bonne. Goujeux avait la garde suprême de cette porte fermée. Personne ne pouvait entrer sans sa permission. Le médecin avait dit : Solitude, absence d'émotion de quelque nature que ce fût.

Goujeux avait droit de se coucher en travers de ce seuil pour empêcher toute émotion de passer. Plus que jamais il était rempart, rempart inaccessible entre le silence de cette cellule et les bruits du dehors.

Il avait une nuit devant lui, une nuit tout entière.

Pour agir, maintenant, pour accomplir le dernier acte de ce plan qu'il avait combiné avec une lucidité si terrible, il lui fallait le réveil de Géraud, le réveil naturel. Il attendait, non pas sans fièvre, peut-être, mais avec cette redoutable patience qui était sa force.

Et en attendant il travaillait. C'était son intelligence, incessamment sollicitée, qui combattait l'effort du sommeil.

M. Goujeux travaillait. Quel était le bilan de la situation? Tréomer et Le Quien restaient debout, mais sans armes. Kerdanio était dompté, d'autant mieux qu'il avait agi. Le poignet blessé de l'ancien chouan tenait désormais le gentillâtre comme la meilleure et la plus étroite de toutes les paires de menottes. Quel était donc le seul obstacle présent entre la succession et la main qui la voulait saisir?

C'était Géraud. Comprenez bien cela : Géraud vivant, Goujeux ne pouvait jamais s'emparer de sa proie. En effet, toute l'œuvre de Goujeux, depuis le soir du mariage jusqu'à ce dernier jour, devait alors prendre pour Géraud sa signification vraie. Chacune de ses actions dévoilait d'elle-même son motif. L'idée seule du désintéressement absolu et complet du maître de forges avait pu entretenir la confiance de Géraud. Un mot, un signe indiquant une participation quelconque aux intérêts de Kerdanio devait faire tomber le bandeau violemment.

Or, une fois les yeux de Géraud dessillés, l'édifice entier, bâti avec tant de peine, mais bâti sur le sable, s'écroulait de fond en comble. Il n'y avait plus d'abri contre les accusations qui pleuvaient de toutes parts et qui seraient alors l'évidence.

Tout ce qu'avait fait Goujeux, tous ses tours de force, tous ses prodiges de diplomatie, toutes ses belles actions, tout enfin, tout prenait couleur de scélératesse et de là jusqu'à la découverte du crime qui tombait sous le coup de la loi, l'enlèvement des titres de Tréomer, il n'y avait qu'un pas.

C'est alors qu'une armée formidable se dresserait devant lui : Géraud d'abord, Géraud, sa victime choisie; Tréomer avec son coup d'épée au travers de la poitrine; Marguerite, la bouche débarrassée de son bâillon ; Clémence, Le Quien, Kerdanio et aussi ces deux comparses dont le témoignage devait être écrasant : Grand-François et M. Judaille...

Toutes ces pensées allaient et venaient dans son esprit, mais il souriait...

Géraud était condamné, voilà tout; condamné par lui, M. Goujeux, plus puissant et surtout plus expéditif que la cour d'assises.

Avec les deux ressuscités, Tréomer et M. Le Quien, c'était à refaire. Il tenait les titres. Il avait le temps. Avec Géraud, le dernier délai expirait. Géraud lui échappait, une fois cette nuit passée,

Les moyens? Il les avait. Il connaissait son homme ; il était sûr de son fait. Il eût pu dire à l'avance la mise en scène de ce dernier acte de la tragédie. Je vous le répète, il souriait, tant sa confiance en lui-même était absolue.

Et si parfois un nuage descendait sur son front, c'est que d'autres pensées venaient à la traverse.

Tout était bien. Géraud avait donné un démenti à Tréomer, un démenti solennel; que ce démenti eût peu de valeur au point de vue de l'affaire Géraud elle-même, il est du moins certain qu'il combattait les assertions de Tréomer au sujet de son état civil et de la position de sa mère; sans ce démenti, la solennité des circonstances aurait donné au document émané des mains de Marguerite un poids extraordinaire.

Tout était bien. Il ne faut pas encore chercher là le nuage

qui voilait de temps en temps le débonnaire sourire de M. Goujeux.

C'était le document lui-même qui était l'objet de sa préoccupation; c'était le manuscrit de Marguerite. Une pensée l'obsédait, malgré son invraisemblance et malgré les efforts qu'il faisait pour constater logiquement cette invraisemblance.

Ce ne pouvait être le manuscrit à lui confié par madame Géraud; il y avait là une impossibilité matérielle : personne au monde ne connaissait sa cachette, — tandis qu'au contraire Marguerite avait pu, avait dû recommencer son travail. Quoi de plus simple?

Mais comment avait-on confié ce manuscrit à Tréomer en présence des lugubres pronostics du docteur Rousseau? Entre parenthèses, fiez-vous aux promesses des médecins! Comment?... Lacune.

Et Goujeux avait suivi la lecture avec une scrupuleuse attention. Le mot à mot y était. Le manuscrit lu à l'audience était identiquement semblable au manuscrit de la cachette.

Mais, je vous le demande parce que M. Goujeux se le demandait, comment juger cette prétendue parité en l'absence de l'un et de l'autre des manuscrits? En comparant, on eût trouvé sans doute bien des différences qui avaient échappé à son examen dans une simple et rapide audition.

Et d'ailleurs, quand on traite deux fois le même sujet, on retombe fatalement dans les mêmes tournures de phrases.

Et puis enfin, un fait dominait tout : c'était impossible!

Nonobstant cela, Goujeux eût donné beaucoup pour être seul en ce moment dans son humble retraite de la rue Hue. En deux secondes, le cuir humecté eût soulevé le carreau, et il aurait bien vu par ses yeux.

C'est une chose étrange que la tyrannie de certaines préoccupations, non pas seulement chez les esprits faibles, mais auprès des plus fermes caractères. La logique n'y fait rien, le raisonnement se brise contre elles.

Exorcisez tant que vous voudrez, par ce mot qui est le signe de croix pour la raison orgueilleuse : Impossible! impossible! impossible! Répétez cent fois ce *vade retro* philosophique, l'idée, moucheron implacable, démon ailé, n'en bourdonnera que mieux autour de votre conscience.

A minuit moins un quart, Géraud s'éveilla. Goujeux qui le guettait vit un court frémissement agiter ses doigts, tandis qu'un soupir s'étouffait dans sa gorge. Il y eut spasme, effort douloureux, puis secousse soudaine et générale.

Goujeux se leva aussitôt et se rapprocha du lit. Il prit le bras du malade pour lui tâter le pouls. Il avait fait instantanément un vigoureux effort sur lui-même. Toute préoccupation étrangère était rejetée au loin. C'était l'heure de la lutte suprême; Goujeux avait ceint ses reins par la pensée : son cœur révolté voulait battre; il le contenait; il était prêt.

Il savait à l'avance comment les choses allaient se passer. Il était sûr.

Il se tut, attendant la première parole, comme le sang-froid du duelliste de profession laisse souvent passer le premier feu.

— Quelle heure est-il? demanda Géraud.
— Minuit.
— Tout doit être fini?
— Tout est fini.

Goujeux prononça ces mots à voix basse et d'un air sombre.

— Suis-je condamné? demanda Géraud, dont la voix s'affermit.

Goujeux ne répondit point; il courba la tête : il n'avait même pas besoin de parler pour mentir.

Géraud se souleva sur le coude sans effort apparent.

— Ah! ah! dit-il d'un accent insoucieux et comme s'il se fût agi d'un autre que lui-même, il y a condamnation? je ne l'espérais pas. C'est audacieux. Ces gens avaient beaucoup de haine.

— Une haine féroce, murmura l'ancien maître de forges, qui s'essuya le front et les yeux, une haine aveugle. L'arrêt sera cassé.

— Non, répliqua Géraud, vous savez bien que je n'en appellerai pas.

— Ami, cher ami... au nom de Dieu!

— Je vais savoir tout à l'heure si vous êtes mon ami, Amédée, prononça Géraud avec une inflexion de voix étrange.

Étrange pour tout autre, mais Goujeux eût modulé d'avance le son qu'il entendait. Sa poitrine se serra. Il resta calme et répondit :

— Mettez-moi à l'épreuve.

Au lieu de poursuivre, Géraud murmura, tandis qu'un pâle sourire errait autour de ses lèvres :

— Louvigné n'est pas près de faire un mort au whist...

L'ancien maître de forges eut peur, Géraud allait-il lui échapper par la folie?

— Laissez-moi revenir à la charge, reprit-il d'un accent plein de larmes; le pourvoi est sûr, les vices de forme abondent.

— Sur ce sujet, pas un mot de plus, Amédée, répliqua doucement Géraud; ma résolution est prise irrévocablement.

Il y eut un silence, après quoi Géraud poursuivit :

— Amédée, je ne voudrais pas mourir sur l'échafaud.

M. Goujeux se couvrit le visage de ses mains.

— Pauvre ami, continua Géraud avec compassion, ceci est une dure épreuve. Ce que je vais exiger de vous, je ne le demanderais à aucun autre au monde. Vous seul avez l'âme qu'il faut pour me comprendre. Je voudrais avoir du poison.

Le cœur de Goujeux sauta cette fois dans sa poitrine. Géraud entendit ses sanglots éclater.

— Au petit jour, vous sortirez, reprit Géraud; vous vous rendrez dans mon cabinet... Je vous ai montré le flacon à l'époque... à l'époque où Marguerite...

Sa voix faiblit, mais il dompta son émotion.

— Il est toujours à la même place, acheva-t-il d'une voix ferme; vous reviendrez et vous me l'apporterez.

Goujeux découvrit son visage baigné de véritables larmes, Goujeux entr'ouvrit sa redingote; Goujeux plongea la main dans son sein.

— Je n'avais oublié ni le flacon, ni sa place, balbutia-t-il, grand, cette fois, comme Frédérick-Lemaître en ses éclairs, grand comme la Tragédie antique.

— Vous l'avez? s'écria Géraud plus joyeux encore qu'étonné.

— Je ne veux pas... non... je ne veux pas non plus, râla Goujeux, que vous mouriez sur l'échafaud!

Géraud tendit la main. En prenant le flacon que Goujeux tenait entre ses doigts frémissants, il l'attira jusqu'à lui et le baisa aux lèvres pieusement.

— Vous êtes une sainte et digne créature! dit-il ému jusqu'au plus profond de son âme; votre dévouement admirable, votre attachement sans limites, votre héroïsme, Amédée, mon pauvre ami, car je ne trouve pas d'autre mot, ont été comme un baume sur l'atroce souffrance de mes blessures.

— Égoïste... vous savez... murmura Goujeux qui souriait au travers de ses larmes.

C'était en ces instants qu'il était le plus haut comédien de l'univers.

Géraud le pressa contre son cœur.

Je ne sais comment, tandis que Goujeux se relevait, son regard monta jusqu'à la petite fenêtre en œil de bœuf, fermée par deux barreaux de fer croisés, qui donnait l'air et le jour à la cellule. Goujeux avait installé lui-même au-dessus de cette fenêtre une tringle où pendait une sorte de rideau. Il y avait des maisons vis-à-vis, et Goujeux détestait les regards indiscrets. Certes, on ne pouvait craindre rien de pareil à cette heure de nuit; cependant Goujeux eut un petit mouvement de colère contre lui-même en s'apercevant que le rideau, tiré tout entier d'un côté, laissait l'ouverture libre.

Il fit jouer le rideau sur sa tringle en disant :

— Vous êtes juste dans le courant d'air.

Géraud se prit à sourire.

— Le rhumatisme aura beau courir, dit-il, je le défie de m'atteindre désormais!

Goujeux essuya la sueur chronique de son front et ne répondit point. Géraud poursuivit :

— Merci donc, mon bon et cher ami, mon frère! Merci du plus profond du cœur, non pas seulement pour les soins que j'ai reçus de votre constante tendresse, mais encore, mais surtout pour le dernier service que vous venez de me rendre. Le commun des amis aurait reculé devant cette preuve suprême du dévoûment complet, de l'abnégation sans bornes. Vous avez, vous, devancé mon désir. Merci encore une fois. Soyez béni et soyez heureux!

— Heureux! répéta l'ancien maître de forges d'une voix brisée.

Géraud regardait le flacon.

— J'aurais voulu ne point attenter à ma vie, reprit-il; et Dieu m'est témoin qu'à cette dernière heure, je crois ardemment et de toute mon âme aux grandes vérités de cette religion que pratiquait ma mère. Nous vivons dans un temps mauvais; j'ai senti l'atteinte de l'épidémie, je n'ai pas le courage qu'il faut pour bien finir. J'ai mal vécu, je meurs mal; mais j'espère en la miséricorde de Dieu, qui voit ma faiblesse et mon angoisse.

— Vous, Vincent! se récria Goujeux, vous avez mal vécu! Dites-vous cela! Ne sais-je pas mieux que personne le bien que vous avez fait? Ne sais-je pas?...

— Laissez, ami, interrompit Géraud, dont la voix était lente et calme; ce que vous écoutez à cette heure est mon testament.

L'ancien maître de forges courba la tête, et sa poitrine rendit un sanglot.

— Puisque beaucoup de gens me haïssent, poursuivit Géraud, je dois avoir offensé beaucoup de gens. Cela est ainsi. J'ai porté de certains coups avec intention, et je m'en repens amèrement. La langue fait des blessures qui ne guérissent point. Outre les torts dont j'ai conscience, il en est d'autres sans doute qui m'ont échappé. Je désire réparer les uns et les autres autant qu'il est en moi. Je vous charge de demander publiquement et par écrit à tous mes ennemis le pardon des fautes dont je me suis rendu coupable envers eux. Le ferez-vous?

— Je le ferai, murmura Goujeux, puisque vous le voulez.

— Merci donc encore une fois. Quant aux offenses que j'ai subies moi-même et dont je meurs...

Il s'arrêta, et ses deux mains s'appuyèrent contre sa poitrine.

Goujeux, qui le vit pâlir, dit :

— Vincent, ne pensez point à cela.

— Si fait, répondit vivement Géraud; j'y veux penser: c'est mon châtiment, mais c'est ma rédemption peut-être. Ma chère mère me disait : Quand tu souffres, offre tes peines à Dieu, Vincent. Je souffre! oh! oui, je souffre cruellement, et je suis tes conseils, ma bien-aimée mère. Je mets mon martyre aux pieds du Dieu de clémence et de justice.

— Madame Géraud, reprit-il après un silence, m'a brisé le cœur. Je ne crois pas qu'il y ait eu jamais un amour ardent et profond comme était le mien. Vous souvient-il, Amédée, je vous disais : Si je voyais une tache à mon soleil, je mourrais. Mon soleil s'est voilé : je meurs. Cela ne pouvait être autrement, puisque ma femme était ma vie, puisque je lui avais tout donné, tout, mon présent et mon avenir, puisqu'elle était le sang de mes veines et le battement de mon cœur. Cela devait être ainsi. Vous lui direz que je lui pardonne.

— Ah! noble et belle âme! gémit Goujeux.

— Ma fille... Pauvre enfant! J'ai fait souvent pleurer sa mère. Vous lui direz que je l'aime et qu'elle a eu mon dernier soupir.

— Je le lui dirai, Vincent, je le lui dirai.

— Tréomer, enfin...

Il passa les doigts de sa main droite sur son front.

— Ecoutez, Amédée, s'interrompit-il, je suis un avocat, c'est-à-dire un homme payé pour douter de tout, quand il s'agit de jugements humains, de tout, entendez-vous, même de la certitude qui vient par le témoignage des sens. Avons-nous besoin d'aller bien loin? Ne viennent-ils pas de me condamner?

— Si seulement vous doutez, Vincent... commença Goujeux, car il savait ne point reculer devant les témérités nécessaires.

— Laissez! l'interrompit encore Géraud avec autorité; nous n'en sommes pas à discuter les étranges sophismes du cœur de l'homme, qui peut contenir à la fois la certitude et le doute, qui peut allier je ne sais quel scepticisme à la conviction la plus inébranlable. Vous voyez bien que je crois, puisque je meurs; mais enfin...

Encore une fois, il s'arrêta.

— Mais enfin, reprit-il d'une voix plus sourde, tout en croyant, j'admets de certaines possibilités. Peut-être est-ce le trouble de la dernière heure. Je pardonne à Tréomer : ce n'est pas là-dessus que j'ai hésité. J'ai hésité... j'hésite... Oh! c'est qu'il est des pensées qui éblouissent et aveuglent comme la vue du soleil. S'il était son fils, en effet; si elle n'était pas coupable, si elle m'aimait, si ma petite Clémence...

— Rendez-moi le poison, Vincent, dit Goujeux d'une voix ferme.

Géraud serra le flacon d'un geste convulsif.

— Marguerite est trop jeune! prononça-t-il avec accablement, Marguerite est trop belle. C'est impossible! Mon Dieu! C'est impossible... impossible!

Il se leva droit sur son lit.

— J'ai dit, Amédée, poursuivit-il d'un ton bref et saccadé; maintenant, laissez-moi à moi-même. Je prends une heure pour prier et pour me préparer. J'ai prononcé ma dernière parole et je vous prie de ne me plus parler. Adieu.

Il tendit ses deux mains. Goujeux se précipita dans ses bras.

Puis, esclave toujours des volontés de son ami, il s'éloigna jusqu'au bout de la cellule où il s'assit, les yeux fermés et les mains sur son visage.

Géraud se renversa sur son oreiller. Il mit devant lui, sur sa couverture, sa montre à côté du flacon. La montre disait minuit et demi.

Il essaya de prier. Entre lui et la pensée de Dieu une image se plaça. C'était une femme, plus belle que les anges du ciel; ses traits divins étaient voilés par la pâleur. Elle souriait parfois, cependant, et parfois ses joues se baignaient de larmes.

Géraud disait en lui-même :

— Marguerite est trop belle! Marguerite est trop jeune!

Et l'heure marchait.

XII

Pendant vingt minutes à peu près, M. Goujeux guetta Géraud à travers les interstices de ses doigts. Le sommeil et la fatigue l'accablaient; mais, dans de telles circonstances, il se croyait bien sûr de résister à la fatigue et au sommeil.

On ne dort pas, non, si bronzé que soit le cœur, on ne peut pas dormir, auprès d'un dénoûment qui tient encore par un fil.

Nous ne parlons pas d'agonie. Ce bon M. Goujeux eût dormi au milieu de vingt agonies; la question n'est pas là. Nous parlons du flacon qui était encore intact entre les mains de Géraud, et nous disons :

On ne dort pas, on ne peut pas dormir, quand on est Goujeux, tant qu'on n'a pas vu le goulot de ce flacon-là glisser entre les lèvres.

C'est l'évidence. M. Goujeux avait donc bien raison de ne pas redouter les suprises du sommeil.

Au bout de vingt minutes, il y eut comme un voile sur sa vue.

Le voile se dissipa presque aussitôt après.

Et Géraud eut un sourire triste que M. Goujeux ne remarqua point, quoiqu'il eût vaguement la conscience de veiller toujours.

En effet, Géraud avait souri parce qu'il avait entendu ronfler M. Goujeux, lequel rêvait qu'il veillait toujours.

Géraud se disait :

— La fatigue... le calme de la conscience... Tant mieux! Pauvre ami! quand il se réveillera, tout sera fini.

Il y avait un autre homme qui n'avait attendu ni le verdict du jury ni le prononcé de l'arrêt. Dès huit heures du soir, nous eussions rencontré M. Le Quien à son poste, dans l'ancienne mansarde du petit étudiant Leguillou. Ce qui venait de se passer au Palais avait frappé M. Le Quien comme un coup de foudre. Il ne s'était pas attendu à cela ; il n'avait compris la tactique de Goujeux qu'au moment même où la mine éclatait, renversant d'un seul coup toute son œuvre.

Comme Goujeux, M. Le Quien avait pu se dire : C'est moi qui ai fait cela! car il avait lui-même introduit Géraud dans l'enceinte.

Mais, pas plus que Goujeux, il n'était homme à s'avouer vaincu sous un revers. C'étaient deux ténacités pareilles, quoiqu'elles eussent des origines très-opposées et qu'elles procédassent par des moyens très-différents.

Aux yeux de M. Le Quien, Goujeux grandit tout à coup par ce fait jusqu'à faire naître en lui une mystérieuse épouvante. Un instant, M. Le Quien resta étourdi comme sont les enfants devant l'escamoteur qui vient d'exécuter un tour impossible.

La réaction se fit. Il sortit de l'audience, où il n'avait plus que faire, puisque Grand-François ni Judaille ne pouvaient plus varier dans leurs dépositions. Sa pensée était de combattre Goujeux pied à pied jusqu'à la fin; mais comment? sur quel terrain? avec quelles armes?

A ce propos, nous devons constater qu'il y avait un meuble nouveau dans la mansarde : une carabine de chasse au canon demi-long, mince et noir. Elle était dressée contre le pied de la lunette. M. Le Quien était un rude tireur. La cellule de Géraud n'était pas à plus de soixante-dix pas. Une balle bien dirigée est un argument brutal qui coupe court à toutes les diplomaties.

C'était ce soir même que M. Le Quien avait apporté la carabine sous sa blouse.

Le verrou fermait la porte en dedans comme à l'ordinaire. L'ancien chouan était assis sur le pied du grabat dans le coin le plus obscur de la mansarde. Tant qu'il y avait un rayon de jour au dehors, il n'osait point s'aventurer du côté de la lucarne. D'ailleurs, le jour, le regard ne pouvaient pénétrer dans l'obscure cellule.

M. Le Quien restait donc immobile et plongé dans ses réflexions. Son œil se relevait parfois vers la carabine avec une évidente répugnance. A plusieurs reprises, on eût pu l'entendre grommeler entre ses dents :

— J'avais dit que c'était fini, ce jeu-là !

Il rabattait alors sur ses paupières les touffes froncées de ses gros sourcils. Il restait quelque temps silencieux, puis, comme si une attraction magnétique eût agi sur sa prunelle, son regard revenait au canon noir et affilé qui brillait faiblement aux dernières lueurs du crépuscule.

Enfin, la nuit tomba. L'ancien chouan se glissa jusqu'à la lucarne, et son œil interrogea avidement les murailles de la Tour-le-Bât. Aucune lueur ne se montrait aux croisées. Un frisson parcourut les veines de Le Quien.

Un pressentiment sinistre était en lui. Peut-être ne donnait-il pas un sens précis à ses craintes, mais, pour être vagues, elles n'en oppressaient que mieux sa poitrine. Il avait compris Goujeux. Il tremblait.

Vers neuf heures, une lueur se fit, un carré lumineux se découpa dans la muraille sombre de la prison. C'était la fenêtre de Géraud, et il n'y avait point de rideau pour arrêter le regard.

Voici ce que vit M. Le Quien. Le lit de Géraud se trouvait placé à l'extrémité de la cellule qui se montrait à découvert. Géraud était étendu sur son lit, immobile. Le médecin de la prison lui tâtait le pouls. Le profil de M. Goujeux, coupé par le cercle de la fenêtre, apparaissait derrière le médecin.

Le Quien respira. Il avait redouté quelque chose de pire.

Le Quien avait une de ces vues perçantes et sûres qui suppriment la distance. L'expression du visage de Goujeux, qui se croyait caché à tous les regards, ne lui échappa point. Goujeux examinait avidement le malade par-dessus l'épaule du médecin. Il y avait dans l'ensemble de sa physionomie et derrière cette placidité que l'habitude avait collée sur sa face comme une seconde peau, plus de curiosité que d'inquiétude.

Le médecin avait le dos tourné. La lumière tombait d'aplomb sur les joues hâves et défaites du malheureux avocat. Le Quien se dit : Il est temps ; la mort viendrait.

Comme pour confirmer cette pensée, le docteur secoua la tête lentement, tandis que ses épaules soulevées semblaient dire : Les moyens humains ne peuvent rien à cela.

Les lèvres de Goujeux remuèrent. Bien entendu, aucun son ne parvenait jusqu'à l'ancien chouan, mais il devinait. Goujeux venait de prononcer sans doute quelques bonnes paroles, car le docteur se tourna vers lui et lui donna la main.

La faction de Le Quien devait être longue. Il s'y attendait. Il alla prendre une des chaises boiteuses qui composaient le mobilier tant regretté par Leguillou, et l'apporta auprès de la lucarne. Il s'y assit, et, chose singulière ! avant de mettre ses coudes sur l'appui de sa croisée, il jeta brusquement le bras en arrière pour s'assurer que la carabine était bien à portée de sa main.

La carabine était à distance convenable. M. Le Quien s'installa en homme qui ne compte pas bouger de sitôt.

Quand son regard interrogea de nouveau la fenêtre de la prison, la scène avait changé d'aspect : Géraud restait immobile sur le lit, mais le docteur avait disparu, et M. Goujeux s'était assis près du mur opposé à l'œil-de-bœuf. Le bord de la fenêtre le coupait encore en deux, cachant à la fois son torse et son visage, mais laissant voir ses jambes paisiblement croisées, sur lesquelles ses deux mains se joignaient en tournant leurs pouces avec régularité.

De temps en temps, une de ses mains prenait un vaste mouchoir à carreaux et disparaissait, sans doute pour étancher la sueur ruisselant obstinément sur le front de l'ancien maître de forges.

Les heures passèrent, signalées par le son lointain des horloges. Les bruits de la ville s'en allèrent baissant, puis se turent. Aux fenêtres des maisons, les lumières s'éteignaient tour à tour. La dernière brilla jusqu'à onze heures aux croisées de l'hôtel de***, derrière les beaux arbres du jardin, — puis elle mourut. — Rennes dormait.

Le Quien veillait, dur et infatigable. Le sommeil ne cherchait point ses yeux. Il était là comme le chasseur qui tient l'affût, patient, du coucher au lever du soleil.

Ce fut seulement vers minuit que M. Géraud donna son premier signe de vie. Un souffle plus bruyant passa dans la gorge de Le Quien. Sa tête se tendit en avant.

Dans le silence profond, il entendit, comme si c'eût été un murmure indistinct, les voix du prisonnier et de son compagnon.

Géraud parla le premier. Goujeux quitta aussitôt son siège et vint lui tâter le pouls. Le rideau tiré de côté laissait toujours la fenêtre grande ouverte. M. Le Quien regardait de tous ses yeux ; il prêtait l'oreille comme s'il lui eût été possible d'entendre.

Devinait-il ? On ne peut pas dire cela ; mais on peut dire que son esprit tendu frôlait de si près le mot de l'énigme, qu'il ne lui fallait pour deviner qu'un mouvement mimant à demi la pensée, qu'un geste traduisant la parole.

Le geste vint, et il ne traduisait pas à demi.

M. Goujeux tira un flacon de son sein. La main avide de Géraud le saisit.

Le Quien était sur ses pieds. Il prit la carabine avec une résolution froide. La crosse de l'arme toucha son épaule.

Géraud avait les yeux au ciel. Il semblait rendre grâces.

M. Le Quien visa Goujeux au cœur. Cependant, Géraud n'approchait point le flacon de ses lèvres.

— Si je me trompais... pensa tout haut Le Quien.

Le canon descendit et s'appuya sur la fenêtre. Et l'occasion fut perdue, car nous savons qu'à cet instant même, M. Goujeux tira le rideau. On ne voyait plus rien qu'une lueur jaunâtre, tamisée au travers de l'étoffe. L'intérieur de la cellule avait tout à coup disparu.

Les doigts de Le Quien mordirent convulsivement le bois de son arme, tandis qu'une sourde malédiction lui échappait. Sa carabine tomba sur le carreau bruyamment. Le Quien passa ses deux mains dans ses cheveux hérissés.

Pendant un instant, le sentiment de son impuissance l'écrasa. Puis il se redressa, pressant ses tempes ardentes. Lui aussi avait ses ressources. Tout un plan nouveau venait de surgir en lui. Vous eussiez pu voir ses yeux briller tout à coup dans l'ombre, vous eussiez pu entendre le souffle robuste et bruyant qui faisait explosion hors de sa poitrine oppressée.

— Je sais le chemin, Dieu merci ! murmura-t-il.

Ce fut tout. Il repoussa du pied la carabine, inutile désormais, et se mit d'un saut debout sur l'appui de la lucarne.

Il y a des hommes qui ne connaissent pas le vertige et qui peuvent se pencher impunément au-dessus de l'abîme. Le Quien était ainsi : cœur d'acier, tête de marbre. Il regarda son poignet droit bandé par les compresses, il essaya ses reins, planté qu'il était en équilibre sur l'étroit rebord du toit. L'examen fut à moitié satisfaisant, car il s'accroupit résolument et se laissa tomber sur la toiture voisine, qui n'était pas distante de plus de six pieds en hauteur.

La nuit était sans lune, mais aucun nuage ne couvrait le firmament chargé d'étoiles. A cette hauteur, Le Quien voyait distinctement les objets qui l'entouraient, tandis que le jardin semblait un gouffre, plongé dans de profondes ténèbres. La toiture sur laquelle il se trouvait en ce moment recouvrait des dépendances de la maison principale. C'était une sorte de terrasse ardoisée dont l'inclinaison mesurait à peine un pied sur dix, et qui se terminait par une large gouttière en bordure rejoignant le pignon d'un bâtiment un peu plus bas; qui appartenait à l'hôtel de***.

Quand M. Le Quien avait dit tout à l'heure : *Je sais le chemin, Dieu merci!* il n'entendait point parler de la route aventureuse qu'il suivait en ce moment. C'était une allusion à un fait déjà ancien. Quelque vingt ans auparavant, M. Le Quien s'était évadé de la Tour-le-Bât en prenant le chemin qu'il comptait suivre pour s'y introduire aujourd'hui. Il était jeune en ce temps-là, et il avait sa vie à sauver. Vingt ans de plus mettent du poids dans les jarrets d'un homme. Il ne suffit pas de savoir la route, il faut pouvoir.

M. Le Quien n'avait pas trop l'air de calculer ce que ces vingt années écoulées pouvaient ajouter aux difficultés de son entreprise. Il descendit jusqu'au plomb, debout et sans user de ses mains; de la même façon, il suivit la gouttière qui tremblait sous son poids et enjamba le toit de la maison voisine. Une fois là, il y avait à faire un saut d'une quinzaine de pieds pour atteindre la couverture d'un hangar, servant de resserre au jardinier de l'hôtel de***. M. Le Quien se baissa, pour le coup; il se prit par les mains à la saillie du toit, et sans hésitation aucune, il se laissa tomber sur la couverture de la resserre.

En prenant pied, il se dit :

— A la bonne heure... J'avais idée que ça pourrait bien se défoncer.

Au bout du hangar, en tirant vers l'hôtel, il y avait une

élégante volière en fer ouvré, dont la calotte, de style chinois, présentait un de ses angles à un mètre environ de l'extrémité du toit. M. Le Quien était pressé. Il se lança et prit à la volée le fil de fer contourné qui fléchit sous son poids. Il vint donner de tout son élan contre le treillis de la cage, dont les oiseaux effrayés se mirent à crier en voletant follement.

Il n'y avait point de chien dans le jardin de Madame de***, précisément à cause de ses chers oiseaux. Un nommé Azor, après cinq ans d'une vie irréprochable, avait étranglé une fois une colombe de Sumatra qui valait gros. Depuis lors, les chiens n'avaient plus accès à l'hôtel.

Bien en prit à M. Le Quien, qui s'accrocha au treillage, sans souci des oiseaux effarouchés et trouva enfin la terre ferme sans autre mal que deux ou trois égratignures.

Je ne sais comment il s'y fût pris pour mieux faire vingt ans auparavant. Vous et moi nous nous serions cassé le cou au jeu qu'il venait de jouer; voici la chose certaine.

Il était pressé. Il traversa le jardin en courant et arriva tout d'un temps au pied de la terrasse de la Tour-le-Bât. Il marcha droit à l'ancien rempart dont les pierres, séparées par de larges interstices où croissaient d'énormes giroflées, aux tiges grosses comme trois doigts, auraient pu fournir à la rigueur un moyen d'escalade. Mais tel n'était point le projet de M. Le Quien. Il était pressé; il n'avait pas le temps. En grimpant, on ne va pas assez vite ; mieux vaut sauter par-dessus les murs.

Celui-ci avait de trente-cinq à quarante pieds d'élévation.

M. Le Quien mit son talon tout contre la base du vieux rempart et se prit à marcher vers l'un des peupliers qui formaient rideau de ce côté du jardin. Il compta six pas pleins.

Puis il caressa de la main le tronc du plus bel arbre et en regarda le faîte.

— Les gaillards ont drôlement grandi, depuis le temps! grommela-t-il.

Ses deux jarrets plièrent. Il bondit. Sa main s'accrocha à la plus basse branche du peuplier, tout près du tronc, car il ne faut pas allonger le levier, quand on se confie à ce méchant bois blanc qui casse comme du verre. Une minute après, M. Le Quien, à quarante pieds du sol, regardait par dessus la murette de la terrasse de la Tour-le-Bât.

Mais il avait encore six pas à franchir, et à six pouces du

tronc, son pied eût brisé la meilleure des branches du peuplier.

Un chat sauvage eût tenté le saut avec succès peut-être. M. Le Quien avait d'autres tours dans son sac.

— Ont-ils grandi, ont-ils grandi, ces gaillards-là! répétait-il avec ce contentement qu'on a en retrouvant un beau jeune homme à la maison où l'on a laissé un enfant chétif et malingre; m'est avis qu'il faudra tirer dur! Dans le temps, la tête était à plus de six pieds au-dessous de la terrasse. Tonnerre de Brest! quelle poussée le vieux mur me donna!

Ce dernier mot appelle une courte explication.

M. Le Quien, pris les armes à la main au commencement de l'Empire et condamné à mort, s'était évadé de la Tour-le-Bât en faisant précisément ce saut de chat sauvage dont nous parlions tout à l'heure. Du haut de la terrasse il s'était élancé à la grâce de Dieu et avait réussi à embrasser la tige de l'un des peupliers: rude baiser qui avait laissé sur son corps plus d'une cicatrice. L'arbre s'était courbé violemment sous le choc, et, dépassant, en revenant, la ligne verticale, il avait donné son contre-coup à la muraille, laissant le pauvre Le Quien à demi écrasé.

Il s'était sauvé tout de même parce qu'il avait alors le diable au corps. Vingt ans de moins, vous comprenez!

On n'oublie pas une pareille aventure. M. Le Quien s'en souvenait, vous allez bien le voir.

Puisque le peuplier avait pu l'écraser contre le mur, autrefois que le peuplier était plus bas que le mur, maintenant que le peuplier avait grandi, rien ne l'empêchait de porter ses oscillations au-dessus du mur. Le raisonnement de M. Le Quien n'était pas plus compliqué que cela.

Il prit l'arbre à bras-le-corps comme un lutteur, et il tira. L'arbre vint à la secousse, mais d'une manière presque insensible. M. Le Quien, mesurant son mouvement, le laissa opérer une demi-vibration, puis pesa de nouveau. Le va-et-vient se fit plus large. M. Le Quien, profitant du retour, donna son effort en mesure. Du haut en bas, l'arbre frémit, travaillant dans toute son écorce.

— Allons, bonhomme! dit l'ancien chouan qui sentait déjà le tangage, à moi, à toi la balançoire!

Après une douzaine d'efforts, le peuplier secouant ses feuilles au vent, oscillait comme la tige d'un métronome. M. Le Quien qui avait le dos à la muraille se tourna un peu de côté. Il s'assura que son corps avait toute sa liberté d'élan et qu'aucune partie de ses vêtements ne tenait aux branches, puis, saisissant sa belle, il lâcha tout et tomba sur ses pieds au centre de la terrasse.

Ma foi, il regarda un instant l'arbre se balancer, pendant que les chandelles allumées par le terrible choc s'éteignaient autour de ses yeux, et il ne put pas s'empêcher de se dire :

— Tout de même, on n'est pas encore trop impotent pour l'âge qu'on a et le service !

Il secoua son poignet, qui le brûlait comme un feu, et toucha ses reins endoloris, puis, prenant son élan, il atteignit d'un bond la fenêtre de Géraud, à laquelle il se cramponna de la main gauche. Mais il fallut bien employer la main droite pour se soulever à la force des bras. Sa blessure, rouverte donna un élancement si violent, qu'un cri d'angoisse vint jusqu'à sa gorge et s'y étouffa. Il y avait du sauvage dans ce Le Quien. Il avait jusqu'alors accompli sa besogne sans bruit. La sentinelle, veillant dans le préau voisin, n'avait dû entendre d'autre son que celui des feuilles agitées : sa consigne n'était pas de surveiller le vent.

Nous devons constater, en outre, que cette traversée semi-aérienne s'était opérée avec une rapidité dont les longueurs de notre récit ne peuvent donner aucune idée. En comptant les quelques minutes de réflexion qui avaient précédé le départ, M. Le Quien n'avait pas employé plus d'une demi-heure à franchir les divers obstacles qui séparaient la mansarde de la prison.

Accroché qu'il était à l'appui de l'œil-de-bœuf, M. Le Quien prêta l'oreille attentivement et n'entendit rien. Un froid parcourut ses veines. Était-il trop tard ? Il parvint à saisir la barre de fer verticale et se hissa doucement jusqu'à ce qu'il fût assis sur la saillie de la fenêtre. Il écouta encore. Un silence profond régnait à l'intérieur de la cellule.

— Si j'avais pourtant mis une balle dans la tête de ce misérable coquin ! pensa l'ancien chouan avec un gros soupir.

Il n'acheva pas. Ce n'était pas le moment de causer avec soi-même. Il avança la tête jusqu'au barreau pour écouter mieux : les battements de son propre cœur parlaient trop haut pour qu'il pût saisir certains sons, tels que le souffle d'un homme endormi. Son inquiétude arrivait au comble. Il étendit la main et souleva un coin du rideau.

Un sentiment de bien-être se répandit dans tout son corps.

Il venait d'apercevoir Géraud, toujours couché sur son lit. Géraud avait les yeux ouverts et les mains jointes sur sa poitrine. On eût dit qu'il priait. Devant lui, sur la couverture, sa montre était posée, auprès du petit flacon.

Ce fut ce dernier objet qui attira tout d'abord le regard de M. Le Quien. Il ne respira bien à son aise que quand il eut constaté ceci : le flacon était plein.

Mais Goujeux? L'ancien chouan le chercha de l'œil et ne le trouva point. Avait-il quitté la cellule? Attendait-il tranquillement chez lui le résultat et la récompense de son mémorable travail? Ceci rentrait suffisamment dans le caractère cauteleux du maître de forges ; cependant Le Quien gardait un doute. Selon lui, Goujeux aurait dû veiller jusqu'au dernier moment et ne pas abandonner ainsi son œuvre inachevée.

Un son lui vint aux oreilles pendant qu'il pensait ainsi, mais il ne voulut pas d'abord en croire son ouïe. Le son était un ronflement calme et bien timbré. Était-ce possible?

Tout à l'heure, Le Quien avait été sur le point d'appeler Géraud par son nom et de lui parler. Ceci l'arrêta. Il souleva l'autre coin du rideau et vit Goujeux dont les bras avaient glissé le long de ses flancs et qui sommeillait comme un juste.

La bouche de l'ancien chouan resta béante et ses yeux s'allumèrent.

— Tonnerre de Brest! gronda-t-il en lui-même, ça dort! Qué paroissien tout de même!

M. Géraud prenait en ce moment sa montre. Il l'ouvrit machinalement et porta la clef jusqu'au trou monteur ; mais, au lieu de faire tourner la clef, il referma la montre en murmurant :

— Qu'elle se repose, elle aussi!

Puis il ajouta :

— J'ai oublié de dire au bon Goujeux qu'il la remette à ce Le Quien... un singulier homme! Je lui dois ce souvenir.

Le Quien sourit et son œil le piqua. Si c'était une larme, elle n'eut pas le temps de venir.

M. Goujeux s'agitait, en effet, sur son siége. La sueur brillait à son front et à ses tempes. Ses lèvres remuaient. Il rêvait.

Géraud le regarda en même temps que Le Quien le guettait.

Mais, en le regardant, Géraud prit à la main le flacon et dit :

— Pauvre ami! Je suis bien sûr qu'il me voit dans ses songes. Il faut que tout soit fini avant qu'il s'éveille.

Ce fut comme une réponse. Goujeux murmura :

— Pas encore! pas encore!

Puis il ajouta d'un ton de laborieuse angoisse :

— Je le connais! je le connais!... votre aveu le tuerait!

Les deux témoins qui l'écoutaient comprenaient également, mais ils donnaient à ces paroles des significations bien différentes.

Géraud, qui tenait le flacon de la main droite, porta sa main gauche au bouchon de cristal qui le fermait. Le Quien, en équilibre sur la saillie, passa vivement sa main sous sa blouse.

— Il ne faut pas qu'il s'éveille, pensa-t-il; je ne parlerai point, de peur de l'éveiller!

Depuis l'affaire de la salle des témoins, le maître de forges lui inspirait une sorte de terreur superstitieuse. Armé qu'il était contre lui de témoignages irrécusables, il fuyait la bataille, lui, si brave pourtant et si dédaigneux du danger.

Sa résolution était soudaine, elle fut soudainement exécutée.

Sa main revint pleine de papiers qui décrivirent une courbe, à partir de l'œil-de-bœuf jusqu'au lit, et vinrent tomber sur la couverture de Géraud à l'instant même où le bouchon de cristal grinçait dans l'étroit goulot du flacon.

Géraud, stupéfait, se retourna vivement. Personne dans la chambre. A la fenêtre, un souffle de brise agitait faiblement le rideau fermé.

Sans quitter le flacon, Géraud tourna ses yeux vers les papiers. Un nom le frappa, inscrit sur l'enveloppe qui s'était ouverte, laissant échapper les feuilles éparses : le nom de M. Goujeux.

Celui-ci s'efforçait dans son rêve. On put entendre qu'il balbutiait :

— J'ai la clef... *Good dog, Thunder !... good dog!...*

— Y a-t-il quelqu'un là? demanda tout bas M. Géraud, demi-tourné vers la fenêtre.

Il n'y eut point de réponse, mais la voix de la sentinelle cria au dehors :

— Qui vive?

Un pas rapide rasa le sable de la terrasse.
— Qui vive?

Ce fut comme un grand coup de vent qui secoua les feuilles des peupliers dans le jardin de l'hôtel de ***.
— Qui vive?

Plus rien. — Le factionnaire ne tira pas. Sur quoi tirer! Sur un feuillage qui tremble?

Géraud était seul, en face de M. Goujeux qui dormait. Un rapide soupçon avait traversé son esprit. C'était le second. Sa confiance avait vacillé déjà dans la salle des témoins.

Mais sa confiance pouvait vaciller sans tomber. La base en était large et profondément scellée dans son cœur. Le Quien avait peut-être eu raison de ne pas éveiller le maître de forges. Mais Le Quien ne tenait plus les papiers en main; il ne pouvait pas les défendre. Qu'eût-il fallu pour porter Géraud à brûler ces feuilles volantes sans les lire? Un mot peut-être, peut-être un geste.

Car le soupçon était vague et faible, tandis que la défiance contre ceux qui pouvaient accuser son ange gardien, comme il appelait Goujeux, était robuste et obstinée.

Il avait déposé le flacon et tenait sa main ouverte sur l'enveloppe. Son regard déjà rasséréné alla vers le dormeur, car il venait de se dire :

— Sommeillerait-il ici, près de moi, s'il n'avait la conscience d'un saint?

Le bras droit de Goujeux se souleva lourdement. Il balbutia des mots inarticulés, puis cette phrase sortit tout d'un trait :

— Kerdanio! j'aurais donc travaillé pour rien, moi!

Les sourcils de Géraud se froncèrent. Sa bouche s'ouvrit pour éveiller le dormeur, mais son regard, en revenant à son lit, rencontra un des papiers échappés de l'enveloppe. Ce même nom, qui était encore dans son oreille, lui sauta brusquement aux yeux.

Kerdanio!

En même temps, Goujeux se démenait et criait :

— Il n'y a rien dans ma chambre! Je n'ai pas de cachette!

Il poussa un profond soupir et se tut; son sommeil redevenait tranquille.

Mais Géraud s'était dressé sur son séant. Sa main frémissante tenait le papier au bas duquel la signature du hobereau était tracée; il lisait. Son visage avait changé d'expression, ou plutôt la vie, dans tout son être amoindri et affaissé, remplaçait violemment la mort.

Il lisait. Il avait grande peine à lire, car ses doigts convulsivement agités secouaient le papier, et des nuages et des éclairs allaient, passant au devant de sa vue. Il lisait, mais ses oreilles bourdonnaient, comme s'il y eût eu des cris confus plein la solitude de la cellule, mais son sang ardent et révolté bouillonnait dans ses veines, mais son cœur turbulent battait et brisait sa poitrine.

Il lisait, — c'était le plus grand travail de toute sa laborieuse vie! — Les lettres fuyaient et se mêlaient, le papier se rougissait, le mot disparaissait dans un trou noir.

Il eut peur de mourir, et il fût mort joyeux, pourtant, car sa pauvre âme se dilatait en d'immenses joies. La folie le prenait, la folie des écrasantes allégresses.

Qu'était-ce donc, ce papier qu'il ne pouvait pas lire et qui le jetait dans ces transports? ce papier qui ne contenait que trois lignes, signées du nom de Kerdanio?

Nous l'avons dit : c'était un homme sagace, un esprit perçant. Il avait fallu que ses deux mains, ses deux mains à lui-même fussent appuyées sur le bandeau pour que l'œil de son intelligence ne passât point au travers.

Le bandeau, c'était le désintéressement *évident* de Goujeux.

Le papier était une reconnaissance de trois mille francs consentie par Kerdanio en faveur de Goujeux.

Et ce n'était pas seulement la joie qui éblouissait Géraud, c'était aussi la lumière.

Car il y avait d'autres quittances semblables, une, deux, trois, dix, vingt, que sais-je? toutes libellées en due forme et passées sur timbres de commerce.

Les affaires bien faites n'amènent jamais de désagréments.

Goujeux dormait toujours.

Géraud étreignit son front qui voulait éclater.

Le nom de Marguerite vint à ses lèvres, et ses larmes jaillirent.

Les autres papiers étaient l'acte de vente, daté du jour même où Géraud avait épousé Marguerite Maynard, — l'acte de vente des droits éventuels de Kerdanio à la succession du vieux Tréomer, moyennant une somme de cent mille francs.

Puis encore, l'acte de naissance d'Ange Malhoët et l'acte de mariage de Marguerite avec le vicomte Jean-Marie.

Géraud regarda Goujeux, qui dormait toujours.

Les premières lueurs de l'aube passèrent au travers de l'étroite fenêtre.

Goujeux se réveilla enfin, parce qu'une main lourde était sur son épaule.

Il ouvrit les yeux en sursaut et crut rêver encore. Devant lui, Géraud se tenait debout. Géraud était si droit, si haut, si grand qu'il eut peine à le reconnaître. Ce fut pour lui, au premier moment, un de ces sombres vengeurs qui venaient de passer peut-être dans les angoisses de son sommeil. Il fit effort pour s'éveiller encore une fois. Puis le souvenir renaissant tout à coup avec force, il eut l'idée, quoique rien de religieux ne fût en lui, quoique le ciel fût à ses yeux une boîte vide, fabriquée par le charlatanisme, en vue de piper la sottise, il eut l'idée que le fantôme de Géraud empoisonné était devant lui. Cela dura peu, mais cela fut, l'aspect du jour naissant lui donnait la mesure du temps écoulé. Géraud pouvait être mort.

Ses dents s'entre-choquèrent et une lueur hagarde roula dans ses yeux.

Mais cette épouvante, fille des défaillances qui suivent un brusque réveil, ne vécut pas une seconde. Il sentit la main qui pesait sur son épaule, c'était une main de chair et d'os. Il regarda du côté du lit. La couverture avait été violemment rejetée. Une autre terreur qui avait sa source dans les choses de ce monde serra la poitrine de Goujeux. Que s'était-il passé? Pourquoi Géraud vivait-il à cette heure?

Géraud était à contre-jour. Il tournait le dos à l'œil-de-bœuf. La lueur mourante de la lampe envoyait seulement quelques reflets à son profil perdu. Goujeux, à mesure que ses yeux se dessillaient, le regardait plus attentivement. Il vit la flamme sombre de sa prunelle. Il devina que quelque révélation étrange avait eu lieu. Comment? Quand? Pourquoi? C'était le mystère.

Il se replia sur lui-même afin de combattre. Il fit appel à toutes ses facultés. Quelle que fût l'attaque, et de quelque part qu'elle vînt, il était prêt déjà. Les fumées du sommeil avaient disparu. Son sang-froid renaissait, chassant devant lui les vagues frayeurs.

— Ai-je donc dormi, mon pauvre Vincent? commença-t-il d'un ton de contrition.

— Oui, répondit Géraud d'une voix sourde, et vous avez fait un mauvais rêve.

Goujeux sentit que la pâleur lui montait à la face. Parfois le sommeil parle.

Avait-il parlé dans son rêve?

De vagues fatigues lui restaient, et il gardait en effet la conscience d'avoir subi un cauchemar.

Géraud restait maintenant silencieux, mais sa main gauche, qui pendait le long de son flanc, se leva lentement, et Goujeux vit qu'elle tenait le flacon.

Le flacon, présenté ainsi à contre-jour, laissait passer les rayons lumineux au travers de son contenu, coloré faiblement. Il ne fallait pas plus d'un coup d'œil pour voir qu'on ne l'avait pas entamé.

Comme la main de Géraud se tendait, Goujeux avança machinalement la sienne. Le geste de Géraud commandait de prendre le flacon; Goujeux prit le flacon.

Alors l'autre main de Géraud, celle qui pesait sur son épaule, se détacha lentement, encore plus lentement, et les yeux de Géraud brillèrent, — et quelque chose qui n'était pourtant pas un sourire releva les coins de ses lèvres.

Goujeux se mit sur ses pieds d'un mouvement automatique.

Cette flamme étrange qui brûlait dans la prunelle de Géraud l'attirait, mais l'ébranlait comme la secousse d'un bras d'athlète.

— Qu'avez-vous, ami?... balbutia-t-il, qu'avez-vous?

Géraud ne répondit point. Sa main gauche était vide maintenant, sa main droite revint vers sa poitrine et s'arrêta demi-tendue juste sous les yeux de Goujeux. Celui-ci, jusqu'alors, n'avait pu voir cette main qui était sur son épaule; sa paupière battit quand il l'aperçut enfin; une rapide convulsion montra tout le blanc de ses yeux.

Cette main portait la tête de Méduse.

Goujeux ne put retenir un gémissement rauque. Le sommet de son crâne se rougit, tandis qu'un cercle noirâtre s'estompait autour de ses yeux.

Il essaya de se redresser pourtant et de mordre la massue qui l'écrasait. C'était une belle vipère.

Il parvint à regarder fixement cette main qui lui montrait, immobile et ferme qu'elle était, toutes les mailles du filet qu'il avait roulé autour de ce misérable Kerdanio, son jouet, son arme, son outil! tous les papiers de sa cachette introuvable, tous les témoins muets, mais irrécusables de son infamie, les signatures du hobereau, l'acte de vente, les autres actes volés dans le secrétaire de Tréomer.

Une seule pièce manquait : le manuscrit de Marguerite. Mais celle-là était comme une arme à feu déchargée et qui a produit son effet. On l'avait lu à l'audience le manuscrit de Marguerite !

Et pendant qu'on le lisait, une voix s'était élevée en lui pour crier : On a déterré ton secret !

Il n'avait pas voulu l'entendre.

C'était la Providence. Il ne croyait pas à la Providence. Il se roidit en face de cet ennemi inconnu ; il eut, en vérité, la force de sourire. Il protesta, tant il avait d'héroïsme dans le mal, cet homme ; il attaqua l'arrêt de Dieu.

— Vincent ! mon bon et cher Vincent, commença-t-il, donnez-vous gain de cause à de vaines apparences contre une amitié de vingt ans ?

Géraud avait la vue qu'il fallait, une fois le bandeau tombé, pour sonder la prodigieuse profondeur de cette perversité.

— Il blasphème tout ! murmura-t-il en se parlant à lui-même ; — il souille jusqu'au dévoûment !

Goujeux crut qu'il hésitait.

— On vous trompe, reprit-il avec plus de force ; on abuse...

— Et qui donc prendrait la peine de tromper celui qui va mourir ? l'interrompit Géraud avec dégoût. Je suis condamné...

— Condamné ! répéta vivement l'ancien maître de forges. Mais il se mordit la lèvre et ajouta, au lieu d'achever :

— Vincent ! mon bon Vincent, je vous expliquerai tout... tout, entendez-vous bien !... je m'y engage... et vous vous étonnerez d'avoir pu me soupçonner.

Son cerveau travaillait déjà, bâtissant l'édifice impossible de sa justification. Qui sait ? les désespérés attaquent quand ils ne peuvent plus se défendre. Tout au fond d'une grande bataille perdue, reste le tonneau de poudre et la mèche allumée qui fait sauter le vainqueur avec le vaincu.

Au loin, dans l'intérieur de la prison, il se fit un bruit vague. Géraud ne prit pas garde. C'était l'heure du réveil ; le jour montait.

Géraud montra le flacon du doigt et de l'œil.

Goujeux comprit, car il devint livide. Son regard éperdu sembla quêter à la ronde. Était-ce un refuge qu'il cherchait? Était-ce une arme?

Le bruit augmentait rapidement. Il approchait; des portes s'ouvraient avec fracas, des voix parlaient.

Goujeux s'appuya au dossier de son siége, comme s'il eût senti le besoin de se cramponner à quelque chose. Il ne capitulait pas; au contraire, il faisait des efforts inouïs pour parler. Les mots s'arrêtaient dans sa gorge étranglée, il râlait presque, mais ses yeux creux couvaient un feu sombre, et je ne sais quoi, dans tout son être, criait qu'il n'était pas vaincu.

Comme il avait reculé d'un pas au geste impérieux qui désignait le flacon, Géraud marcha sur lui.

— Je veux vivre, maintenant, prononça-t-il de cet accent glacé qui recouvre parfois les ardentes émotions; c'est une dette. Je veux vivre pour donner toutes les heures de tous les jours de ma vie à ceux que j'ai méconnus... à Marguerite....

Sa voix trembla pendant qu'il prononçait ce nom.

— A Clémence, poursuivit-il, et aussi à ce noble jeune homme, dont la fortune et l'honneur sont là dans ma main, M. Ange de Tréomer.

Un ricanement siffla entre les lèvres de M. Goujeux, qui tressaillit au bruit d'une porte ouverte avec rudesse au bout du corridor.

Géraud continua en appuyant sur chaque mot :

— A ma femme, à ma fille à mon gendre.

Goujeux écoutait les pas qui marchaient dans le corridor.

— Pour vivre, continua encore Géraud, il faut que je fasse rapporter l'arrêt qui me condamne. Je n'ai point de haine contre vous. Mais ces papiers qui me ressuscitent vous tuent. J'ai pitié de votre femme et de vos enfants. Vous avez dans votre main le refuge contre l'échafaud.

Une clef chercha la serrure au dehors. Il y avait grand bruit. Des voix devançaient ceux qui arrivaient.

— Acquitté! acquitté! disaient-elles.

Géraud avait tout deviné, sauf ce dernier point. Et en somme, la réussite de cette audacieuse entreprise avait tenu à un fil. Ces plans qui semblent extravagants ont dix chances contre une. Sans Le Quien, la nouvelle de l'acquittement serait arrivée trop tard. C'eût été en se tordant dans les convulsions de l'agonie que Géraud aurait entendu ce cri de joie et de douleur.

Dans sa stupéfaction, il tourna les yeux vers la porte.

Goujeux le guettait d'un regard sournois qui glissait entre ses paupières demi-closes. D'un mouvement plus rapide que l'éclair, il plongea sa main sous le revers de son gilet. Lui, qui était presque un vieillard, il fit un bond que le jarret d'un jeune homme n'aurait pu fournir : un bond de tigre.

Un couteau brillait dans sa main. C'était la dernière cartouche du soldat qui fait surgir la victoire des profondeurs de la ruine. Sur le point de tout perdre, il allait tout gagner.

— Il est trop tard! s'écria-t-il avec une expression de voix terrible et en répondant, à travers la porte fermée, aux cris du dehors, il est trop tard : mon malheureux ami s'est poignardé!

En même temps, ils roulèrent tous les deux sur le sol et il y eut un gémissement d'agonie.

La porte s'ouvrait. Le vent avait tourné dans la ville. Tout était à l'enthousiasme. Derrière les gens de justice, il y avait des avocats, des magistrats; l'excellent chapelain de Saint-Yves, tous les anciens amis des temps heureux, puis Scholastique et Niotte, puis encore Michelin, puis enfin, derrière tout le monde et n'osant se montrer, Marguerite, Clémence, Tréomer.

A l'aspect de cet homme gisant dans le sang, il eut le silence de la stupeur.

M. Le Quien venait de percer la foule en criant :
— Il a dû l'assassiner!

Il s'élança tête baissée et tenant son front à deux mains.

En ce moment, un des deux hommes se releva. Ce n'était pas Goujeux.

— Ma femme! ma fille! dit Géraud en tendant les mains vers Marguerite et Clémence, qui se frayaient un passage au travers de la foule, et qui vinrent tomber dans ses bras.

Puis il ajouta en appelant Tréomer du regard et du sourire :
— Mon fils!...

Désormais, rien ne pouvait plus séparer ces quatre cœurs.

M. Goujeux était couché roide mort sur le carreau, entre le

poignard et le poison. Mais le poignard n'avait pas servi, et le flacon était intact. La foudre seule avait frappé. C'était le choc d'un cadavre qui, tout à l'heure, avait terrassé Géraud. M. Goujeux, dans la rage suprême de son dernier effort, avait déchiré un des vaisseaux de sa propre poitrine. C'était son sang qui rougissait le sol, coulant à flots de sa veine, ouverte par le doigt de Dieu.

FIN.

TABLE

PREMIÈRE PARTIE

LA DUÈGNE

	Pages.
I. Esquisse provinciale...	2
II. La patache...	11
III. L'héritage...	19
IV. L'affaire Kerdanio...	27
V. Le café Militaire...	33
VI. Le beau ténébreux...	46
VII. Scholastique Mahé...	56
VIII. Amédée Goujeux...	72
IX. Premier assaut...	85
X. Bataille gagnée...	98
XI. Le café de la Pomme-de-Pin...	113
XII. Le portail Saint-Yves...	129

DEUXIÈME PARTIE

LA BARAQUE

I. Le point du jour...	138
II. La porte du salon...	148
III. M. Judaille...	157
IV. Maison Goujeux...	165
V. Le dilemme de Goujeux...	177
VI. Le mouchoir de batiste...	187

TABLE

		Pages.
VII.	La première femme de Géraud.	198
VIII.	Le dessert.	212
IX.	Le meilleur des hommes.	223
X.	Trois mots d'Anglais.	240
XI.	La Baraque.	261
XII.	Le drap de lit.	273

TROISIÈME PARTIE

LA CACHETTE

I.	Le traité de la foule.	286
II.	La salle des Pas-Perdus.	297
III.	Éloge de la gendarmerie.	309
IV.	La salle des témoins.	323
V.	La maison du blessé.	335
VI.	Le fond du sac de M. Goujeux.	348
VII.	Le rond de cuir.	362
VIII.	Un fantôme.	374
IX.	Le manuscrit de Marguerite.	385
X.	Le triomphe de Tréomer.	403
XI.	Le flacon.	414
XII.		423

POISSY. — TYP. ET STÉR. DE AUG. BOURET.

www.ingramcontent.com/pod-product-compliance
Lightning Source LLC
Chambersburg PA
CBHW060928230426
43665CB00015B/1871